Juraj Hromkovič

Randomisierte Algorithmen

Leitfäden der Informatik

Herausgegeben von

Die Leitfäden der Informatik behandeln

- Themen aus der Theoretischen, Praktischen und Technischen Informatik entsprechend dem aktuellen Stand der Wissenschaft in einer systematischen und fundierten Darstellung des jeweiligen Gebietes
- Methoden und Ergebnisse der Informatik, ausgearbeitet und dargestellt aus der Sicht der Anwendung in einer für Anwender verständlichen, exakten und präzisen Form.

Die Bände der Reihe wenden sich zum einen als Grundlage und Ergänzung zu Vorlesungen der Informatik an Studierende und Lehrende in Informatik-Studiengängen an Hochschulen, zum anderen an „Praktiker", die sich einen Überblick über die Anwendungen der Informatik (-Methoden) verschaffen wollen; sie dienen aber auch in Wirtschaft, Industrie und Verwaltung tätigen Informatikern und Informatikerinnen zur Fortbildung in praxisrelevanten Fragestellungen ihres Faches.

Juraj Hromkovič

Randomisierte Algorithmen

Methoden zum Entwurf von zufallsgesteuerten Systemen für Einsteiger

B. G. Teubner Stuttgart · Leipzig · Wiesbaden

Bibliografische Information der Deutschen Bibliothek
Die Deutsche Bibliothek verzeichnet diese Publikation in der Deutschen Nationalbibliographie; detaillierte bibliografische Daten sind im Internet über <http://dnb.ddb.de> abrufbar.

Prof. Dr. Juraj Hromkovič
Geboren 1958 in Bratislava, Slowakei. Studium der Mathematischen Informatik an der Komenský Universität, Bratislava. Promotion (1986) und Habilitation (1989) in Informatik an der Komenský Universität. 1990-1994 Gastprofessor an der Universität Paderborn, 1994 - 1997 Professor für Parallelität ab der CAU Kiel. 1997 bis 2003 Professor für Algorithmen und Komplexität an der RWTH Aachen. Seit 2001 Mitglied der Slowakischen Akademischen Gesellschaft. Seit Januar 2004 Professor für Informatik an der ETH Zürich.

1. Auflage Juni 2004

Der B. G. Teubner Verlag ist ein Unternehmen von Springer Science+Business Media.
www.teubner.de

Umschlaggestaltung: Ulrike Weigel, www.CorporateDesignGroup.de

Gedruckt auf säurefreiem und chlorfrei gebleichtem Papier.

ISBN-13:978-3-519-00470-7 e-ISBN-13:978-3-322-80072-5
DOI: 10.1007/978-3-322-80072-5

Meinen Lehrern

O. Demáček

P. Ďuriš

R. Hammerová

B. Rovan

V. Šimčisková

E. Toman

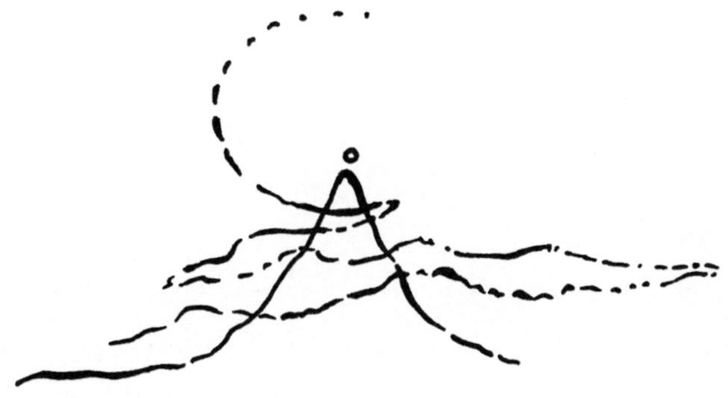

Wenn der Mensch schon einmal ist,
dann soll er schauen,
dass er ist,
und wenn er schaut,
dass er ist,
dann soll er das sein,
was er ist,
und nicht das,
was er nicht ist,
was zu oft der Fall ist.

Jan Werich

Vorwort

Randomisierte (zufallsgesteuerte) Verfahren sind zu einem Standardansatz für den Algorithmenentwurf geworden. Einfachheit und Effizienz sind die Merkmale, die sie oft fast zu Wundermitteln zur Lösung unterschiedlicher, komplexer Aufgaben gemacht haben. Besonders in den Bereichen der Kommunikation, der Kryptographie und der diskreten Optimierung sind sie unentbehrlich für die Softwareentwicklung geworden. Wir kennen mehrere Situationen und Aufgabenstellungen, für deren Lösung die besten deterministischen Ansätze so viel Rechenaufwand erfordern, dass sie nicht praktikabel sind, während randomisierte Methoden einen in der Praxis umsetzbaren Lösungsweg bieten. Diesen Sprung von einer riesigen Menge an Rechenarbeit deterministischer Algorithmen (die oft in Milliarden von Jahren auf den schnellsten Rechnern nicht zu bewältigen wäre) zu den kurzen Berechnungen zufallsgesteuerter Algorithmen bezahlen wir mit dem Risiko, ein falsches Resultat zu erhalten. Aber die Wahrscheinlichkeit einer fehlerhaften Berechnung eines randomisierten Algorithmus kann man typischerweise wesentlich kleiner machen als die Wahrscheinlichkeit, mit einem einzigen Lottoschein den ersten Preis zu gewinnen (auf Anhieb sechs Richtige zu tippen). Wir zahlen also nur mit einem winzigen Verlust an Zuverlässigkeit des Algorithmus für die Ersparnis einer ungeheuren Menge an Rechenzeit. Wie solche großen quantitativen Sprünge der Berechnungskomplexität durch kleine Abschwächungen unserer Sicherheitsanforderungen (garantiert die richtigen Ergebnisse zu erhalten) zu erreichen sind, und warum so etwas überhaupt möglich ist, ist das Thema dieses Buches.

Trotz eines breiten Einsatzes und vieler Erfolge der randomisierten Verfahren in unterschiedlichen Anwendungen haben nur wenige Informatiker hinreichende Kenntnisse über Randomisierung. Veranstaltungen über Entwurf und Analyse von randomisierten Algorithmen sind an Universitäten eher eine Seltenheit und es mangelt an Lehrbüchern, die auch für Nicht-Spezialisten lesbar sind. Dieses Lehrbuch versucht, die existierende Lücke im Lehrangebot zu schließen. Wir konzentrieren uns hier auf die Erklärung der Konzepte der Randomisierung und insbesondere auf die Entwurfsmethodik. Das Ziel ist nicht in erster Linie, den Stand der Forschung zu vermitteln, sondern eine gut lesbare Einführung in dieses Gebiet zu bieten. Dies sollte dazu beitragen, dass auch Dozenten, die nicht im Bereich der Randomisierung forschen, Lehrangebote zu diesem Thema anbieten und so die zufallsgesteuerten Algorithmen in die Folklore der Informatik eingehen, wohin sie ihrer Bedeutung nach schon lange gehören.

Didaktisch ist dieses Buch ähnlich wie unser Lehrbuch „Algorithmische Konzepte der Informatik" („Theoretische Informatik" in der zweiten Auflage) aufgebaut. Die benutzten Strategien heißen „Einfachheit" und „weniger ist manchmal mehr". Für uns ist die Prägung des intuitiven, informellen Verständnisses der Materie genau so wichtig wie eine präzise Formalisierung, detaillierte Beweisführungen und Begründungen. Die Anschaulichkeit ist uns wichtiger als die Präsentation der besten bekannten Ergebnisse. Wenn wir die Methoden und die Ideen leichter mit schwächeren Resultaten erklären können, dann ziehen wir die Darstellung solcher Resultate der technischen und schwer durchschaubaren Präsentation stärkerer Resultate vor. Im ganzen Buch folgen wir der Linie, stufenweise mit kleinen Schritten vom Einfachen zum Komplizierten zu gehen, und vermeiden so Gedankensprünge. Wir sind weit davon entfernt, in diesem Kurs als Zielsetzung eine Präsentation von umfangreichem Stoff zu haben. Stattdessen nehmen wir uns Zeit und Platz, um die hier vorgestellten Inhalte sorgfältig darzulegen.

Hilfreiche Unterstützung Anderer hat zu der Entstehung dieses Lehrbuchs in der vorliegenden Form beigetragen. Mein tiefster Dank gilt Dirk Bongartz, Hans-Joachim Böckenhauer und Manuel Wahle für sorgfältiges Korrekturlesen, zahlreiche Verbesserungvorschläge und anregende Diskussionen. Bagdat Aslan und Manuel Wahle danke ich nicht nur für die professionelle Einbettung des Manuskripts in LaTeX, sondern auch für die Entwicklung der für das Buch maßgeschneiderten Anpassung der Teubner-Vorlagen. Ein herzlicher Dank geht an das Team des Teubner Verlages und insbesondere an Ulrik Sandten für die hervorragende und konstruktive Zusammenarbeit, in der die noch nicht beschrittenen Wege kein Tabu waren. Herzlichst danke ich Ingrid Zámečniková für ihre originellen Illustrationen und Tanja für ihre Zitatensammlung.

Aachen, Mai 2004 Juraj Hromkovič

Inhalt

1	**Einleitung**	**11**
1.1	Was ist Zufall und gibt es überhaupt echten Zufall?	11
1.2	Zufall als Quelle der Effizienz – ein Beispiel zur Motivation	15
1.3	Das Konzept des Buches	22
1.4	Für die Studierenden	25
1.5	Für die Lehrenden	27
2	**Grundlagen**	**30**
2.1	Zielsetzung	30
2.2	Elementare Wahrscheinlichkeitstheorie	31
2.3	Modellierung von randomisierten Algorithmen	51
2.4	Klassifizierung von randomisierten Algorithmen	66
2.5	Klassifizierung von randomisierten Algorithmen für Optimierungsprobleme	90
2.6	Paradigmen für den Entwurf randomisierter Algorithmen	105
2.7	Zusammenfassung	115
3	**Überlisten des Gegners**	**121**
3.1	Zielsetzung	121
3.2	Hashing	122
3.3	Universelles Hashing	129
3.4	Online-Algorithmen	138
3.5	Randomisierte Online-Algorithmen	142
3.6	Zusammenfassung	151

4 Die Methode der Fingerabdrücke 153

4.1 Zielsetzung 153

4.2 Kommunikationsprotokolle 155

4.3 Das Teilstringproblem 162

4.4 Verifikation der Matrixmultiplikation 165

4.5 Äquivalenz von zwei Polynomen 168

4.6 Zusammenfassung 173

5 Wahrscheinlichkeitsverstärkung durch Wiederholungen und die Stichprobenmethode 177

5.1 Zielsetzung 177

5.2 Effiziente Wahrscheinlichkeitsverstärkung durch Wiederholungen von Berechnungsteilen 178

5.3 Wiederholte Stichproben und Erfüllbarkeit 193

5.4 Stichproben und Generierung von nicht-quadratischen Resten 202

5.5 Zusammenfassung 209

6 Die Methode der häufigen Zeugen 211

6.1 Zielsetzung 211

6.2 Suche nach Zeugen für den Primzahltest 213

6.3 Der randomisierte Primzahltest von Solovay und Strassen . . 221

6.4 Generierung von zufälligen Primzahlen 233

6.5 Zusammenfassung 237

7 Optimierung und zufälliges Runden 240

7.1 Zielsetzung 240

7.2 Relaxation zur linearen Programmierung 241

7.3 Zufälliges Runden und MAX-SAT 248

7.4 Eine Kombination von Stichproben mit zufälligem Runden . . 255

7.5 Zusammenfassung 259

A Mathematische Grundlagen 261

A.1 Zielsetzung 261

A.2 Algebra und Zahlentheorie 262

A.3 Kombinatorik 293

A.4 Zusammenfassung 302

Literaturverzeichnis 304

Sachverzeichnis 307

Alles bezweifeln oder alles glauben, sind zwei gleich bequeme Lösungen, weil beide vom Denken befreien.

H. Poincaré

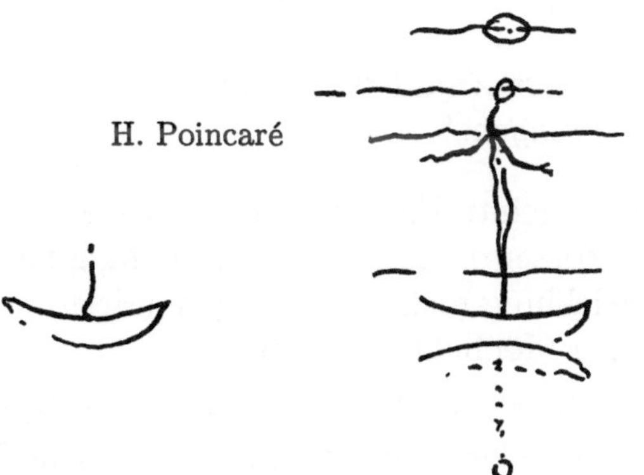

1 Einleitung

1.1 Was ist Zufall und gibt es überhaupt echten Zufall?

Der Begriff *Zufall* ist einer der fundamentalsten und meist diskutierten Begriffe der Wissenschaft. Der Definition aus Wörterbüchern folgend, bezeichnet man eine Erscheinung als *zufällig*, wenn sie ohne Plan und unvorhersehbar eintritt. Ein Objekt wird als *zufällig* eingestuft, wenn es ohne Plan und ohne jedes Muster entstanden ist oder hergestellt wird. Die grundlegende Frage ist, ob der Zufall objektiv existiert oder ob wir diesen Begriff nur benutzen, um Ereignisse mit uns unbekannter Gesetzmäßigkeit zu erklären und zu modellieren. Darüber streiten die Wissenschaftler seit der Antike. Demokrit glaubte, dass

> *„das Zufällige das Nichterkannte ist, und dass die Natur in ihrer Grundlage determiniert ist."*

Damit meinte er, dass in der Welt eine feste Ordnung herrscht und dass diese Ordnung durch eindeutige Gesetze bestimmt wird. Nach Demokrit benutzt man den Begriff Zufall nur im subjektiven Sinne, um den Unverstand über die Dinge und Ereignisse zu verschleiern. Somit wäre die Existenz des Begriffs der Zufälligkeit nur eine Folge der Unvollständigkeit unserer Kenntnisse. Seinen Standpunkt illustrierte Demokrit gerne mit folgendem Beispiel. Zwei Herren schicken ihre Sklaven absichtlich um die gleiche Zeit zum Brunnen, um Wasser zu holen. Die Sklaven treffen sich beim Brunnen und sagen „Oh, was für ein Zufall, dass wir uns getroffen haben." Doch dieses Treffen wurde durch die Entscheidung der Herren determiniert, aber ohne es zu wissen, scheint dies den Sklaven ein zufälliges Ereignis zu sein.

Epikur widersprach Demokrit mit folgender Aussage:

> *„Der Zufall ist objektiv, es ist die eigentliche Natur der Erscheinungen."*

Damit meinte Epikur, dass ein objektiver Zufall existiert, der nicht von unserem Wissen und Unwissen abhängig ist. Nach Epikur gibt es Prozesse, deren Entwicklung nicht eindeutig, sondern mehrdeutig ist, und die Wahl aus bestehenden Möglichkeiten kann man als Zufall bezeichnen.

Man könnte problemlos sagen: „Klar, Epikur hatte Recht, weil Glücksspiele wie Würfeln oder Roulette unterschiedliche Resultate haben können, und zufällig bestimmt ist, welches Resultat erscheint." Leider ist die Sache nicht so einfach und diese Betrachtung von Würfeln und Roulette stützt eher die Meinung von Demokrit als dass sie der Epikur'schen Weltanschauung entspricht. Würfeln ist ein hoch komplexer Vorgang, aber wenn man wissen würde, mit welcher Geschwindigkeit der Würfel in welcher Richtung auf welche Oberfläche geworfen wird, könnte man die Resultate bestimmen und vorhersagen. Natürlich ist die Bewegung der menschlichen Hand in der Verbindung zum Gehirn zu komplex, um alle wichtigen Parameter zur Vorausberechnung der Resultate bestimmen zu können. Wir dürfen aber diesen Prozess nicht nur auf Grund der Kompliziertheit als objektiv zufällig betrachten. Ähnlich ist es mit dem Werfen der Kugel beim Roulette. Es ist sogar bekannt, dass erfahrene professionelle Spieler aus der Handbewegung eines unerfahrenen Croupiers den Bereich bestimmen können, in dem die Kugel mit hoher Wahrscheinlichkeit landen wird. Auch die Physik benutzt an mehreren Stellen Zufallsmodelle zur Beschreibung und zur Untersuchung physikalischer Prozesse, die man nicht als eindeutig zufällig einstufen darf, die aber einfach zu komplex sind, um auf vollständig deterministische Weise modelliert zu werden. Interessant ist zu bemerken, dass aus diesem Grunde sogar Albert Einstein die Benutzung des Begriffes Zufall nur zur Kennzeichnung des noch nicht vollständigen Wissens zuließ und an die Existenz einfacher und klarer deterministischer Naturgesetze glaubte.[1]

Vor dem 20. Jahrhundert wurde überwiegend die kausal-deterministische Auffassung von Demokrit akzeptiert. Die Gründe dafür waren auf der einen Seite die Religion, die die Existenz des Zufalls in der von Gott erschaffenen Welt[2] nicht zulassen wollte und auf der anderen Seite die großen Erfolge der Natur-

[1] „Gott würfelt nicht" ist eines der bekanntesten Zitate von Albert Einstein. Die ebenso bekannte Erwiderung von Nils Bohr lautet: „Der wahre Gott lässt sich nicht sagen, was er tun soll."

[2] Heute wissen wir, dass es falsch ist, dieses Problem so scharf darzustellen, und dass die Existenz Gottes und die Existenz des objektiven Zufalls einander nicht gegenseitig ausschließen.

wissenschaften und Technik im 19. Jahrhundert, die den Optimismus verbreiteten, dass man alles erforschen kann und dass sich alles Erforschte in gradlinigen Kausalitäten von Ursachen und Wirkungen formulieren lässt. Nicht zu unterschätzen ist aber auch die emotionale[3] Beziehung zum Zufall. Eine mögliche Existenz des Zufalls wurde damals als sehr negativ empfunden, weil Zufall als ein Synonym für die unerwünschte Unsicherheit, Chaos und Unvorhersehbarkeit galt. Am besten ist diese negative Einstellung zu der Existenz von Zufall in der Meditation von Marcus Aurelius ausformuliert:

> *„Es seien nur zwei Fälle möglich: entweder herrsche in der Welt ein großes Chaos oder aber Ordnung und Gesetz."*

Wenn der Zufall emotional unerwünscht ist, ist es klar, dass auch die Wissenschaftler, die diese Einstellung übernommen haben, sich bemühen, ohne den Gedanken an eine potentielle Existenz von Zufall in ihrer Forschung auszukommen, oder sogar durch ihre Arbeiten und Resultate die deterministische Kausalität in den Vordergrund zu bringen und die Existenz des Zufalls zu widerlegen. Im Prinzip ist dies die gleiche Situation wie die, in der Galileo Galilei sich befand. Er konnte zwar durch direkte Beobachtungen nachweisen, dass die Erde nicht der unbewegte feste Mittelpunkt des Universums ist. Aber zu Zeiten des Mittelalters war das Leben so schwer, dass sich die Menschen an die sehr wenigen bestehenden Sicherheiten klammerten. Und die Erde als der Mittelpunkt des Universums entsprach der Sicherheit, dass der arme Mensch im Mittelpunkt von Gottes Aufmerksamkeit stand. Die Angst, diese Sicherheit zu verlieren, war der Hauptgrund dafür, dass niemand auch nur die Bereitschaft zeigte, die Beobachtungen von Galileo Galilei überprüfen zu wollen. Und dem armen Zufall erging es nicht anders.

Erst im 20. Jahrhundert ließ die Entwicklung der Wissenschaft erkennen, dass die Auffassung von Epikur näher an der Realität ist. Die mathematischen Modelle der Evolution zeigen, dass diese ohne zufällige Mutationen (zufällige Änderungen der DNA-Sequenzen) nicht stattgefunden hätte. Der wesentliche Grund für die Akzeptanz der Existenz des Zufalls waren die Errungenschaften der Physik, insbesondere der Quantenmechanik. Das mathematische Modell des Verhaltens von Teilchen in der Mikrowelt basiert auf Mehrdeutigkeit, die durch Zufallsereignisse beschrieben wird. Alle wichtigen Vorhersagen dieser Theorie wurden experimentell bestätigt und deshalb betrachtet man gewisse Ereignisse in der Mikrowelt als wahre Zufälle. Für die Akzeptanz der Existenz

---

[3] Über die Rolle der Emotionen in der Forschung sprechen die sogenannten exakten Wissenschaften ungern, aber dies ist eine Verleugnung der Tatsache, dass auch in der Wissenschaft die Emotionen der Motor der Entwicklung und des Fortschritts sind.

von zufälligen Erscheinungen ist aber auch wichtig, dass man durch diese Modellierung die Verknüpfung des Zufalls mit Unsicherheit und Chaos überwunden hat. Am besten formulierte es der ungarische Mathematiker Alfréd Rényi:

> *„Es gibt keinen Widerspruch zwischen Kausalität und Zufall. In der Welt herrscht der Zufall, und eben deshalb gibt es in der Welt Ordnung und Gesetz, die sich in den Massen von zufälligen Ereignissen den Gesetzen der Wahrscheinlichkeit entsprechend verhalten."*

Wir Informatiker haben aber auch einen anderen Grund, uns mit dem Zufall zu beschäftigen, als „nur" die Naturprozesse zu modellieren. Am besten hat dies überraschenderweise schon vor 200 Jahren der große Dichter Johann Wolfgang von Goethe formuliert:

> *„Das Gewebe dieser Welt ist aus*
> *Notwendigkeit und Zufall gebildet;*
> *die Vernunft des Menschen stellt sich zwischen beide*
> *und weiß sie zu beherrschen.*
> *Sie behandelt das Notwendige als den Grund ihres Daseins;*
> *das Zufällige weiß sie zu lenken, zu leiten und zu nutzen."*

In diesem Sinne ist Johann Wolfgang von Goethe „der erste Informatiker", der den Zufall (die Randomisierung) als eine nützliche Quelle zur Ausführung irgendwelcher Tätigkeiten ansieht. Und über die Nutzung des Zufalls als einer Ressource von unglaublicher Recheneffizienz ist dieses Buch geschrieben. Unsere Zielsetzung ist zu zeigen, dass es sich oft lohnt, statt vollständig deterministischer Systeme und Algorithmen zufallsgesteuerte (randomisierte) Verfahren zu entwerfen und zu implementieren. Um auch für einen in der Informatik unerfahrenen Leser die beispielhafte Stärke von Randomisierung überzeugend auf eine einfache und anschauliche Weise darzulegen, zeigen wir im nächsten Abschnitt ein randomisiertes Kommunikationsprotokoll, das eine gestellte Aufgabe mit wesentlich weniger Kommunikation als das bestmögliche deterministische Kommunikationsprotokoll lösen kann.

Diesen Abschnitt schließen wir mit der wichtigen Bemerkung, dass wir eigentlich keine definitive Antwort auf die Frage gegeben haben, ob ein echter Zufall existiert, und es ist sehr unwahrscheinlich, dass die Wissenschaft diese Frage in naher Zeit beantworten kann. Dies liegt einfach daran, dass die Frage in dem Sinne zu fundamental ist, dass es sich hierbei eher um die Ebene der Axiome der Wissenschaften als um die Ebene der Forschungsresultate handelt. Und auf dieser Basisebene der Axiome (Grundannahmen) haben auch die harten exakten Wissenschaften wie Mathematik oder Physik keine allgemein gültigen Behauptungen, sondern nur als Axiome ausgesprochene Vermutungen, die allen bisherigen Erfahrungen entsprechen. Ein Beispiel eines Axioms der Mathematik als wissenschaftlicher Metasprache ist, dass die Art wie wir denken korrekt ist, und deswegen unsere formalen Argumentationen zuverlässig sind. Auf den Axiomen baut man das Gebäude der Wissenschaft auf, und zwar auf so sorgfältige Weise, dass alle postulierten Resultate eine allgemeine Gültigkeit haben, vorausgesetzt, die Axiome als Grundsteine der Wissenschaft sind korrekt. Falls sich ein Axiom als ungültig oder nicht allgemeingültig erweisen sollte, dann müsste man die gesamte darauf stehende Theorie revidieren.[4]

Wir erlauben uns hier, an die Existenz des Zufalls zu glauben, nicht nur, weil die bisherigen Erfahrungen der Physik und Evolutionstheorie dafür sprechen, sondern insbesondere deswegen, weil der Zufall eine Quelle der Effizienz ist. Der Zufall ermöglicht es uns, gewisse Ziele Milliarden mal schneller zu erreichen und Informatiker würde es schon überraschen, wenn die Natur eine solche Möglichkeit zur Beschleunigung von Prozessen unbeachtet lassen würde.

1.2 Zufall als Quelle der Effizienz – ein Beispiel zur Motivation

Die Zielsetzung dieses Abschnittes ist zu zeigen, dass randomisierte Algorithmen wesentlich effizienter sein können als bestmögliche deterministische Algorithmen.

Betrachten wir die folgende Aufgabenstellung. Wir haben zwei Rechner R_{I} und R_{II} (Fig. 1.1). Ursprünglich erhiehlten diese eine Datenbank mit gleichem Inhalt. Mit der Zeit hat sich der Inhalt dieser Datenbank dynamisch geändert, wobei wir aber versucht haben, die gleichen Änderungen auf beiden Rechnern zu machen, um idealerweise die gleiche Datenbank auf beiden Rechnern zu erhalten. Nach einer gewissen Zeit wollen wir nun überprüfen, ob R_{I} und R_{II} wirklich noch die gleichen Daten enthalten. Im Allgemeinen bezeichnen wir durch n die Größe der Datenbank in Bits. Konkret betrachten wir ein großes

[4]Die Widerlegung der allgemeinen Gültigkeit eines Axioms sollte man nicht als eine „Katastrophe“ bezeichnen. Solche Ereignisse gehören zu der Entwicklung der Wissenschaften dazu und sind oft für die größten Fortschritte verantwortlich. Die bisherigen Resultate und Kenntnisse muss man wegen der Widerlegung der Allgemeingültigkeit eines Axioms nicht verwerfen, nur relativieren. Sie gelten einfach weiter unter der Voraussetzung, dass unter gegebenen Umständen das widerlegte Axiom gilt.

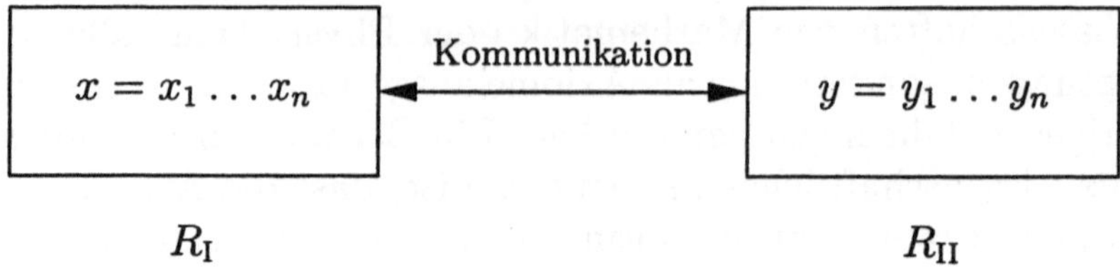

Fig. 1.1

$n = 10^{16}$, was bei Gendatenbanken eine realistische Größe sein dürfte. Unser Ziel ist es, einen Kommunikationsalgorithmus (ein Protokoll) zu entwerfen, der feststellt, ob die Inhalte der Datenbanken von R_{I} und R_{II} unterschiedlich oder gleich sind. Die Komplexität des Kommunikationsalgorithmus messen wir in der Anzahl der ausgetauschten Bits zwischen R_{I} und R_{II} (Fig. 1.1). Man kann beweisen, dass jedes deterministische Protokoll für diese Aufgabe einen Austausch von n Bits zwischen R_{I} und R_{II} nicht vermeiden kann[5]. Also existiert kein Protokoll, das höchstens $n - 1$ Kommunikationsbits benutzen darf und diese Aufgabe zuverlässig löst. Wenn man bei einer Datenmenge von $n = 10^{16}$ Bits noch sicherstellen soll, dass alle Kommunikationsbits korrekt ankommen, würde man auf den Versuch, die Aufgabe auf diese Weise zu lösen, wahrscheinlich verzichten.

Eine einfache Lösung in dieser Situation bietet folgendes zufallsgesteuertes Protokoll. Sei $x = x_1x_2 \dots x_n \in \{0,1\}^*$, $x_i \in \{0,1\}$ für $i = 1, \dots, n$. Dann bezeichnen wir mit

$$\mathrm{Nummer}(x) = \sum_{i=1}^{n} 2^{n-i} \cdot x_i$$

die natürliche Zahl, deren binäre Darstellung der String (das Wort) x ist.

$R = (R_{\mathrm{I}}, R_{\mathrm{II}})$ (Ein zufallsgesteuertes Kommunikationsprotokoll)

Ausgangssituation: R_{I} hat n Bits $x = x_1 \dots x_n$, R_{II} hat n Bits $y = y_1 \dots y_n$.

Phase 1: R_{I} wählt zufällig eine Primzahl p aus der Menge aller Primzahlen kleiner gleich n^2. Dabei hat jede Primzahl in dieser Menge die gleiche Wahrscheinlichkeit ausgewählt zu werden.

Phase 2: R_{I} berechnet die Zahl

$$s = \mathrm{Nummer}(x) \mod p$$

[5]Somit ist das triviale Kommunikationsprotokoll, nach dem R_{I} den kompletten Inhalt seiner Datenbank dem Rechner R_{II} zum Vergleich schickt, optimal.

und schickt die binäre Darstellung von s und p an R_{II}.

Phase 3: Nach dem Empfang von s und p berechnet R_{II} die Zahl

$$q = \text{Nummer}(y) \mod p.$$

Falls $q \neq s$, dann liefert R_{II} die Ausgabe „ungleich“.
Falls $q = s$, dann liefert R_{II} die Ausgabe „gleich“.

Jetzt analysieren wir die Arbeit von $R = (R_{\mathrm{I}}, R_{\mathrm{II}})$. Zuerst bestimmen wir die Komplexität, gemessen als die Anzahl der Kommunikationsbits, und dann analysieren wir die Zuverlässigkeit (Fehlerwahrscheinlichkeit) von $R = (R_{\mathrm{I}}, R_{\mathrm{II}})$.

Die einzige Kommunikation besteht darin, dass R_{I} die Zahlen s und p an R_{II} schickt. Weil $s \leq p < n^2$ gilt, ist die Länge der binären Nachricht[6]

$$2 \cdot \lceil \log_2 n^2 \rceil \leq 4 \cdot \lceil \log_2 n \rceil.$$

Für $n = 10^{16}$ sind dies höchstens $4 \cdot 16 \cdot \lceil \log_2 10 \rceil = 256$ Bits. Es ist also eine sehr kurze Nachricht[7], die man problemlos zuverlässig übertragen kann.

Jetzt wollen wir die Zuverlässigkeit des Protokolls R prüfen. Wenn zum Beispiel $x = 01111$ und $y = 10110$, also $\text{Nummer}(x) = 15$ und $\text{Nummer}(y) = 22$, dann führt die zufällige Wahl von $p = 7$ aus der Menge $\{2, 3, 5, 7, 11, 13, 17, 19, 23\}$ zu einer falschen Aussage, weil

$$15 \mod 7 = 1 = 22 \mod 7.$$

Also kann sich das randomisierte Protokoll irren.[8] Um die Wahrscheinlichkeit einer falschen Antwort zu bestimmen, teilen wir für jede Eingabe (x, y) mit $x = x_1 \ldots x_n$, $y = y_1 \ldots y_n$ die Menge

$$\text{PRIM}\left(n^2\right) = \{p \text{ ist eine Primzahl} \mid p \leq n^2\}$$

in zwei Teilmengen auf (Fig. 1.2). Die erste Teilmenge enthält die **schlechten Primzahlen**, wobei eine Primzahl p **schlecht für (x, y)** ist, falls die zufällige Wahl von p im Protokoll R zur falschen Antwort führt. Die zweite Teilmenge ist die komplementäre Menge zur Menge der schlechten Primzahlen und die Primzahlen in dieser Menge nennen wir **gut für (x, y)**, weil deren Wahl zur richtigen Antwort für die Eingabe (x, y) führt.

[6] Jede natürliche Zahl m kann man binär mit $\lceil \log_2(m+1) \rceil$ Bits darstellen.
[7] Insbesondere im Vergleich mit 10^{16} Bits eines deterministischen Protokolls.
[8] In dem Sinne, dass das Protokoll für unterschiedliche x und y die Antwort „gleich“ liefert.

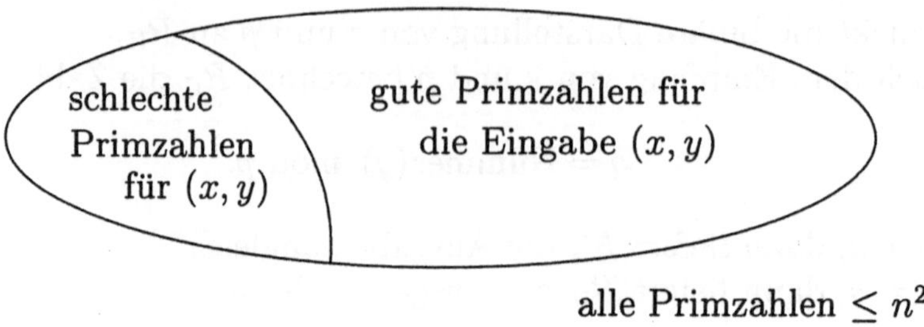

Fig. 1.2

Weil jede Primzahl in PRIM (n^2) die gleiche Chance hat, gezogen zu werden, ist die Fehlerwahrscheinlichkeit[9] für die Eingabe (x, y)

$$\frac{\text{Anzahl der schlechten Primzahlen für } (x, y)}{Prim\,(n^2)},$$

wobei $Prim\,(n^2)$ die Mächtigkeit $|\text{PRIM}\,(n^2)\,|$ der Menge PRIM (n^2) bezeichnet. Ein berühmter Satz der Zahlentheorie, der sogenannte Primzahlsatz, besagt nun, dass

$$\lim_{n\to\infty} \frac{Prim\,(m)}{m/\ln m} = 1,$$

und wir wissen, dass

$$Prim\,(m) > \frac{m}{\ln m}$$

für alle natürlichen Zahlen $m > 67$. Also haben wir

$$Prim\,\left(n^2\right) > \frac{n^2}{2\ln n}$$

für alle $n \geq 9$. Unsere Zielsetzung ist jetzt zu zeigen, dass

> *für jede Eingabe (x, y) die Anzahl der schlechten Primzahlen für (x, y) höchstens $n - 1$ ist,*

also wesentlich kleiner als $n^2/2\ln n$.

Bei der Analyse der Fehlerwahrscheinlichkeit unterscheiden wir zwei Möglichkeiten bezüglich der tatsächlichen Beziehung zwischen x und y.

---

[9] Wir bauen hier nur auf ein intuitives Verständnis des Begriffs „Wahrscheinlichkeit". Einen exakten Umgang mit der Wahrscheinlichkeit werden wir im nächsten Kapitel einführen und dann werden wir die folgende Argumentation formal darstellen.

(i) Sei $x = y$.
Dann gilt

$$\text{Nummer}(x) \mod p = \text{Nummer}(y) \mod p$$

für alle Primzahlen p. Also gibt es keine schlechten Primzahlen und R_{II} berechnet mit Sicherheit die richtige Antwort „gleich". In diesem Fall ist also die Fehlerwahrscheinlichkeit 0.

(ii) Sei $x \neq y$.
Wir erhalten eine falsche Antwort „gleich" nur dann, wenn R_{I} eine zufällige Primzahl p gewählt hat, die die Eigenschaft hat, dass

$$s = \text{Nummer}(x) \mod p = \text{Nummer}(y) \mod p$$

gilt. Anders ausgedrückt: p ist eine schlechte Primzahl für (x, y), wenn

$$\text{Nummer}(x) = x' \cdot p + s \text{ und } \text{Nummer}(y) = y' \cdot p + s$$

für irgendwelche natürliche Zahlen x' und y'.
Daraus folgt, dass

$$\text{Nummer}(x) - \text{Nummer}(y) = x' \cdot p - y' \cdot p = (x' - y') \cdot p,$$

also dass

$$p \text{ die Zahl } |\text{Nummer}(x) - \text{Nummer}(y)| \text{ teilt.}$$

Also gibt unser Protokoll $R = (R_{\text{I}}, R_{\text{II}})$ nur dann eine falsche Antwort, wenn die gewählte Primzahl p die Zahl $|\text{Nummer}(x) - \text{Nummer}(y)|$ teilt. Mit anderen Worten,

eine Primzahl p ist schlecht für (x, y) genau dann,
wenn p die Zahl $w = |\text{Nummer}(x) - \text{Nummer}(y)|$ teilt.

Wir müssen jetzt feststellen, wie viele von diesen $Prim\,(n^2) \sim n^2/\ln n^2$ Primzahlen die Zahl w teilen können. Weil die binäre Länge von x und y gleich n ist, gilt

$$w = |\text{Nummer}(x) - \text{Nummer}(y)| < 2^n.$$

Sei

$$w = p_1^{i_1} \cdot p_2^{i_2} \cdot \ldots \cdot p_k^{i_k},$$

die Primfaktorzerlegung von w, wobei $p_1 < p_2 < \ldots < p_k$ Primzahlen und $i_1, i_2, \ldots, i_k$ positive ganze Zahlen sind. Wir wissen, dass jede Zahl eine solche eindeutige Faktorisierung besitzt. Unser Ziel ist zu beweisen, dass $k \leq n-1$ gilt. Wir beweisen dies indirekt. Angenommen, es gilt $k \geq n$. Dann ist

$$w = p_1^{i_1} \cdot p_2^{i_2} \cdot \ldots \cdot p_k^{i_k} \geq p_1 \cdot p_2 \cdot \ldots \cdot p_n > 1 \cdot 2 \cdot 3 \cdot \ldots \cdot n = n! > 2^n.$$

Das widerspricht aber der bekannten Tatsache, dass $w < 2^n$ ist. Also kann w höchstens $n-1$ unterschiedliche Primfaktoren haben. Weil jede Primzahl aus $\{2, 3, \ldots, n^2\}$ die gleiche Wahrscheinlichkeit hat, gewählt zu werden, ist die Wahrscheinlichkeit, ein schlechtes p (das w teilt) zu wählen, höchstens

$$\frac{n-1}{Prim\,(n^2)} \leq \frac{n-1}{n^2/\ln n^2} \leq \frac{\ln n^2}{n}$$

für alle $n \geq 9$.
Also ist die Fehlerwahrscheinlichkeit von R für unterschiedliche Inhalte x und y höchstens $\frac{\ln n^2}{n}$, was für $n = 10^{16}$ höchstens

$$0,36892 \cdot 10^{-14}$$

ist.

Eine so kleine Fehlerwahrscheinlichkeit ist kein ernsthaftes Risiko, aber nehmen wir an, dass sich jemand eine noch kleinere Fehlerwahrscheinlichkeit wünscht. Dann kann man das Protokoll $R = (R_{\mathrm{I}}, R_{\mathrm{II}})$ beispielsweise zehnmal mit 10 unabhängigen Wahlen einer Primzahl wie folgt laufen lassen.

Protokoll R_{10}

Anfangssituation: R_{I} hat n Bits $x = x_1 \ldots x_n$ und R_{II} hat n Bits $y = y_1 \ldots y_n$.
Phase 1: R_{I} wählt zufällig zehn Primzahlen $p_1, p_2, \ldots, p_{10}$ aus $\{2, 3, \ldots, n^2\}$.
Phase 2: R_{I} berechnet

$$s_i = \text{Nummer}(x) \mod p_i$$

für $i = 1, 2, \ldots, 10$ und schickt die binären Darstellungen von

$$p_1, p_2, \ldots, p_{10}, s_1, s_2, \ldots, s_{10}$$

zu R_{II}.
Phase 3: Nach dem Empfang von $p_1, p_2, \ldots, p_{10}, s_1, s_2, \ldots, s_{10}$ berechnet R_{II}

$$q_i = \text{Nummer}(y) \mod p_i$$

für $i = 1, 2, \ldots, 10$.
Falls ein $i \in \{1, 2, \ldots, 10\}$ existiert, so dass $q_i \neq s_i$, dann liefert R_{II} die Ausgabe „ungleich“.
Falls $q_j = s_j$ für alle $j \in \{1, 2, \ldots, 10\}$, dann liefert R_{II} die Ausgabe „gleich“.

Wir bemerken, dass die Kommunikationskomplexität von R_{10} zehnmal größer ist als die Komplexität von R. In unserem Fall $n = 10^{16}$ sind dies aber höchstens 2560 Bits, was kein technisches Problem darstellt.

Wie ändert sich aber die Fehlerwahrscheinlichkeit?

Falls $x = y$, wird R_{10} wieder keinen Fehler machen und gibt mit Sicherheit die richtige Antwort „gleich“.

Falls $x \neq y$, wird R_{10} eine falsche Antwort nur dann liefern, wenn alle 10 zufällig gewählten Primzahlen zu den höchstens $n - 1$ schlechten Primzahlen, die $|\text{Nummer}(x) - \text{Nummer}(y)|$ teilen, gehören.

Weil die 10 Primzahlen in 10 unabhängigen Experimenten gewählt worden sind,[10] ist die Fehlerwahrscheinlichkeit höchstens

$$\left(\frac{n-1}{\mathit{Prim}\,(n^2)}\right)^{10} \leq \left(\frac{\ln n^2}{n}\right)^{10} = \frac{2^{10} \cdot (\ln n)^{10}}{n^{10}}.$$

Für $n = 10^{16}$ ist dies höchstens

$$0,4717 \cdot 10^{-141}.$$

Wenn wir bedenken, dass die Anzahl der Mikrosekunden, die seit dem Urknall bis zum heutigen Tag vergangen sind eine 24-stellige Zahl ist, und dass die Anzahl von Protonen im bekannten Universum eine 79-stellige Zahl ist, kann man eine Fehlerwahrscheinlichkeit unter 10^{-141} leichten Herzens in Kauf nehmen. Auch wenn ein deterministisches Protokoll mit einer Kommunikationskomplexität von 10^{16} Bits praktisch realisierbar wäre, ist es klar, dass man aus Kostengründen das zufallsgesteuerte Protokoll implementieren würde.

Die Konstruktion von R_{10} aus R gibt uns eine wichtige Einsicht. Wir können die Fehlerwahrscheinlichkeit von zufallsgesteuerten Algorithmen durch mehrfaches Durchlaufen des Algorithmus auf der selben Eingabe reduzieren. Bei

[10] Diese Argumentation entspricht der beim Würfeln, wo man aus der Wahrscheinlichkeit von 1/6, in einem Wurf eine 6 zu werfen, schließt, dass die Wahrscheinlichkeit, zehnmal hintereinander eine 6 zu werfen, gleich $(1/6)^{10}$ ist. Eine sorgfältige Begründung für diese Art des Rechnens mit voneinander unabhängigen Ereignissen wird im nächsten Kapitel dargelegt.

einigen Algorithmen, wie bei unserem Protokoll, reichen wenige Wiederholungen für einen extremen Rückgang der Fehlerwahrscheinlichkeit aus.

An dieser Stelle sollte man festhalten, dass die Nutzung von randomisierten Algorithmen wegen ihrer fast unglaublichen Effizienz nicht nur sinnvoll sein kann, sondern dass man aus praktischer Sicht die randomisierten Verfahren als zuverlässiger als deren deterministische Gegenstücke betrachten könnte. Wie kann das gemeint sein? Deterministische Verfahren sind doch hundertprozentig korrekt; randomisierte Algorithmen hingegen dürfen Fehler machen. Die Natur der Sache ist aber, dass die deterministischen Algorithmen nicht hundertprozentig zuverlässig in der Anwendung sind, weil es während ihrer Ausführung auf einem Rechner zu einem Hardwarefehler kommen kann und dann liefern die deterministischen Algorithmen eine falsche Antwort. Natürlich wächst die Wahrscheinlichkeit des Auftretens eines Hardwarefehlers proportional mit der Laufzeit des Algorithmus. Deshalb ist ein effizienter Algorithmus zuverlässiger als ein langsamer Algorithmus. Wenn ein deterministischer Algorithmus beispielsweise drei Tage braucht um ein Resultat auszurechnen, hat er eine wesentlich höhere Wahrscheinlichkeit, ein fehlerhaftes Resultat zu liefern, als es bei einem randomisierten Algorithmus, der mit einer Wahrscheinlichkeit von $1 - 10^{-30}$ das korrekte Ergebnis in 10 Sekunden berechnet, der Fall ist.

1.3 Das Konzept des Buches

Das Ziel dieses Buches ist, eine Einleitung in den Entwurf und die Analyse von randomisierten Algorithmen zu geben. Dabei konzentrieren wir uns nicht auf die Präsentation einer großen Menge von wichtigen Errungenschaften aus diesem Gebiet, sondern auf eine verständliche Erklärung der erfolgreichsten Entwurfsmethoden und Konzepte und auf die Entwicklung des Verständnisses, warum zufallsgesteuerte Systeme kleiner und effizienter als ihre bestmöglichen deterministischen Gegenstücke sein können. Dies sollte nicht nur zu einer fachspezifischen Prägung der Denkweise eines Informatikers beitragen, sondern auch durch die Gedanken über den Zufall und die Arbeit mit den Instrumenten der Wahrscheinlichkeitstheorie einige fachübergreifende Kenntnisse grundlegender Art bieten.

Die einzig erforderlichen Vorkenntnisse zum Studium dieses Buches sind die typischen Vordiplom-Veranstaltungen der Informatik wie „Programmierung“, „Algorithmen und Datenstrukturen“ und die „Einführung in die Theoretische Informatik“. Somit setzen wir voraus, dass der Leser ein gutes Verständnis für Begriffe wie Berechnungsaufgabe, Entscheidungsproblem, Optimierungsproblem, Programm, Algorithmus, Zeitkomplexität und Speicherplatzkomplexität eines Algorithmus hat. Wir bauen auf den Definitionen aus unserem Lehrbuch „Algorithmische Konzepte der Informatik“ („Theoretische Informatik“ in der zweiten Auflage [Hro 04]) auf und benutzen auch die gleiche Notation. Aus der Mathematik setzen wir nur die Kenntnisse der elementaren Kombinatorik und der linearen Algebra voraus. Alle notwendigen Kenntnisse aus der Wahrscheinlichkeitstheorie, Algebra und Zahlentheorie werden entweder an den passenden Stellen vorgestellt oder sind im Anhang dieses Buches erklärt.

Neben dieser Einleitung umfasst das Buch sieben weitere Kapitel. Jedes Kapitel fängt mit dem Abschnitt „Zielsetzung“ an und endet mit einem Abschnitt „Zusammenfassung“, um das mehrfache (iterative) Nachdenken der präsentierten Konzepte zu fördern. In der Zielsetzung werden die Lernziele der Kapitel in breiteren Zusammenhängen erläutert. Der Kern eines Kapitels ist dann der formalen Realisierung und Entwicklung den in der Zielsetzung informell vorgestellten Ideen und Konzepten und dem Studium im Rahmen dieser Konzepte gewidmet.

Bei jedem wesentlichen, neuen Schritt wird auf die wichtigsten Zusammenhänge mit ihren Zielsetzungen aufmerksam gemacht. Die Zusammenfassungen der Kapitel dienen einer wiederholten Auseinandersetzung mit dem Lernstoff. Dort wird noch einmal an die wichtigsten Kenntnisse des jeweiligen Kapitels aufmerksam gemacht und diese werden in Zusammenhang mit anderen Teilen dieses Buches gebracht. In den Zusammenfassungen werden auch weitere Entwicklungen der präsentierten Konzepte und angestrebten Ziele kurz erwähnt und Literatur zur Vertiefung des behandelten Lernstoffs empfohlen.

Kapitel 2 dient als Einstieg. Hier erfährt man was randomisierte Algorithmen überhaupt sind und wie man sie entwerfen und untersuchen kann. Alle Konzepte und Begriffe werden durch häufige und einfache Beispiele veranschaulicht. Das Kapitel 2 beginnt in Abschnitt 2.2 mit elementaren Grundlagen der Wahrscheinlichkeitstheorie, die gleich danach als Basis für die Modellierung von randomisierten Algorithmen dient. Nachdem die formalen Modelle festgelegt worden sind und die Komplexität und Fehlerwahrscheinlichkeit randomisierter Algorithmen definiert wurden, führen wir in Abschnitt 2.4 die grundlegende Klassifizierung randomisierter Algorithmen bezüglich ihrer Fehlerwahrscheinlichkeit ein. Abschnitt 2.5 ist der Modellierung und Klassifizierung von randomisierten Algorithmen für Optimierungsprobleme gewidmet. Der konzeptuelle Kern des Kapitels 2 ist der Abschnitt 2.6. Hier werden die grundlegenden Paradigmen des Entwurfs von randomisierten Algorithmen vorgestellt. Dies gibt uns nicht nur die Methologie und das Instrumentarium zum Entwurf effizienter randomisierter Algorithmen, sondern auch eine tiefere Einsicht in die Gründe, warum Randomisierung gegenüber Determinismus vorteilhaft sein kann. Die hier vorgestellten Paradigmen des „Überlistens des Gegners", die „Methode der Fingerabdrücke", die „Wahrscheinlichkeitsverstärkung durch Wiederholungen", die „Stichprobenmethode", die „Methode der häufigen Zeugen" und das „zufällige Runden" bestimmen die weitere Struktur des Buches, weil wir jeder dieser Entwurfsmethoden ein eigenes Kapitel widmen.

Kapitel 3 präsentiert die Methode des Überlisten des Gegners (Widersachers), auch die Methode der Vermeidung von schlechten Fällen genannt. Dabei betrachtet man einen randomisierten Algorithmus als eine Wahrscheinlichkeitsverteilung über eine Menge von deterministischen Strategien. Die Idee dabei ist, dass es für jede Eingabe genügend viele dieser Strategien gibt, die effizient und korrekt die Eingabe verarbeiten, obwohl keine deterministische Strategie existiert, die effizient auf allen Eingaben das richtige Resultat berechnet. Zuerst veranschaulichen wir diese Methode im Rahmen des Hashings, wo gerade das universelle Hashing ein Produkt der Anwendung dieser Methode ist. Einen tiefgreifenden Einblick in die Stärke dieser Methode bieten ihre Anwendungen im Bereich von Online-Algorithmen und wir zeigen hier eine solche Anwendung.

Die Methode der Fingerabdrücke wird für mehrere Problemstellungen in Kapitel 4 erfolgreich angewendet. Die Idee dabei ist Äquivalenzprobleme so zu lösen, dass man zum Vergleich statt komplexer nicht effizient vergleichbarer Darstellungen gegebener Objekte nur zufällig erzeugte Teildarstellungen dieser Objekte (Fingerabdrücke genannt) nimmt. Diese Methode steht hinter unserem Beispiel zur Motivation und wir erweitern das Konzept im Abschnitt 4.2, um auch andere Kommunikationsprobleme lösen zu können. In Abschnitt 4.3 stellen wir die Anwendung dieser Methode zur Suche nach einem bestimmten Muster in einem langen Text vor. Abschnitt 4.4 zeigt, wie man effizient die Korrektheit einer Matrixmultiplikation verifizieren kann, ohne die gegebenen Matrizen wider zu multiplizieren. In Abschnitt 4.5 wird das Konzept aus dem vorherigen Abschnitt erweitert, um randomisiert in polynomieller Zeit die Äquivalenz von zwei Polynomen zu überprüfen. Diese Anwendung der Methode der Fingerabdrücke ist von besonderer Bedeutung, weil wir für das Problem der Äquivalenz von zwei Polynomen keinen polynomiellen deterministischen Algorithmus kennen.

Weil die Methode der Wahrscheinlichkeitsverstärkung durch Wiederholungen und die Methode der Stichproben oft miteinander verzahnt sind, präsentieren wir ihre Anwendungen zusammen in Kapitel 5. Das Paradigma der Wahrscheinlichkeitsverstärkung gilt für alle randomisierten Algorithmen und besagt, dass man die Erfolgswahrscheinlichkeit durch unabhängige wiederholte Läufe auf der gleichen Eingabe erhöhen kann. Abschnitt 5.2 zeigt, dass man es noch effizienter machen kann, indem man nur gewisse kritische Teile der Berechnung mehrmals durchlaufen lässt. Die Stichprobenmethode ermöglicht durch zufälliges Ziehen aus einer Menge von Objekten mit einer hohen Wahrscheinlichkeit ein Objekt mit gewünschten Eigenschaften zu gewinnen, obwohl man deterministisch ein solches Objekt nicht effizient zu konstruieren weiß. In Abschnitt 5.3 kombinieren wir die Stichprobenmethode mit der Methode der Wahrscheinlichkeitsverstärkung, um erfolgreich das NP-schwere Erfüllbarkeitsproblem zu attackieren. Abschnitt 5.4 zeigt die Anwendung der Stichprobenmethode zur effizienten Generierung von nichtquadratischen Resten, die wir deterministisch in polynomieller Zeit nicht generieren können.

Kapitel 6 ist der Methode der häufigen Zeugen gewidmet, die das tiefgreifende Paradigma der Randomisierung darstellt. Ein Zeuge ist eine Zusatzinformation, dessen Kenntnis aus einem schweren Problem ein effizient lösbares macht. Die Idee dieser Methode ist solche Zeugen zufällig zu generieren. Die Kunst der Anwendung dieser Methode liegt in der Suche nach einer geeigneten Art von Zeugen für das gegebene Problem. Wir zeigen hier einen Teil einer solchen Suche nach geeigneten Arten von Zeugen für einen effizienten randomisierten Primzahltest.

Kapitel 7 ist dem Entwurf von randomisierten Approximationsalgorithmen für das NP-schwere Problem der maximalen Erfüllbarkeit MAX-SAT gewidmet. Wir zeigen, wie man die reelle Lösung der relaxierten Version von MAX-SAT zufällig abrunden kann, um eine gute erwartete Approximation der optimalen Lösung des ursprünglichen diskreten Problems erhalten kann.

Kapitel A erläutert die notwendigen mathematischen Grundlagen. Wir präsentieren hier das in diesem Buch angewandte Wissen aus der Zahlentheorie, der Algebra und der Kombinatorik. Wir betrachten die Errungenschaften der Mathematik als ein Instrumentarium zum Entwurf und zur Analyse von randomisierten Algorithmen und stellen diese auch so vor.

1.4 Für die Studierenden

Dieses Buch ist in erster Linie für Sie bestimmt. Es hat nicht nur das Ziel, Ihnen einige grundlegende Konzepte des Algorithmen-Entwurfs zu vermitteln, sondern es ist auch ein Versuch, Sie für die Informatik zu begeistern. Wie weit diese Zielsetzungen erfüllt werden, bleibt Ihnen zu beurteilen.

In den ersten Teilen dieses Kapitels haben wir versucht, Sie davon zu überzeugen, dass gerade Randomisierung ein spannender Teil der Informatik ist, weil sie starke Effekte präsentieren kann, die auf den ersten Blick kontra-intuitiv und damit überraschend wirken können. Das sorgt aber gerade für die notwendige Spannung und die unerwarteten Wendungen, die das Salz jeder tiefgreifenden Wissenschaft sind. Natürlich reicht es nicht, sich ein spannendes Gebiet für eine Vorlesung auszusuchen, um den Hörsaal zu füllen. Eine didaktische Ausarbeitung des Themas ist für den Erfolg beim Hörer genauso wichtig. Deswegen basiert unsere Präsentation auf den folgenden drei Konzepten:

(i) *Einfachheit und Anschaulichkeit*
Wir erklären alles, was einfach zu erklären ist, auch einfach. Wir vermeiden unnötige mathematische Abstraktionen, wir versuchen also so konkret zu sein, wie es nur geht. Dadurch schaffen wir den Einstieg mit elementaren Kenntnissen der Mathematik. Bei allen komplizierteren Überlegungen und Beweisen erklären wir zuerst die Zusammenhänge und Ideen auf eine anschauliche und informelle Weise und gehen erst dann zu formalen Begründungen über. An mit $*$ gekennzeichneten Stellen können wegen eines höheren Schwierigkeitsgrades Fachhochschulstudenten, Studenten im Vordiplom und Nicht-Informatiker auf die formalen Beweise verzichten.
Die Anschaulichkeit ist uns wichtiger als die Präsentation der besten bekannten Ergebnisse. Wenn wir die Methoden und Beweisideen leichter mit schwächeren Resultaten erklären können, dann ziehen wir die Darstellung solcher Resultate der technischen und schwer durchschaubaren Präsentation stärkerer Resultate vor.
Im ganzen Buch folgen wir der Linie, stufenweise mit kleinen Schritten vom Einfachen zum Komplizierten zu gehen, und vermeiden so Gedankensprünge.

(ii) *„Weniger ist manchmal mehr" oder eine kontextsensitive Darstellung*
Viele Studienpläne und Lehrbücher gehen von der falschen Vorstellung aus, dem Leser in erster Linie ein gewisses Quantum an Information liefern zu müssen. In der Vorlesung oder in den Lehrmaterialien spielt man dann ein falsches Optimierungsspiel – in minimaler Zeit so viele Kenntnisse und Resultate wie möglich vermitteln zu wollen. Dies führt oft zur Präsentation einer großen Menge von einzelnen, technischen Resultaten, die zu isoliert wirken. Dabei geht der Kontext der ganzen Veranstaltung verloren.

Die Philosophie dieses Buches ist eine andere. Wir wollen die Denkweise der Studierenden prägen. Deswegen ist uns die Anzahl der präsentierten Resultate nicht so wichtig, und die Präsentation von Definitionen, Resultaten, Beweisen und Methoden ist nur ein Mittel, um dieses Ziel zu erreichen. Deswegen nehmen wir gerne eine Reduktion des Lernstoffes um 20 – 30% im Vergleich zu standardisierten Vorlesungen in Kauf. Dafür widmen wir Motivationen, Begriffsbildungen, Zielsetzungen und der Entwicklung von Ideen und Zusammenhängen mehr Zeit.

(iii) *Unterstützung iterativer Arbeitsweise*
An diese Strategie ist auch der Aufbau des Buches angepasst, der wiederholtes Nachdenken über präsentierte Konzepte fördert. Jedes Kapitel fängt mit dem Unterkapitel „Zielsetzungen" an, in dem das Lernziel des Kapitels in allen Zusammenhängen erläutert wird. Der Kern des Kapitels ist dann der Formalisierung der Ideen durch theoretische Konzepte und dem Studium dieser Konzepte gewidmet. Bei jedem wesentlichen neuen Schritt wird auf die wichtigsten Zusammenhänge mit deren Zielsetzungen aufmerksam gemacht. Jedes Kapitel endet mit einer kurzen Zusammenfassung und einem Ausblick. Dort werden noch einmal die wichtigsten Kenntnisse des Kapitels informell wiederholt und in Zusammenhang mit anderen Teilen der Theorie gebracht. Hier werden auch weitere Entwicklungen der theoretischen Konzepte und aus der Literatur bekannte tiefgreifende Resultate kurz erwähnt. Die Entfernung des Wissensstandes von den angestrebten Forschungszielen wird ebenfalls diskutiert.
Wie üblich wird das Erlernen des Buchinhaltes durch Übungen unterstützt. Die Übungen befinden sich hier nicht in einem gesonderten Kapitel, sondern sind direkt an den Stellen des Textes eingefügt, wo es am passendsten ist, über sie nachzudenken. Sie dienen zur Übung der Anwendungen der präsentierten Methoden sowie zur Vertiefung des Verständnisses des Lernstoffes.

1.5 Für die Lehrenden

Dieses Lehrbuch bietet Ihnen eine Unterstützung zum Aufbau einer Vorlesung über randomisierte Algorithmen an. Der Vorteil dieses Buches ist, dass es nicht an Platz spart und deswegen viel Raum der informalen Ideenentwicklung widmet, die leider oft nur direkt in der Vorlesung vermittelt wird. Dank dessen ist es auch zum selbstständigen Lernen geeignet und die Studierenden können es nach und sogar vor der Vorlesung lesen. Dadurch wird jedem die Möglichkeit gegenben, des Stoff so oft durchzuarbeiten, wie es für die individuelle Bewältigung und Aneignung notwendig ist. Gar nicht zu sprechen davon, dass man während der Vorlesung nicht mitschreiben braucht und sich voll und ganz auf die von dem Dozenten gebotene didaktische Darstellung des Lernstoffs konzentrieren kann. Weil im deutschen Sprachraum die Tatsache nicht hinreichend ernst genommen wird[11], dass Lehren und Lernen nur auf iterative Weise durch wiederholte Auseinandersetzung mit dem Thema erfolgreich realisiert werden kann und dass eine vorgetragene Erklärung kein Ersatz dafür sondern nur eine Beschleunigungsmöglickeit des Lernprozesses darstellt, erlaube ich mir ein paar allgemeine Hinweise zur Vorbereitung und Durchführung einer erfolgreichen Vorlesung zu formulieren.

(i) Sichern Sie den Studierenden die Möglichkeit, ihre Vorlesung beliebig oft durchzugehen. Die Vorlesung können z.B. aufgezeichnet und ins Internet gestellt oder in schriftlicher Form detailliert dargestellt werden.
(ii) Bieten Sie zur Vorlesung eine Aussprachestunde, in der die Studierenden zum Stoff der letzten Woche Fragen stellen können und nach Bedarf erneut eine Erklärung der schwersten Teile der Vorlesung erhalten können. Aus der Erfahrung nehmen viele Studierende dieses Angebot wahr und besonders bei großen Veranstaltungen mit mehreren Hunderten Teilnehmern[12] kommt es dann doch zu dem gewünschten Dialog zwischen dem Lehrenden und dem Studierenden.
(iii) Sparen Sie nicht an Zeit, wenn es um die Entwicklung der informellen Ideen und Konzepte und um die entsprechende Begriffsbildung geht. Dieser oft unterschätzte Teil der Vorlesung ist mindestens so wichtig wie die formal korrekte Darstellung der Ergebnisse und deren Beweise. Gerade dieser Teil führt zu einem tiefen Verständnis der Materie in einem breiteren Kontext und ist für die Studierenden hoch motivierend.
(iv) Sichern Sie Übungsbetrieb in kleinen Gruppen. Überlassen Sie die Suche nach geeigneten Übungsaufgaben nicht vollständig den Übungsleitern und achten Sie darauf, dass die Übungsaufgaben wirklich ihre aktuellen Zielsetzungen in der Aneignung des Stoffs unterstützen. Die Musterlösungen zu den formulierten Aufgaben sollten noch mit einem hinreichenden zeitlichen Abstand vor der Durchführung der Übungen ausgehängt wer-

[11] Eigentlich der Hauptgrund für die schwachen Resultate der deutschen Schüler in der PISA-Studie.

[12] Eine Besonderheit gegenüber den Nordamerikanischen Hochschulen, mit der man das Geld in der Bildung einsparen will.

den, um den Ablauf der Übungen nicht auf die Vorführung der Musterlösungen zu reduzieren. Alle abgegebenen Lösungen sollten individuell korrigiert werden und die am häufigsten aufgetretenen Fehler und alternative Ansätze sollen auch angesprochen werden.

Am Ende des Werkes
erkennen wir,
womit wir anfangen sollten.

B. Pascal

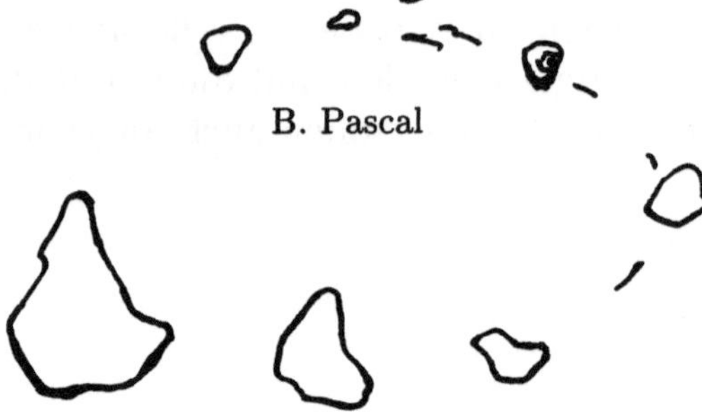

2 Grundlagen

2.1 Zielsetzung

Die Zielsetzung dieses Kapitels liegt darin, die grundlegenden Bausteine für den Entwurf von randomisierten Algorithmen zu vermitteln. Wir beginnen in Abschnitt 2.2 mit der Einführung in die grundlegenden Konzepte der Wahrscheinlichkeitstheorie und definieren die fundamentalen Begriffe wie elementare Ereignisse, Ereignisse, Wahrscheinlichkeitsraum, Zufallsvariable und Erwartungswerte von Zufallsvariablen. Wir beschränken uns hier auf endliche Wahrscheinlichkeitsräume, weil dies in den meisten Fällen für die Modellierung von randomisierten Berechnungen hinreichend ist. Außerdem können wir so die recht unanschaulichen Abstraktionen der Maß Theorie vermeiden.

In Abschnitt 2.3 lernen wir, wie man Wahrscheinlichkeitsräume benutzen kann, um die Arbeit von randomisierten Algorithmen zu modellieren, und wie man geeignete Zufallsvariablen wählt, um die Fehlerwahrscheinlichkeit und Effizienz eines gegebenen randomisierten Algorithmus zu analysieren.

In Abschnitt 2.4 führen wir die grundlegende Klassifizierung der randomisierten Algorithmen bezüglich ihrer Fehlerwahrscheinlichkeit ein. Grundsätzlich unterscheiden wir zwischen Las Vegas-Algorithmen, die eine Fehlerwahrscheinlichkeit gleich 0 haben (nie einen Fehler machen), und Monte Carlo-Algorithmen, die eine positive Fehlerwahrscheinlichkeit besitzen. Die Monte Carlo-Algorithmen unterteilt man weiter in drei Klassen abhängig davon, wie schnell sich die Fehlerwahrscheinlichkeit durch wiederholte unabhängige Ausführungen des Algorithmus auf der gleichen Eingabe reduziert.

In Abschnitt 2.5 zeigen wir die Modellierung von randomisierten Algorithmen zur Lösung diskreter Optimierungsprobleme und betrachten eine zu diesem Aufgabenbereich passende Klassifizierung, die auf dem Konzept der Approximationsalgorithmen beruht.

In Abschnitt 2.6 machen wir die erste Bekanntschaft mit dem eigentlichen Kern unseres Themas. Wir präsentieren hier die wichtigsten Paradigmen und Methoden des Entwurfs von randomisierten Algorithmen und vermitteln damit die ersten informellen Ideen, warum zufallsgesteuerte Algorithmen effizienter als deterministische Algorithmen sein können.

Der letzte Abschnitt 2.7 rekapituliert die wichtigsten Konzepte und Ideen, die in diesem Kapitel vorgestellt werden.

2.2 Elementare Wahrscheinlichkeitstheorie

Wenn ein Ereignis (eine Erscheinung) eine unumgängliche Folge eines anderen Ereignisses ist, dann sprechen wir von Kausalität oder Determinismus. Wie wir schon in der Einleitung bemerkt haben, gibt es auch andere als vollständig bestimmte, eindeutige Ereignisse. Die Wahrscheinlichkeitstheorie wurde entwickelt, um Situationen und Experimente mit mehrdeutigen Ergebnissen zu modellieren und zu untersuchen. Einfache Beispiele solcher Experimente sind der Münzwurf und das Würfeln. Wir sehen hier keine Möglichkeit, das Ergebnis vorherzusagen, und deswegen sprechen wir von **zufälligen Ereignissen**. In der Modellierung eines Wahrscheinlichkeitsexperiments betrachten wir also alle möglichen Ergebnisse des Experimentes, die wir **elementare Ereignisse** nennen. Aus philosophischer Sicht ist es wichtig, dass die elementaren Ereignisse als atomare Ergebnisse zu betrachten sind. Atomar bedeutet, dass man ein elementares Ereignis nicht als eine Kollektion von noch einfacheren Ergebnissen betrachten kann (oder will), und sich somit zwei elementare Ereignisse gegenseitig ausschließen.

Beim Münzwurf sind die elementaren Ereignisse „Kopf" und „Zahl" und beim Würfeln die Zahlen „1", „2", „3", „4", „5" und „6".

Ein **Ereignis** definiert man dann als eine Teilmenge der Menge der elementaren Ereignisse. Weil elementare Ereignisse auch als Ereignisse betrachtet werden, stellt man sie, um konsistent zu bleiben, als einelementige Mengen dar.

Die Menge $\{2\}$ ist das Ereignis, dass die Zahl 2 geworfen wurde. Die Menge $\{2,4,6\}$ ist beispielsweise das Ereignis, dass beim Würfeln eine gerade Zahl fällt. Im Folgenden betrachten wir zunächst nur Experimente mit einer endlichen Menge S von elementaren Ereignissen, was die Anschaulichkeit der folgenden Definition erhöht. Wir möchten jetzt eine sinnvolle Theorie entwickeln, die jedem Ereignis $E \subseteq S$ eine Wahrscheilichkeit zuordnet. Dass diese Aufgabe gar nicht so einfach ist, dokumentiert die Tatsache, dass man seit der Begründung der Wahrscheinlichkeitstheorie in den Werken von Pascal, Fermat und Huygens in der Mitte des 17. Jahrhunderts fast 300 Jahre gebraucht hat, bis eine allgemein akzeptierte axiomatische Definition der Wahrscheinlichkeit von Kolmogorov vorgeschlagen wurde.[1] Unsere Einschränkung auf die Endlichkeit bzw. die Abzählbarkeit von S hilft uns, die technischen Schwierigkeiten solch allgemeiner Definitionen zu vermeiden. Die Idee ist, die Wahrscheinlichkeit eines Ereignisses als

das Verhältnis der Summe der Wahrscheinlichkeiten der günstigen (darin enthaltenen) elementaren Ereignisse zu der Summe der Wahrscheinlichkeiten aller möglichen elementaren Ereignisse (2.1)

zu sehen. Durch diese Festlegung normiert man die Wahrscheinlichkeitswerte derart, dass die Wahrscheinlichkeit 1 einem mit Sicherheit eintretenden und die Wahrscheinlichkeit 0 einem unmöglichen Ereignis entspricht. Ein anderer zentraler Punkt ist, dass die Wahrscheinlichkeiten der elementaren Ereignisse die Wahrscheinlichkeiten aller Ereignisse eindeutig bestimmen.

Bei symmetrischen Experimenten wie dem Würfeln will man allen sechs elementaren Ereignissen die gleiche Wahrscheinlichkeit von $1/6$ zuordnen. Sei $\text{Wahr}(E)$ die Wahrscheinlichkeit des Ereignisses E. Weil in unserem Modell als Resultat des Experimentes ein elementares Ereignis auftreten muss, setzt man $\text{Wahr}(S) = 1$ für die Menge S aller elementaren Ereignisse. Dann ergibt sich beim Würfeln

$$\begin{aligned}\text{Wahr}(\{2,4,6\}) &= \frac{\text{Wahr}(\{2\}) + \text{Wahr}(\{4\}) + \text{Wahr}(\{6\})}{\text{Wahr}(S)} \\ &= \text{Wahr}(\{2\}) + \text{Wahr}(\{4\}) + \text{Wahr}(\{6\}) \\ &= \frac{1}{6} + \frac{1}{6} + \frac{1}{6} = \frac{1}{2},\end{aligned}$$

d.h., die Wahrscheinlichkeit, eine gerade Zahl zu werfen, ist genau $1/2$. Nach dem Wahrscheinlichkeitskonzept (2.1) erhalten wir für alle disjunkten Ereignisse A und B

$$\begin{aligned}\text{Wahr}(A \cup B) &= \frac{\text{Wahr}(A) + \text{Wahr}(B)}{\text{Wahr}(S)} \\ &= \text{Wahr}(A) + \text{Wahr}(B)\,.\end{aligned}$$

[1] Das Problem mit der Definition lag aber insbesondere in der korrekten Behandlung von Mengen elementarer Ereignisse, die nicht abzählbar sind.

Diese Überlegungen führen zu der folgenden axiomatischen Definition der Wahrscheinlichkeit. Sei, für jede Menge A,

$$\mathcal{P}(A) = \{B \mid B \subseteq A\}$$

die Potenzmenge der Menge A.

Definition 2.2.1. *Sei S die Menge aller elementaren Ereignisse eines Wahrscheinlichkeitsexperiments und sei S endlich. Eine* **Wahrscheinlichkeitsverteilung**[2] **auf S** *ist jede Funktion* Wahr : $\mathcal{P}(S) \to [0,1]$, *die folgende Bedingungen erfüllt:*

(i) $\text{Wahr}(\{x\}) \geq 0$ *für jedes elementare Ereignis x,*
(ii) $\text{Wahr}(S) = 1$, *und*
(iii) $\text{Wahr}(A \cup B) = \text{Wahr}(A) + \text{Wahr}(B)$ *für alle Ereignisse $A, B \subseteq S$ mit $A \cap B = \emptyset$.*
{*Man bemerke, dass gerade die Bedingung (iii) unser intuitives Wahrscheinlichkeitskonzept (2.1) formalisiert.*}

Für jedes $A \subseteq S$ nennt man **Wahr(*A*)** *die* **Wahrscheinlichkeit des Ereignisses *A***.

Das Paar **(*S*, Wahr)** *wird als ein* **Wahrscheinlichkeitsraum** *bezeichnet.*

Falls

$$\text{Wahr}(\{x\}) = \text{Wahr}(\{y\}) = \frac{1}{|S|} \text{ für alle } x, y \in S,$$

nennt man Wahr *die* **uniforme Wahrscheinlichkeitsverteilung** *(oder auch* **Gleichverteilung***)* **auf *S***.

Aufgabe 2.2.2. Beweisen Sie, dass folgende Eigenschaften für jeden Wahrscheinlichkeitsraum (S, Wahr) gelten:

(i) $\text{Wahr}(\emptyset) = 0$,
(ii) $\text{Wahr}(S - A) = 1 - \text{Wahr}(A)$ für jedes $A \subseteq S$,
(iii) für alle $A, B \subseteq S$ mit $A \subseteq B$ gilt $\text{Wahr}(A) \leq \text{Wahr}(B)$,
(iv) $\text{Wahr}(A \cup B) = \text{Wahr}(A) + \text{Wahr}(B) - \text{Wahr}(A \cap B) \leq \text{Wahr}(A) + \text{Wahr}(B)$ für alle $A, B \subseteq S$,
(v) $\text{Wahr}(A) = \sum_{x \in A} \text{Wahr}(\{x\})$ für alle $A \subseteq S$.

[2] Hier betrachten wir wie verabredet eine endliche Menge S. Wenn S abzählbar ist, nennt man in der Literatur Wahr oft eine **diskrete** Wahrscheinlichkeitsverteilung.

Wir bemerken, dass alle Eigenschaften aus Aufgabe 2.2.2 unserer Zielsetzung und damit dem informellen Konzept (2.1) entsprechen.

> *Somit entspricht die Addition der Wahrscheinlichkeiten unserer intuitiven Vorstellung, dass die Wahrscheinlichkeit, dass irgendeines von mehreren unvereinbaren Ereignissen eintritt, gleich der Summe der Wahrscheinlichkeiten der betrachteten Ereignisse ist.*

Aufgabe 2.2.3. Im Prinzip ist die Bedingung (v) der Aufgabe 2.2.2 eine exakte Formulierung des Begriffs der Wahrscheinlichkeit nach (2.1). Man kann also auch (i) und (ii) aus Definition 2.2.1 und (v) aus Aufgabe 2.2.2 als Bedingungen zur Definition einer Wahrscheinlichkeitsverteilung benutzen. Zeige, dass eine solche Definition der Wahrscheinlichkeitsverteilung auf S zur Definition 2.2.1 äquivalent ist.

Beispiel 2.2.4. Wir betrachten den Wahrscheinlichkeitsraum

$$S_3 = \{(x, y, z) \mid x, y, z \in \{\text{Kopf}, \text{Zahl}\}\},$$

der dem Experiment des Werfens dreier Münzen entspricht. Wir beachten die Reihenfolge der Münzwürfe, und somit hat ein elementares Ereignis (x_1, x_2, x_3) die Bedeutung, dass x_i das Resultat des i-ten Münzwurfs war. Wenn wir ein „faires" Werfen von „fairen" Münzen voraussetzen, folgt

$$\text{Wahr}(\{a\}) = \frac{1}{|S_3|} = \frac{1}{8}$$

für jedes elementare Ereignis $a \in S_3$.

Wie groß ist die Wahrscheinlichkeit, dass man mindestens einmal Kopf wirft? Das entsprechende Ereignis ist

$$\begin{aligned}\text{KOPF} = \{ & (\text{Kopf}, \text{Kopf}, \text{Kopf}), (\text{Kopf}, \text{Kopf}, \text{Zahl}), (\text{Kopf}, \text{Zahl}, \text{Kopf}),\\ & (\text{Zahl}, \text{Kopf}, \text{Kopf}), (\text{Kopf}, \text{Zahl}, \text{Zahl}), (\text{Zahl}, \text{Kopf}, \text{Zahl}),\\ & (\text{Zahl}, \text{Zahl}, \text{Kopf}) \}.\end{aligned}$$

Somit ist

$$\text{Wahr}(\text{KOPF}) = \sum_{a \in \text{KOPF}} \text{Wahr}(\{a\}) = 7 \cdot \frac{1}{|S_3|} = \frac{7}{8}.$$

Ein einfacherer Weg, um Wahr(KOPF) zu bestimmen, ist das zu KOPF komplementäre Ereignis zu Hilfe zu nehmen:

$$S_3 - \text{KOPF} = \{(\text{Zahl}, \text{Zahl}, \text{Zahl})\}.$$

Aufgrund der Tatsache, dass

$$\text{Wahr}(S_3 - \text{KOPF}) = \frac{1}{|S_3|} = \frac{1}{8}$$

gilt, erhalten wir direkt (siehe (ii) in Aufgabe 2.2.2)

$$\begin{aligned}\text{Wahr}(\text{KOPF}) &= \text{Wahr}(S_3 - (S_3 - \text{KOPF})) = \\ &= 1 - \text{Wahr}(S_3 - \text{KOPF}) = 1 - \frac{1}{8} = \frac{7}{8},\end{aligned}$$

weil KOPF $= (S_3 - (S_3 - \text{KOPF}))$. □

Aufgabe 2.2.5. Seien n, k mit $n \geq k \geq 0$ zwei natürliche Zahlen. Betrachten Sie das Experiment des n-maligen Werfens einer Münze und den entsprechenden Wahrscheinlichkeitsraum (S_n, Wahr), wobei

(i) $S_n = \{(x_1, x_2, \ldots, x_n) \mid x_i \in \{\text{Kopf}, \text{Zahl}\}\}$, und
(ii) Wahr ist die Gleichverteilung auf S_n.

(i) Wie groß ist die Wahrscheinlichkeit des Ereignisses, dass man genau k-mal Kopf wirft?
(ii) Wie groß ist die Wahrscheinlichkeit, dass man mindestens (höchstens) k-mal Kopf wirft?

Aufgabe 2.2.6. Wie wir schon diskutiert haben, ist die Bedingung (iii) der Definition 2.2.1 (oder die Bedingung (v) der Aufgabe 2.2.2) der Kern der Definition einer Wahrscheinlichkeitsverteilung auf S. Die Bedingung (i) (Wahr$(\{x\})$ ≥ 0 für jedes $x \in S$) ist natürlich, weil wir in diesem Rahmen keine Interpretation für negative Wahrscheinlichkeiten haben. Die Bedingung (ii) ist aber nicht unbedingt erforderlich. Warum haben wir dann (ii) aufgeführt? Welche Nachteile könnte es mit sich bringen, wenn man auf (ii) verzichtet hätte?

Oben haben wir ein Verständnis für die Bedeutung der Addition von Wahrscheinlichkeiten gewonnen. Jetzt stellen wir uns die folgende Frage:

Was entspricht der Multiplikation zweier Wahrscheinlichkeiten?

Betrachten wir zwei Wahrscheinlichkeitsexperimente, die in dem Sinne unabhängig sind, dass kein Resultat eines Experimentes einen Einfluss auf das Resultat des anderen Experimentes hat. Ein Beispiel dafür ist, zweimal zu würfeln. Unabhängig davon, ob wir auf einmal mit zwei Würfeln spielen oder ob wir zweimal denselben Würfel rollen lassen, die Resultate beeinflussen sich nicht gegenseitig. Zum Beispiel hat eine 3 beim ersten Wurf keinen Einfluss auf das Ergebnis des zweiten Wurfs. Wir wissen, dass $\text{Wahr}(\{i\}) = \frac{1}{6}$ für beide Experimente und für alle $i \in \{1, 2, \ldots, 6\}$ gilt. Betrachten wir jetzt die Zusammensetzung beider Zufallsexperimente (Würfeln) als ein Zufallsexperiment. Die Menge der elementaren Ereignisse ist hier

$$Q_2 = \{(i, j) \mid i, j \in \{1, 2, \ldots, 6\}\},$$

wobei für ein elementares Ereignis $\{(i, j)\}$ der Index i das Ergebnis des ersten Wurfs und j das Ergebnis des zweiten ist. Wie soll jetzt korrekterweise die Wahrscheinlichkeitsverteilung Wahr_2 auf Q_2 aus $(\{1, 2, \ldots, 6\}, \text{Wahr})$ bestimmt werden? Wir bauen auf der Intuition auf, dass

> *die Wahrscheinlichkeit des Eintretens von zwei vollständig unabhängigen Ereignissen gleich dem Produkt der Wahrscheinlichkeiten dieser Ereignisse ist*

und damit

$$\text{Wahr}_2(\{(i, j)\}) = \text{Wahr}(\{i\}) \cdot \text{Wahr}(\{j\}) = \frac{1}{6} \cdot \frac{1}{6} = \frac{1}{36}$$

für alle $i, j \in \{1, 2, \ldots, 6\}$. Überprüfen wir die Korrektheit dieser Überlegung für unser Beispiel. Die Menge Q_2 beinhaltet genau 36 elementare Ereignisse, die alle gleich wahrscheinlich sind. Damit ist tatsächlich

$$\text{Wahr}_2(\{(i, j)\}) = \frac{1}{36} \text{ für alle } (i, j) \in Q_2.$$

Aufgabe 2.2.7. Sei $k \in \mathbb{N} - \{0\}$. Sei (S, Prob) ein Wahrscheinlichkeitsraum, wobei Prob eine uniforme Wahrscheinlichkeitsverteilung (Gleichverteilung) über $S = \{0, 1, 2, \ldots, 2^k - 1\}$ ist. Erzeugen Sie (S, Prob) durch k-fachen Münzwurf.

Das vorausgegangene Beispiel bestätigt unsere Intuition, aber es reicht nicht aus, um vollständig zu verstehen, warum die Unabhängigkeit von zwei Ereignissen gerade mit der Multiplikation der einzelnen Wahrscheinlichkeiten im Zusammenhang steht. Um ein besseres Verständnis dafür zu gewinnen, führen wir den Begriff der bedingten Wahrscheinlichkeit ein.

Die Begriffe der Wahrscheinlichkeitstheorie, die wir bisher eingeführt haben, sind nur nützlich, wenn man ein Experiment genau einmal anschaut, und zwar am Ende. Aber es kann vorkommen, dass wir eine Teilinformation über den Verlauf des Experiments durch irgendeine Beobachtung noch vor seinem Ende erhalten. Zum Beispiel werfen wir drei Münzen hintereinander und schauen nun nach dem ersten Wurf das Resultat an. Mit der Kenntnis dieses Resultats stellen wir uns die Frage, wie groß die Wahrscheinlichkeit ist, dass im ganzen Experiment mindestens zweimal Kopf vorkommt. Oder wir erhalten von einem Außenstehenden die Information, dass das Resultat (x, y, z) mindestens einmal Kopf enthält und mit diesem sicheren Wissen sollen wir die Wahrscheinlichkeit bestimmen, dass (x, y, z) mindestens zweimal Kopf enthält. Derartige Aufgaben resultieren in der folgenden Definition der **bedingten Wahrscheinlichkeit**, die ein wichtiges Instrument in der Analyse von Zufallsexperimenten darstellt.

Definition 2.2.8. *Sei* (S, Wahr) *ein Wahrscheinlichkeitsraum. Seien* $A, B \subseteq S$ *zwei Ereignisse,* $\mathrm{Wahr}(B) \neq 0$.

Die **bedingte Wahrscheinlichkeit** *des Ereignisses A, unter der Voraussetzung, dass das Ereignis B mit Sicherheit eintritt, ist*

$$\mathbf{Wahr}(\boldsymbol{A}|\boldsymbol{B}) = \frac{\mathrm{Wahr}(A \cap B)}{\mathrm{Wahr}(B)}.$$

Wir sagen auch, dass $\mathrm{Wahr}(A|B)$ *die* **Wahrscheinlichkeit von *A* bei gegebenen *B*** *ist.*

Man bemerke, dass die Definition der bedingten Wahrscheinlichkeit natürlich ist, weil

(i) $A \cap B$ aus allen elementaren Ereignissen besteht, die sowohl in A als auch in B enthalten sind, und
(ii) B mit Sicherheit eintritt, also kein elementares Ereignis aus $A - B$ vorkommen kann.[3]

Wenn man also $\mathrm{Wahr}(A \cap B)$ durch $\mathrm{Wahr}(B)$ teilt, normiert man die Wahrscheinlichkeiten aller elementaren Ereignisse in B, weil

$$\begin{aligned}\sum_{e \in B} \frac{\mathrm{Wahr}(\{e\})}{\mathrm{Wahr}(B)} &= \frac{1}{\mathrm{Wahr}(B)} \cdot \sum_{e \in B} \mathrm{Wahr}(\{e\}) \\ &= \frac{1}{\mathrm{Wahr}(B)} \cdot \mathrm{Wahr}(B) = 1.\end{aligned}$$

[3]Man bemerke, dass $A = (A \cap B) \cup (A - B)$.

Die intuitive Bedeutung der bedingten Wahrscheinlichkeit ist, dass

> *wir die Menge S durch die Menge B ersetzen, weil die Menge B jetzt alle elementaren Ereignisse, die auftreten dürfen, beinhaltet. Damit entspricht die bedingte Wahrscheinlichkeit von A bei gegebenem B dem Verhältnis zwischen der Wahrscheinlichkeit des Ereignisses $A \cap B$ und des Ereignisses B.*

Wir können den Austausch von S durch B auch wie folgt betrachten. Jedes elementare Ereignis $s \in S$ hat in dem Wahrscheinlichkeitsraum (S, Wahr) eine Wahrscheinlichkeit $\text{Wahr}(\{s\})$. Wenn jetzt S durch ein $B \subsetneq S$ ersetzt und B mit Sicherheit auftreten sollte, müssen wir einen neuen Wahrscheinlichkeitsraum (B, Wahr_B) als Modell nehmen. Damit muss man für jedes $s \in B$ die Wahrscheinlichkeit $\text{Wahr}_B(\{s\})$ festlegen. Wie soll man dies korrekterweise tun? Die einzigen Anforderungen sind, dass $\text{Wahr}_B(B) = 1$ und dass die Proportionen zwischen den Wahrscheinlichkeiten von zwei beliebigen elementaren Ereignissen bewahrt werden, d.h. dass

$$\frac{\text{Wahr}(\{a\})}{\text{Wahr}(\{b\})} = \frac{\text{Wahr}_B(\{a\})}{\text{Wahr}_B(\{b\})}$$

für alle $a, b \in B$ mit $\text{Wahr}(\{b\}) \neq 0$. Die Definition 2.2.8 garantiert durch

$$\text{Wahr}_B(\{s\}) = \text{Wahr}(\{s\} \mid B) = \frac{\text{Wahr}(\{s\})}{\text{Wahr}(B)}$$

für jedes $s \in B$, dass

$$\frac{\text{Wahr}_B(\{a\})}{\text{Wahr}_B(\{b\})} = \frac{\frac{\text{Wahr}(\{a\})}{\text{Wahr}(B)}}{\frac{\text{Wahr}(\{b\})}{\text{Wahr}(B)}} = \frac{\text{Wahr}(\{a\})}{\text{Wahr}(\{b\})}$$

für alle $a, b \in B$ mit $\text{Wahr}(\{b\}) \neq 0$.

Aufgabe 2.2.9. Sei (S, Wahr) ein Wahrscheinlichkeitsraum. Sei $B \subseteq S$ mit $\text{Wahr}(B) \neq 0$ und sei

$$\text{Wahr}_B(A) = \text{Wahr}(A|B)$$

für alle $A \subseteq B$ eine Funktion von $\mathcal{P}(B)$ nach $[0, 1]$. Beweisen Sie, dass (B, Wahr_B) ein Wahrscheinlichkeitsraum ist.

Beispiel 2.2.10. Betrachten wir das Experiment des Werfens von drei Münzen. Wir haben es mit dem Wahrscheinlichkeitsraum (S_3, Wahr) modelliert, wobei

$$S_3 = \{(x, y, z) \mid x, y, z \in \{\text{Kopf}, \text{Zahl}\}\}$$

und Wahr die Gleichverteilung über S_3 ist. Sei A das Ereignis, dass mindestens zweimal Kopf gefallen ist, und sei B das Ereignis, dass das Resultat mindestens einmal Zahl enthält. Es ist klar, dass $A = \{(\text{Kopf}, \text{Kopf}, \text{Kopf}), (\text{Kopf}, \text{Kopf}, \text{Zahl}), (\text{Kopf}, \text{Zahl}, \text{Kopf}), (\text{Zahl}, \text{Kopf}, \text{Kopf})\}$ und somit

$$\text{Wahr}(A) = \frac{4}{8} = \frac{1}{2}.$$

Weil $S - B = \{(\text{Kopf}, \text{Kopf}, \text{Kopf})\}$ gilt, $\text{Wahr}(S - B) = \frac{1}{8}$, und somit ist

$$\text{Wahr}(B) = \text{Wahr}(S - (S - B)) = 1 - \frac{1}{8} = \frac{7}{8}.$$

Weil $A \cap B = \{(\text{Kopf}, \text{Kopf}, \text{Zahl}), (\text{Kopf}, \text{Zahl}, \text{Kopf}), (\text{Zahl}, \text{Kopf}, \text{Kopf})\}$ ist, haben wir

$$\text{Wahr}(A \cap B) = \frac{3}{8}.$$

Nach der Definition der bedingten Wahrscheinlichkeiten erhalten wir

$$\text{Wahr}(A|B) \underset{def.}{=} \frac{\text{Wahr}(A \cap B)}{\text{Wahr}(B)} = \frac{\frac{3}{8}}{\frac{7}{8}} = \frac{3}{7}.$$

Schauen wir uns jetzt an, ob dies unserer Intuition über die bedingten Wahrscheinlichkeiten entspricht. Wenn wir mit Sicherheit wissen, dass B auftritt, reduziert sich unser Raum[4] S_3 zu B, weil die elementaren Ereignisse aus $S_3 - B$ nicht auftreten dürfen. Weil alle elementaren Ereignisse in S_3 die gleiche Wahrscheinlichkeit hatten, haben auch die elementaren Ereignisse aus B die gleiche Wahrscheinlichkeit. Somit erhalten wir als Modell einen neuen Wahrscheinlichkeitsraum (B, Wahr_B), wobei

$$\text{Wahr}_B(\{x\}) = \frac{1}{|B|} = \frac{1}{7}$$

für jedes elementare Ereignis x aus B gilt. Wir erweitern jetzt Wahr_B für alle $C \subseteq B$ durch

$$\text{Wahr}_B(C) = \sum_{s \in C} \text{Wahr}_B(\{s\}).$$

Wir bemerken, dass alle Bedingungen (i), (ii) und (iii) der Definition 2.2.1 für Wahr_B erfüllt sind. Also ist (B, Wahr_B) wirklich ein Wahrscheinlichkeitsraum. Wenn wir jetzt das Auftreten von A in (B, Wahr_B) untersuchen wollen, müssen

[4]die Menge S_3 der Elementarereignisse

wir natürlich A auf $A_B = A \cap B$ reduzieren, weil jedes $y \in A - B$ kein elementares Ereignis in unserem neuen Wahrscheinlichkeitsraum B ist. Offensichtlich ist $\mathrm{Wahr}_B(A_B) = \mathrm{Wahr}_B(A \cap B)$ die Wahrscheinlichkeit des Auftretens eines elementaren Ereignisses aus A im Raum (B, Wahr_B) und damit die bedingte Wahrscheinlichkeit von A bei gegebenen B. Rechnen wir $\mathrm{Wahr}_B(A \cap B)$ in (B, Wahr_B) aus. Weil $|A \cap B| = 3$, gilt

$$\mathrm{Wahr}_B(A \cap B) = \sum_{x \in A \cap B} \mathrm{Wahr}_B(\{x\}) = \frac{1}{7} + \frac{1}{7} + \frac{1}{7} = \frac{3}{7}.$$

Wir beobachten, dass $\mathrm{Wahr}(A|B) = \mathrm{Wahr}_B(A \cap B)$. □

Wir haben uns vorher schon überlegt, dass die Wahrscheinlichkeit des Auftretens von zwei sich gegenseitig nicht beeinflussenden (unabhängigen) Ereignissen das Produkt der Wahrscheinlichkeiten dieser Ereignisse ist. Wir nehmen diese Überlegung in eine allgemeine Definition auf.

Definition 2.2.11. *Sei* (S, Wahr) *ein Wahrscheinlichkeitsraum. Zwei Ereignisse* $A, B \subseteq S$ *nennt man* **unabhängig**, *wenn*

$$\mathrm{Wahr}(A \cap B) = \mathrm{Wahr}(A) \cdot \mathrm{Wahr}(B)\,.$$

Beispiel 2.2.12. Betrachten wir unser Lieblingsexperiment, das dreifache Werfen von Münzen. Sei $A = \{(\text{Kopf}, \text{Kopf}, \text{Kopf}), (\text{Kopf}, \text{Kopf}, \text{Zahl}), (\text{Kopf}, \text{Zahl}, \text{Kopf}), (\text{Kopf}, \text{Zahl}, \text{Zahl})\}$ das Ereignis, dass man für die erste Münze das Resultat Kopf erhält. Offensichtlich ist

$$\mathrm{Wahr}(A) = \frac{4}{|S_3|} = \frac{4}{8} = \frac{1}{2}.$$

Sei $B = \{(\text{Kopf}, \text{Zahl}, \text{Kopf}), (\text{Kopf}, \text{Zahl}, \text{Zahl}), (\text{Zahl}, \text{Zahl}, \text{Kopf}), (\text{Zahl}, \text{Zahl}, \text{Zahl})\}$ das Ereignis, dass die zweite Münze nach dem Experiment Zahl zeigt. Analog wie für A ist

$$\mathrm{Wahr}(B) = \frac{4}{|S_3|} = \frac{4}{8} = \frac{1}{2}.$$

Weil $A \cap B = \{(\text{Kopf}, \text{Zahl}, \text{Kopf}), (\text{Kopf}, \text{Zahl}, \text{Zahl})\}$ ist, folgt

$$\mathrm{Wahr}(A \cap B) = \frac{2}{8} = \frac{1}{4} = \frac{1}{2} \cdot \frac{1}{2} = \mathrm{Wahr}(A) \cdot \mathrm{Wahr}(B)\,.$$

Somit sind nach Definition 2.2.11 die Ereignisse A und B unabhängig.

Man bemerke, dass dies vollständig unserer Intuition entspricht, weil die Resultate des ersten und des zweiten Münzwurfs sich gegenseitig nicht beeinflussen.
□

Die folgende Behauptung zeigt den Zusammenhang zwischen den bedingten Wahrscheinlichkeiten und der Unabhängigkeit von Ereignissen. Durch diesen Zusammenhang erhalten wir eine neue, äquivalente Definition der Unabhängigkeit von zwei Ereignissen.

Lemma 2.2.13. *Sei* (S, Wahr) *ein Wahrscheinlichkeitsraum. Seien* A *und* B *zwei Ereignisse* $(A, B \subseteq S)$ *und sei* $\mathrm{Wahr}(B) \neq 0$. *Dann sind* A *und* B *unabhängig genau dann, wenn*

$$\mathrm{Wahr}(A|B) = \mathrm{Wahr}(A)\,.$$

Beweis. Wir beweisen die Äquivalenz der Aussagen durch separate Beweise für beide darin enthaltenen Implikationen.

(i) Nehmen wir an, dass A und B unabhängig sind, also dass

$$\mathrm{Wahr}(A \cap B) = \mathrm{Wahr}(A) \cdot \mathrm{Wahr}(B)\,,$$

und dass $\mathrm{Wahr}(B) \neq 0$ gilt. Dann gilt

$$\begin{aligned} \mathrm{Wahr}(A|B) &\underset{def.}{=} \frac{\mathrm{Wahr}(A \cap B)}{\mathrm{Wahr}(B)} = \frac{\mathrm{Wahr}(A) \cdot \mathrm{Wahr}(B)}{\mathrm{Wahr}(B)} \\ &= \mathrm{Wahr}(A)\,. \end{aligned}$$

(ii) Seien $\mathrm{Wahr}(A|B) = \mathrm{Wahr}(A)$ und $\mathrm{Wahr}(B) \neq 0$. Dann gilt

$$\mathrm{Wahr}(A) = \mathrm{Wahr}(A|B) \underset{def.}{=} \frac{\mathrm{Wahr}(A \cap B)}{\mathrm{Wahr}(B)}.$$

Wenn wir die Gleichung mit $\mathrm{Wahr}(B)$ multiplizieren, erhalten wir schließlich

$$\mathrm{Wahr}(A \cap B) = \mathrm{Wahr}(A) \cdot \mathrm{Wahr}(B)\,.$$

□

Wir bemerken, dass die Behauptung aus Lemma 2.2.13 genau unserer Intuition entspricht.

> *Wenn A und B unabhängig sind, kann die Tatsache, dass B mit Sicherheit auftritt, keine Änderung der Wahrscheinlichkeit von A verursachen.*

Dadurch haben wir transparent gemacht, warum

$$\text{Wahr}(A \cap B) = \text{Wahr}(A) \cdot \text{Wahr}(B)$$

für zwei unabhängige Ereignisse gelten muss. Dies ist einfach eine Folge der Gleichheit

$$\text{Wahr}(A|B) = \text{Wahr}(A)\,,$$

die exakt unserer Vorstellung von der Unabhängigkeit des Ereignisses A und des Ereignisses B entspricht.

Aufgabe 2.2.14. Sei (S_3, Wahr) der Wahrscheinlichkeitsraum für das faire Werfen dreier Münzen.

(i) Sei A das Ereignis, dass die Anzahl der Würfe, in denen Kopf gefallen ist, gerade ist. Gibt es ein Ereignis B so, dass A und B unabhängig sind?
(ii) Finde alle Ereignisse C, die vom Ereignis D (entweder der zweite oder der dritte Wurf ergibt Zahl) unabhängig sind.

Aufgabe 2.2.15. Sei (S, Wahr) ein Wahrscheinlichkeitsraum. Seien A und B zwei Ereignisse mit positiven Wahrscheinlichkeiten. Zeigen Sie, dass dann gilt[5]

(i) $\text{Wahr}(A \cap B) = \text{Wahr}(B) \cdot \text{Wahr}(A|B)$,
(ii) $\text{Wahr}(A|B) = \dfrac{\text{Wahr}(A) \cdot \text{Wahr}(B|A)}{\text{Wahr}(B)}$, und
(iii) $\text{Wahr}(A|B) = \dfrac{\text{Wahr}(A) \cdot \text{Wahr}(B|A)}{\text{Wahr}(A) \cdot \text{Wahr}(B|A) + \text{Wahr}(S-A) \cdot \text{Wahr}(B|S-A)}$.

Aufgabe 2.2.16. Sei (S, Wahr) ein Wahrscheinlichkeitsraum. Seien $A_1, A_2, \ldots, A_n \subseteq S$, so dass

$$\text{Wahr}(A_1) \neq 0, \text{Wahr}(A_1 \cap A_2) \neq 0, \ldots,$$
$$\text{Wahr}(A_1 \cap A_2 \cap \ldots \cap A_{n-1}) \neq 0.$$

Beweisen Sie, dass

$$\begin{aligned}\text{Wahr}(A_1 \cap A_2 \cap \ldots \cap A_n) &= \text{Wahr}(A_1) \cdot \text{Wahr}(A_2|A_1) \cdot \\ &\quad \cdot \text{Wahr}(A_3|A_1 \cap A_2) \cdot \ldots \\ &\quad \cdot \text{Wahr}(A_n|A_1 \cap A_2 \cap \ldots \cap A_{n-1})\,.\end{aligned}$$

[5] Die Behauptung (ii) ist als Satz von Bayes bekannt.

Jetzt definieren wir einen Begriff, der essentiell für die Analyse von Zufallsexperimenten ist. Für uns wird er zu einem wichtigen Instrument zur Analyse randomisierter Algorithmen.

Sei $\mathbb{R}$ die Menge der reellen Zahlen.

Definition 2.2.17. *Sei S eine endliche (oder abzählbare) Menge von elementaren Ereignissen eines Zufallsexperiments. Jede Funktion X von S nach $\mathbb{R}$ wird* **(diskrete) Zufallsvariable** *(auf S) genannt.*

Dies bedeutet nichts anderes, als dass wir jedem elementaren Ereignis (jedem Ausgang des Experiments) eine reelle Zahl zuordnen. Das Wichtigste ist, dass wir uns die Zufallsvariable aussuchen dürfen, und zwar so, dass wir dadurch das ausdrücken, was uns interessiert. Zum Beispiel werden wir später einen Wahrscheinlichkeitsraum betrachten, der alle Berechnungen eines randomisierten Algorithmus auf einer bestimmten Eingabe enthält. Somit ist jede Berechnung ein elementares Ereignis. Wenn wir dann die Effizienz des randomisierten Algorithmus untersuchen wollen, ist es günstig, eine Zufallsvariable zu wählen, die jeder Berechnung ihre Komplexität zuordnet. Mit dieser Variable können wir dann die „erwartete" Komplexität des Algorithmus als einen durch die Wahrscheinlichkeiten gewichteten durchschnittlichen Wert der Zufallsvariable berechnen. Eine andere Möglichkeit ist, eine Zufallsvariable zu wählen, die jeder Berechnung eine 1 zuordnet, wenn das Resultat korrekt ist, und jeder falschen Berechnung eine 0 zuordnet. Mit einer solchen Zufallsvariable können wir dann untersuchen, wie hoch die Wahrscheinlichkeit[6] dafür ist, dass der randomisierte Algorithmus das richtige Resultat liefert.

Wenn S eine endliche (abzählbare) Menge ist, dann ist auch der Wertebereich

$$\mathbb{R}_X = \{x \in \mathbb{R} \mid \exists s \in S, \text{ so dass } X(s) = x\}$$

jeder Zufallsvariable X endlich (abzählbar).

Definition 2.2.18. *Sei (S, Wahr) ein Wahrscheinlichkeitsraum und sei X eine Zufallsvariable auf S. Für jede Zahl $z \in \mathbb{R}$ definieren wir das Ereignis $X = z$ als*

$$\text{Ereignis}(X = z) = \{s \in S \mid X(s) = z\}.$$

Die Funktion $f_X : \mathbb{R} \to [0,1]$, definiert durch

$$\boldsymbol{f_X(z)} = \text{Wahr}(\text{Ereignis}(X = z))$$

[6] Diese Wahrscheinlichkeit entspricht wieder dem gewichteten Durchschnittswert der Zufallsvariable.

für alle $z \in \mathbb{R}$*, nennt man die* **Dichte** *von* X.

Die **Verteilungsfunktion** *von* X *ist die Funktion* $\text{Dis}_X : \mathbb{R} \to [0,1]$, *definiert durch*

$$\mathbf{Dis}_X(z) = \text{Wahr}(X \leq z) = \sum_{\substack{y \leq z \\ y \in \mathbb{R}_X}} \text{Wahr}(\text{Ereignis}(X = y)).$$

Um unsere Notation abzukürzen, schreiben wir im Folgenden $X = z$ anstatt $\text{Ereignis}(X = z)$ und $\text{Wahr}(X = z)$ anstatt $\text{Wahr}(\text{Ereignis}(X = z))$.

Lemma 2.2.19. *Sei* (S, Wahr) *ein Wahrscheinlichkeitsraum und sei* X *eine Zufallsvariable auf* S. *Dann ist für alle* $z \in \mathbb{R}$

(i) $\text{Wahr}(X = z) \geq 0$,
(ii) $\sum_{y \in \mathbb{R}_X} \text{Wahr}(X = y) = 1$, *und*
(iii) $f_X(z) = \text{Wahr}(X = z) = \sum_{\substack{s \in S \\ X(s) = z}} \text{Wahr}(\{s\})$.

Beweis. Die Eigenschaft (i) gilt, weil $X = z$ ein Ereignis in S ist. Die Eigenschaft (iii) folgt direkt aus der Definition von f_X und aus der Tatsache, dass Wahr eine Wahrscheinlichkeitsverteilung über S ist (siehe (v) aus Aufgabe 2.2.2). Die Behauptung (ii) ist eine direkte Folge von (iii), weil

$$\sum_{y \in \mathbb{R}_X} \text{Wahr}(X = y) \underset{(iii)}{=} \sum_{y \in \mathbb{R}_X} \sum_{\substack{s \in S \\ X(s) = y}} \text{Wahr}(\{s\}) = \sum_{s \in S} \text{Wahr}(\{s\}) = 1.$$

□

Eine interessante Folgerung aus Lemma 2.2.19 ist, dass wir zur Untersuchung des gegebenen Wahrscheinlichkeitsraums (S, Wahr) durch die Wahl einer Zufallsvariable X auf S einen neuen Wahrscheinlichkeitsraum $(\mathbb{R}_X, F_X)$ erzeugen, wobei $\mathbb{R}_X = \{x \in \mathbb{R} \mid \exists s \in S \text{ mit } X(s) = x\}$ und

$$F_X(B) = \sum_{y \in B} f_X(y)$$

für alle $B \subseteq \mathbb{R}_X$.

Aufgabe 2.2.20. Sei (S, Wahr) ein Wahrscheinlichkeitsraum und sei X eine Zufallsvariable auf S. Beweisen Sie, dass $(\mathbb{R}_X, F_X)$ ein Wahrscheinlichkeitsraum ist.

Beispiel 2.2.21. Wir schauen uns das Experiment des dreimaligen Würfelns unter Beachtung der Reihenfolge an. Das Ergebnis eines Wurfs ist eine der Zahlen $1, 2, 3, 4, 5$ und 6. Wir betrachten das faire Würfeln, also ist jedes Resultat aus $\{1, 2, 3, 4, 5, 6\}$ gleich wahrscheinlich. Somit ist (S, Wahr) mit

$$S = \{(a, b, c) \mid a, b, c \in \{1, 2, 3, 4, 5, 6\}\} \text{ und}$$

$$\text{Wahr}(\{s\}) = \frac{1}{6^3} = \frac{1}{216}$$

für alle $s \in S$ ein Wahrscheinlichkeitsraum für dieses Experiment.

Betrachten wir die Zufallsvariable X, definiert durch

$$X((a, b, c)) = a + b + c,$$

also als die Summe der geworfenen Werte. Berechnen wir jetzt die Wahrscheinlichkeit des Ereignisses, dass $X = 5$ gilt.

$$\begin{aligned}
\text{Wahr}(X = 5) &= \sum_{\substack{s \in S \\ X(s)=5}} \text{Wahr}(\{s\}) \\
&= \sum_{\substack{a+b+c=5 \\ a,b,c \in \{1,\ldots,6\}}} \text{Wahr}(\{(a, b, c)\}) \\
&= \text{Wahr}(\{(1, 1, 3)\}) + \text{Wahr}(\{(1, 3, 1)\}) \\
&\quad +\text{Wahr}(\{(3, 1, 1)\}) + \text{Wahr}(\{(1, 2, 2)\}) \\
&\quad +\text{Wahr}(\{(2, 1, 2)\}) + \text{Wahr}(\{(2, 2, 1)\}) \\
&= 6 \cdot \frac{1}{216} = \frac{1}{36}.
\end{aligned}$$

Betrachten wir jetzt die Zufallsvariable Y definiert durch

$$Y((a, b, c)) = \max\{a, b, c\} \text{ für jedes } (a, b, c) \in S.$$

Berechnen wir die Wahrscheinlichkeit des Ereignisses, dass $Y = 3$ gilt, also dass die höchste gewürfelte Zahl 3 ist.

$$\begin{aligned}
\text{Wahr}(Y = 3) &= \sum_{\substack{s \in S \\ Y(s)=3}} \text{Wahr}(\{s\}) = \sum_{\substack{\max\{a,b,c\}=3 \\ a,b,c \in \{1,\ldots,6\}}} \text{Wahr}(\{(a, b, c)\}) \\
&= \sum_{b,c \in \{1,2\}} \text{Wahr}(\{(3, b, c)\}) + \sum_{a,c \in \{1,2\}} \text{Wahr}(\{(a, 3, c)\})
\end{aligned}$$

$$
\begin{aligned}
&+\sum_{a,b\in\{1,2\}} \mathrm{Wahr}(\{(a,b,3)\}) + \sum_{c\in\{1,2\}} \mathrm{Wahr}(\{(3,3,c)\}) \\
&+\sum_{b\in\{1,2\}} \mathrm{Wahr}(\{(3,b,3)\}) + \sum_{a\in\{1,2\}} \mathrm{Wahr}(\{(a,3,3)\}) \\
&+\mathrm{Wahr}(\{(3,3,3)\}) \\
= &\frac{4}{216}+\frac{4}{216}+\frac{4}{216}+\frac{2}{216}+\frac{2}{216}+\frac{2}{216}+\frac{1}{216} \\
= &\frac{19}{216}.
\end{aligned}
$$

□

Aufgabe 2.2.22. Bestimmen Sie zu den Zufallsvariablen X und Y aus Beispiel 2.2.21 die Verteilungsfunktion Dis_X und die Dichte f_Y.

Wir definieren nun die Unabhängigkeit von zwei Zufallsvariablen als eine natürliche Verallgemeinerung der Unabhängigkeit von zwei Ereignissen.

Definition 2.2.23. *Sei* (S, Wahr) *ein Wahrscheinlichkeitsraum und seien* X *und* Y *zwei Zufallsvariablen aus* S. *Wir führen die Bezeichnung*

$$\mathrm{Ereignis}(X = x \textit{ und } Y = y) = \mathrm{Ereignis}(X = x) \cap \mathrm{Ereignis}(Y = y)$$

ein. Wir sagen, das die Zufallsvariablen X *und* Y **unabhängig** *sind, falls*

$$\mathrm{Wahr}(X = x \textit{ und } Y = y) = \mathrm{Wahr}(X = x) \cdot \mathrm{Wahr}(Y = y)$$

für alle $x, y \in \mathbb{R}$.

Um ein einfaches Beispiel von unabhängigen Zufallsvariablen anzugeben, betrachten wir das dreifache Würfeln und definieren zwei Zufallsvariablen X und Y als

$$X((a,b,c)) = \begin{cases} 1 & a \text{ ist gerade} \\ 0 & a \text{ ist ungerade} \end{cases}$$

und

$$Y((a,b,c)) = b$$

für alle $(a,b,c) \in S$.

Offensichtlich ist

$$\mathrm{Wahr}(X = 1) = \frac{1}{2} = \mathrm{Wahr}(X = 0)$$

und

$$\text{Wahr}(Y = i) = \frac{1}{6}$$

für alle $i \in \{1, \ldots, 6\}$. Dann ist für alle $i \in \{1, \ldots, 6\}$

$$\begin{aligned}
\text{Wahr}(X = 1 \text{ und } Y = i) &= \text{Wahr}\left(\left\{(a, i, c) \;\middle|\; \begin{array}{c} a \text{ ist gerade und} \\ c \in \{1, \ldots, 6\} \end{array}\right\}\right) \\
&= \frac{18}{216} = \frac{1}{12} = \frac{1}{2} \cdot \frac{1}{6} \\
&= \text{Wahr}(X = 1) \cdot \text{Wahr}(Y = i) .
\end{aligned}$$

Weil das gleiche Verhalten auch für den Fall $X = 0$ auftritt, können wir daraus schließen, dass X und Y unabhängig sind.

Die einfachste und am meisten untersuchte Charakteristik einer Zufallsvariable ist der durch Wahrscheinlichkeiten gewichtete Durchschnittswert. Diesen Durchschnittswert nennen wir im Folgenden **Erwartungswert**.

Definition 2.2.24. *Sei (S, Wahr) ein Wahrscheinlichkeitsraum und sei X eine Zufallsvariable aus S. Der* **Erwartungswert E[*X*] von *X*** *ist*

$$\mathbf{E}[X] = \sum_{x \in \mathbb{R}_X} x \cdot \text{Wahr}(X = x) ,$$

wenn diese Summe endlich[7] *ist oder konvergiert.*

Das folgende Lemma bietet uns eine andere Möglichkeit zur Bestimmung von $\text{E}[X]$.

Lemma 2.2.25. *Sei (S, Wahr) ein endlicher Wahrscheinlichkeitsraum und sei X eine Zufallsvariable auf S. Dann*

$$\text{E}[X] = \sum_{s \in S} X(s) \cdot \text{Wahr}(\{s\}) .$$

Beweis. Für jede Zufallsvariable X auf S gilt

$$\text{E}[X] \underset{def.}{=} \sum_{x \in \mathbb{R}_X} x \cdot \text{Wahr}(X = x)$$

[7] Wenn S endlich ist, ist diese Summe auch endlich.

$$
\begin{aligned}
&= \sum_{x \in \mathbb{R}_X} x \cdot \sum_{\substack{s \in S \\ X(s)=x}} \text{Wahr}(\{s\}) \\
&\quad \{\text{weil Ereignis}(X = x) = \{s \in S \mid X(s) = x\}\} \\
&= \sum_{x \in \mathbb{R}_X} \sum_{\substack{s \in S \\ X(s)=x}} x \cdot \text{Wahr}(\{s\}) \\
&= \sum_{x \in \mathbb{R}_X} \sum_{\substack{s \in S \\ X(s)=x}} X(s) \cdot \text{Wahr}(\{s\}) \\
&= \sum_{s \in S} X(s) \cdot \text{Wahr}(\{s\})
\end{aligned}
$$

{weil X eine Funktion auf S ist, also für jedes $s \in S$ genau ein Wert $x \in \mathbb{R}$ mit $X(s) = x$ existiert}

□

Aufgabe 2.2.26. Sei (S, Wahr) ein Wahrscheinlichkeitsraum und seien X und Y zwei Zufallsvariablen auf S, so dass $X(s) \leq Y(s)$ für alle $s \in S$. Beweise, dass dann

$$\text{E}[X] \leq \text{E}[Y] .$$

Eine häufig benutzte Zufallsvariable ist die sogenannte **Indikatorvariable**, die S auf $\{0, 1\}$ abbildet. Durch Indikatorvariablen unterteilt man die Ereignisse in zwei Klassen, die Ereignisse s mit $X(s) = 1$, und die Ereignisse u mit $X(u) = 0$. Wenn z.B. S die Menge aller Läufe (Berechnungen) eines randomisierten Algorithmus ist, können wir durch $X(s) = 1$ die korrekten Läufe (Berechnungen) markieren, und durch $X(u) = 0$ die falschen. Im Allgemeinen können wir für jedes Ereignis $A \subseteq S$ eine Indikatorvariable X_A so wählen, dass

$$
\begin{aligned}
A &= \{s \in S \mid X_A(s) = 1\} = \text{Ereignis}(X_A = 1)\,, \text{ und} \\
S - A &= \{s \in S \mid X_A(s) = 0\} = \text{Ereignis}(X_A = 0)\,.
\end{aligned}
$$

Somit ist dann

$$
\begin{aligned}
\text{E}[X_A] &\underset{Lem. 2.2.25}{=} \sum_{s \in S} X_A(s) \cdot \text{Wahr}(\{s\}) \\
&= \sum_{s \in A} X_A(s) \cdot \text{Wahr}(\{s\}) + \sum_{s \in S-A} X_A(s) \cdot \text{Wahr}(\{s\}) \\
&= \sum_{s \in A} 1 \cdot \text{Wahr}(\{s\}) + \sum_{s \in S-A} 0 \cdot \text{Wahr}(\{s\})
\end{aligned}
$$

$$\begin{aligned} &= \sum_{s \in A} \text{Wahr}(\{s\}) \\ &= \text{Wahr}(A)\,. \end{aligned}$$

Wir haben also folgendes Resultat bewiesen.

Lemma 2.2.27. *Für jede Indikatorvariable X_A mit $A = \{s \in S \mid X_A(s) = 1\}$ gleicht der Erwartungswert $\mathrm{E}[X_A]$ der Wahrscheinlichkeit $\text{Wahr}(A)$ des Ereignisses A.*

Wenn X eine Zufallsvariable auf S ist, und $g : \mathbb{R} \to \mathbb{R}$ eine beliebige Funktion, dann ist $Z = g(X)$, definiert durch

$$Z(s) = g(X(s)) \text{ für alle } s \in S,$$

ebenfalls eine Zufallsvariable auf S. Wenn zum Beispiel für feste $a, b \in \mathbb{R}$

$$g(y) = a \cdot y + b$$

für jedes $y \in \mathbb{R}$, dann

$$Z(s) = g(X(s)) = a \cdot X(s) + b$$

und

$$\begin{aligned} \mathrm{E}[Z] = \mathrm{E}[a \cdot X + b] &= \sum_{x \in \mathbb{R}_X} (a \cdot x + b) \cdot \text{Wahr}(X = x) \\ &= a \cdot \sum_{x \in \mathbb{R}_X} x \cdot \text{Wahr}(X = x) + b \cdot \sum_{x \in \mathbb{R}_X} \text{Wahr}(X = x) \\ &= a \cdot \mathrm{E}[X] + b. \end{aligned}$$

Die Eigenschaft

$$\mathrm{E}[a \cdot X + b] = a \cdot \mathrm{E}[X] + b$$

von Zufallsvariablen nennt man **schwache Linearität des Erwartungswertes** .

Oft brauchen wir auch Zufallsvariablen, die aus mehreren Zufallsvariablen zusammengesetzt sind.

Definition 2.2.28. *Sei (S, Wahr) ein Wahrscheinlichkeitsraum. Seien $X_1, X_2, \ldots, X_n$ Zufallsvariablen auf S. Wir bezeichnen durch* $\mathbf{X_1 + X_2 + \ldots + X_n}$

oder durch $\sum_{i=1}^{n} X_i$ *die (aus* $X_1, X_2, \ldots, X_n$ *zusammengesetzte) Zufallsvariable* $Z = \sum_{i=1}^{n} X_i$ *definiert durch*

$$Z(s) = X_1(s) + X_2(s) + \ldots + X_n(s) = \sum_{i=1}^{n} X_i(s)$$

für alle $s \in S$. *Wir bezeichnen durch* $\boldsymbol{X_1 \cdot X_2 \cdot \ldots \cdot X_n}$ *oder durch* $\prod_{i=1}^{n} X_i$ *die Zufallsvariable* Y, *definiert durch*

$$Y(s) = Y_1(s) \cdot Y_2(s) \cdot \ldots \cdot Y_n(s) = \prod_{i=1}^{n} Y_i(s)$$

für alle $s \in S$.

Die folgende Eigenschaft der Erwartungswerte von $X_1 + X_2 + \ldots + X_n$ werden wir häufig bei der Analyse von randomisierten Systemen benutzen.

Lemma 2.2.29. *Sei* (S, Wahr) *ein Wahrscheinlichkeitsraum und seien* X *und* Y *zwei Zufallsvariablen auf* S. *Dann gilt*

$$\mathrm{E}[X+Y] = \mathrm{E}[X] + \mathrm{E}[Y].$$

Beweis. Z bezeichne die Zufallsvariable $X+Y$. Dann gilt

$$\begin{aligned}
\mathrm{E}[X+Y] = \mathrm{E}[Z] &= \sum_{s \in S} Z(s) \cdot \text{Wahr}(\{s\}) \\
&\quad \{\text{nach Lemma 2.2.25}\} \\
&= \sum_{s \in S} (X(s) + Y(s)) \cdot \text{Wahr}(\{s\}) \\
&\quad \{\text{nach Definition von } Z = X+Y\} \\
&= \sum_{s \in S} X(s) \cdot \text{Wahr}(\{s\}) + \sum_{s \in S} Y(s) \cdot \text{Wahr}(\{s\}) \\
&= \mathrm{E}[X] + \mathrm{E}[Y] \\
&\quad \{\text{nach Lemma 2.2.25}\}
\end{aligned}$$

□

Die Eigenschaft

$$\mathrm{E}[X+Y] = \mathrm{E}[X] + \mathrm{E}[Y]$$

von Zufallsvariablen nennt man **Linearität des Erwartungswertes**.

Aufgabe 2.2.30. Beweisen Sie, dass

$$E[X_1 + X_2 + \ldots + X_n] = E[X_1] + E[X_2] + \ldots + E[X_n]$$

für alle Zufallsvariablen $X_1, X_2, \ldots, X_n$ über einem Wahrscheinlichkeitsraum gilt.

Aufgabe 2.2.31. Seien X und Y zwei Zufallsvariablen auf S für einen Wahrscheinlichkeitsraum (S, Wahr). Sei eine Zufallsvariable $Z = \min\{X, Y\}$ als $Z(s) = \min\{X(s), Y(s)\}$ für alle $s \in S$ gegeben. Beweisen oder widerlegen Sie die folgende Aussage:

$$E[Z] = \min\{E[X], E[Y]\}.$$

2.3 Modellierung von randomisierten Algorithmen

In diesem Abschnitt wollen wir zeigen, wie man randomisierte Algorithmen durch Wahrscheinlichkeitsräume modellieren kann, und wie man den Begriff der Zufallsvariable als ein nützliches Instrument zur Analyse randomisierter Berechnungen heranziehen kann.

Randomisierte Algorithmen sind ein Spezialfall von stochastischen Algorithmen. Einen stochastischen Algorithmus kann man als ein teilweise durch Zufall gesteuertes Verfahren ansehen. Einem solchen Algorithmus erlaubt man von Zeit zu Zeit eine Münze zu werfen und abhängig von dem Resultat entscheidet der Algorithmus, wie man weiter arbeiten wird. Die Qualität stochastischer Algorithmen misst man bezüglich der Laufzeit (Länge der Berechnung) und dem Grad der Korrektheit (Zuverlässigkeit). Was man unter dem Grad der Korrektheit versteht, kann unterschiedlich ausgelegt werden. Zum Beispiel kann man eine Wahrscheinlichkeitsverteilung über alle Eingaben betrachten und dann den Grad der Korrektheit durch die Wahrscheinlichkeit ausdrücken, mit der eine zufällig ausgesuchte Eingabe mit hoher Wahrscheinlichkeit bei dem stochastischen Verfahren richtig bearbeitet wird. Das bedeutet, wir akzeptieren bei stochastischen Algorithmen die Situation, dass der Algorithmus auf einigen Eingaben „schlecht" läuft (inkorrekt oder zu lange), wenn er auf den meisten Eingaben „gut" (effizient und mit hoher Wahrscheinlichkeit korrekt) läuft. Randomisierte Algorithmen sind ein Spezialfall von stochastischen Algorithmen in dem Sinne, dass sie für keine Eingabe schlecht laufen.

Der Entwurf von randomisierten Algorithmen unterliegt der hohen Anforderung, dass die Algorithmen mit hoher Wahrscheinlichkeit auf jeder Eingabe korrekt und effizient laufen, also dass sie in jeder Situation relativ zuverlässig sind.

Wegen der Anforderung, für jede Eingabe mit einer sinnvollen[8] Wahrscheinlichkeit eine korrekte Berechnung erfolgreich zu realisieren, muss man das Verhalten eines randomisierten Algorithmus auf jeder zulässigen Eingabe untersuchen. Deswegen hat es keinen Sinn über irgendwelche Wahrscheinlichkeitsverteilungen auf der Menge der Eingaben nachzudenken. Das zufallsgesteuerte Verhalten des Algorithmus stellt somit das einzige Zufallsexperiment dar. Im Folgenden werden wir zwei Darstellungen von randomisierten Algorithmen betrachten.

DAS ERSTE MODELL

Die einfachere der beiden Darstellungen betrachtet einen randomisierten Algorithmus A als eine Menge von deterministischen Algorithmen $A_1, A_2, \ldots, A_n$, von denen für jede Eingabe w ein A_i zufällig gewählt wird. Damit existieren für jede Eingabe w genau n Berechnungen von A auf w.[9] Dieser Überlegung folgend modellieren wir das Zufallsexperiment der Arbeit von A auf der Eingabe w als den Wahrscheinlichkeitsraum

$$(S_{A,w}, \text{Wahr}),$$

wobei $S_{A,w} = \{A_1, A_2, \ldots, A_n\}$ und Wahr eine Wahrscheinlichkeitsverteilung über $S_{A,w}$ ist.

Typischerweise ist Wahr eine Gleichverteilung. Noch günstiger ist es, $S_{A,w} = \{C_1, C_2, \ldots, C_n\}$ als die Menge aller Läufe (möglichen Berechnungen) von A auf w zu betrachten, wobei C_i die Berechnung des i-ten deterministischen Algorithmus A_i auf w bezeichnet. Bei gegebenen A_i und w ist die Berechnung C_i eindeutig bestimmt und somit spielt es formal keine Rolle, ob wir $S_{A,w}$ als $\{A_1, A_2, \ldots, A_n\}$ oder als $\{C_1, C_2, \ldots, C_n\}$ betrachten. Wir ziehen deswegen meistens die zweite Variante vor, weil wir die konkreten Berechnungen $C_1, \ldots, C_n$ und nicht die allgemeinen Algorithmen $A_1, \ldots, A_n$ in diesem Zufallsexperiment untersuchen wollen. Diese Modellierung ist in Fig. 2.1 ver-

[8] akzeptablen Wahrscheinlichkeit für die betrachtete Anwendung

[9] Im Folgenden benutzen wir auch den Begriff ein **Lauf von A auf w** für jede der n Berechnungen von A_i auf w für alle $i = 1, \ldots, n$.

anschaulicht.[10] Der randomisierte Algorithmus A wählt zu Beginn mit einer Wahrscheinlichkeit Wahr$(\{A_i\})$ den i-ten Algorithmus für die Bearbeitung der Eingabe w aus, der restliche Ablauf ist vollständig deterministisch.

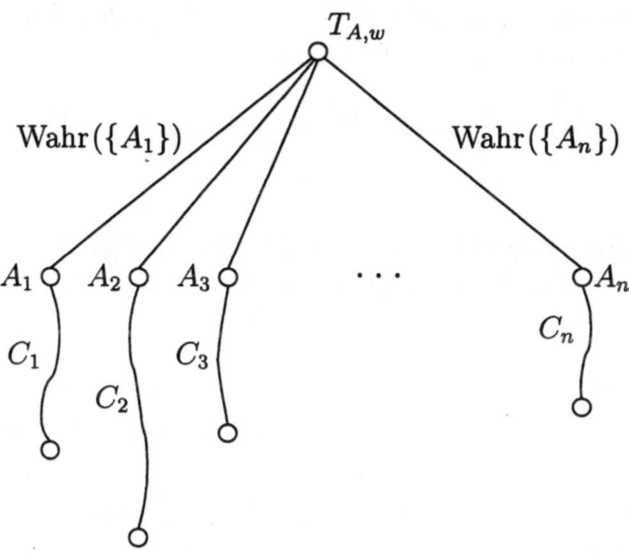

Fig. 2.1

Wie auch in Fig. 2.1 angedeutet, können die einzelnen Berechnungen (Läufe) auf w unterschiedlich lang sein. Sei Time(C_i) die Bezeichnung für die Länge[11] der Berechnung C_i. Wenn man dann die Effizienz von A auf w untersuchen will, kann man die Zufallsvariable $Z : S_{A,w} \rightarrow \mathbb{N}$ nehmen,[12] wobei

$$Z(C_i) = \text{Time}(C_i) \text{ für } i = 1, \ldots, n.$$

Dann bewerten wir die Effizienz von A auf w durch die **erwartete Zeitkomplexität des Algorithmus A auf w**, die wie folgt definiert wird:

$$\begin{aligned} \textbf{Erw-Time}_{\boldsymbol{A}}\boldsymbol{(w)} = \text{E}[Z] &= \sum_{i=1}^{n} \text{Wahr}(\{C_i\}) \cdot Z(C_i) \\ &= \sum_{i=1}^{n} \text{Wahr}(\{C_i\}) \cdot \text{Time}(C_i)\,. \end{aligned}$$

[10]Wie bei nichtdeterministischen Algorithmen bezeichnet $T_{A,w}$ den Berechnungsbaum des Algorithmus A auf der Eingabe w.

[11]Unter der Länge einer Berechnung C verstehen wir die Zeitkomplexität von C.

[12]Man kann natürlich auch Time direkt als Zufallsvariable verwenden anstatt sie umzubenennen.

Weil wir bei randomisierten Algorithmen immer möglichst auf der sichersten Seite[13] sein wollen, definieren wir die erwartete Zeitkomplexität von A als die Komplexität im schlechtesten Fall.

Die **erwartete Zeitkomplexität des randomisierten Algorithmus A** ist die Funktion $\text{Erw-Time}_A : \mathbb{N} \to \mathbb{N}$, definiert durch

$$\textbf{Erw-Time}_{\boldsymbol{A}}(\boldsymbol{n}) = \max\{\text{Erw-Time}_A(w) \mid \text{die Länge}^{14} \text{ von } w \text{ ist } n\}$$

für alle $n \in \mathbb{N}$.

Wenn wir für jeden möglichen Lauf die Zeitkomplexität einschränken wollen, dann definieren wir die **Zeitkomplexität des randomisierten Algorithmus A** als die Funktion $\text{Time}_A(n) : \mathbb{N} \to \mathbb{N}$ durch

$$\begin{aligned} \textbf{Time}_{\boldsymbol{A}}(\boldsymbol{n}) \;=\; \max\{\text{Time}(C) \mid\; & C \text{ ist ein Lauf von } A \text{ auf} \\ & \text{einer Eingabe der Länge } n\}. \end{aligned}$$

Wenn man nun nicht die Laufzeit, sondern die „Zuverlässigkeit" des Algorithmus A auf einer Eingabe w messen möchte, wählt man die Zufallsvariable $X : S_{A,w} \to \{0, 1\}$ (als eine Indikatorvariable) durch

$$X(C_i) = \begin{cases} 1 & \text{falls } C_i \text{ das korrekte Resultat für } w_i \text{ berechnet} \\ 0 & \text{sonst} \end{cases}$$

für $i = 1, \ldots, n$. Damit ist

$$\begin{aligned} \mathrm{E}[X] &= \sum_{i=1}^{n} X(C_i) \cdot \text{Wahr}(C_i). \\ &= \sum_{X(C_i)=1} 1 \cdot \text{Wahr}(C_i) + \sum_{X(C_i)=0} 0 \cdot \text{Wahr}(C_i) \\ &= \text{Wahr}(\text{Ereignis}(X = 1)) \\ &= \text{die Wahrscheinlichkeit der Berechnung des} \\ &\ \text{korrekten Resultates.} \end{aligned}$$

[13] Wir wollen für jede Eingabegröße n eine obere Schranke an die erwartete Zeitkomplexität kennen, mit der man jede Eingabe der Größe n im mittleren Fall bearbeiten kann.

[14] Wie man die Eingabelänge misst, wird durch die konkrete Anwendung bestimmt: zum Beispiel durch die Anzahl der Zeichen, die zur Darstellung (Kodierung) der Eingabe verwendet werden, oder auch gröber durch die Anzahl der Elemente (Zahlen, Knoten eines Graphen, ...), die in der Eingabe enthalten sind.

Den Wert $\mathrm{E}[X]$ bezeichnen wir als die **Erfolgswahrscheinlichkeit des Algorithmus A auf w**. Den Wert $1 - \mathrm{E}[X]$ bezeichnen wir als die **Fehlerwahrscheinlichkeit des Algorithmus A auf w**, oder kurz als **$\mathbf{Fehler}_A(w)$**. Die **Fehlerwahrscheinlichkeit des Algorithmus A** definieren wir als eine Funktion $\mathrm{Fehler}_A : \mathbb{N} \to \mathbb{N}$ mit:

$$\mathbf{Fehler}_A(n) = \max\{\mathrm{Fehler}_A(w) \mid \text{die Länge von } w \text{ ist } n\}.$$

Somit gibt uns Fehler_A die Garantie, dass die Fehlerwahrscheinlichkeit höchstens $\mathrm{Fehler}_A(n)$ für jede Eingabe der Länge n ist.

Wir bemerken, dass die Definitionen der Zeitkomplexitätsmaße Erw-Time_A und Time_A auf der Voraussetzung basieren, dass alle Läufe von A endlich sind. Weil $A_1, A_2, \ldots, A_n$ deterministische Algorithmen sind, ist diese Annahme auch natürlich. Im Allgemeinen können aber randomisierte Algorithmen auch unendliche Berechnungen haben. In einem solchen Fall messen wir die erwartete Zeitkomplexität[15] nur über die endlichen Berechnungen von A und wir bestimmen die Wahrscheinlichkeit des Auftretens einer unendlichen Berechnung, die zu der Fehlerwahrscheinlichkeit hinzu addiert wird. Damit wird das Auftreten einer unendlichen Berechnung als Fehler betrachtet.

Wir illustrieren die Anwendung dieser Modellierung zur Untersuchung randomisierten Algorithmen mit zwei konkreten Beispielen.

Beispiel 2.3.32. Zuerst betrachten wir das Motivationsbeispiel aus dem ersten Kapitel. Dort haben wir ein randomisiertes Protokoll zum Vergleich von zwei binären Strings x und y der Länge n entworfen. In diesem Protokoll R wurde zufällig eine Primzahl p aus der Menge $\mathrm{PRIM}(n^2)$ aller Primzahlen kleiner gleich n^2 gewählt. Wenn C_p den durch p bestimmten Lauf des Protokolls auf der Eingabe (x, y) bezeichnet, dann kann die Arbeit von R auf (x, y) durch den Wahrscheinlichkeitsraum $(S_{R,(x,y)}, \mathrm{Wahr})$ modelliert werden, wobei

(i) $S_{R,(x,y)} = \{C_p \mid p \in \mathrm{PRIM}(n^2)\}$, und
(ii) Wahr ist die Gleichverteilung auf $S_{R,(x,y)}$.

Weil durch die Bezeichnung C_p eine Bijektion zwischen $\mathrm{PRIM}(n^2)$ und $S_{R,(x,y)}$ gegeben ist, dürfen wir auch direkt den Wahrscheinlichkeitsraum $(\mathrm{PRIM}(n^2)$, Wahr) zur Modellierung benutzen.

[15] Die Zeitkomplexität im schlechtesten Fall wird bei solchen randomisierten Algorithmen nicht betrachtet.

Es ergibt keinen Sinn, die erwartete Kommunikationskomplexität mit Hilfe von $(S_{R,(x,y)}, \text{Wahr})$ zu untersuchen, weil alle Läufe von R auf (x, y) die gleiche Komplexität $4 \cdot \lceil \log_2 n \rceil$ besitzen[16].

Die Fehlerwahrscheinlichkeit für (x, y) mit $x = y$ brauchen wir ebenfalls nicht zu untersuchen, weil sie offensichtlich 0 ist.

Zur Untersuchung der Fehlerwahrscheinlichkeit für (x, y) mit $x \neq y$ wählen wir die Indikatorvariable X definiert durch

$$X(C_p) = \begin{cases} 1 & \text{falls } p \text{ „gut"}^{17} \text{ für } (x,y) \text{ ist} \\ 0 & \text{falls } p \text{ „schlecht" für } (x,y) \text{ ist.} \end{cases}$$

Weil $\text{Wahr}(C_p) = \frac{1}{Prim(n^2)}$ für alle $p \in \text{PRIM}(n^2)$ gilt und die Anzahl der schlechten Primzahlen für jede Eingabe (x, y), $x \neq y$, höchstens $n - 1$ ist, erhalten wir

$$\begin{aligned} \text{E}[X] &= \sum_{p \in \text{PRIM}(n^2)} X(C_p) \cdot \text{Wahr}(\{C_p\}) \\ &= \sum_{p \in \text{PRIM}(n^2)} X(C_p) \cdot \frac{1}{Prim\,(n^2)} \\ &= \frac{1}{Prim\,(n^2)} \cdot \sum_{p \text{ ist gut}} X(C_p) \\ &\geq \frac{1}{Prim\,(n^2)} \cdot (Prim\,(n^2) - (n-1)) \\ &= 1 - \frac{n-1}{Prim\,(n^2)}. \end{aligned}$$

Damit ist die Fehlerwahrscheinlichkeit von R auf (x, y)

$$\begin{aligned} \text{Fehler}_R((x,y)) &= 1 - \text{E}[X] \\ &\leq \frac{n-1}{Prim\,(n^2)} \leq \frac{2 \cdot \ln n}{n} \\ &\quad \{\text{weil}^{18}\, Prim\,(n^2) \geq n^2/\ln n^2 \\ &\quad \text{für alle } n \geq 9\} \end{aligned}$$

[16] Alle Zahlen kleiner n^2 sind durch genau $\lceil \log_2 n^2 \rceil$ Bits in der Kommunikation dargestellt. Damit fixiert das Protokoll die Länge der binären Nachrichten, d.h. macht sie unabhängig von der Wahl von p.

[17] Zur Erinnerung, p ist „gut" für (x, y) genau dann, wenn C_p die richtige Antwort für die Eingabe (x, y) liefert.

für alle $n \geq 9$.

Betrachten wir jetzt das modifizierte Protokoll R_2, das zwei Primzahlen $p, q \in$ PRIM (n^2) zufällig wählt. Dann akzeptiert R_2 eine Eingabe (x, y) genau dann, wenn

$$(x \bmod p = y \bmod p) \text{ und } (x \bmod q = y \bmod q). \tag{2.2}$$

Ein Lauf $C_{p,q}$ von R_2 entspricht dem Senden von p, q, $(x \bmod p)$ und $(x \bmod q)$ von R_{I} an R_{II} und dem Vergleich von $(x \bmod p)$ mit $(y \bmod p)$ und von $(x \bmod q)$ mit $(y \bmod q)$ durch den Rechner R_{II}. In diesem Fall wählen wir die Indikatorvariable Y als

$$Y(C_{p,q}) = \begin{cases} 1 & \text{falls } p \text{ oder } q \text{ „gut" für } (x,y) \text{ ist} \\ 0 & \text{falls sowohl } p \text{ als auch } q \text{ „schlecht" für } (x,y) \text{ sind} \end{cases}$$

für alle $C_{p,q} \in S_{R_2,(x,y)} = \{C_{r,s} \mid r, s \in \text{PRIM}\,(n^2)\}$.

Im Wahrscheinlichkeitsraum $(S_{R_2,(x,y)}, \text{Wahr}_2)$ erhalten wir dann

$$\begin{aligned}
\mathrm{E}[Y] &= \sum_{C_{p,q} \in S_{R_2,(x,y)}} Y(C_{p,q}) \cdot \text{Wahr}_2(\{C_{p,q}\}) \\
&= \sum_{p,q \in \text{PRIM}(n^2)} Y(C_{p,q}) \cdot \frac{1}{(Prim\,(n^2))^2} \\
&= \text{Wahr}_2(\text{Ereignis}(Y = 1)) \\
&= 1 - \text{Wahr}_2(\text{Ereignis}(Y = 0)) \\
&= 1 - \text{Wahr}_2(\text{Ereignis}(p \text{ und } q \text{ sind schlecht})) \\
&= 1 - \text{Wahr}(p \text{ ist schlecht}) \cdot \text{Wahr}(q \text{ ist schlecht}) \\
&\quad \{\text{Weil } p \text{ und } q \text{ unabhängig gewählt wurden}\} \\
&\geq 1 - \left(\frac{n-1}{Prim\,(n^2)}\right)^2 \\
&\geq 1 - \frac{4 \cdot (\ln n)^2}{n^2}
\end{aligned}$$

für genügend große n. Weil $\mathrm{E}[Y]$ die Wahrscheinlichkeit der korrekten Ausgabe „$x \neq y$" (d.h. des Ereignisses $Y = 1$) ist, gilt

$$\text{Fehler}_{R_2}((x, y)) = 1 - \mathrm{E}[Y] \leq \frac{4 \cdot (\ln n)^2}{n^2}.$$

□

[18]Siehe Satz A.2.9 und die anschließenden Bemerkungen.

Aufgabe 2.3.33. Betrachten Sie das durch das Protokoll R_2 beschriebene Experiment. Definieren Sie zwei Indikatorvariablen X_1 und X_2, wobei $X_1 = 1$ genau dann, wenn die erste Primzahl p für (x, y) „gut" ist und $X_2 = 1$ genau dann, wenn die zweite Primzahl q für (x, y) „gut" ist. Zeigen Sie, dass X_1 und X_2 unabhängig sind.

Aufgabe 2.3.34. Sei $k \in \mathbb{N}$, $k > 2$. Modellieren Sie die Arbeit des Protokolls R_k, das mit k zufällig gewählten Primzahlen arbeitet, und bestimmen Sie die Fehlerwahrscheinlichkeit Fehler_{R_k}.

Beispiel 2.3.35. Wir betrachten das Optimierungsproblem MAX-SAT.[19] Gegeben eine Formel Φ in KNF besteht die Aufgabe darin, eine Belegung der Variablen von Φ zu finden, so dass die maximal mögliche Anzahl der Klauseln erfüllt wird. Dieses Problem ist NP-schwer und deshalb schwächen wir unsere Forderung, eine optimale Lösung zu finden, zu der Forderung ab, eine Lösung zu finden, die mit „hoher" Wahrscheinlichkeit einen nicht geringen Anteil der Klauseln erfüllt. Durch diese Abschwächung unserer Anforderungen erhalten wir die folgende Möglichkeit.

Algorithmus STICH

Eingabe: Eine Formel $\Phi = F_1 \wedge F_2 \wedge \ldots \wedge F_m$ in KNF über der Variablenmenge $\{x_1, x_2, \ldots, x_n\}$.

Schritt 1: Wähle zufällig eine Belegung $(\alpha_1, \alpha_2, \ldots, \alpha_n) \in \{0, 1\}^n$ für die Variablen $x_1, x_2, \ldots, x_n$, mit

$$\text{Wahr}(\alpha_i = 1) = \text{Wahr}(\alpha_i = 0) = \frac{1}{2}$$

für $i = 1, \ldots, n$.

Ausgabe: $(\alpha_1, \alpha_2, \ldots, \alpha_n)$.

Die Laufzeit des Algorithmus STICH[20] entspricht für jede Eingabe der Länge der Ausgabe. Da jeder Algorithmus zumindest eine Ausgabe dieser Länge liefern muss, ist eine bessere asymptotische Laufzeit nicht möglich.

Jede Ausgabe des Algorithmus stellt eine sinnvolle Lösung, nämlich eine Belegung der Variablen für unser Problem dar. Daher gibt es keine nicht korrekten Berechnungen, und es ergibt somit keinen Sinn, über die Fehlerwahrscheinlichkeit des Algorithmus zu sprechen.

[19] Die formale Definition von MAX-SAT ist in Beispiel 2.5.64 (Abschnitt 2.5) gegeben.

[20] benannt nach Stichprobe

Die Güte des Algorithmus wollen wir durch den relativen Anteil der erfüllten Klauseln messen. Hierfür wählen wir für die Eingabe $\Phi = F_1 \wedge F_2 \wedge \ldots \wedge F_m$ m Zufallsvariablen $Z_1, Z_2, \ldots, Z_m$, wobei

$$Z_i(\alpha) = \begin{cases} 1 & \text{wenn } \alpha \text{ die Klausel } F_i \text{ erfüllt} \\ 0 & \text{sonst} \end{cases}$$

und $(\{\alpha \mid \alpha \in \{0,1\}^n\}, \text{Wahr})$ der zu betrachtende Wahrscheinlichkeitsraum ist. Dann definieren wir die Zufallsvariable Z als $\sum_{i=1}^{m} Z_i$. Weil Z für ein α die Anzahl der erfüllten Klauseln zählt, interessiert uns der Wert $\mathrm{E}[Z]$. Wegen der Linearität des Erwartungswertes (Lemma 2.2.29) gilt

$$\mathrm{E}[Z] = \mathrm{E}\left[\sum_{i=1}^{m} Z_i\right] = \sum_{i=1}^{m} \mathrm{E}[Z_i].$$

Um die Rechnung zu beenden, schätzen wir $\mathrm{E}[Z_i]$ ab. Weil Z_i eine Indikatorvariable ist, ist $\mathrm{E}[Z_i]$ die Wahrscheinlichkeit des Ereignisses, dass F_i erfüllt wird. Sei $F_i = l_{i1} \vee l_{i2} \vee \ldots \vee l_{ik}$, wobei l_{ij} Literale über k unterschiedlichen[21] Variablen sind. Die Klausel wird nur dann nicht erfüllt, wenn keines der k Literale erfüllt wird. Ein Literal wird mit einer Wahrscheinlichkeit von genau $1/2$ bei der Zufallswahl der entsprechenden Variablenbelegung nicht erfüllt. Weil die Wahl der Belegung für unterschiedliche Variablen unabhängig ist und jedes Literal in F_i über einer anderen Variablen ist, ist die Wahrscheinlichkeit, dass keines der Literale von F_i erfüllt wird, gleich

$$\left(\frac{1}{2}\right)^k = \frac{1}{2^k}.$$

Damit wird die Klausel F_i mit der Wahrscheinlichkeit $\mathrm{E}[Z_i] = 1 - \frac{1}{2^k}$ erfüllt. Weil jede Klausel aus mindestens einem Literal besteht, gilt

$$\mathrm{E}[Z_i] \geq \frac{1}{2}$$

für alle $i \in \{1, \ldots, m\}$. Somit ist

$$\mathrm{E}[Z] = \sum_{i=1}^{m} \mathrm{E}[Z_i] \geq \sum_{i=1}^{m} \frac{1}{2} = \frac{m}{2}$$

[21]Sonst könnte man die Klausel vereinfachen.

und damit ist die Erwartung, dass die zufällige Wahl einer Belegung α mindestens die Hälfte der Klauseln erfüllt. Bei dieser Abschätzung waren wir eigentlich sehr grob, weil zu erwarten ist, dass die meisten Klauseln mehr als ein Literal enthalten. Wenn z.B. alle Klauseln mindestens drei Literale hätten, dann wäre $\mathrm{E}[Z_i] \geq \frac{7}{8}$ für alle i und die Erwartung wäre, dass mindestens $\frac{7}{8}$ aller Klauseln erfüllt werden. □

Aufgabe 2.3.36. Wir modifizieren den Algorithmus STICH folgendermaßen.

Eingabe: Eine Formel $\Phi = F_1 \wedge F_2 \wedge \ldots \wedge F_m$ in KNF über $\{x_1, x_2, \ldots, x_n\}$.
Schritt 1: Wähle zufällig eine Belegung $(\alpha_1, \alpha_2, \ldots, \alpha_n)$ für $x_1, x_2, \ldots, x_n$.
Schritt 2: Berechne die Anzahl $r(\alpha_1, \alpha_2, \ldots, \alpha_n)$ der Klauseln, die durch die Belegung $(\alpha_1, \alpha_2, \ldots, \alpha_n)$ erfüllt werden.
Falls $r(\alpha_1, \alpha_2, \ldots, \alpha_n) \geq \frac{m}{2}$, gebe $(\alpha_1, \alpha_2, \ldots, \alpha_n)$ aus, sonst wiederhole Schritt 1.

Wenn dieser Algorithmus hält, dann liefert er eine Belegung, die garantiert die Hälfte der Klauseln erfüllt. Wie hoch ist der Erwartungswert für die Anzahl der Wiederholungen des Schrittes 1 (und wie groß ist damit die Laufzeit)?

Aufgabe 2.3.37. Wir wählen zufällig t Belegungen der Variablen einer Formel Φ in KNF. Wie hoch ist die Wahrscheinlichkeit, dass die beste dieser t Belegungen mindestens die Hälfte der Klauseln von Φ erfüllt?

DAS ZWEITE MODELL

Manchmal ist es natürlicher, randomisierte Algorithmen als eine Form von nichtdeterministischen Algorithmen darzustellen, die für jede nichtdeterministische Verzweigung eine Wahrscheinlichkeitsverteilung haben. Alle Berechnungen von einem randomisierten Algorithmus A auf einer Eingabe w kann man dann durch einen sogenannten Berechnungsbaum $T_{A,w}$ von A auf w (Fig. 2.2) beschreiben.

In diesem Baum entspricht jeder Weg von der Wurzel zu einem Blatt einer Berechnung von A auf w. Die Kanten sind mit den Wahrscheinlichkeiten beschriftet, mit denen man bei einer gegebenen Verzweigung die nachfolgende Kante wählt.

Für $S_{A,w}$ als die Menge aller Läufe (Berechnungen) von A auf w erhält man den Wahrscheinlichkeitsraum $(S_{A,w}, \mathrm{Wahr})$ dadurch, dass man die Wahrscheinlichkeit $\mathrm{Wahr}(C)$ einer Berechnung C als das Produkt aller Wahrscheinlichkei-

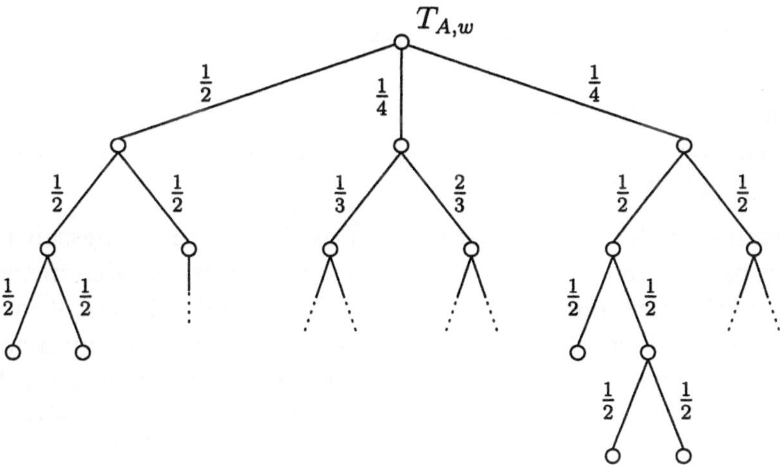

Fig. 2.2

ten auf den Kanten des zugehörigen Weges betrachtet. Weil jede Verzweigung durch eine Wahrscheinlichkeitsverteilung gesteuert wird, ist Wahr tatsächlich eine Wahrscheinlichkeitsverteilung auf $S_{A,w}$.

Offensichtlich ist das zweite Modell eine Verallgemeinerung des ersten Modells. Wegen seiner Einfachheit und Anschaulichkeit ziehen wir, falls möglich, die Nutzung des ersten Modells vor. Das zweite Modell benutzen wir zur Beschreibung von Algorithmen, in denen eine wiederholte Zufallsentscheidung immer wieder nach gewissen deterministischen Berechnungsteilen vorkommt. Eine gute Illustration für dieses Modell ist der randomisierte Quicksort-Algorithmus.

Beispiel 2.3.38. Hier betrachten wir ein Sortierproblem. Die Aufgabe dabei ist, durch Vergleiche eine Menge A von Elementen zu sortieren, wobei eine lineare Ordnung auf den Elementen von A vorhanden ist. Den randomisierten Quicksort-Algorithmus kann man durch die folgende rekursive Prozedur beschreiben.

Algorithmus RQS (A)

Eingabe: Eine Menge A von Elementen mit gegebener linearer Ordnung

Schritt 1: Falls $|A| \geq 2$, wähle ein $a \in A$ zufällig bezüglich der Gleichverteilung auf A. Sonst `output` „b“ wenn $A = \{b\}$.

Schritt 2: Berechne

$A_< := \{b \in A \mid b < a\}$

$A_> := \{c \in A \mid c > a\}$

Schritt 3: `output` „$\mathrm{RQS}(A_<)$, a, $\mathrm{RQS}(A_>)$“

Offensichtlich endet der Algorithmus $\mathrm{RQS}(A)$ immer mit der sortierten Folge und deswegen gibt es keine Berechnung mit einem falschen Resultat, d.h. die Fehlerwahrscheinlichkeit ist gleich 0.

Die Komplexitäten der unterschiedlichen Berechnungen, gemessen in der Anzahl der durchgeführten Vergleiche, können sich aber wesentlich unterscheiden. Der Schritt 2 erfordert genau $|A| - 1$ Vergleiche, weil das **Pivotelement** a mit jedem Element in A verglichen werden muss. $\mathrm{RQS}(A)$ hat exponentiell viele unterschiedliche Berechnungen auf A. Wenn immer das kleinste oder größte Element der zu sortierenden Menge als Pivotelement gewählt wird, dann haben wir in dieser Berechnung $n-1$ rekursive Aufrufe und die Anzahl der Vergleiche ist

$$\sum_{i=0}^{n-1} i = \frac{n \cdot (n-1)}{2} \in O(n^2)\,.$$

Wenn jedoch als Pivotelement immer der Median gewählt wird, liefert die klassische Analyse dieser „Teile und Herrsche“-Strategie die Rekurrenz

$$\mathrm{Time}_{\mathrm{RQS}}(n) \leq 2 \cdot \mathrm{Time}_{\mathrm{RQS}}\left(\frac{n}{2}\right) + n - 1,$$

deren Lösung $\mathrm{Time}_{\mathrm{RQS}}(n) \in O(n \cdot \log n)$ ist. Die entsprechende Berechnung hat nur $\log_2 n$ rekursive Aufrufe. Also sehen wir, dass der Berechnungsbaum nicht nur sehr groß (breit) ist, sondern auch sehr unregelmäßig. Die Tiefen[22] der Wege bewegen sich zwischen $\log_2 n$ und $n-1$ und somit haben die entsprechenden Berechnungen ziemlich unterschiedliche Wahrscheinlichkeiten. Wenn wir jetzt in dem Wahrscheinlichkeitsraum $(S_{\mathrm{RQS}(A)}, \mathrm{Wahr})$ (wobei Wahr in diesem Fall keine Gleichverteilung ist) die Zufallsvariable

$$X(C) = \text{die Anzahl der Vergleiche in } C$$

für jede Berechnung $C \in S_{\mathrm{RQS}(A)}$ betrachten, dann könnte man natürlich die erwartete Komplexität (Anzahl der Vergleiche) durch $\mathrm{E}[X]$ bestimmen. Wegen der Kompliziertheit des Berechnungsbaumes ist eine solche Analyse nicht nur nichttrivial, sondern auch sehr aufwändig. An dieser Stelle möchten wir zeigen, dass die geeignete Wahl der Zufallsvariablen nicht nur über den Erfolg der Analyse entscheidet, sondern auch über den Aufwand der Analyse.

[22]die Längen

Sei $s_1, s_2, \ldots, s_n$ die Ausgabe von RQS(A), sei also s_i das i-te kleinste Element in A. Wir definieren Zufallsvariablen X_{ij} als Indikatorvariablen

$$X_{ij}(C) = \begin{cases} 1 & \text{wenn } s_i \text{ und } s_j \text{ in } C \text{ verglichen wurden} \\ 0 & \text{sonst} \end{cases}$$

für alle $i, j \in \{1, \ldots, n\}$, $i < j$. Wir können dann die gesamte Anzahl vorkommender Vergleiche in einer Berechnung C durch die Zufallsvariable

$$T(C) = \sum_{i=1}^{n} \sum_{j>i} X_{ij}(C)$$

zählen. Damit ist $\mathrm{E}[T] = \text{Exp-Time}_{\text{RQS}}(A)$. Dank der Linearität des Erwartungswertes (Lemma 2.2.29) gilt

$$\mathrm{E}[T] = \mathrm{E}\left[\sum_{i=1}^{n} \sum_{j>i} X_{ij}\right] = \sum_{i=1}^{n} \sum_{j>i} \mathrm{E}[X_{ij}]. \tag{2.3}$$

Um $\mathrm{E}[T]$ zu bestimmen, reicht es aus, jetzt die Werte $\mathrm{E}[X_{ij}]$ zu bestimmen. Sei p_{ij} die Wahrscheinlichkeit, dass s_i und s_j verglichen werden. Weil jedes X_{ij} eine Indikatorvariable ist, gilt[23]

$$\mathrm{E}[X_{ij}] = p_{ij} \cdot 1 + (1 - p_{ij}) \cdot 0 = p_{ij}, \tag{2.4}$$

und somit bleibt uns die Aufgabe p_{ij} zu bestimmen. Wann kommt es zu einem Vergleich zwischen s_i und s_j? Nur dann, wenn s_i oder s_j als Pivotelemente gewählt worden sind und vorher keines der Elemente $s_{i+1}, s_{i+2}, \ldots, s_{j-1}$ zwischen s_i und s_j als ein Pivotelement gewählt wurde (Fig. 2.3). Falls nämlich das erste Pivotelement aus der Menge $\{s_i, s_{i+1}, \ldots, s_j\}$ ein Element aus der Menge Mitte $= \{s_{i+1}, \ldots, s_{j-1}\}$ ist, dann landet s_i in $A_<$ und s_j in $A_>$ und s_i und s_j können im weiteren Verlauf der Berechnung nie verglichen werden. Auf der anderen Seite, wenn s_i $[s_j]$ als erstes Pivotelement aus der Menge $\{s_i, \ldots, s_j\}$ gewählt wird, dann wird s_i $[s_j]$ mit allen Elementen aus Mitte $\cup \{s_j\}$ [Mitte $\cup \{s_i\}$] verglichen, und so auch mit s_j $[s_i]$.

In dem Algorithmus RQS hat jedes Element aus A die gleiche Wahrscheinlichkeit, als erstes Element gezogen zu werden. Wenn ein Element aus Links oder Rechts (Fig. 2.3) gezogen wird, landen s_i und s_j in der gleichen Menge $A_>$ oder $A_<$ und somit hat dies keinen Einfluss auf unsere Berechnung. Also ist

$$p_{ij} = \frac{|\{s_i, s_j\}|}{|\text{Mitte } \cup \{s_i, s_j\}|} = \frac{2}{j - i + 1}. \tag{2.5}$$

[23] Siehe Lemma 2.2.27.

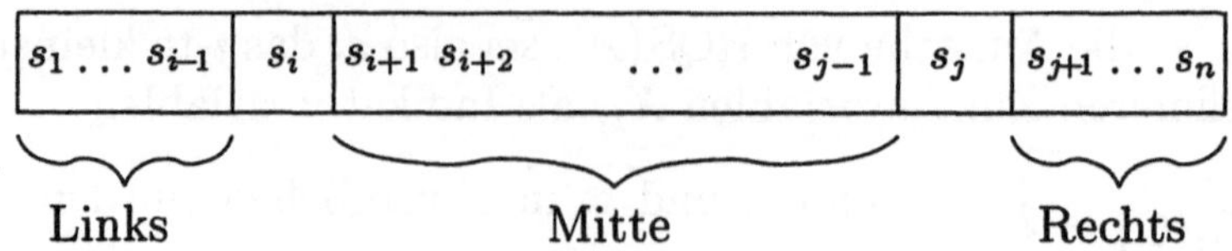

Fig. 2.3

Sei $\text{Har}(n) = \sum_{k=1}^{n} \frac{1}{k}$ die n-te Harmonische Zahl.[24] Wenn wir (2.5) in (2.3) einsetzen, erhalten wir

$$\begin{aligned}
\mathrm{E}[T] &\underset{\substack{(2.3)\\(2.4)}}{=} \sum_{i=1}^{n} \sum_{j>i} p_{ij} \\
&\underset{(2.5)}{=} \sum_{i=1}^{n} \sum_{j>i} \frac{2}{j-i+1} \\
&\leq \sum_{i=1}^{n} \sum_{k=1}^{n-i+1} \frac{2}{k} \\
& \{\text{Substitution } k = j-i+1\} \\
&\leq 2 \cdot \sum_{i=1}^{n} \sum_{k=1}^{n} \frac{1}{k} \\
&= 2 \cdot \sum_{i=1}^{n} \text{Har}(n) \\
&= 2 \cdot n \cdot \text{Har}(n) \\
& \{\text{nach Lemma A.3.67}\} \\
&= 2 \cdot n \cdot \ln n + \Theta(n).
\end{aligned}$$

Damit haben wir gezeigt, dass $\text{Exp-Time}_{\text{RQS}}(n) \in O(n \cdot \log n)$ und somit der randomisierte Quicksort-Algorithmus ein effizienter Algorithmus für die Sortierung ist. □

Aufgabe 2.3.39. Zeichnen Sie den Berechnungsbaum $T_{\text{RQS},A}$, für $|A| = 5$.

Aufgabe 2.3.40. Betrachten wir das Problem, das k-te kleinste Element einer gegebenen Menge A zu finden. Die Eingabe des Problems ist das Paar (A, k).

[24]Siehe Lemma A.3.67.

Dieses Problem kann man natürlich so lösen, indem man zuerst A sortiert und dann das k-te Element ausgibt. Wir wissen aber, dass die Komplexität des Sortierens durch Vergleiche in $\Theta(n \cdot \log n)$ liegt, und damit ist dieses Verfahren zu aufwändig um nur das Element auf der k-ten Position der sortierten Folge zu berechnen.

Deshalb betrachten wir den folgenden Algorithmus RS (*random select*) für dieses Problem.

Algorithmus RS $(\boldsymbol{A}, \boldsymbol{k})$

Eingabe: $A = \{a_1, a_2, \ldots, a_n\}$, $n \in \mathbb{N} - \{0\}$, und eine natürliche Zahl k mit $1 \leq k \leq n$.

Schritt 1:

```
if n = 1 then
   output „a_1“;
else
   wähle zufällig ein i ∈ {1, 2, ..., n};
```

Schritt 2: Berechne

$A_< := \{b \in A \mid b < a_i\}$;

$A_> := \{c \in A \mid c > a_i\}$;

Schritt 3:

```
if |A_<| > k then
   RS(A_<, k);
else if |A_<| = k - 1 then
   output „a_i“;
else
   RS(A_>, k - |A_<| - 1);
```

Offensichtlich gibt RS(A, k) in jedem Lauf die richtige Antwort. Zeigen Sie, dass Exp-Time$_{\text{RS}}(A, k) \in O(n)$.

In diesem Abschnitt haben wir zwei Möglichkeiten zur Modellierung von randomisierten Algorithmen vorgestellt. Es ist wichtig zu bemerken, dass die Wahl eines dieser Modelle in erster Linie eine Frage der Anschaulichkeit ist. Dass das zweite Modell eine Verallgemeinerung des ersten Modells ist, haben wir bereits festgestellt. Für die Analyse der Berechnungen auf einer festen Eingabe kann man das zweite Modell auch durch das erste darstellen. Wir generieren hierfür am Anfang eine hinreichend lange Folge von Zufallbits. Dann bestimmt jede solche Zufallsfolge einen Lauf des Algorithmus auf gegebener Eingabe. Dabei spielt es natürlich keine Rolle, wann die Zufallbits der Folge abgefragt werden, ob gleich am Anfang oder nach und nach während der Berechnung. Diese Darstellung des zweiten Modells durch das erste Modell ist aber nicht uniform[25] und wir kennen keine Möglichkeit, jeden randomisierten Algorithmus nach dem zweiten Modell als eine Wahrscheinlichkeitsverteilung über einer endlichen Menge von deterministischen Algorithmen darzustellen.

2.4 Klassifizierung von randomisierten Algorithmen

In diesem Abschnitt stellen wir eine grundlegende und allgemein verwendete Klassifikation der randomisierten Algorithmen vor. Diese Klassifikation basiert auf der Art und der Größe der Fehlerwahrscheinlichkeit der Algorithmen und hat nichts mit der Entwurfsmethodik der jeweiligen Algorithmen zu tun. Offensichtlich ist die Fehlerwahrscheinlichkeit auch ein Maß der Praktikabilität der entworfenen Algorithmen und wir werden sehen, dass es in der Klassifizierung nicht nur um die absolute Größe der Fehlerwahrscheinlichkeit geht, sondern eher darum, wie viele wiederholte unabhängige Läufe des randomisierten Algorithmus auf der gleichen Eingabe notwendig und hinreichend sind, um die Wahrscheinlichkeit einer falschen Ausgabe wesentlich zu verringern.[26]

Die Klassifizierung der randomisierten Algorithmen ist nicht für alle Aufgabentypen gleich. Das fängt damit an, dass die Bedeutung des Begriffes „falsche Ausgabe" unter unterschiedlichen Umständen variieren kann. Bei Entscheidungsproblemen und Funktionsberechnungen ist die Fehlerwahrscheinlichkeit wirklich die Wahrscheinlichkeit der Ausgabe eines falschen Resultates. Andererseits ist es bei Algorithmen für Optimierungsprobleme nicht unter allen Umständen sinnvoll, eine zulässige aber nicht optimale Lösung als eine falsche und damit unerwünschte Ausgabe zu betrachten. Eine zulässige Lösung deren Qualität nicht zu sehr von der Qualität einer optimalen Lösung abweicht, könnte durchaus wünschenswert sein.

Wir beginnen hier mit der typischen Basisklassifikation für Entscheidungsprobleme und für die Berechnung von Funktionen. Anschließend stellen wir in Abschnitt 2.5 die Klassifikation von randomisierten Algorithmen für Optimierungsprobleme vor.

---

[25]Die Längen der Zufallsfolgen wachsen typischerweise mit der Eingabelänge und somit ist die Anzahl aller generierten Zufallsfolgen (über allen Eingaben) unbeschränkt.

[26]Mit anderen Worten, wir untersuchen wie schnell die Fehlerwahrscheinlichkeit mit der Anzahl der wiederholten Läufe gegen 0 geht.

LAS VEGAS-ALGORITHMEN

Las Vegas-Algorithmen sind randomisierte Algorithmen, die uns garantieren, dass jede berechnete Ausgabe korrekt ist. Somit ist ein falsches Resultat in diesem Modell der randomisierten Berechnungen verboten. In der Literatur benutzt man aber zwei unterschiedliche Modelle der Las Vegas-Algorithmen und zwar abhängig davon, ob auch eine Antwort „?“ mit der Bedeutung „Ich weiß es nicht“ („In diesem Lauf war ich nicht imstande, die richtige Lösung zu berechnen“) zulässig ist.

Fangen wir mit der ersten, strengeren Möglichkeit an. Im Folgenden bezeichnet $\boldsymbol{A(x)}$ die Ausgabe des Algorithmus A auf der Eingabe x.

Definition 2.4.41. *Ein randomisierter Algorithmus A heißt ein* **Las Vegas-Algorithmus** *für die Berechnung einer Funktion F, wenn für jede Eingabe (jedes Argument) x von F gilt*

$$\text{Wahr}(A(x) = F(x)) = 1.$$

Bei dieser Definition von Las Vegas-Algorithmen untersuchen wir immer die erwartete Komplexität der Algorithmen, wie z.B. die erwartete Zeitkomplexität $\text{Exp-Time}_A(n)$. Hier ist es zu erwarten, dass man unterschiedlich lange Läufe auf einer Eingabe erhält. Wären nämlich alle Läufe ungefähr gleich lang, könnten wir einfach einen genauso effizienten deterministischen Algorithmus entwerfen, indem wir immer einen festen Lauf[27] des randomisierten Algorithmus simulieren.

Musterbeispiele für Las Vegas-Algorithmen sind der randomisierte Quicksort-Algorithmus und der randomisierte STICH, die wir im vorigen Abschnitt betrachtet haben. Bei beiden Algorithmen gibt es einen wesentlichen Unterschied zwischen der Komplexität im schlechtesten Lauf und im besten Lauf. Entscheidend ist aber, dass die erwartete Komplexität sehr nah an der Komplexität des effizientesten Laufes liegt.

Betrachten wir jetzt die zweite Möglichkeit der Spezifikation von Las Vegas-Algorithmen.

Definition 2.4.42. *Sei A ein randomisierter Algorithmus, der auch die Ausgabe „?“ zulässt. Wir sagen, dass A ein* **Las Vegas-Algorithmus** *für eine Funktion F ist, wenn für jede Eingabe x gilt*

(i) $\text{Wahr}(A(x) = F(x)) \geq 1/2$, *und*

[27] Es spielt keine Rolle welchen, weil alle effizient sind.

(ii) $\text{Wahr}(A(x) = „?") = 1 - \text{Wahr}(A(x) = F(x)) \leq 1/2$.

Wir beobachten, dass die Bedingung (ii) eine falsche Antwort ausschließt, d.h. wir erhalten entweder die richtige Antwort oder die Antwort „?". In (i) fordern wir, dass der Algorithmus das richtige Resultat $F(x)$ mindestens mit einer Wahrscheinlichkeit größer gleich 1/2 berechnet. Die Konstante 1/2 in dieser Anforderung ist nicht maßgebend und kann durch ein beliebiges ε mit $0 < \varepsilon < 1$ ausgetauscht werden. Die Begründung dafür ist, dass man für $\varepsilon \leq 1/2$ durch konstant viele unabhängige Läufe auf der gleichen Eingabe x die Wahrscheinlichkeit, den korrekten Wert $F(x)$ zu berechnen, auf einen Wert über 1/2 erhöhen kann.

Aufgabe 2.4.43. Seien ε, δ zwei reelle Zahlen, $0 < \varepsilon < \delta < 1$. Sei A ein randomisierter Algorithmus, der eine Funktion $F(x)$ berechnet, wobei

$$\text{Wahr}(A(x) = F(x)) \geq \varepsilon \text{ und } \text{Wahr}(A(x) = „?") = 1 - \text{Wahr}(A(x) = F(x)).$$

Sei A_k für jedes $k \in \mathbb{N}$, $k \geq 2$, ein Algorithmus, der, für jede Eingabe x, k unabhängige Läufe von A auf x durchführt. Die Ausgabe von A_k ist nur dann „?", wenn alle k Läufe von A mit dem Resultat „?" enden. In allen anderen Fällen berechnet A_k offensichtlich $F(x)$. Bestimmen Sie das kleinste k, so dass $\text{Wahr}(A_k(x) = F(x)) \geq \delta$.

Im Folgenden geben wir zuerst ein Beispiel eines Las Vegas-Algorithmus nach Definition 2.4.42 und dann vergleichen wir die beiden Darstellungen von Las Vegas-Algorithmen.

Beispiel 2.4.44. Betrachten wir wieder eine Kommunikationsaufgabe mit zwei Rechnern R_{I} und R_{II}. Der Rechner R_{I} erhält als Eingabe zehn n-Bit-Strings $x_1, x_2, \ldots, x_{10}$ und R_{II} erhält ebenfalls zehn n-Bit-Strings $y_1, y_2, \ldots, y_{10}$, ($x_i, y_i \in \{0,1\}^n$ für $i = 1, 2, \ldots, 10$). Die Rechner sollen durch Kommunikation bestimmen, ob es ein $j \in \{1, \ldots, 10\}$ gibt, so dass

$$x_j = y_j.$$

Falls ein solches j existiert, soll die Eingabe $((x_1, \ldots, x_{10}), (y_1, \ldots, y_{10}))$ akzeptiert und ansonsten verworfen werden. Die Komplexität misst man in der Anzahl der ausgetauschten Bits. Man kann wieder beweisen, dass jedes deterministische Protokoll, das diese Aufgabe löst, eine Kommunikation erlauben muss, die aus mindestens $10n$ Bits besteht. Damit kann man deterministisch nichts Besseres machen, als R_{II} alle $10n$ Eingabebits von R_{I} zuzuschicken und dann R_{II} den Vergleich machen zu lassen.

Wir entwerfen jetzt ein Las Vegas-Kommunikationsprotokoll, das die Aufgabe mit einer kleineren Kommunikationskomplexität von $n + O(\log n)$ löst. Wir bemerken, dass das Kommunikationsprotokoll aus dem Motivationsbeispiel in Abschnitt 1.2 kein Las Vegas-Protokoll ist. Wir können zwar die Idee der Wahl einer Primzahl nutzen, aber wir müssen zusätzlich die durch Modulo-Vergleiche berechnete Vermutung überprüfen, weil bei Las Vegas-Verfahren die Antworten mit Sicherheit stimmen müssen.

Protokoll LV_{10}

Ausgangssituation: R_I hat zehn Strings $x_1, x_2, \ldots, x_{10}$, $x_i \in \{0,1\}^n$ für alle $i = 1, \ldots, 10$, und R_II hat zehn Strings $y_1, y_2, \ldots, y_{10}$, $y_i \in \{0,1\}^n$ für alle $i = 1, \ldots, 10$.

Phase 1: R_I wählt zufällig 10 Primzahlen $p_1, p_2, \ldots, p_{10}$ aus PRIM (n^2).

Phase 2: R_I berechnet

$$s_i = \text{Nummer}(x_i) \bmod p_i$$

für $i = 1, 2, \ldots, 10$ und schickt

$$p_1, p_2, \ldots, p_{10}, s_1, s_2, \ldots, s_{10}$$

an R_II.

Phase 3: R_II berechnet

$$q_i = \text{Nummer}(y_i) \bmod p_i$$

für $i = 1, 2, \ldots, 10$ und vergleicht s_i und q_i für alle $i \in \{1, 2, \ldots, 10\}$. Falls $s_i \neq q_i$ für alle $i \in \{1, 2, \ldots, 10\}$, dann weiß R_II mit Sicherheit, dass $x_i \neq y_i$ für alle $i = 1, \ldots, 10$ gilt und liefert die Antwort „0" („verwerfe"). Sonst sei j die kleinste Zahl, so dass

$$s_j = q_j.$$

Dann schickt R_II den ganzen String y_j und j an R_I.

Phase 4 R_I vergleicht x_j mit y_j.

Falls $x_j = y_j$, dann liefert R_I die Antwort „1" („akzeptiere").

Falls $x_j \neq y_j$, dann liefert R_I die Antwort „?".

{Man bemerke, dass in diesem Fall R_I die Antwort wirklich nicht kennt, weil es ein $k > j$ geben kann, so dass $s_k = q_k$, aber für diese Möglichkeit einer Gleichheit führen R_I und R_II keine Überprüfung durch.}

Analysieren wir zuerst die Komplexität von LV_{10} im schlechtesten Fall. Die maximal mögliche Kommunikation besteht im Senden von

$$p_1, p_2, \ldots, p_{10}, s_1, s_2, \ldots, s_{10}$$

von $R_{\rm I}$ an $R_{\rm II}$ und y_j und j von $R_{\rm II}$ an $R_{\rm I}$.

Die Zahlen $p_1, p_2, \ldots, p_{10}, s_1, s_2, \ldots, s_{10}$ sind alle kleiner als n^2 und können daher jeweils durch $2\lceil \log_2 n \rceil$ Bits dargestellt werden. Die Zahl j kann mit 4 Bits dargestellt werden und das Senden von y_j kostet natürlich genau n Bits. Damit ist die gesamte Kommunikationskomplexität

$$n + 40\lceil \log_2 n \rceil + 4 \in n + O(\log n).$$

Jetzt wollen wir zeigen, dass LV_{10} ein Las Vegas-Protokoll ist. Wir unterscheiden zwei Fälle in Bezug darauf, ob die Eingabe akzeptiert oder verworfen werden soll.

(i) Sei $((x_1, \ldots, x_{10}), (y_1, \ldots, y_{10}))$ eine Eingabe mit $x_i \neq y_i$ für alle $i \in \{1, \ldots, 10\}$.
Unserem Motivationsbeispiel folgend wissen wir für jedes $i \in \{1, \ldots, 10\}$, dass die Wahrscheinlichkeit, dass für ein zufälliges $p_i \in \mathrm{PRIM}\,(n^2)$

$$\mathrm{Nummer}(x_i) \bmod p_i \neq \mathrm{Nummer}(y_i) \bmod p_i$$

gilt (also dass man $x_i \neq y_i$ nachweist), mindestens

$$1 - \frac{2 \ln n}{n}$$

ist.
Weil wir $p_1, p_2, \ldots, p_{10}$ unabhängig nach einer Gleichverteilung wählen, ist die Wahrscheinlichkeit, dass

$$\mathrm{Nummer}(x_i) \bmod p_i \neq \mathrm{Nummer}(y_i) \bmod p_i$$

für alle $i \in \{1, \ldots, 10\}$ gilt, mindestens

$$\left(1 - \frac{2 \ln n}{n}\right)^{10}.$$

Also gilt

$$\begin{aligned} &\mathrm{Wahr}\Big(\mathrm{LV}_{10}((x_1, \ldots, x_{10}), (y_1, \ldots, y_{10})) = 0\Big) \\ &\geq \left(1 - \frac{2 \ln n}{n}\right)^{10} \end{aligned}$$

$$= \sum_{i=0}^{10}(-1)^i \cdot \binom{10}{i} \cdot \left(\frac{2\ln n}{n}\right)^i$$

$$= 1 + \sum_{l=1}^{5}\binom{10}{2l} \cdot \left(\frac{2\ln n}{n}\right)^{2l} - \sum_{m=1}^{5}\binom{10}{2m-1} \cdot \left(\frac{2\ln n}{n}\right)^{2m-1}$$

{die Gesamtsumme wurde in positive und negative Beiträge aufgeteilt.}

$$= 1 + \sum_{i=1}^{5}\binom{10}{2i} \cdot \left(\frac{2\ln n}{n}\right)^{2i} - \sum_{i=0}^{4}\binom{10}{2i+1} \cdot \left(\frac{2\ln n}{n}\right)^{2i+1}. \quad (2.6)$$

Für $i = 1, 2, 3, 4$ und alle $n \geq 15$ gilt

$$\binom{10}{2i} \cdot \left(\frac{2\ln n}{n}\right)^{2i} \geq \binom{10}{2i+1} \cdot \left(\frac{2\ln n}{n}\right)^{2i+1}. \quad (2.7)$$

Wenn wir für $i = 1, 2, 3, 4$ nach (2.7) die positiven Beträge

$$\binom{10}{2i} \cdot \left(\frac{2\ln n}{n}\right)^{2i} - \binom{10}{2i+1} \cdot \left(\frac{2\ln n}{n}\right)^{2i+1}$$

aus (2.6) weglassen, erhalten wir

$$\begin{aligned} &\text{Wahr}\Big(\text{LV}_{10}\left((x_1, \ldots, x_{10}), (y_1, \ldots, y_{10})\right) = 0\Big) \\ &\geq 1 - \binom{10}{1} \cdot \frac{2\ln n}{n} + \binom{10}{10} \cdot \left(\frac{2\ln n}{n}\right)^{10} \\ &\geq 1 - \frac{20\ln n}{n} \geq \frac{1}{2} \end{aligned}$$

für genügend große[28] n.
Im komplementären Fall, wenn es ein j gibt, so dass

$$\text{Nummer}(x_j) \mod p_j = \text{Nummer}(y_j) \mod p_j$$

gilt, endet die Berechnung zwangsläufig mit der Antwort „?“, weil $x_j \neq y_j$ (also kann in Phase 4 die Vermutung einer Gleichheit nicht bestätigt werden). Damit gelten für die zu verwerfenden Eingaben beide Bedingungen (i) und (ii) der Definition 2.4.42 und wir schließen daraus, dass LV_{10} sich wie ein Las Vegas Protokoll auf zu verwerfenden Eingaben verhält.

[28] In der Tat konvergiert die Wahrscheinlichkeit einer richtigen Antwort gegen 1 mit wachsendem n, was mehr ist als die Definition der Las Vegas-Verfahren fordert.

(ii) Sei $((x_1, \ldots, x_{10}), (y_1, \ldots, y_{10}))$ eine zu akzeptierende Eingabe, wobei j die kleinste Zahl aus $\{1, \ldots, 10\}$ mit

$$x_j = y_j$$

ist. Offensichtlich ist

$$\text{Nummer}(x_j) \mod p_j = \text{Nummer}(y_j) \mod p_j$$

für alle Primzahlen p und somit auch für p_j. Deswegen vergleicht LV_{10} die Strings x_j und y_j in der Phase 4 und akzeptiert die Eingabe genau dann[29], wenn

$$\text{Nummer}(x_i) \mod p_i \neq \text{Nummer}(y_i) \mod p_i$$

für alle $i \in \{1, 2 \ldots, j-1\}$. Bezeichnen wir dieses günstige Ereignis als E_j. Für $j = 1$ wird also die Eingabe mit Sicherheit akzeptiert. Betrachten wir jetzt den Fall $j > 1$. Wie wir gerade im Fall (i) berechnet haben, ist die Wahrscheinlichkeit eines solchen Ereignisses E_j mindestens

$$\left(1 - \frac{2\ln n}{n}\right)^{j-1} \geq 1 - \frac{2(j-1) \cdot \ln n}{n}$$

für genügend große n. Dieser Wert hat sein Minimum bei $j = 10$ und somit ist

$$\text{Wahr}\left(\text{LV}_{10}((x_1, \ldots, x_{10}), (y_1, \ldots, y_{10})) = 1\right) \geq 1 - \frac{18\ln n}{n},$$

was größer als $1/2$ für $n \geq 189$ ist.
Im komplementären Fall, wenn ein $l < j$ existiert, so dass

$$\text{Nummer}(x_l) \mod p_l = \text{Nummer}(y_l) \mod p_l$$

gilt, endet LV_{10} mit „?“, weil $x_l \neq y_l$ in Phase 4 festgestellt wird.[30]

Damit wurde bewiesen, dass LV_{10} ein Las Vegas-Algorithmus ist. □

[29]Es sei daran erinnert, dass LV_{10} die Teile x_j und y_j der Eingabe genau dann vergleicht, wenn $s_j = q_j$ und j die kleinste Zahl mit dieser Eigenschaft ist.
[30]Nehmen wir an, dass l die kleinste Zahl mit $x_l \equiv y_l \pmod{p_l}$ ist.

Aufgabe 2.4.45. Modifizieren Sie das Las Vegas-Protokoll LV_{10}, so dass es anstelle von zehn Primzahlen $p_1, \ldots, p_{10}$ nur eine Primzahl $p \in \text{PRIM}(n^2)$ wählt. Damit berechnet man die Restwerte $s_1, \ldots, s_{10}, q_1, \ldots, q_{10}$ als

$$s_i = \text{Nummer}(x_i) \mod p \text{ und } q_i = \text{Nummer}(y_i) \mod p.$$

Das Protokoll erspart auf diese Weise $18 \cdot \lceil \log_2 n \rceil$ Kommunikationsbits. Begründen Sie, warum unsere Analyse der Wahrscheinlichkeit der korrekten Entscheidung trotz des Austauschs von $p_1, \ldots, p_{10}$ durch nur eine Primzahl p gültig bleibt.

Wenn wir eine so günstige Situation wie in Beispiel 2.4.44 erreichen, dass ein Las Vegas-Algorithmus A auf jeder Eingabe x das richtige Resultat $F(x)$ mit einer Wahrscheinlichkeit berechnet, die mit wachsendem $|x|$ gegen 1 konvergiert, sprechen wir von **Las Vegas*-Algorithmen**.

Hier haben wir zwei Modelle von Las Vegas-Algorithmen definiert. Sind die Modelle essentiell unterschiedlich? Könnte man jeden Las Vegas-Algorithmus nach Definition 2.4.41 in einen Algorithmus nach Definition 2.4.42 umwandeln und umgekehrt? Das sind die Fragen, mit denen wir uns jetzt beschäftigen wollen.

Wir zeigen zuerst, wie man das Modell mit erlaubter Antwort „?" in das Modell, bei dem alle Aussagen korrekt sind, umwandeln kann. Sei A ein Las Vegas Algorithmus, der mit beschränkter Wahrscheinlichkeit ein „?" ausgeben darf. Wir modifizieren A indem wir immer, anstatt „?" auszugeben, den Algorithmus auf derselben Eingabe neu starten. Diese Strategie ist in Fig. 2.4 veranschaulicht. Sie führt zu einem neuen Algorithmus A'. Wenn man den Berechnungsbaum $T_{A,w}$ aller Berechnungen von A auf w nimmt, dann erhält man einen neuen Berechnungsbaum indem man an alle Blätter von $T_{A,w}$, die mit „?" enden, noch einmal den ganzen Baum $T_{A,w}$ anhängt, usw. Der Nachteil dieser Umwandlung ist, dass dabei unendliche Berechnungen entstehen.[31] Andererseits haben wir die Sicherheit, dass der neue Algorithmus A' mit dem richtigen Resultat endet, falls er endet.

Wie groß ist die Wahrscheinlichkeit, dass A' endet? Sehr hoch, weil sie mit der Zeit gegen 1 konvergiert. Warum ist das so? Sei $\text{Time}_A(w)$ die Komplexität von A im schlechtesten Fall (also ist die Tiefe von $T_{A,w}$ durch $\text{Time}_A(w)$ beschränkt). Dies bedeutet, dass die Wahrscheinlichkeit, dass A' in $\text{Time}_A(w)$ mit richtigem Resultat $F(w)$ endet, mindestens $1/2$ ist. Nach der Zeit $2 \cdot \text{Time}_A(w)$ ist die Wahrscheinlichkeit für A, erfolgreich zu beenden, bereits mindestens

[31] Aber man kennt keine Umwandlung, die diesen Nachteil vermeidet.

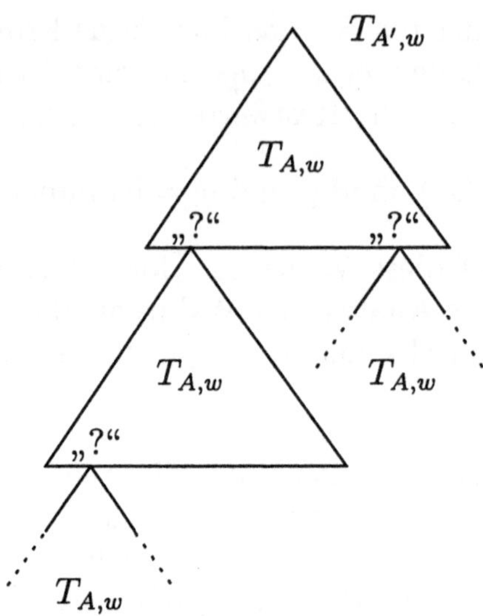

Fig. 2.4

3/4, weil man bei Misserfolgen den Algorithmus noch einmal auf w laufen lässt. Das bedeutet, dass nach der Zeit $k \cdot \text{Time}_A(w)$ der Algorithmus A' das richtige Resultat mit einer Wahrscheinlichkeit von mindestens

$$1 - \frac{1}{2^k}$$

berechnet hat, weil 2^{-k} die Wahrscheinlichkeit von oben beschränkt, in k unabhängigen Läufen von A auf w immer die Ausgabe „?“ zu erhalten.

Wie groß ist die erwartete Zeitkomplexität $\text{Exp-Time}_{A'}(n)$ von A'? Wir behaupten, dass

$$\text{Exp-Time}_{A'}(n) \in O(\text{Time}_A(n)).$$

Diese Behauptung wollen wir beweisen. Ohne Einschränkung der Allgemeinheit setzen wir voraus, dass alle Berechnungen von A auf w mit der Ausgabe „?“ die maximale Länge $\text{Time}_A(w)$ (und somit die gleiche Länge) haben. Sei für alle $i \in \mathbb{N} - \{0\}$

$$\text{Set}_i = \{C \in S_{A',w} \mid (i-1) \cdot \text{Time}_A(w) < \text{Time}(C) \leq i \cdot \text{Time}_A(w)\}$$

die Menge der Berechnungen, die genau[32] im i-ten Lauf von A enden. Offensichtlich ist $S_{A',w} = \bigcup_{i=1}^{\infty} \text{Set}_i$ und $\text{Set}_r \cap \text{Set}_s = \emptyset$ für $r \neq s$. Oben haben wir

[32] genau die, die $(i-1)$ Neustarts beinhalten

bereits beobachtet, dass

$$\sum_{C \in \bigcup_{i=1}^{k} \mathrm{Set}_i} \mathrm{Wahr}(C) \geq 1 - \frac{1}{2^k}$$

für alle $k \in \mathbb{N} - \{0\}$. Daraus folgt

$$\sum_{C \in \mathrm{Set}_i} \mathrm{Wahr}(C) \leq \frac{1}{2^{i-1}} \tag{2.8}$$

für alle natürlichen Zahlen $i \geq 1$.

Wir können also schreiben

$$\begin{aligned}
\text{Exp-Time}_{A'}(n) &\underset{def.}{=} \sum_{C \in S_{A',w}} \mathrm{Time}_{A'}(C) \cdot \mathrm{Wahr}(C) \\
&= \sum_{i=1}^{\infty} \sum_{C \in \mathrm{Set}_i} \mathrm{Time}_{A'}(C) \cdot \mathrm{Wahr}(C) \\
&\leq \sum_{i=1}^{\infty} \sum_{C \in \mathrm{Set}_i} i \cdot \mathrm{Time}_A(w) \cdot \mathrm{Wahr}(C) \\
&\quad \{\text{weil für jedes } C \in \mathrm{Set}_i \text{ gilt, dass} \\
&\quad\ \mathrm{Time}_{A'}(C) \leq i \cdot \mathrm{Time}_A(w)\} \\
&= \sum_{i=1}^{\infty} i \cdot \mathrm{Time}_A(w) \cdot \sum_{C \in \mathrm{Set}_i} \mathrm{Wahr}(C) \\
&\underset{(2.8)}{\leq} \sum_{i=1}^{\infty} i \cdot \mathrm{Time}_A(w) \cdot \frac{1}{2^{i-1}} \\
&= \mathrm{Time}_A(w) \cdot \sum_{i=1}^{\infty} \frac{i}{2^{i-1}} \\
&= \mathrm{Time}_A(w) \cdot 2 \cdot \sum_{i=1}^{\infty} \frac{i}{2^i} \\
&= 2 \cdot \mathrm{Time}_A(w) \cdot \left(\frac{1}{2} + \frac{1}{2} + \frac{3}{8} + \frac{4}{16} + \sum_{i=5}^{\infty} \frac{i}{2^i} \right) \\
&< 6 \cdot \mathrm{Time}_A(w) \\
&\quad \{\text{weil } \textstyle\sum_{i=5}^{\infty} \frac{i}{2^i} < 1\}.
\end{aligned}$$

Aufgabe 2.4.46. Benutzen Sie die oben beschriebene Methode um den Algorithmus LV_{10} aus Beispiel 2.4.44 so umzuwandeln, dass er nicht mehr „?“ ausgeben kann. Analysieren Sie die erwartete Kommunikationskomplexität des entworfenen Algorithmus.

Aufgabe 2.4.47. Modifizieren Sie den Algorithmus LV_{10} aus Beispiel 2.4.44 wie folgt. Die ersten drei Phasen bleiben gleich. Wenn R_{I} in Phase 4 feststellt, dass $x_j \neq y_j$ gilt, dann endet er nicht mit „?“, sondern sendet diese Information[33] an R_{II}. Jetzt überprüft R_{II}, ob noch ein $l > j$ mit $s_l = q_l$ existiert. Falls nicht, verwirft R_{II} die Eingabe (liefert die Ausgabe „0“) mit Sicherheit. Falls ein solches l existiert, dann schickt R_{II} den String y_l an R_{I} und dieser vergleicht x_l mit y_l. Wenn $x_l = y_l$, dann akzeptiert R_{I} die Eingabe. Wenn nicht, informiert R_{I} den Rechner R_{II} und R_{II} überprüft wiederum, ob es noch einen anderen Kandidaten für einen vollständigen Vergleich gibt, usw. Damit werden im schlimmsten Fall alle Paare (x_m, y_m) verglichen, für die $s_m = q_m$ gilt. Alle Berechnungen dieses Algorithmus sind endlich und es ist offensichtlich, dass dieser Algorithmus in jeder Berechnung die richtige Antwort berechnet. Analysieren Sie die erwartete Kommunikationskomplexität dieses Algorithmus.

Wir beobachten, dass die Las Vegas-Algorithmen nach dem ersten Modell (Definition 2.4.41) ein Spezialfall der Las Vegas-Algorithmen nach dem zweiten Modell (Definition 2.4.42) sind. Trotzdem kann es Gründe geben, einen Las Vegas-Algorithmus mit immer korrekter Ausgabe in einen Las Vegas-Algorithmus, der die Ausgabe „?“ erlaubt, umzuwandeln. Eine solche Situation ist in Fig. 2.5 dargestellt. Es gibt in dem Berechnungsbaum $T_{A,w}$ viele kurze (effiziente) Berechnungen, aber auch einige, die im Vergleich dazu sehr lange laufen. Zum Beispiel laufen die kurzen Berechnungen in linearer Zeit und die langen in kubischer Zeit. Dann kann man sich in dem Fall, dass nach einer gewissen Zeitschranke die Berechnung immer noch läuft (und man deshalb vermutet, dass es eine sehr lange Berechnung ist) einfach entscheiden, die Berechnung abzubrechen und „?“ auszugeben. Welche Zeitschranke können wir hierfür nehmen, um noch garantieren zu können, dass der resultierende Algorithmus B ein Las Vegas-Algorithmus nach Definition 2.4.42 ist?

Wir wollen zeigen, dass

$$2 \cdot \text{Exp-Time}_A(w)$$

schon eine hinreichende obere Schranke für das vorzeitige Halten des Algorith-

[33] Dazu reicht ein Bit.

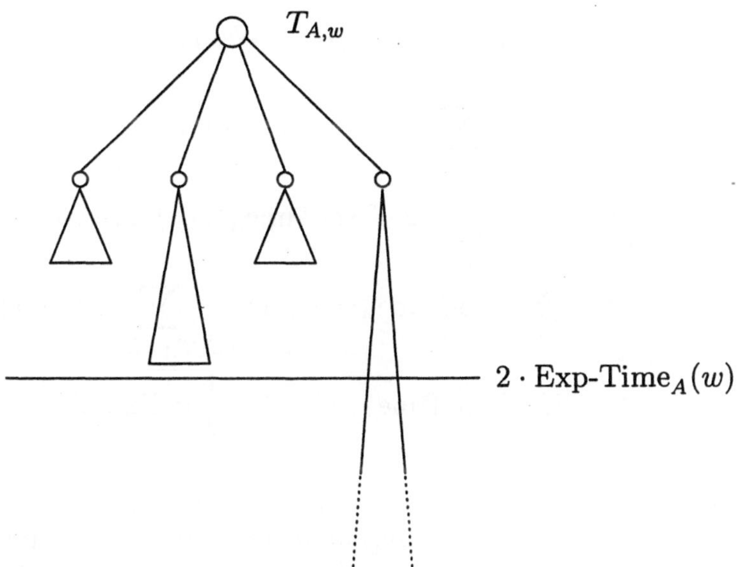

Fig. 2.5

mus ist. Wir beweisen dies indirekt. Angenommen,

$$\text{Wahr}(B(w) = „?“) > \frac{1}{2}. \tag{2.9}$$

Wenn

$$S_{A,w}(„?“) = \{C \in S_{A,w} \mid \text{Time}(C) > 2 \cdot \text{Exp-Time}_A(w)\} \subsetneq S_{A,w},$$

dann kann man (2.9) als

$$\sum_{C \in S_{A,w}(„?“)} \text{Wahr}(C) > \frac{1}{2}. \tag{2.10}$$

ausdrücken. Sei

$$S_{A,w}(F(w)) = S_{A,w} - S_{A,w}(„?“).$$

Nach der Definition von $S_{A,w}(„?“)$ gilt

$$\text{Time}(C) \geq 2 \cdot \text{Exp-Time}_A(w) + 1 \text{ für alle } C \in S_{A,w}(„?“). \tag{2.11}$$

Jetzt können wir schreiben

$$\text{Exp-Time}_A(w) \quad = \quad \sum_{C \in S_{A,w}} \text{Time}_A(C) \cdot \text{Wahr}(C)$$

$$
\begin{aligned}
&= \sum_{C \in S_{A,w}(\text{„?“})} \text{Time}_A(C) \cdot \text{Wahr}(C) \\
&\quad + \sum_{C \in S_{A,w}(F(w))} \text{Time}_A(C) \cdot \text{Wahr}(C) \\
&\underset{(2.11)}{>} \sum_{C \in S_{A,w}(\text{„?“})} (2 \cdot \text{Exp-Time}_A(w) + 1) \cdot \text{Wahr}(C) + 0 \\
&= (2 \cdot \text{Exp-Time}_A(w) + 1) \cdot \sum_{C \in S_{A,w}(\text{„?“})} \text{Wahr}(C) \\
&\underset{(2.10)}{>} (2 \cdot \text{Exp-Time}_A(w) + 1) \cdot \frac{1}{2} = \text{Exp-Time}_A(w) + \frac{1}{2}.
\end{aligned}
$$

Damit erhalten wir $\text{Exp-Time}_A(w) > \text{Exp-Time}_A(w) + \frac{1}{2}$, was ein offensichtlicher Widerspruch ist. Somit gilt das Gegenteil von (2.9) (und auch von (2.10)). Hinter diesem Beweis steht die einfache kombinatorische Idee, dass es nicht möglich ist, dass mehr als die Hälfte der Zahlen einer Menge eine Größe hat, die den zweifachen Durchschnittswert überschreitet.[34]

Aufgabe 2.4.48. Modifizieren Sie den randomisierten Quicksort-Algorithmus, indem Sie alle Berechnungen der Länge größer als $16 \cdot n \cdot \log_2 n$ vorzeitig mit der Ausgabe „?“ beenden. Wie hoch ist höchstens die Wahrscheinlichkeit der Ausgabe „?“?

Aufgabe 2.4.49. Betrachten Sie den randomisierten Algorithmus $\text{RS}(A, k)$ aus der Aufgabe 2.3.40. Bei welcher Länge reicht es aus, die Berechnungen vorzeitig mit „?“ zu beenden, um die Wahrscheinlichkeit der Ausgabe „?“ unter 2^{-k} für ein $k \in \mathbb{N} - \{0\}$ zu drücken? Betrachten wir den Fall, dass man nur die Berechnungen länger als $6 \cdot n \cdot \log_2 n$ vorzeitig mit „?“ abschließt. Ist der resultierende Algorithmus ein Las Vegas*-Algorithmus nach Definition 2.4.42?

Aufgabe 2.4.50. Betrachten wir die folgende Kommunikationsaufgabe zwischen zwei Rechnern R_{I} und R_{II}. R_{I} hat $2n$ Bits $x_1, x_2, \ldots, x_{2n}$ und R_{II} hat eine Zahl $j \in \{1, \ldots, 2n\}$. R_{I} kennt die Eingabe von R_{II} nicht und R_{II} kennt kein Bit der Eingabe von R_{I}. Das Kommunikationsprotokoll erlaubt nur, dass R_{I} dem Rechner R_{II} einmalig einen Bitstring schickt und danach muss R_{II} als Ausgabe das Bit x_j liefern.

[34] Wenn über die Hälfte der Zahlen den zweifachen Durchschnitt nur um $\varepsilon > 0$ überschreiten, dann kann dies nicht ausgeglichen werden, auch dann nicht wenn alle anderen Zahlen auf 0 gesetzt werden.

(i) Beweisen Sie, dass kein deterministisches Protokoll für diese Aufgabe es vermeiden kann, einen String den Länge $2n$ zu schicken.
(ii) Gibt es ein Las Vegas-Protokoll nach dem zweiten Modell, das immer mit einer Kommunikation von höchstens $n+1$ Bits auskommt?

MONTE CARLO-ALGORITHMEN MIT EINSEITIGEM FEHLER

Diese Klasse von randomisierten Algorithmen wird nur für Entscheidungsprobleme (Σ, L) betrachtet, bei denen man für jedes gegebene $x \in \Sigma^*$ entscheiden soll, ob x in der Sprache $L \subseteq \Sigma^*$ liegt oder nicht. Die Idee dabei ist, einen Fehler nur für Eingaben aus L zu erlauben. Dies bedeutet, dass man fordert, dass für jedes $x \in \Sigma^* - L$ der randomisierte Algorithmus mit Sicherheit die Antwort „0“ „$(x \notin L)$“ ausgibt, und nur für die Eingaben aus L darf er mit einer gewissen Fehlerwahrscheinlichkeit rechnen. Dies kann man formal wie folgt definieren.

Definition 2.4.51. *Sei A ein randomisierter Algorithmus und sei (Σ, L) ein Entscheidungsproblem. Wir sagen, dass A ein* **Monte Carlo-Algorithmus mit einseitigem Fehler für L**, *kurz* **1MC-Algorithmus**, *ist, wenn*

(i) $\text{Wahr}(A(x) = 1) \geq \frac{1}{2}$ *für jedes $x \in L$, und*
(ii) $\text{Wahr}(A(y) = 0) = 1$ *für jedes $y \notin L$.*

Unser Motivationsbeispiel aus Abschnitt 1.2 ist eine gute Illustration von Definition 2.4.51. Wenn $\Sigma = \{0, 1\}$ und

$$L = L_{\text{ungleich}} = \{(x, y) \mid x, y \in \{0, 1\}^n, x \neq y, n \in \mathbb{N}\},$$

dann akzeptiert das entworfene randomisierte Protokoll R die Sprache L_{ungleich}. Wenn $x = y$ (d.h., wenn $(x, y) \notin L_{\text{ungleich}}$), dann gibt das Protokoll die Antwort „gleich“ (also nicht in L_{ungleich}) mit Sicherheit. Wenn $x \neq y$ gilt, erkennt das Protokoll dies mit einer Wahrscheinlichkeit von mindestens $1 - \frac{2 \cdot \ln n}{n}$.

Ähnlich wie bei Las Vegas-Algorithmen führen wir die *-Bezeichnung ein. Ein 1MC-Algorithmus ist ein **1MC*-Algorithmus**, wenn

(i') für jedes $x \in L$, $\text{Wahr}(A(x) = 1)$ mit wachsendem $|x|$ gegen 1 konvergiert.

Offensichtlich ist das Protokoll R für L_{ungleich} im Abschnitt 1.2 ein 1MC*-Algorithmus.

Der Grund, warum nach den Las Vegas-Algorithmen die Klasse der 1MC-Algorithmen die zweitbeste Klasse randomisierter Algorithmen ist, liegt darin, dass man die Fehlerwahrscheinlichkeit von einem 1MC-Algorithmus A durch die Realisierung mehrerer unabhängiger Läufe auf derselben Eingabe schnell verringern kann. Nach (i) aus Definition 2.4.51 ist die Fehlerwahrscheinlichkeit für jedes $x \in L$ höchstens 1/2 und nach (ii) ist die Fehlerwahrscheinlichkeit für jedes $y \notin L$ gleich 0. Dies bedeutet, falls

$$\alpha_1, \alpha_2, \ldots, \alpha_k, \; \alpha_i \in \{0,1\} \text{ für } i = 1, \ldots, k,$$

die k Resultate von k unabhängigen Läufen des 1MC-Algorithmus A auf einer Eingabe z sind, dann reicht es aus, dass

$$\alpha_j = 1$$

für ein $j \in \{1, \ldots, k\}$ gilt, und wir wissen mit Sicherheit,[35] dass $z \in L$. Nur wenn

$$\alpha_1 = \alpha_2 = \ldots = \alpha_k = 0,$$

geben wir die Antwort „0“. Diese Antwort ist nur dann falsch wenn $z \in L$. Weil

$$\text{Wahr}(A(z) = 0) \leq \frac{1}{2}$$

für jedes $z \in L$, ist die Wahrscheinlichkeit, in k unabhängigen Läufen von A auf einem $z \in L$ immer $A(z) = 0$ zu erhalten, genau

$$(\text{Wahr}(A(z) = 0))^k \leq \left(\frac{1}{2}\right)^k = 2^{-k}.$$

Damit erkennen wir, warum 1MC-Algorithmen in der Praxis sehr angenehm sind. Durch k-faches Wiederholen der Arbeit eines Algorithmus A

(i) wächst die Zeitkomplexität nur k-fach (also linear), aber
(ii) die Fehlerwahrscheinlichkeit geht mit k exponentiell schnell gegen 0.

Für jeden 1MC-Algorithmus A bezeichnen wir im Folgenden durch $\boldsymbol{A_k}$ den 1MC-Algorithmus, der aus k unabhängigen Läufen von A besteht und die Eingabe genau dann akzeptiert, wenn A die Eingabe in mindestens einem der k Läufe akzeptiert.[36] Wir halten fest, dass für einen 1MC-Algorithmus A, A_k auch ein 1MC-Algorithmus ist und dass die Fehlerwahrscheinlichkeit von A_k die Fehlerwahrscheinlichkeit von A mit k potenziert ist.

[35] Nach (ii) in Definition 2.4.51 kann bei einem $z \notin L$ nie die falsche Ausgabe „1“ erfolgen.

[36] Anders gesagt, A_k verwirft seine Eingabe x genau dann, wenn alle k Läufe von A die Eingabe x verworfen haben.

MONTE CARLO-ALGORITHMEN MIT BESCHRÄNKTEM FEHLER

Diese ausdrucksstarke Klasse von randomisierten Algorithmen ist so definiert, dass man noch immer durch nicht zu viele wiederholte Läufe die Fehlerwahrscheinlichkeit auf eine gewünschte kleine Konstante verringern kann, aber jede Abweichung von dieser Definition im Sinne einer Lockerung der Anforderungen zu der Situation führen kann, dass polynomiell[37] viele Wiederholungen nicht ausreichen, um die Fehlerwahrscheinlichkeit vernünftig zu reduzieren.

Definition 2.4.52. *Sei F eine Funktion. Wir sagen, dass ein randomisierter Algorithmus A ein* **Monte Carlo-Algorithmus mit beschränktem Fehler,**[38] *kurz* **2MC-Algorithmus,** *für F ist, wenn eine reelle Zahl ε, $0 < \varepsilon \leq 1/2$, existiert, so dass für alle Eingaben x*

$$\text{Wahr}(A(x) = F(x)) \geq \frac{1}{2} + \varepsilon. \tag{2.12}$$

Wir weisen darauf hin, dass die Einschränkung der Fehlerwahrscheinlichkeit auf $\frac{1}{2} - \varepsilon$ für ein festes, von der Eingabe unabhängiges ε der wesentliche Punkt der Definition ist. Nur dieser gesicherte Abstand zur Wahrscheinlichkeit $1/2$ garantiert uns, dass man durch einen effizient durchführbaren Aufwand die Fehlerwahrscheinlichkeit auf eine beliebig kleine Größe reduzieren kann. Diese Forderung (2.12) hindert uns aber nicht daran, die Las Vegas-Algorithmen und 1MC-Algorithmen als Spezialfälle von 2MC-Algorithmen zu betrachten. Wenn A ein 1MC-Algorithmus (oder ein Las Vegas-Algorithmus) ist, dann berechnet A_2 das richtige Resultat mit einer Wahrscheinlichkeit größer gleich $3/4$ und somit erfüllt A_2 die Bedingung (2.12) der Definition 2.4.52 von 2MC-Algorithmen.

In diesem Sinne kann man alle bisher präsentierten Algorithmen als Monte Carlo-Algorithmen mit beschränktem Fehler betrachten. Wir bemerken, dass das randomisierte Protokoll aus dem Motivationsbeispiel zwar ein 1MC*-Algorithmus für L_{ungleich} ist, aber kein 1MC-Algorithmus für die Sprache

$$L = L_{\text{gleich}} = \{(x, y) \mid x, y \in \{0,1\}^*, x = y\}$$

ist. Andererseits ist das randomisierte Protokoll offensichtlich ein 2MC-Algorithmus für L_{gleich}.

[37] in der Eingabegröße

[38] Oft auch Monte Carlo-Algorithmen mit zweiseitigem Fehler genannt.

Unsere nächste Zielsetzung ist zu analysieren, wie schnell sich die Fehlerwahrscheinlichkeit eines 2MC-Algorithmus durch wiederholte Läufe verkleinert. Dafür betrachten wir für jeden 2MC-Algorithmus A und jedes $t \in \mathbb{N}, t \geq 2$, den folgenden 2MC-Algorithmus A_t.

2MC-Algorithmus A_t

Eingabe: x

Schritt 1: Realisiere t unabhängige Läufe von A auf x und speichere die t berechneten Resultate

$$\alpha_1, \alpha_2, \ldots, \alpha_t.$$

Schritt 2: Falls ein α mindestens $\lceil \frac{t}{2} \rceil$-mal in der Folge $\alpha_1, \alpha_2, \ldots, \alpha_t$ vorkommt, dann `output` „α“;
sonst[39] `output` „?“

Sei für alle zulässige Eingaben x $\text{Wahr}(A(x) = F(x)) \geq \frac{1}{2} + \varepsilon$ für ein festes $\varepsilon > 0$. Sei für eine beliebige Eingabe x

$$p = p(x) = \text{Wahr}(A(x) = F(x)) = \frac{1}{2} + \varepsilon_x \text{ für ein } \varepsilon_x \geq \varepsilon$$

eine kürzere Notation für die Wahrscheinlichkeit einer korrekten Berechnung von A auf x.

Offensichtlich berechnet A_t ein falsches Resultat oder „?“, wenn das richtige Resultat nicht mindestens $\lceil t/2 \rceil$-mal in t unabhängigen Läufen berechnet wurde.

Schränken wir zuerst für alle $i < \lceil t/2 \rceil$ die Wahrscheinlichkeit[40] $\text{pr}_i(x)$ ein, dass A_t auf x das richtige Resultat $F(x)$ in genau i Läufen berechnet. Es gilt

$$\text{pr}_i(x) \;=\; \binom{t}{i} \cdot p^i \cdot (1-p)^{t-i}$$

[39] Eine vernünftige Alternative wäre das am häufigsten in $\alpha_1, \alpha_2, \ldots, \alpha_t$ vorkommende Resultat auszugeben. Die folgende Analyse der Fehlerwahrscheinlichkeit ist auch für diese Variante gültig.

[40] Wir wollen also die Wahrscheinlichkeit von ungünstigen Ereignissen von oben einschränken.

{Es gibt genau $\binom{t}{i}$ Möglichkeiten, die i Positionen mit dem richtigen Resultat $F(x)$ in einer Folge von t Resultaten festzulegen. Für jede Position ist p die Wahrscheinlichkeit, dass das richtige Resultat berechnet wird und $1-p$ die Wahrscheinlichkeit, dass ein falsches Resultat berechnet wird. Dann ist p^i die Wahrscheinlichkeit, dass man genau i-mal das richtige Resultat an den i fixierten Stellen berechnet hat und $(1-p)^{t-i}$ ist die Wahrscheinlichkeit, dass man an allen restlichen $t-i$ Stellen ein falsches Resultat berechnet hat.}

$$= \binom{t}{i} \cdot (p \cdot (1-p))^i \cdot (1-p)^{t-2i}$$

{Weil $t \geq 2i$ gilt, können wir schreiben dass $(1-p)^{t-i} = (1-p)^i \cdot (1-p)^{t-2i}$}

$$= \binom{t}{i} \cdot \left(\left(\frac{1}{2}+\varepsilon_x\right) \cdot \left(\frac{1}{2}-\varepsilon_x\right)\right)^i \cdot \left(\frac{1}{2}-\varepsilon_x\right)^{2\cdot(\frac{t}{2}-i)}$$

{Weil $p = \frac{1}{2}+\varepsilon_x$ und $1-p = \frac{1}{2}-\varepsilon_x$}

$$= \binom{t}{i} \cdot \left(\frac{1}{4}-\varepsilon_x^2\right)^i \cdot \left(\left(\frac{1}{2}-\varepsilon_x\right)^2\right)^{\frac{t}{2}-i}$$

$$< \binom{t}{i} \cdot \left(\frac{1}{4}-\varepsilon_x^2\right)^i \cdot \left(\left(\frac{1}{2}-\varepsilon_x\right) \cdot \left(\frac{1}{2}+\varepsilon_x\right)\right)^{\frac{t}{2}-i}$$

{Weil $\frac{1}{2}-\varepsilon_x < \frac{1}{2}+\varepsilon_x$}

$$= \binom{t}{i} \cdot \left(\frac{1}{4}-\varepsilon_x^2\right)^i \cdot \left(\frac{1}{4}-\varepsilon_x^2\right)^{\frac{t}{2}-i}$$

$$= \binom{t}{i} \cdot \left(\frac{1}{4}-\varepsilon_x^2\right)^{\frac{t}{2}}$$

$$\leq \binom{t}{i} \cdot \left(\frac{1}{4}-\varepsilon^2\right)^{\frac{t}{2}}$$

{Weil $\varepsilon_x \geq \varepsilon$ für jede Eingabe x}.

Weil A_t das korrekte Resultat $F(x)$ genau dann berechnet, wenn in mindestens $\lceil t/2 \rceil$ Läufen von A das richtige Resultat $F(x)$ berechnet wurde, erhalten wir für jedes x die folgende Abschätzung.

$$\begin{aligned}
\text{Wahr}(A_t(x) = F(x)) &= 1 - \sum_{i=0}^{\lfloor \frac{t}{2} \rfloor} \text{pr}_i(x) \\
&> 1 - \sum_{i=0}^{\lfloor \frac{t}{2} \rfloor} \binom{t}{i} \cdot \left(\frac{1}{4} - \varepsilon_x^2\right)^{\frac{t}{2}} \\
&= 1 - \left(\frac{1}{4} - \varepsilon_x^2\right)^{\frac{t}{2}} \cdot \sum_{i=0}^{\lfloor \frac{t}{2} \rfloor} \binom{t}{i} \\
&> 1 - \left(\frac{1}{4} - \varepsilon_x^2\right)^{\frac{t}{2}} \cdot 2^t \\
&\geq 1 - \left(1 - 4 \cdot \varepsilon_x^2\right)^{\frac{t}{2}} \\
&\geq 1 - \left(1 - 4 \cdot \varepsilon^2\right)^{\frac{t}{2}}.
\end{aligned}$$

Wir sehen, dass die obere Schranke für die Fehlerwahrscheinlichkeit $(1-4\cdot\varepsilon^2)^{t/2}$ mit wachsendem t gegen 0 geht. Wenn wir uns die Aufgabe stellen, für ein gegebenes δ die Anzahl k der Läufe von A so zu bestimmen, dass

$$\text{Wahr}(A_k(x) = F(x)) \geq 1 - \delta,$$

dann erhalten wir durch eine einfache Umformung

$$k \geq \frac{2 \cdot \ln \delta}{\ln(1 - 4 \cdot \varepsilon^2)}. \tag{2.13}$$

Wenn δ und ε feste Konstanten sind,[41] dann ist die Anzahl der Wiederholungen k auch eine feste Konstante. Damit können wir schließen, dass

$$\text{Time}_{A_k}(n) \in O(\text{Time}_A(n)).$$

Wenn also A asymptotisch schneller arbeitet als jeder deterministische Algorithmus für F, dann ist auch A_k (mit einer Fehlerwahrscheinlichkeit kleiner als δ) effizienter als jeder deterministische Algorithmus.

Aufgabe 2.4.53. Ändern Sie den 2MC-Algorithmus A_t so ab, dass er als Ausgabe das am häufigsten vorkommende Resultat ausgibt. Ändert dies etwas an unserer Fehleranalyse des Algorithmus A_t?

[41] ε ist nach der Definition von 2MC-Algorithmen immer eine feste Konstante.

MONTE CARLO-ALGORITHMEN MIT UNBESCHRÄNKTEM FEHLER

Offensichtlich kann man mit randomisierten Algorithmen für die Berechnung einer Funktion F nichts anfangen, wenn die Fehlerwahrscheinlichkeit nicht echt kleiner als 1/2 ist. In einem solchen Fall kann ein falsches Resultat genau so häufig wie ein korrektes Resultat vorkommen, und dann helfen uns auch wiederholte Läufe nicht zu erkennen, welches der Resultate das richtige ist. Allgemeine randomisierte Monte Carlo-Algorithmen müssen also mindestens fordern, dass die Fehlerwahrscheinlichkeit kleiner als 1/2 ist.

Definition 2.4.54. *Sei F eine Funktion. Wir sagen, dass ein randomisierter Algorithmus A ein* **Monte Carlo-Algorithmus (mit unbeschränktem Fehler**[42]), *kurz* **MC-Algorithmus**, *für F ist, wenn für alle Eingaben x*

$$\mathrm{Wahr}(A(x) = F(x)) > 1/2.$$

Die spannende Frage ist jetzt:

> *„Wo ist der Unterschied zwischen den* 2MC*-Algorithmen und den* MC*-Algorithmen?“*

Bei 2MC-Algorithmen fordern wir, dass die Fehlerwahrscheinlichkeit einen Mindestabstand ε von 1/2 hat. Bei MC-Algorithmen kann es vorkommen, dass der Abstand mit wachsender Eingabelänge $|x|$ immer kleiner wird. Zum Beispiel kann ein randomisierter Algorithmus A für jede Eingabe x eine zufällige Wahl aus $2^{|x|}$ deterministischen Algorithmen gemäß der Gleichverteilung treffen. Wenn die Mehrzahl hiervon (also mindestens $2^{|x|-1} + 1$ viele) das richtige Resultat berechnen, ist A ein MC-Algorithmus. Wir lassen also zu, dass

$$\mathrm{Wahr}(A(x) = F(x)) = \frac{1}{2} + \frac{1}{2^{|x|}} > \frac{1}{2}$$

gilt. Damit geht der Abstand $\varepsilon_x = \frac{1}{2^{|x|}}$ von 1/2 mit exponentieller Geschwindigkeit in der Eingabegröße gegen 0.

Stellen wir jetzt die Grundfrage;

> *„Wieviele wiederholte Läufe von A sind notwendig, um*
>
> $$\mathrm{Wahr}(A_k(x) = F(x)) > 1 - \delta$$
>
> *für ein festes ausgesuchtes δ zu erhalten?“*

[42]Der Begriff „unbeschränkter Fehler“ bezieht sich nicht auf den absoluten Wert der Fehlerwahrscheinlichkeit, sondern auf die Tatsache, dass keine universelle untere Schranke für die Entfernung der Fehlerwahrscheinlichkeit von 1/2 für alle x garantiert ist.

Weil die Analyse der Fehlerwahrscheinlichkeit der 2MC-Algorithmen A_t bezüglich ε_x auf unseren Fall von MC-Algorithmen übertragbar ist, haben wir:

$$\text{Wahr}(A_t(x) = F(x)) \geq 1 - \left(1 - 4 \cdot \varepsilon_x^2\right)^{\frac{t}{2}}.$$

Um $\text{Wahr}(A_k(x) = F(x)) \geq 1 - \delta$ zu erhalten, muss für die Anzahl k der Wiederholungen Folgendes gelten:

$$\begin{aligned} k = k(|x|) &\geq \frac{2 \cdot \ln \delta}{\ln(1 - 4 \cdot \varepsilon_x^2)} \\ &= \frac{2 \cdot \ln \delta}{\ln(1 - 4 \cdot 2^{-2\cdot|x|})} \\ &\quad \{\text{Weil } \varepsilon_x = 2^{-|x|}\} \\ &\geq \frac{2 \cdot \ln \delta}{-2^{-2\cdot|x|}} \\ &\quad \{\text{Weil } \ln(1-y) \leq -y \text{ für } 0 < y < 1\} \\ &= (-2 \cdot \ln \delta) \cdot 2^{2\cdot|x|}. \end{aligned}$$

Damit erhalten wir, dass

$$\text{Time}_{A_k}(x) \geq (-2 \cdot \ln \delta) \cdot 2^{2\cdot|x|} \cdot \text{Time}_A(x).$$

Somit ist die Laufzeit von A_k exponentiell in der Eingabelänge $|x|$, auch wenn A sehr effizient ist.

Diese Überlegung muss nicht immer die Konsequenz haben, dass ein MC-Algorithmus nicht anwendbar ist. Wenn z.B. $\varepsilon_x = \frac{1}{\log_2 |x|}$ wäre, reichen zwar nicht konstant viele aber trotzdem nicht zu viele Wiederholungen aus, um einen praktikablen Algorithmus zu bekommen.

Aufgabe 2.4.55. Sei A ein MC-Algorithmus, der für jedes x das richtige Resultat $F(x)$ mit der Wahrscheinlichkeit $\frac{1}{2} + \varepsilon_x$ berechnet, wobei ε_x von $|x|$ abhängt. Sei δ eine beliebige Konstante, $0 < \delta < 1/2$. Wie viele Wiederholungen $k = k(|x|)$ von A sind notwendig, um $\text{Wahr}(A_k(x) = F(x)) \geq 1 - \delta$ zu erreichen, wenn

(i) $\varepsilon_x = \frac{1}{|x|}$,
(ii) $\varepsilon_x = \frac{1}{\log_2 |x|}$?

Aufgabe 2.4.56. Sei A ein randomisierter Algorithmus für eine Funktion F mit $\text{Wahr}(A(x) = F(x)) \geq 1/3$ für jedes Argument x von F. Nehmen wir an, dass wir noch zusätzlich wissen, dass Wahr$(A(x) = \alpha) \leq 1/4$ für jedes falsche Resultat α gilt (d.h. dass es kein festes falsches Resultat gibt, das häufiger als mit der Wahrscheinlichkeit 1/4 vorkommt). Kann man unter diesen Umständen aus A einen brauchbaren randomisierten Algorithmus für F bauen?

Beispiel 2.4.57. Betrachten wir das folgende randomisierte Kommunikationsprotokoll zwischen zwei Rechnern R_{I} und R_{II} für die Sprache L_{ungleich}.

Protokoll UMC

Ausgangssituation: R_{I} hat n Bits $x = x_1x_2 \ldots x_n$, R_{II} hat n Bits $y = y_1y_2 \ldots y_n$, $n \in \mathbb{N} - \{0\}$.
{Dies ist genau die gleiche Situation wie in unserem Motivationsbeispiel in Abschnitt 1.2 (Fig. 1.1)}
Die Eingabe (x, y) soll genau dann akzeptiert werden, wenn $x \neq y$.

Phase 1: R_{I} wählt zufällig eine Zahl $j \in \{1, 2, \ldots, n\}$ und schickt j und das Bit x_j an R_{II}.

Phase 2: Falls $x_j \neq y_j$, akzeptiert R_{II} die Eingabe (x, y).
{In diesem Fall weiß R_{II} mit Sicherheit, dass $x \neq y$.}
Falls $x_j = y_j$, dann akzeptiert R_{II} die Eingabe (x, y) mit der Wahrscheinlichkeit $\frac{1}{2} - \frac{1}{2n}$ und verwirft (x, y) mit der Wahrscheinlichkeit $\frac{1}{2} + \frac{1}{2n}$.

Die Kommunikationskomplexität von UMC ist genau

$$\lceil \log_2(n+1) \rceil + 1$$

Bits in jeder Berechnung und somit arbeitet UMC immer sehr effizient.

Wir zeigen jetzt, dass UMC ein Monte Carlo-Protokoll ist. Wie üblich unterscheiden wir zwei Fälle $(x, y) \in L_{\mathrm{ungleich}}$ und $(x, y) \notin L_{\mathrm{ungleich}}$.

(i) Sei $(x, y) \notin L_{\mathrm{ungleich}}$, also $x = y$.
In diesem Fall hat UMC genau $2n$ Berechnungen C_{il} für $i \in \{1, 2, \ldots, n\}$ und $l \in \{0, 1\}$, wobei C_{il} die Berechnung ist, in der R_{I} die Zahl i in Phase 1 gewählt hat und R_{II} mit der Antwort „l" geendet hat ($l = 1$ bedeutet „akzeptiere" und $l = 0$ bedeutet „verwerfe").
Somit haben wir einen Wahrscheinlichkeitsraum $(S_{\mathrm{UMC},(x,y)}, \mathrm{Wahr})$ mit

$$S_{\mathrm{UMC},(x,y)} = \{C_{il} \mid 1 \leq i \leq n,\ l \in \{0, 1\}\}$$

und für alle $i \in \{1, 2, \ldots, n\}$

$$\begin{aligned} \text{Wahr}(\{C_{i0}\}) &= \frac{1}{n} \cdot \left(\frac{1}{2} + \frac{1}{2n}\right) \text{ und} \\ \text{Wahr}(\{C_{i1}\}) &= \frac{1}{n} \cdot \left(\frac{1}{2} - \frac{1}{2n}\right). \end{aligned} \tag{2.14}$$

Offensichtlich ist

$$A_0 = \{C_{i0} \mid 1 \leq i \leq n\}$$

das Ereignis, dass UMC die korrekte Ausgabe „verwerfe" ($x = y$) ausgibt. Somit

$$\begin{aligned} \text{Wahr}(A_0) &= \text{Wahr}(\text{UMC verwirft } (x, y)) \\ &= \sum_{i=1}^{n} \text{Wahr}(\{C_{i0}\}) \\ &\underset{(2.14)}{=} \sum_{i=1}^{n} \frac{1}{n} \cdot \left(\frac{1}{2} + \frac{1}{2n}\right) \\ &= n \cdot \frac{1}{n} \left(\frac{1}{2} + \frac{1}{2n}\right) \\ &= \frac{1}{2} + \frac{1}{2n} > \frac{1}{2}. \end{aligned}$$

(ii) Sei $(x, y) \in L_{\text{ungleich}}$, also $(x \neq y)$.
Dann existiert ein $j \in \{1, 2, \ldots, n\}$, so dass $x_j \neq y_j$. Wir setzen voraus, dass nur ein solches j existiert, was offensichtlich dem ungünstigsten Fall entspricht. Dann haben wir eine Berechnung C_j, die (x, y) mit Sicherheit akzeptiert ($\text{Wahr}(\{C_j\}) = 1/n$) und genau $2(n-1)$ Berechnungen C_{il} für $i \in \{1, 2, \ldots, n\} - \{j\}$, $l \in \{0, 1\}$, wobei C_{il} die Berechnung ist, in der R_{I} die Zahl i in der Phase 1 gewählt hat und R_{II} mit der Antwort „l" geantwortet hat. Somit haben wir einen Wahrscheinlichkeitsraum $(S_{\text{UMC},(x,y)}, \text{Wahr})$ mit

$$S_{\text{UMC},(x,y)} = \{C_j\} \cup \{C_{il} \mid 1 \leq i \leq n,\ i \neq j,\ l \in \{0, 1\}\}$$

und für alle $i \in \{1, 2, \ldots, n\}$

$$\text{Wahr}(\{C_j\}) = \frac{1}{n},$$

$$\begin{aligned}\text{Wahr}(\{C_{i0}\}) &= \frac{1}{n}\left(\frac{1}{2}+\frac{1}{2n}\right), \text{ und} \\ \text{Wahr}(\{C_{i1}\}) &= \frac{1}{n}\left(\frac{1}{2}-\frac{1}{2n}\right).\end{aligned} \tag{2.15}$$

Offensichtlich ist

$$A_1 = \{C_j\} \cup \{C_{i1} \mid 1 \leq i \leq n,\ i \neq j\}$$

das Ereignis, dass UMC die korrekte Ausgabe „akzeptiere" ($x \neq y$) ausgibt.
Somit

$$\begin{aligned}\text{Wahr}(A_1) &= \text{Wahr}(\text{UMC akzeptiert } (x,y)) \\ &= \text{Wahr}(\{C_j\}) + \sum_{\substack{i=1\\ i\neq j}}^{n} \text{Wahr}(\{C_{i1}\}) \\ &\underset{(2.15)}{=} \frac{1}{n} + \sum_{\substack{i=1\\ i\neq j}}^{n} \frac{1}{n}\left(\frac{1}{2}-\frac{1}{2n}\right) \\ &= \frac{1}{2n}+\frac{1}{2n}+\sum_{i=1}^{n-1}\left(\frac{1}{2n}-\frac{1}{2n^2}\right) \\ &= \frac{1}{2n}+\sum_{i=1}^{n}\frac{1}{2n}-\sum_{i=1}^{n-1}\frac{1}{2n^2} \\ &= \frac{1}{2n}+\frac{1}{2}-\frac{n-1}{2n^2} \\ &= \frac{1}{2}+\frac{1}{2n^2} \\ &\quad \{\text{Weil } \tfrac{1}{2n}-\tfrac{n-1}{2n^2}=\tfrac{1}{2n^2}\} \\ &> \frac{1}{2}.\end{aligned}$$

□

Aufgabe 2.4.58. Man beobachte, dass der Algorithmus UMC auf einem nichtdeterministischen Protokoll basiert, das einfach den Unterschied (eine Position j) zwischen x und y rät und dann überprüft, ob es gut geraten hat (ob tatsächlich $x_j \neq y_j$). Wir haben dieses nichtdeterministische Protokoll in ein MC-Protokoll umgewandelt, so dass es in der Situation, in der es die richtige

Antwort nicht kennt,[43] mit gewisser Wahrscheinlichkeit nahe[44] bei 1/2 akzeptiert und mit der komplementären Wahrscheinlichkeit[45] verwirft. Die Wahrscheinlichkeit zu akzeptieren liegt so knapp unter 1/2, dass eine mit Sicherheit akzeptierende Berechnung die gesamte Wahrscheinlichkeit der Akzeptierung über 1/2 zieht. Kann man diese Idee anwenden, um einen beliebigen nichtdeterministischen Algorithmus in einen ebenso effizienten MC-Algorithmus umzuwandeln?

2.5 Klassifizierung von randomisierten Algorithmen für Optimierungsprobleme

In Abschnitt 2.4 haben wir die grundlegende Klassifikation randomisierter Algorithmen für die Lösung von Entscheidungsproblemen und für die Berechnung von Funktionen präsentiert. Diese Klassifikation ist nicht geeignet für die Behandlung von Optimierungsproblemen, weil wir hier nicht die Häufigkeit von gleichen Resultaten zählen müssen um die Ausgabe zu definieren. Wenn z.B. ein randomisierter Optimierungsalgorithmus A für eine Eingabe x eine optimale Lösung nur mit einer Wahrscheinlichkeit von $1/|x|$ berechnet, ist dies gar nicht schlecht. Wir lassen den Algorithmus einfach $|x|$-mal auf x laufen, und geben dann als Ausgabe die Lösung, die den besten Kostenwert hat, aus. Weil die Wahrscheinlichkeit, in einem Lauf das Optimum nicht zu finden, höchstens

$$1 - \frac{1}{|x|}$$

ist, ist die Wahrscheinlichkeit, eine optimale Lösung in $|x|$ unabhängigen Läufen nicht zu finden, höchstens[46]

$$\left(1 - \frac{1}{|x|}\right)^{|x|} < \frac{1}{e}.$$

Damit erhalten wir eine konstante Wahrscheinlichkeit $1 - e^{-1}$, dass der Algorithmus eine optimale Lösung findet.

[43] Das ist die Situation, in der ein nichtdeterministischer Algorithmus verwirft (die Antwort „0“ ausgibt).
[44] knapp unter 1/2
[45] knapp über 1/2
[46] siehe Abschnitt A.3

Aufgabe 2.5.59. Zeigen Sie, dass $|x| \cdot \log_2 |x|$ Wiederholungen reichen, um eine Konvergenz der Wahrscheinlichkeit

$$\text{Wahr}\left(A_{|x|\cdot\log_2|x|} \text{ findet eine optimale Lösung}\right)$$

gegen 1 mit $|x|$ zu garantieren.

Damit hat der neue Algorithmus $A_{|x|}$ eine nur $|x|$-mal größere Zeitkomplexität als A. Deshalb ist, wenn A ein polynomieller Algorithmus ist, auch $A_{|x|}$ ein polynomieller Algorithmus.

Bei Optimierungsproblemen geht es oft nicht unbedingt darum, eine optimale Lösung zu finden, sondern eine zulässige Lösung, deren Kosten nicht zu sehr von der Kosten einer optimalen Lösung abweichen. In einem solchen Fall fragen wir nach der Wahrscheinlichkeit, eine solche relativ gute Lösung zu finden, was zu einer anderen Klassifikation von randomisierten Algorithmen führt. Diese Klassifikation stellen wir im Folgenden vor. Weil diese Klassifikation nur für Kapitel 7 eine Grundlage darstellt und in keinem anderen Kapitel gebraucht wird, besteht für den Leser die Möglichkeit, diesen Abschnitt jetzt zu überspringen und erst später als Einleitung zu Kapitel 7 zu lesen.

Die Lösung von Optimierungsproblemen kann man im Allgemeinen nicht als Berechnung einer Funktion betrachten. Sie entspricht eher der Berechnung einer Relation R in dem Sinne, dass es ausreicht, für ein gegebenes x eine beliebige Ausgabe y mit $(x, y) \in R$ zu berechnen. Dies ist dadurch motiviert, dass mehrere optimale Lösungen für die Eingabe x existieren können und wir fordern lediglich, eine beliebige davon zu finden. Wenn wir als Ausgabe sogar nur „gute“, aber nicht unbedingt optimale Lösungen zulassen, wird der Grund dafür, das Lösen von Optimierungsproblemen als die Berechnung einer Relation zu betrachten, noch ersichtlicher. Wir beginnen mit der formalen Definition eines Optimierungsproblems.

Definition 2.5.60. *Ein* **Optimierungsproblem** *ist ein 6-Tupel* $\mathcal{U} = (\Sigma_I, \Sigma_O, L, \mathcal{M}, \text{cost}, \text{goal})$, *wobei:*

(i) Σ_I *ist ein Alphabet (genannt* **Eingabealphabet***),*

(ii) Σ_O *ist ein Alphabet (genannt* **Ausgabealphabet***),*

(iii) $L \subseteq \Sigma_I^*$ *ist die Sprache der* **zulässigen Eingaben** *(als Eingaben kommen nur Wörter in Frage, die eine sinnvolle Bedeutung haben).*
Ein $x \in L$ *wird* **Problemfall (Instanz) von** $\mathcal{U}$ *genannt.*

(iv) $\mathcal{M}$ *ist eine Funktion von* L *nach* $\mathcal{P}(\Sigma_O^*)$, *und für jedes* $x \in L$ *ist* $\mathcal{M}(x)$ *die* **Menge der zulässigen Lösungen für** x,

(v) cost *ist eine Funktion,* cost : $\bigcup_{x \in L}(\mathcal{M}(x) \times \{x\}) \to \mathbb{Q}^+$, *genannt* **Kostenfunktion,**
(vi) goal $\in$ {Minimum, Maximum} *ist das Optimierungsziel.*

Eine zulässige Lösung $\alpha \in \mathcal{M}(x)$ *heißt* **optimal** *für den Problemfall* x *des Optimierungsproblems* U, *falls*

$$\text{cost}(\alpha, x) = \mathbf{Opt}_{\mathcal{U}}(\boldsymbol{x}) = \text{goal}\{\text{cost}(\beta, x) \mid \beta \in \mathcal{M}(x)\}.$$

Ein Algorithmus A **löst** $\mathcal{U}$, *falls für jedes* $x \in L$

(i) $A(x) \in \mathcal{M}(x)$ ($A(x)$ *ist eine zulässige Lösung des Problemfalls* x *von* $\mathcal{U}$),
(ii) $\text{cost}(A(x), x) = \text{goal}\{\text{cost}(\beta, x) \mid \beta \in \mathcal{M}(x)\}$.

Falls goal = Minimum, *ist* $\mathcal{U}$ *ein* **Minimierungsproblem,**
falls goal = Maximum, *ist* $\mathcal{U}$ *ein* **Maximierungsproblem.**

In der Definition eines Optimierungsproblems als 6-Tupel hat das Eingabealphabet Σ_I die gleiche Bedeutung wie das Alphabet von Entscheidungsproblemen, d.h. Σ_I benutzt man, um die Instanzen von $\mathcal{U}$ darzustellen. Analog benutzt man das Ausgabealphabet Σ_O für die Darstellung von Ausgaben (zulässigen Lösungen). Die Sprache $L \subseteq \Sigma_I^*$ ist die Menge der Darstellungen von Problemfällen. Dies bedeutet, dass wir uns auf das Optimierungsproblem und nicht auf das Entscheidungsproblem (Σ_I, L) konzentrieren und dass wir voraussetzen, dass eine Eingabe aus $\Sigma_I^* - L$ nie vorkommen wird.

Ein Problemfall $x \in L$ formuliert meistens eine Menge von Einschränkungen und $\mathcal{M}(x)$ ist die Menge von Objekten (zulässigen Lösungen zu x), die diese Einschränkungen erfüllen. In der Regel bestimmt der Problemfall x auch, wie hoch die Kosten $\text{cost}(\alpha, x)$ für jedes $\alpha \in \mathcal{M}(x)$ sind. Die Aufgabe ist, in der Menge der zulässigen Lösungen $\mathcal{M}(x)$ zu x eine optimale zu finden. Die typische Schwierigkeit ist, dass die Menge $\mathcal{M}(x)$ eine so große Mächtigkeit hat, dass es unmöglich ist, alle zulässigen Lösungen aus $\mathcal{M}(x)$ zu generieren und deren Kosten zu vergleichen.

Um die Spezifikation von konkreten Optimierungsproblemen zu veranschaulichen, verzichten wir oft auf die Spezifikation von Σ_I, Σ_O und die Darstellung von Daten über Σ_I und Σ_O. Wir setzen einfach voraus, dass die typischen Daten wie Zahlen, Graphen oder Formeln in der gewöhnlichen[47] Darstellung vorkommen. Dadurch reduzieren wir die Definition eines Optimierungsproblems auf die Spezifikation folgender vier Objekte:

[47] siehe Kapitel 2 in [Hro 03]

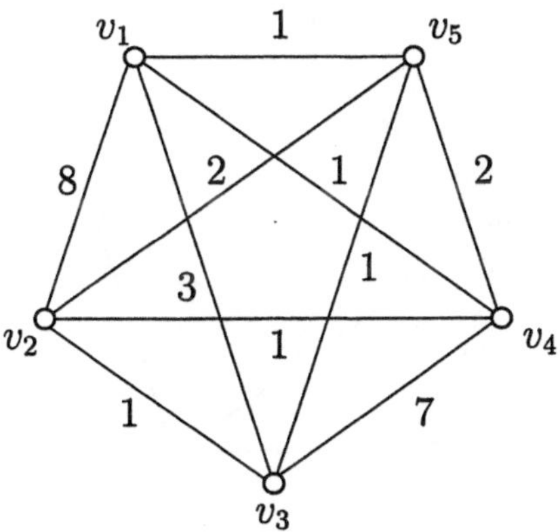

Fig. 2.6

- die Menge der Problemfälle L, also die zulässigen Eingaben,
- die Menge der Einschränkungen, gegeben durch jeden Problemfall $x \in L$, und damit $\mathcal{M}(x)$ für jedes $x \in L$,
- die Kostenfunktion,
- das Optimierungsziel.

Beispiel 2.5.61. Traveling-Salesman-Problem (TSP)

Eingabe: Ein gewichteter vollständiger Graph (G, c), wobei $G = (V, E)$, $V = \{v_1, \ldots, v_n\}$ für ein $n \in \mathbb{N} - \{0\}$, und $c : E \to \mathbb{N} - \{0\}$.

Einschränkungen: Für jeden Problemfall (G, c) ist $\mathcal{M}(G, c)$ die Menge aller Hamiltonschen Kreise von G. Jeder Hamiltonsche Kreis lässt sich durch ein $(n+1)$-Tupel von Knoten $v_{i_1}, v_{i_2}, \ldots, v_{i_n}, v_{i_1}$ darstellen, wobei $(i_1, \ldots, i_n)$ eine Permutation von $\{1, 2, \ldots, n\}$ ist. Man beachte, dass diese Darstellung nicht eindeutig ist.

Kosten: Für jeden Hamiltonschen Kreis $H = v_{i_1}, v_{i_2}, \ldots, v_{i_n}, v_{i_1} \in \mathcal{M}(G, c)$,

$$\operatorname{cost}((v_{i_1}, \ldots, v_{i_n}, v_{i_1}), (G, c)) = \sum_{j=1}^{n} c\left(\{v_{i_j}, v_{i_{(j \bmod n)+1}}\}\right),$$

d.h., die Kosten jedes Hamiltonschen Kreises entsprechen der Summe der Gewichte aller seiner Kanten.

Ziel: Minimum.

Für den Problemfall des TSP aus Fig. 2.6 gilt beispielsweise:

$$\operatorname{cost}((v_1, v_2, v_3, v_4, v_5, v_1), (G, c)) = 8 + 1 + 7 + 2 + 1 = 19,$$

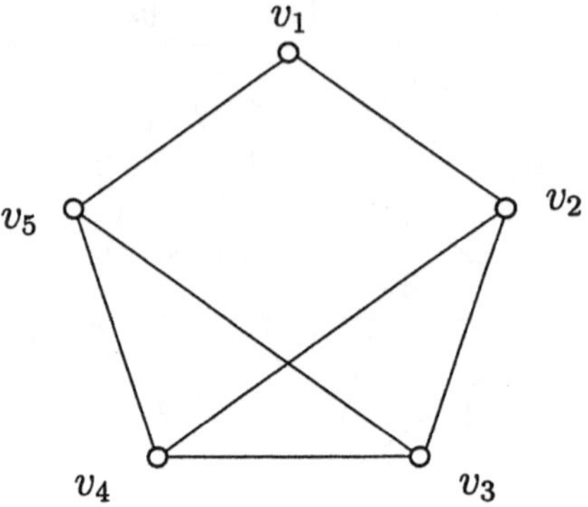

Fig. 2.7

$$\text{cost}\left((v_1, v_5, v_3, v_2, v_4, v_1), (G, c)\right) = 1 + 1 + 1 + 1 + 1 = 5.$$

Der Hamiltonsche Kreis $v_1, v_5, v_3, v_2, v_4, v_1$ ist die einzige optimale Lösung zu diesem Problemfall des TSP. □

Aufgabe 2.5.62. Beweisen Sie, dass $|\mathcal{M}((G, c))| = (n-1)!/2$, wenn G ein Graph mit n Knoten ist, wobei $n > 2$.

Eine Knotenüberdeckung eines Graphen $G = (V, E)$ ist jede Knotenmenge $U \subseteq V$, so dass jede Kante aus E mit mindestens einem Knoten aus U inzident[48] ist. Die Menge $\{v_2, v_4, v_5\}$ ist z.B. eine Knotenüberdeckung des Graphen aus Fig. 2.7, weil jede Kante mindestens zu einem dieser drei Knoten inzident ist. Die Menge $\{v_1, v_2, v_3\}$ ist keine Knotenüberdeckung des Graphen aus Fig. 2.7, weil die Kante $\{v_4, v_5\}$ durch keinen der Knoten v_1, v_2 und v_3 überdeckt wird.

Aufgabe 2.5.63. Das Knotenüberdeckungsproblem (*minimum vertex cover problem*, **MIN-VCP**) ist ein Minimierungsproblem, bei dem man für einen gegebenen (ungerichteten) Graphen G eine Knotenüberdeckung mit minimaler Kardinalität sucht.

(i) Bestimmen Sie die Menge aller Knotenüberdeckungen des Graphen aus Fig. 2.7.
(ii) Geben Sie eine formale Beschreibung des MIN-VCP an.

[48] Eine Kante $\{u, v\}$ ist inzident zu ihren Endpunkten u und v.

x_1	x_2	x_3	$x_1 \vee x_2$	$\overline{x}_1 \vee \overline{x}_2 \vee \overline{x}_3$	$\overline{x}_2$	$x_2 \vee x_3$	x_3	$\overline{x}_1 \vee \overline{x}_3$	# erfüllte Klauseln
0	0	0	0	1	1	0	0	1	3
0	0	1	0	1	1	1	1	1	5
0	1	0	1	1	0	1	0	1	4
0	1	1	1	1	0	1	1	1	5
1	0	0	1	1	1	0	0	1	4
1	0	1	1	1	1	1	1	0	5
1	1	0	1	1	0	1	0	1	4
1	1	1	1	0	0	1	1	0	3

Tab. 2.1

Beispiel 2.5.64. Maximale Erfüllbarkeit (MAX-SAT)

Sei $X = \{x_1, x_2, \ldots\}$ die Menge der Booleschen Variablen. Die Menge der Literale über X ist $Lit_X = \{x, \overline{x} \mid x \in X\}$, wobei $\overline{x}$ die Negation von x bezeichnet. Eine Klausel ist eine beliebige endliche Disjunktion von Literalen (z.B. $x_1 \vee \overline{x}_3 \vee x_4 \vee \overline{x}_7$). Eine Formel ist in **konjunktiver Normalform (KNF)**, wenn sie eine Konjunktion von Klauseln ist. Eine Formel Φ ist in ***k*-konjunktiver Normalform (*k*KNF)** für ein $k \in \mathbb{N} - \{0\}$, wenn alle Klauseln von Φ aus höchstens k Literalen bestehen. Eine Formel Φ ist in **E*k*KNF** für ein $k \in \mathbb{N} - \{0\}$, wenn jede Klausel aus Φ genau k Literale über k unterschiedlichen Variablen enthält. Ein Beispiel einer Formel über X in KNF ist

$$\Phi = (x_1 \vee x_2) \wedge (\overline{x}_1 \vee \overline{x}_2 \vee \overline{x}_3) \wedge \overline{x}_2 \wedge (x_2 \vee x_3) \wedge x_3 \wedge (\overline{x}_1 \vee \overline{x}_3).$$

Das Problem der maximalen Erfüllbarkeit (MAX-SAT) ist, für eine gegebene Formel Φ in KNF eine Belegung ihrer Variablen zu finden, die die maximal mögliche Anzahl von Klauseln von Φ erfüllt.

Eingabe: Eine Formel $\Phi = F_1 \wedge F_2 \wedge \cdots \wedge F_m$ über X in KNF, wobei F_i eine Klausel ist für $i = 1, \ldots, m$, $m \in \mathbb{N} - \{0\}$.

Einschränkungen: Für jede Formel Φ über $\{x_{i_1}, x_{i_2}, \ldots, x_{i_n}\}$ ist

$$\mathcal{M}(\Phi) = \{0,1\}^n.$$

{Jedes $\alpha = \alpha_1 \ldots \alpha_n \in \mathcal{M}(\Phi)$, $\alpha_j \in \{0,1\}$ für $j = 1, \ldots, n$, stellt eine Belegung dar, die x_{i_j} den Wert α_j zuordnet.}

Kosten: Für jedes Φ und jedes $\alpha \in \mathcal{M}(\Phi)$ ist $\mathrm{cost}(\alpha, \Phi)$ die Anzahl der Klauseln von Φ, die durch α erfüllt werden.

Ziel: Maximum.

Zu der oben gegebenen Formel Φ können wir in Tab. 2.1 alle 8 Belegungen der Variablen x_1, x_2, x_3 betrachten und dadurch die optimale Lösung bestimmen.

Die optimalen Lösungen sind die Belegungen 001, 011 und 101, die jeweils fünf Klauseln von Φ erfüllen.

Wenn man die Eingabemenge auf die Klasse aller Formeln in kKNF einschränkt, sprechen wir vom **MAX-kSAT** Problem. Wenn alle Formeln in EkKNF sind, sprechen wir vom **MAX-EkSAT**-Problem. □

Beispiel 2.5.65. Ganzzahlige Lineare Programmierung (*integer linear programming,* ILP)

Hier besteht die Aufgabe darin, für ein gegebenes System von linearen Gleichungen und eine lineare Funktion von Unbekannten des linearen Systems eine Lösung dieses Systems zu berechnen, die minimal bezüglich der linearen Funktion ist.

Eingabe: Eine $m \times n$ Matrix $A = [a_{ij}]_{i=1,\ldots,m,j=1,\ldots,n}$ und zwei Vektoren $b = (b_1, \ldots, b_m)^\mathsf{T}$ und $c = (c_1, \ldots, c_n)$ für $n, m \in \mathbb{N} - \{0\}$, wobei a_{ij}, b_i, c_j ganze Zahlen für $i = 1, \ldots, m$ und $j = 1, \ldots, n$ sind.

Einschränkungen: $\mathcal{M}(A, b, c) = \{X = (x_1, \ldots, x_n)^\mathsf{T} \in \mathbb{N}^n \mid AX = b\}$.
{$\mathcal{M}(A, b, c)$ ist die Menge aller Lösungsvektoren des linearen System $AX = b$, deren Elemente nur aus natürlichen Zahlen bestehen.}

Kosten: Für jedes $X = (x_1, \ldots, x_n) \in \mathcal{M}(A, b, c)$ ist

$$\operatorname{cost}(X, (A, b, c)) = \sum_{i=1}^{n} c_i x_i.$$

Ziel: Minimum. □

Die meisten Optimierungsprobleme, die uns interessieren, sind NP-schwer und deshalb ist nicht zu erwarten, dass sie in polynomieller Zeit lösbar sind. Für NP-schwere Probleme kennt man auch keine randomisierten polynomiellen Algorithmen. Die einzige Idee, die in solchen Fällen hilft, ist den Sprung von exponentieller Zeitkomplexität zu polynomieller Zeitkomplexität durch eine Abschwächung der Anforderungen zu erreichen. Statt der Berechnung einer optimalen Lösung fordern wir nur die Berechnung einer fast optimalen Lösung. Was der Begriff „fast optimal" bedeutet, legt die folgende Definition fest.

Definition 2.5.66. *Sei* $\mathcal{U} = (\Sigma_I, \Sigma_O, L, \mathcal{M}, \text{cost}, \text{goal})$ *ein Optimierungsproblem. Wir sagen, dass A ein* **zulässiger Algorithmus für** $\boldsymbol{\mathcal{U}}$ *ist, falls für jedes* $x \in L$ *die Ausgabe* $A(x)$ *der Berechnung von A auf* x *eine zulässige Lösung für* x *(d.h.* $A(x) \in \mathcal{M}(x)$*) ist.*

Sei A ein zulässiger Algorithmus für $\mathcal{U}$. *Für jedes* $x \in L$ *definieren wir die* **Approximationsgüte** $\mathbf{Güte}_{\boldsymbol{A}}(\boldsymbol{x})$ **von** $\boldsymbol{A}$ **auf** $\boldsymbol{x}$ *durch*

$$\mathbf{Güte}_{\boldsymbol{A}}(\boldsymbol{x}) = \max\left\{\frac{\text{cost}(A(x))}{\text{Opt}_{\mathcal{U}}(x)}, \frac{\text{Opt}_{\mathcal{U}}(x)}{\text{cost}(A(x))}\right\},$$

wobei $\text{Opt}_{\mathcal{U}}(x)$ *die Kosten einer optimalen Lösung für die Instanz* x *von* $\mathcal{U}$ *sind.*

Für jede positive Zahl $\delta > 1$ *sagen wir, dass A ein* $\boldsymbol{\delta}$**-Approximationsalgorithmus für** $\boldsymbol{\mathcal{U}}$ *ist, falls*

$$\text{Güte}_A(x) \leq \delta$$

für jedes $x \in L$.

Wir illustrieren das Konzept der Approximationsalgorithmen zuerst für das Problem der minimalen Knotenüberdeckung. Die Idee ist, effizient ein maximales Matching[49] in dem gegebenen Graphen zu finden und dann die zu diesem Matching inzidenten Knoten als eine Knotenüberdeckung auszugeben.

Beispiel 2.5.67. Algorithmus VCA

Eingabe: Ein Graph $G = (V, E)$.
Phase 1: $C := \emptyset$;
 {Während der Berechnung gilt $C \subseteq V$ und am Ende der Berechnung enthält C eine Knotenüberdeckung für G.}
 $A := \emptyset$;
 {Während der Berechnung gilt $A \subseteq E$ und am Ende der Berechnung ist A ein maximales Matching von G.}
 $E' := E$;
 {Während der Berechnung enthält $E' \subseteq E$ genau die Kanten, die von dem aktuellen C noch nicht überdeckt werden. Am Ende der Berechnung gilt $E' = \emptyset$.}

[49] Ein Matching in $G = (V, E)$ ist eine Menge $M \subseteq E$ von Kanten, so dass keine zwei Kanten aus M mit dem gleichen Knoten inzident sind. Ein Matching M ist maximal, falls für jedes $e \in E - M$ die Menge $M \cup \{e\}$ kein Matching in G ist.

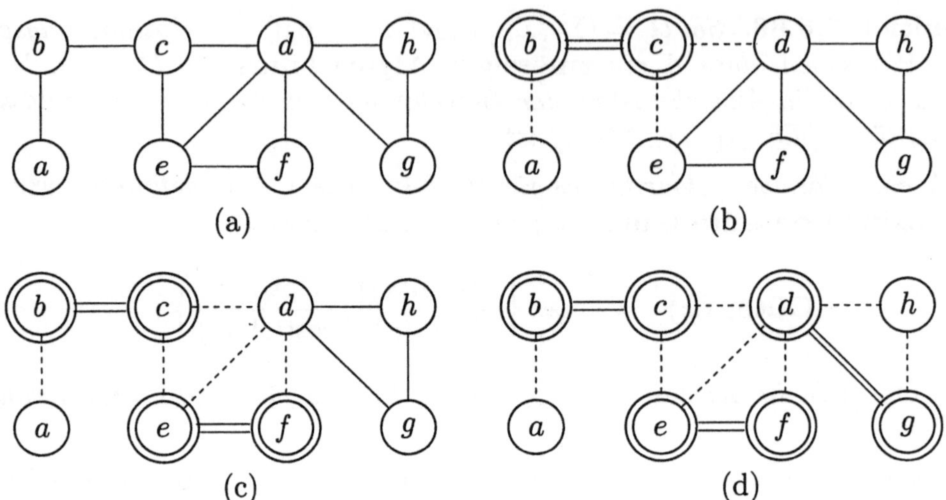

Fig. 2.8

Phase 2:

```
while E' ≠ ∅ do
  begin
     wähle eine beliebige Kante {u, v} aus E';
     C := C ∪ {u, v};
     A := A ∪ {{u, v}};
     E' := E' − {alle Kanten inzident zu u oder v};
  end
```

Ausgabe: C

Betrachten wir einen möglichen Lauf des Algorithmus VCA auf dem Graphen aus Fig. 2.8(a). Sei $\{b, c\}$ die erste Kante, die VCA gewählt hat. Dann ergibt sich $C = \{b, c\}$, $A = \{\{b, c\}\}$ und $E' = E - \{\{b, a\}, \{b, c\}, \{c, e\}, \{c, d\}\}$ (Fig. 2.8(b)). Wenn die zweite Wahl einer Kante aus E' auf $\{e, f\}$ fällt (Fig. 2.8(c)), dann ist $C = \{b, c, e, f\}$, $A = \{\{b, c\}, \{e, f\}\}$ und $E' = \{\{d, h\}, \{d, g\}, \{h, g\}\}$. Wenn der Algorithmus im letzten Schritt $\{d, g\}$ auswählt, dann erhält man $C = \{b, c, e, f, d, g\}$, $A = \{\{b, c\}, \{e, f\}, \{d, g\}\}$ und $E' = \emptyset$. Damit ist C eine Knotenüberdeckung mit den Kosten 6. Man bemerke, dass $\{b, e, d, g\}$ die optimale Knotenüberdeckung ist und dass diese optimale Überdeckung bei keiner Wahl von Kanten von VCA erreicht werden kann.

Wir zeigen jetzt, dass der Algorithmus VCA ein 2-Approximationsalgorithmus für das MIN-VCP ist und dass $\mathrm{Time}_{\mathrm{VCA}}(G) \in O(|E|)$ für jede Probleminstanz

$G = (V, E)$ gilt.

Die Behauptung $\text{Time}_{\text{VCA}}(G) \in O(|E|)$ ist offensichtlich, weil jede Kante aus E in VCA genau einmal betrachtet wird. Weil am Ende der Berechnung $E' = \emptyset$ gilt, berechnet VCA eine Knotenüberdeckung in G (d.h. VCA ist ein zulässiger Algorithmus für MIN-VCP).

Um $\text{Güte}_{\text{VCA}}(G) \leq 2$ für jeden Graph G zu beweisen, bemerken wir, dass $|C| = 2 \cdot |A|$ und A ein Matching in G ist. Um $|A|$ Kanten des Matchings A zu überdecken, muss man mindestens $|A|$ Knoten wählen. Weil $A \subseteq E$, ist die Mächtigkeit jeder Knotenüberdeckung in G mindestens $|A|$, d.h. $\text{Opt}_{\text{MIN-VCP}}(G) \geq |A|$. Daher gilt

$$\frac{|C|}{\text{Opt}_{\text{MIN-VCP}}(G)} = \frac{2 \cdot |A|}{\text{Opt}_{\text{MIN-VCP}}(G)} \leq 2.$$

Aufgabe 2.5.68. Finden Sie eine Wahl von Kanten in der zweiten Phase von VCA, so dass die resultierende Überdeckung C alle Knoten von G in Fig. 2.8(a) enthält.

Aufgabe 2.5.69. Konstruieren Sie für jedes $n \in \mathbb{N} - \{0\}$ einen zusammenhängenden Graphen G_n, so dass die optimale Knotenüberdeckung die Mächtigkeit n hat und der Algorithmus VCA eine Überdeckung mit der Mächtigkeit $2n$ konstruieren kann.

Das Hauptziel bei der Anwendung von Randomisierung im Bereich der Approximationsalgorithmen ist, die Approximationsgüte zu verbessern. Also sollten randomisierte Approximationsalgorithmen zulässige Lösungen berechnen, deren Kosten (Qualität) sich mit hoher Wahrscheinlichkeit nicht „zu viel“ von den Kosten der optimalen Lösung unterscheiden. In der Analyse betrachtet man dann die Approximationsgüte als Zufallsvariable[50] Güte und die Zielsetzung ist entweder

(1) den Erwartungswert E[Güte] zu bestimmen (oder mindestens von oben zu beschränken), oder
(2) das Erreichen einer Approximationsgüte δ mit einer Wahrscheinlichkeit von mindestens $1/2$.

Diese zwei unterschiedlichen Zielsetzungen (1) und (2) führen zu zwei Klassen von randomisierten Approximationsalgorithmen.

[50] Güte betrachtet man hier also als eine Funktion, die jedem Lauf des randomisierten Algorithmus die Approximationsgüte des Resultates dieses Laufs zuordnet.

Definition 2.5.70. *Sei* $\mathcal{U} = (\Sigma_I, \Sigma_O, L, \mathcal{M}, \text{cost}, \text{goal})$ *ein Optimierungsproblem und sei* $\delta \in \mathbb{R}$, $\delta > 1$. *Ein randomisierter Algorithmus* A *ist ein* **randomisierter E[δ]-Approximationsalgorithmus für $\mathcal{U}$**, *wenn*

(i) $\text{Wahr}(A(x) \in \mathcal{M}(x)) = 1$, *und*
(ii) $\text{E}[\text{Güte}_A(x)] \leq \delta$

für jedes $x \in L$.

Definition 2.5.71. *Sei* $\mathcal{U} = (\Sigma_I, \Sigma_O, L, \mathcal{M}, \text{cost}, \text{goal})$ *ein Optimierungsproblem. Für jede positive reelle Zahl* $\delta > 1$ *nennt man einen randomisierten Algorithmus* A *einen* **randomisierten δ-Approximationsalgorithmus für $\mathcal{U}$**, *falls*

(i) $\text{Wahr}(A(x) \in \mathcal{M}(x)) = 1$, *und*
(ii) $\text{Wahr}(\text{Güte}_A(x) \leq \delta) \geq 1/2$

für jedes $x \in L$.

Der Algorithmus aus Beispiel 2.3.35 für MAX-SAT ist offensichtlich ein randomisierter E[2]-Approximationsalgorithmus für $\mathcal{U}$.

Untersuchen wir zuerst, ob die zwei Konzepte von randomisierten Approximationsalgorithmen wirklich unterschiedlich sind. Wir behaupten zuerst, dass die zwei Klassen in dem Sinne unterschiedlich sind, dass ein randomisierter E[δ]-Approximationsalgorithmus für $\mathcal{U}$ kein randomisierter δ-Approximationsalgorithmus für $\mathcal{U}$ sein muss, und auch nicht umgekehrt.

Um dies zu erkennen, betrachten wir einen randomisierten Algorithmus A für eine Eingabe x mit zwölf gleich wahrscheinlichen Läufen $C_1, C_2, \ldots, C_{12}$. Sei $\text{Güte}_{A,x}(C_i)$ die Approximationsgüte der Ausgabe von C_i. Setzen wir voraus, dass

$$\text{Güte}_{A,x}(C_i) = 2 \text{ für } i = 1, 2, \ldots, 10 \text{ und } \text{Güte}_{A,x}(C_j) = 50 \text{ für } j \in \{11, 12\}.$$

Dann gilt

$$\text{E}[\text{Güte}_{A,x}] = \frac{1}{12} \cdot (10 \cdot 2 + 2 \cdot 50) = 10.$$

Auf der anderen Seite gilt

$$\text{Wahr}(\text{Güte}_{A,x} \leq 2) = 10 \cdot \frac{1}{12} = \frac{5}{6} \geq \frac{1}{2}.$$

Wenn dies für alle Eingaben x von $\mathcal{U}$ gilt, dann ist A ein randomisierter 2-Approximationsalgorithmus für $\mathcal{U}$, aber nur ein randomisierter $\mathrm{E}[10]$-Approximationsalgorithmus für $\mathcal{U}$. Wenn man statt $\text{Güte}_{A,x}(C_{11}) = 50$ eine sehr große Zahl nimmt, dann kann man den Unterschied zwischen der „häufigsten" Approximationsgüte und dem Erwartungswert der Approximationsgüte beliebig vergrößern.

Für die umgekehrte Relation betrachten wir einen randomisierten Algorithmus B, der 1999 unterschiedliche gleichwahrscheinliche Läufe auf jeder Eingabe hat. Setzen wir voraus, dass 1000 Läufe zu Resultaten mit Approximationsgüte 11 führen, und die restlichen 999 Läufe die optimale Lösung berechnen (also Approximationsgüte 1 haben). Dann ist $\mathrm{E}[\text{Güte}_B]$ ein bisschen größer als 6, aber B ist kein randomisierter δ-Approximationsalgorithmus für ein $\delta < 11$.

Jetzt ist es interessant zu beobachten, dass der Algorithums B_2 sogar[51] ein randomisierter 1-Approximationsalgorithmus ist. Also ist B aus der Sicht der ersten Klasse von randomisierten Approximationsalgorithmen gar nicht so schlecht. Kann man dies in dem Sinne verallgemeinern, dass B immer δ-approximativ für $\delta \geq 2 \cdot \mathrm{E}[\text{Güte}_B]$ ist? Die Antwort ist positiv, weil (wie wir schon gezeigt haben) für jede Zufallsvariable X die Wahrscheinlichkeit, einen Wert kleiner gleich $2 \cdot \mathrm{E}[X]$ zu erhalten, mindestens $1/2$ ist. Diese Beobachtung liefert uns das folgende Resultat.

Lemma 2.5.72. *Sei $\delta > 1$ eine positive reelle Zahl. Sei $\mathcal{U}$ ein Optimierungsproblem und sei B ein randomisierter $\mathrm{E}[\delta]$-Approximationsalgorithmus für $\mathcal{U}$. Dann ist B ein randomisierter γ-Approximationsalgorithmus für $\mathcal{U}$ für $\gamma = 2 \cdot \mathrm{E}[\delta]$.*

Das folgende Beispiel soll nicht nur zur Illustration der zwei Definitionen des Begriffs „randomisierter Approximationsalgorithmus" dienen, sondern auch die Relation zwischen den zwei Definitionen weiter veranschaulichen.

Beispiel 2.5.73. Betrachten wir das MAX-EkSAT Problem für $k \geq 3$ und den Algorithmus STICH aus Beispiel 2.3.35, der als Ausgabe einfach eine zufällige Belegung der Variablen liefert. Wenn $F = F_1 \wedge F_2 \wedge \ldots \wedge F_m$ eine Probleminstanz von MAX-EkSAT (mit F_i in kKNF für $i = 1, \ldots, m$) ist, haben wir die Zufallsvariable Z_i als Indikatorvariable für die Erfüllung der Klausel F_i definiert. Damit ist

$$\mathrm{E}[Z_i] = 1 - \frac{1}{2^k}$$

[51] Zur Erinnerung, der Algorithmus B_2 besteht aus zwei unabhängigen Läufen des Algorithmus B.

gleich der Wahrscheinlichkeit, dass eine zufällige Belegung die Klausel Z_i erfüllt. Die Zufallsvariable

$$Z_F = \sum_{i=1}^{m} Z_i$$

zählt die Anzahl der erfüllten Klauseln in jedem Lauf von STICH und wir haben mit Hilfe der Linearität des Erwartungswertes bewiesen, dass

$$\mathrm{E}[Z_F] = \sum_{i=1}^{m} \mathrm{E}[Z_i] = m \cdot \left(1 - \frac{1}{2^k}\right). \tag{2.16}$$

Weil die Kosten einer optimalen Lösung höchstens m sind, erhalten wir[52] für jede Instanz F von MAX-EkSAT

$$\begin{aligned} \mathrm{E}[\text{Güte}_{\text{STICH}}(F)] &\leq \frac{\text{Opt}_{\text{MAX-E}k\text{SAT}}(F)}{\mathrm{E}[Z_F]} \\ &\leq \frac{m}{\mathrm{E}[Z_F]} \\ &\leq \frac{m}{m \cdot (1 - 2^{-k})} = \frac{2^k}{2^k - 1}. \end{aligned}$$

Damit ist STICH ein randomisierter $\mathrm{E}\left[2^k/(2^k - 1)\right]$-Approximationsalgorithmus für MAX-EkSAT.

Wir wollen jetzt (2.16) anwenden, um zu zeigen, dass STICH ein randomisierter $2^{k-1}/(2^{k-1} - 1)$-Approximationsalgorithmus für MAX-EkSAT ist. Zuerst beobachten wir, dass $\mathrm{E}[Z_F] = m \cdot (1 - 1/2^k)$ nichts anderes ausdrückt als die Tatsache, dass $m \cdot (1 - 1/2^k)$ die durchschnittliche[53] Anzahl der erfüllten Klauseln über alle Belegungen ist. Die Zahl $m \cdot (1 - 1/2^k)$ ist der Durchschnitt von m und $m \cdot (1 - 2/2^k) = m \cdot (1 - 1/2^{k-1})$. Daher liegt $m \cdot (1 - 1/2^k)$ auf der reellen Achse (Fig. 2.9) in der Mitte zwischen m und $m \cdot (1 - 1/2^{k-1})$.

Um die Argumentation zu vervollständigen, müssen wir zeigen, dass mindestens die Hälfte aller Belegungen mindestens $m \cdot (1 - 1/2^{k-1})$ Klauseln erfüllt. Informell sagt uns wieder ein kombinatorisches Argument, dass man, wenn mehr als die Hälfte der Belegungen weniger als $m \cdot (1 - 1/2^{k-1})$ Klauseln erfüllen würden, den Durchschnittswert $m \cdot (1 - 2^{-k})$ nicht mehr erreichen

[52] Man bemerke, dass $\text{Güte}_{\text{STICH}}(F) = \text{Opt}_{\text{MAX-E}k\text{SAT}}(F) \cdot (1/Z_F)$ eine Zufallsvariable ist, wobei $\text{Opt}_{\text{MAX-E}k\text{SAT}}(F)$ eine Konstante für ein festes F ist, und F in unserer Analyse (unserem Wahrscheinlichkeitsraum) fest ist.

[53] Dies ist deswegen so, weil alle Belegungen die gleiche Wahrscheinlichkeit von $1/2^n$ haben, gezogen zu werden.

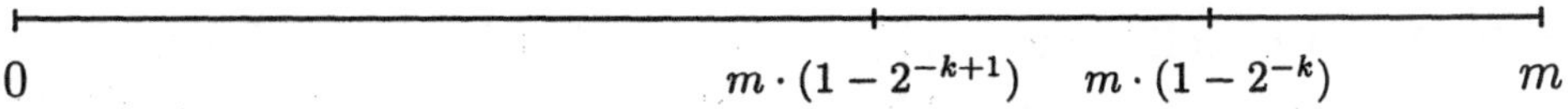

0 $m \cdot (1 - 2^{-k+1})$ $m \cdot (1 - 2^{-k})$ m

Fig. 2.9

könnte, auch nicht, wenn alle restlichen Belegungen alle m Klauseln erfüllen würden (Fig. 2.9).

Formal ausgedrückt, sei

(i) l die Anzahl der Belegungen, die weniger als $m \cdot (1 - 1/2^{k-1})$ Klauseln erfüllen, und
(ii) $u = 2^n - l$ die Anzahl der Belegungen, die mindestens $m \cdot (1 - 1/2^{k-1})$ Klauseln erfüllen.

Dann gilt

$$\mathrm{E}[Z_F] \leq \frac{1}{2^n} \cdot (l \cdot [m \cdot (1 - 2^{-k+1}) - 1] + u \cdot m). \tag{2.17}$$

Die Ungleichungen (2.16) und (2.17) liefern

$$m \cdot (1 - 2^{-k}) \leq \frac{1}{2^n}(l \cdot \left[m \cdot (1 - 2^{-k+1}) - 1\right] + u \cdot m)$$

und somit

$$2^n \cdot m \cdot (1 - 2^{-k}) \leq l \cdot \left[m \cdot (1 - 2^{-k+1}) - 1\right] + u \cdot m,$$

was nur für $u > l$ erfüllt werden kann. □

Aufgabe 2.5.74. Sei c eine reelle Zahl und sei X eine Zufallsvariable in einem Wahrscheinlichkeitsraum (S, Wahr). Die Zufallsvariable Y sei definiert durch $Y = c \cdot 1/X$, also

$$Y(s) = c \cdot \frac{1}{X(s)}$$

für alle $s \in S$. Beweisen Sie, dass

$$\mathrm{E}[Y] = c \cdot \frac{1}{\mathrm{E}[X]}.$$

Beispiel 2.5.75. Betrachten wir das Problem des maximalen Schnittes, kurz **MAX-CUT**. Die Probleminstanzen von MAX-CUT sind ungewichtete Graphen. Für einen Graph $G = (V, E)$ ist jedes Paar (V_1, V_2) ein Schnitt, wenn

$$V_1 \cup V_2 = V \text{ und } V_1 \cap V_2 = \emptyset,$$

und jeder Schnitt stellt eine zulässige Lösung für MAX-CUT dar. Die Kosten eines Schnittes (V_1, V_2) entsprechen der Anzahl der Kanten zwischen den Knoten aus V_1 und den Knoten aus V_2, d.h.

$$\text{cost}(V_1, V_2) = |E \cap (V_1 \times V_2)|.$$

Wir zeigen, dass eine zufällige Wahl eines Schnittes zu einem randomisierten E[2]-Approximationsalgorithmus führt.

Algorithmus ZS (zufälliger Schnitt)

Eingabe: Ein ungewichteter Graph $G = (V, E)$
Schritt 1: $V_1 = \emptyset$, $V_2 = \emptyset$.
Schritt 2:
    `for` jeden Knoten $v \in V$ `do`
        ordne v zufällig gleichverteilt entweder V_1 oder V_2 zu
Ausgabe: Der Schnitt (V_1, V_2).

Für jede Kante $e = \{u, v\} \in E$ definieren wir die Indikatorvariable X_e als

$$X_e(C) = \begin{cases} 0 & \text{wenn die Berechnung } C \text{ mit der Ausgabe } (V_1, V_2) \text{ endet und beide } u, v \in V_1 \text{ oder beide } u, v \in V_2, \\ 1 & \text{wenn } e \text{ in dem von } C \text{ berechneten Schnitt liegt, d.h. wenn } u \in V_1 \text{ und } v \in V_2 \text{ oder umgekehrt} \end{cases}$$

für jede Berechnung C von ZS. Weil X_e eine Indikatorvariable ist, gilt

$$\mathrm{E}[X_e] = 1 \cdot \text{Wahr}(X_e = 1) + 0 \cdot \text{Wahr}(X_e = 0) = \text{Wahr}(X_e = 1)$$

und somit ist $\mathrm{E}[X_e]$ die Wahrscheinlichkeit des Ereignisses $X_e = 1$. Offensichtlich gilt für jede Kante $e = \{u, v\}$

$$\begin{aligned} \text{Wahr}\left(X_{\{u,v\}} = 1\right) &= \text{Wahr}(u \in V_1 \wedge v \in V_2) + \text{Wahr}(u \in V_2 \wedge v \in V_1) \\ &= \text{Wahr}(u \in V_1) \cdot \text{Wahr}(v \in V_2) \\ &\quad + \text{Wahr}(u \in V_2) \cdot \text{Wahr}(v \in V_1) \\ &= \frac{1}{2} \cdot \frac{1}{2} + \frac{1}{2} \cdot \frac{1}{2} = \frac{1}{2} \end{aligned}$$

und somit gilt

$$\mathrm{E}[X_e] = \frac{1}{2}.$$

Dank der Linearität der Erwartungswerte erhalten wir für die Zufallsvariable $X = \sum_{e\in E} X_e$

$$\mathrm{E}[X] = \sum_{e\in E} \mathrm{E}[X_e] = \frac{1}{2} \cdot |E|.$$

Weil $|E| \geq \mathrm{Opt}_{\text{MAX-CUT}}(G)$ und $\text{Güte}_{\text{ZS}}(G)$ die Zufallsvariable

$$\mathrm{Opt}_{\text{MAX-CUT}}(G) \cdot \frac{1}{X}$$

ist, gilt

$$\mathrm{E}[\text{Güte}_{\text{ZS}}(G)] = \frac{\mathrm{Opt}_{\text{MAX-CUT}}(G)}{\mathrm{E}[X]} \leq \frac{|E|}{\mathrm{E}[X]} = 2.$$

Damit haben wir gezeigt, dass ZS ein randomisierter E[2]-Approximationsalgorithmus für MAX-CUT ist. □

Aufgabe 2.5.76. Kann man für ein geeignetes $\delta < 4$ zeigen, dass ZS ein randomisierter δ-Approximationsalgorithmus für MAX-CUT ist?

2.6 Paradigmen für den Entwurf randomisierter Algorithmen

In den vorausgegangenen Abschnitten haben wir bereits angedeutet, dass randomisierte Algorithmen wesentlich effizienter als ihre deterministischen Gegenstücke sein können, und somit die Randomisierung eine Quelle unglaublicher Effizienz sein kann. Die grundsätzlichen Fragen, die uns in diesem Buch begleiten, sind:

- *Was sind die wahren Gründe für den Erfolg von randomisierten Verfahren?*
- *Gibt es robuste Entwurfsmethoden für randomisierte Algorithmen, die einem helfen, gezielt die Suche nach einem effizienten randomisierten Verfahren für ein betrachtetes Problem anzugehen?*

In diesem Abschnitt stellen wir die Grundlagen der bekanntesten Konzepte zum Entwurf von randomisierten Algorithmen vor und vermitteln dadurch die ersten Ideen zur Erklärung der Stärke von randomisierten Algorithmen. Die nachfolgenden Kapitel dieses Buches sind dann dem vertieften Studium der Anwendungen einzelner Entwurfsmethoden gewidmet.

ÜBERLISTEN DES WIDERSACHERS

Die Methode des Überlistens des Widersachers (Gegners), manchmal auch die Methode der Vermeidung von Worst-Case Eingaben genannt, liegt allen randomisierten Algorithmen zu Grunde. Man stellt sich den Entwurf eines Algorithmus als ein Spiel zwischen zwei Spielern vor. Ein Spieler ist der Designer, der effiziente Algorithmen entwerfen möchte, und der zweite Spieler, den man Widersacher nennt, versucht für jeden gegebenen Algorithmus eine Eingabe zu finden, auf der der Algorithmus nicht effizient (oder sogar nicht korrekt) läuft. Dies entspricht unserer Betrachtung der Komplexität als der Komplexität im schlechtesten Fall,[54] was bedeutet, dass wir nur solche Algorithmen als effizient bezeichnen, die auf allen Eingaben effizient laufen. Damit erzeugt der Widersacher für jeden entworfenen Algorithmus A durch die Konstruktion eines schweren Problemfalls eine untere Schranke für die Komplexität von A. Der Widersacher ist dabei im Vorteil, weil der Designer zuerst seinen Algorithmus bekannt geben muss. Anhand dieser Vorlage ist es oft nicht so schwer, das bekannte Verhalten des Algorithmus zur Konstruktion einer schweren Eingabe auszunutzen. Die Situation ändert sich aber gewaltig, wenn der Designer statt eines deterministischen Algorithmus einen randomisierten Algorithmus entwirft. Der Widersacher erhält zwar auch den randomisierten Algorithmus zur Ansicht, aber er weiß nicht, welcher der möglichen Läufe zufällig gewählt wird. Eine Eingabe zu finden, die für die meisten Läufe schwer sein soll, ist eine viel kompliziertere Aufgabe als eine schwere Eingabe für einen konkreten Lauf zu bestimmen.

Wenn wir die Welt dieses Spiels verlassen und uns die Modellierung von randomisierten Algorithmen anschauen, erkennen wir die Grundidee des Entwurfs von randomisierten Algorithmen. Es kann vorkommen, dass auf der einen Seite für jeden deterministischen Algorithmus eine schwere Eingabe existiert, aber auf der anderen Seite es für jede Eingabe des betrachteten Problems ausreichend viele Algorithmen gibt, die auf dieser Eingabe korrekt und effizient arbeiten. Wenn man dann den randomisierten Algorithmus als eine Wahrscheinlichkeitsverteilung über einer geeigneten Menge deterministischer Algorithmen entwirft, arbeitet man mit hoher Wahrscheinlichkeit korrekt und effizient auf jeder Eingabe und der Widersacher ist chancenlos.

Wie wir schon bemerkt haben, steht dieses Paradigma im Hintergrund des Entwurfs von jedem randomisierten Algorithmus. Wir wollen das an zwei uns bereits bekannten Beispielen randomisierter Verfahren illustrieren. Be-

[54] Die Zeitkomplexität ist z.B. definiert als
$\text{Time}(n) = \max\{\text{Time}(C) \mid C \text{ ist eine Berechnung auf einer Eingabe der Länge } n\}$.

trachten wir zuerst das Kommunikationsprotokoll zum Vergleich von Daten zweier Rechner R_{I} und R_{II}. Das präsentierte randomisierte Protokoll entspricht einer Gleichverteilung über $Prim\,(n^2)$ deterministische Protokolle P_q für $q \in \mathrm{PRIM}\,(n^2)$. Jedes dieser Protokolle ist auf allen Eingaben effizient und arbeitet auf den meisten Eingaben korrekt, aber für einige Eingaben (x, y) mit $x \neq y$ liefert es die falsche Antwort „$x = y$“. Der wesentliche Punkt ist aber, dass für jede Eingabe (x, y) mindestens

$$Prim\,(n^2) - (n-1) \geq 1 - \frac{2 \cdot \ln n}{n}$$

Protokolle P_q die richtige Antwort liefern. Durch die zufällige Wahl eines Protokolls für die gegebene Eingabe (x, y) erreichen wir also eine hohe Wahrscheinlichkeit, die korrekte Antwort zu erhalten. An dieser Stelle ist es interessant zu bemerken, dass man nicht nur beweisen kann, dass für jedes deterministische Protokoll eine Eingabe (x, y) existiert, für die man $|x|$ Bits austauschen muss, um die Relation zwischen x und y überprüfen zu können, sondern dass man sogar für die meisten Eingaben eine sehr hohe Kommunikationskomplexität erlauben muss.[55] Damit ist beweisbar, dass das randomisierte Protokoll aus unserem Motivationsbeispiel exponentiell effizienter als jedes deterministische Protokoll für L_{gleich} ist, und zwar nicht nur für die Komplexität im schlechtesten Fall, sondern auch bezüglich der durchschnittlichen Komplexität über alle Eingaben.

Im Fall der Kommunikationsprotokolle ging es darum, effiziente deterministische Protokolle zu entwerfen, die auf den meisten Eingaben korrekt arbeiten. Im Fall des randomisierten Quicksort-Algorithmus haben wir eine Menge von deterministischen Strategien, die auf allen Eingaben korrekt arbeiten, aber jede dieser Strategien führt abhängig von der Eingabe zu einer anderen Komplexität.

Sei $A = \{a_1, a_2, \ldots, a_n\}$ die zu sortierende Menge. Wenn wir A als eine unsortierte Folge $a_1, a_2, \ldots, a_n$ betrachten, wäre eine Strategie, immer das Element a_1 als Pivot zu wählen. Diese Strategie für Quicksort als Teile-und-Herrsche-Algorithmus führt zu der folgenden Rekursionsgleichung zur Berechnung der Anzahl der Vergleiche:

$$\begin{aligned} \mathrm{Time}(1) &= 0 \\ \mathrm{Time}(n) &= n - 1 + \mathrm{Time}(|A_<|) + \mathrm{Time}(|A_>|)\,. \end{aligned}$$

Falls uns der Widersacher eine Eingabe mit $a_1 > a_2 > \ldots > a_n$ gibt, dann ist $A_> = \emptyset$ und die Komplexität der Arbeit auf dieser Eingabe ist $\Theta(n^2)$.

[55]Mehr als die Hälfte der Eingaben erfordern z.B. den Austausch von mindestens $n-1$ Bits.

Offensichtlich kann man für jede Strategie zur Wahl eines Pivotelements (ohne Vorberechnung[56]) eine schwere Eingabe finden. Der Kernpunkt des Erfolgs des randomisierten Quicksort ist aber, dass jede Wahlstrategie für die überwiegende Mehrheit der Eingaben zu einem Lauf mit höchstens $O(n \cdot \log n)$ Vergleichen führt.

Aufgabe 2.6.77. Beweisen Sie, dass jede Funktion $T : \mathbb{N} \to \mathbb{N}$, die die Rekursionsgleichung

$$\begin{aligned} T(1) &= 0 \\ T(n) &= n - 1 + T\left(\left\lfloor \frac{n}{10} \right\rfloor\right) + T\left(\left\lceil \frac{9}{10} \cdot n \right\rceil\right) \end{aligned}$$

erfüllt, in $O(n \cdot \log n)$ ist. Dies deutet darauf hin, dass mindestens $8/10 = 4/5$ der Elemente aus A gute Pivotelemente sind.

HÄUFIGKEIT VON ZEUGEN

Die Methode der häufigen Zeugen ist insbesondere für die Lösung von Entscheidungsproblemen geeignet. Im Allgemeinen betrachtet man ein Entscheidungsproblem als eine Aufgabe, bei der man entscheiden soll, ob eine gegebene Eingabe[57] eine gewisse Eigenschaft hat oder nicht. Wenn die Eingabe eine Zahl n ist, kann man z.B. fragen, ob n eine Primzahl ist oder nicht. In unserem Motivationsbeispiel war die Eingabe (x, y) und die Rechner sollten durch eine Kommunikation entscheiden, ob $x \neq y$ oder $x = y$.

Die Methode der häufigen Zeugen kann man wie folgt beschreiben. Wir wollen einen randomisierten Algorithmus für eine Aufgabe entwerfen, die einem Entscheidungsproblem entspricht. Setzen wir voraus, dass wir keinen effizienten deterministischen Algorithmus für diese Aufgabe gefunden haben (oder sogar, dass kein effizienter Algorithmus für die Aufgabe existiert). Bei einer Anwendung der Methode der häufigen Zeugen beginnt man jetzt mit der Suche nach einer passenden Definition von Zeugen. Ein **Zeuge** sollte eine Zusatzinformation zur Eingabe sein, mit deren Hilfe man effizient deterministisch beweisen kann, dass die Eingabe die gewünschte Eigenschaft hat (oder dass die Eingabe die Eigenschaft nicht hat). Zum Beispiel ist ein Faktor m einer gegebenen Zahl n ein Zeuge dafür, dass n keine Primzahl ist. In unserem Motivationsbeispiel

[56] Wenn wir uns durch einige Vergleiche ein Pivotelement ausrechnen, kann man vernünftige Proportionen zwischen $|A_<|$ und $|A_>|$ garantieren und dann gibt es keine schwere Eingabe für ein passend berechnetes Pivotelement.

[57] besser gesagt, ein Objekt, das durch diese Eingabe kodiert ist

war eine Primzahl p ein Zeuge für den Unterschied zwischen x und y (d.h. ein Zeuge für $x \neq y$), falls

$$\text{Nummer}(x) \mod p \neq \text{Nummer}(y) \mod p.$$

Wenn man also ein solches p geschenkt bekommt, kann man mit Hilfe effizienter Kommunikation den Fakt „x ist unterschiedlich von y" beweisen. In der Realität können wir auf ein solches Geschenk allerdings nicht hoffen und schlimmer noch, wir können uns den Zeugen nicht effizient deterministisch ausrechnen (sonst hätten wir bereits einen effizienten deterministischen Algorithmus für die Aufgabe). Um einen effizienten randomisierten Algorithmus zu entwerfen, brauchen wir für jede Eingabe eine Menge von Zeugenkandidaten, von denen ausreichend viele wirklich Zeugen sind. In unserem Beispiel sind die Kandidaten für Zeugen alle ungefähr $n^2/\ln n^2$ vielen Primzahlen kleiner gleich n^2. Für jede Eingabe (x, y) mit $x \neq y$ sind mindestens $\frac{n^2}{\ln n^2} - (n-1)$ dieser Kandidaten Zeugen von „$x \neq y$". Somit ist die Wahrscheinlichkeit, zufällig[58] einen Zeugen aus der Kandidatenmenge zu ziehen, mindestens

$$\frac{\frac{n^2}{\ln n^2} - (n-1)}{\frac{n^2}{\ln n^2}} \geq 1 - \frac{\ln n^2}{n}.$$

Das ist sehr günstig, weil dieser Wert sehr nahe bei 1 liegt. Aber auch wenn die Wahrscheinlichkeit, einen Zeugen zu ziehen, nur 1/2 wäre, sind die Zeugen noch immer ausreichend häufig. Es reicht in diesem Fall aus, einfach mehrere Zufallsversuche zu machen. Dadurch wächst die Wahrscheinlichkeit schnell, in mindestens einem der Versuche einen Zeugen zu bekommen, was für uns hinreichend ist.

Jetzt kann man noch fragen, wie es möglich ist, dass wir einen Zeugen nicht auch deterministisch schnell finden können, obwohl es so viele von ihnen unter den Zeugenkandidaten gibt. Eine Möglichkeit wäre doch, systematisch der Reihe nach alle Kandidaten auf eine so geschickte Weise durchzuprobieren, dass man nach kurzer Zeit einen Zeugen findet. Das Problem ist aber, dass für jede Eingabe die Zeugen anders zwischen den Zeugenkandidaten verteilt sein können. Wenn man sich also auf eine Durchsuchungsstrategie festlegt, kann man immer Eingaben finden, bei denen die Strategie versagt.

Betrachten wir unser Beispiel. Hier kann man sogar beweisen, dass keine Strategie existiert, die effizient einen Zeugen für jede Eingabe (x, y) findet. Um dies zu veranschaulichen, nehmen wir die einfache Strategie, die die Primzahlen eine nach der anderen beginnend mit der kleinsten ausprobiert. Es ist klar, dass

[58] bezüglich der Gleichverteilung

spätestens nach n Proben ein Zeuge gefunden werden muss, weil höchstens $n-1$ Nicht-Zeugen unter den Kandidaten sind. Leider bedeuten n Proben eine Kommunikationskomplexität von $n \cdot 4 \cdot \log_2 n$, was wir uns nicht leisten können. Warum haben wir nicht immer die Möglichkeit, nach einigen wenigen Proben einen Zeugen zu finden? Das Problem ist, dass unsere Strategie immer $k+1$ Proben braucht, um bei Eingaben (x, y) mit

$$\text{Nummer}(x) - \text{Nummer}(y) = p_1 \cdot p_2 \cdot \ldots \cdot p_k,$$

wobei $k = \frac{n}{2(\log_2 n)^2}$ und $p_1 < p_2 < \ldots < p_k$ die kleinsten Primzahlen sind, um einen Zeugen zu finden. Man kann sich leicht vorstellen, dass man bei jeder anderen Aufzählung der Primzahlen spezifische Eingaben findet, für die viele Proben notwendig sind, um einen Zeugen zu finden.

Die Kunst, die Methode der häufigen Zeugen anzuwenden, liegt in einer geeigneten Definition der Zeugen für die zu testende Eigenschaft der Eingaben eines Entscheidungsproblems und in der passenden Bestimmung der Menge von Zeugenkandidaten. Eine nützliche Spezifikation von Zeugen muss daher folgende Bedingungen erfüllen:

(i) Wenn man einen Zeugen für eine Eingabe hat, kann man effizient zeigen, dass die Eingabe die gegebene Eigenschaft hat (oder nicht hat).
(ii) Wenn man einen Zeugenkandidaten für eine Eingabe x hat, dann kann man effizient überprüfen, ob der Kandidat ein Zeuge für x ist oder nicht.
(iii) Die Menge der Zeugenkandidaten für eine Eingabe enthält viele Zeugen, die Teilmenge von Zeugen sollte möglichst ein konstanter Bruchteil der Kandidatenmenge sein.

Wenn (i), (ii) und (iii) erfüllt sind, garantiert uns die zufällige Wahl eines Kandidaten eine gute Basis für einen effizienten randomisierten Algorithmus zur Lösung des gegebenen Entscheidungsproblems.

Die Methode der häufigen Zeugen kann man auch für die Berechnung von Funktionen anwenden. Wenn F ein Funktion und x ein Argument von F ist, kann man als einen Zeugen eine Information betrachten, mit deren Kenntnis sich $F(x)$ effizienter berechnen lässt als ohne diese Information.[59] Wir werden aber in diesem Buch solche Anwendungen der Methode der häufigen Zeugen nicht betrachten.

[59] Zum Beispiel bildet für eine Zahl n die quadratische Wurzel einer Zahl $a \in \{2, \ldots, n-1\}$ modulo n einen Zeugen für die Faktorisierung von n. Obwohl wir keinen polynomiellen Algorithmus zur Faktorisierung von Zahlen kennen, können wir mit solchen Zeugen die Zahl n effizient faktorisieren.

DIE METHODE DER FINGERABDRÜCKE

Die Methode der Fingerabdrücke kann man als einen Spezialfall der Methode der häufigen Zeugen für sogenannte Äquivalenzprobleme betrachten. Bei einem Äquivalenzproblem besteht die Eingabe aus vollständigen Darstellungen von zwei Objekten und die Aufgabe ist zu entscheiden, ob diese zwei möglicherweise unterschiedlichen Darstellungen das gleiche Objekt repräsentieren. Zum Beispiel ist eine Instanz des Äquivalenzproblems für zwei Polynome die Aufgabe, zu entscheiden, ob $(x_1 - 2x_2)^2 \cdot (x_1 + x_3)^3 \cdot (x_2 - x_3)$ und $(x_1^5 - 7x_1^4x_2^2 + 6x_2x_3) \cdot (x_2 - x_3 + x_1)^2$ das gleiche Polynom darstellen. Unser Motivationsbeispiel behandelt auch ein Äquivalenzproblem, weil man hier für jede Eingabe (x, y) entscheiden soll, ob $x = y$ oder $x \neq y$.

Die Grundidee der Methode der Fingerabdrücke ist es, die Zeugen als Abbildungen zu betrachten, die die vollständigen und schwer vergleichbaren Darstellungen zweier Objekte in partiellen Darstellungen abbilden. Diese partiellen Darstellungen sollen einerseits kurz sein, um einen effizienten Vergleich zu ermöglichen. Auf der anderen Seite sollen sie in dem Sinne prägnant sein, dass sie trotz ihrer Unvollständigkeit die wesentlichen Eigenschaften der repräsentierten Objekten bewahren. Damit sollte der Vergleich von diesen partiellen Darstellungen mit vernünftig großer Wahrscheinlichkeit zum richtigen Schluss führen.

Die Methode der Fingerabdrücke kann man am Besten durch folgendes Schema anschaulich beschreiben.

Schema der Methode der Fingerabdrücke

Aufgabe: Entscheide die Äquivalenz (im gegebenen Sinne) von zwei Objekten O_1 und O_2, deren genaue Darstellung sehr umfangreich ist.

Phase 1: Sei M eine „geeignete" Menge von Abbildungen von vollständigen Darstellungen der betrachteten Objekte in partielle Darstellungen dieser Objekte.
Wähle zufällig eine Abbildung h aus M.

Phase 2: Berechne $h(O_1)$ und $h(O_2)$. Die Darstellung $h(O_i)$ nennt man den **Fingerabdruck** von O_i für $i = 1, 2$.

Phase 3:

```
if h(O_1) = h(O_2) then
   output „O_1 und O_2 sind äquivalent";
else
   output „O_1 und O_2 sind nicht äquivalent";
```

In unserem Motivationsbeispiel waren O_1 und O_2 zwei große Zahlen von n Bits ($n = 10^{16}$). Die Menge M war

$$\{h_p \mid h_p(m) = m \bmod p \text{ für alle } m \in \mathbb{N},\ p \text{ ist eine Primzahl}, p \leq n^2\}.$$

Für die zufällig gewählte Primzahl p waren $h_p(O_1) = O_1 \bmod p$ und $h_p(O_2) = O_2 \bmod p$ die Fingerabdrücke von O_1 und O_2.

Der Kernpunkt der Methode ist, dass $h_p(O_i)$ im Vergleich zu O_i eine wesentlich kürzere Darstellung hat, und dadurch der Vergleich von $h_p(O_1)$ und $h_p(O_2)$ wesentlich einfacher ist als der Vergleich von O_1 und O_2. Das kann man aber nur dadurch erreichen, dass $h_p(O_i)$ keine vollständige Beschreibung von O_i ist. Also muss man das Risiko einer fehlerhaften Entscheidung in Kauf nehmen. Der Rest der Grundidee basiert auf dem Prinzip der Methode der häufigen Zeugen. Die Menge M ist die Menge der Kandidaten für einen Zeugen der Nicht-Äquivalenz von O_1 und O_2. Wenn für jedes Paar von unterschiedlichen Objekten O_1 und O_2 in M zahlreiche[60] Zeugen von $O_1 \neq O_2$ vorhanden sind, kann man die Fehlerwahrscheinlichkeit beliebig reduzieren. Die Kunst der Anwendung der Methode der Fingerabdrücke besteht in der geeigneten Wahl der Menge M. Einerseits sollen die Fingerabdrücke so kurz wie möglich sein, um einen effizienten Vergleich zu ermöglichen. Andererseits sollen sie so viele Informationen wie möglich über die abgebildeten Objekte enthalten,[61] um die Wahrscheinlichkeit des Verlustes des Unterschiedes zwischen O_1 und O_2 in den Fingerabdrücken $h(O_1)$ und $h(O_2)$ so gering wie möglich zu halten. Somit muss bei der Wahl von M immer der Trade-Off zwischen dem Grad der „Komprimierung“ von O zu $h(O)$ und der Fehlerwahrscheinlichkeit im Auge behalten werden. In unserer Anwendung dieser Methode für den Entwurf des randomisierten Protokolls für L_{ungleich} gelang es uns, mit gegen 0 strebender Fehlerwahrscheinlichkeit einen exponentiellen Sprung zwischen der Darstellung von O und $h(O)$, nämlich $|h(O)| \in O(\log_2 |O|)$, zu erreichen.

ZUFÄLLIGE STICHPROBEN

Eine zufällige Stichprobe aus einer Menge von Objekten ist oft repräsentativ für die ganze Menge. Manchmal ist es deterministisch sehr schwierig, Objekte mit einer gewissen gewünschten Eigenschaft zu konstruieren, obwohl wir wissen, dass in einer Menge ein großer Anteil der Elemente diese Eigenschaft hat. Eine oder ein paar zufällige Stichproben aus einer solchen Menge führen dann

[60] bezüglich $|M|$

[61] Daher kommt auch der Name der Methode, weil bei Menschen Fingerabdrücke als eine fast eindeutige Identifikation gelten.

mit hoher Wahrscheinlichkeit zur Erzeugung eines Objektes mit der gewünschten Eigenschaft. Als Beispiel kann man auch die zufällige Erzeugung von Zeugen betrachten. Die Primzahlen, die „$x \neq y$" in unserem Motivationsbeispiel bezeugen sollten, wurden auch durch die Methode der Stichproben ausgesucht.

Ein Spezialfall der Methode der Stichproben ist die sogenannte **probabilistische Methode**, die auf den folgenden zwei Fakten beruht.

Fakt 1: Für jede Zufallsvariable X gibt es einen Wert, der nicht kleiner als der Erwartungswert $E[X]$ ist, und es gibt einen Wert, der nicht größer als $E[X]$ ist.

Fakt 2: Wenn ein zufällig ausgewähltes Objekt aus einem Universum (einer Objektmenge) eine Eigenschaft mit positiver Wahrscheinlichkeit erfüllt, dann muss ein Objekt mit dieser Eigenschaft existieren.

Obwohl diese beiden Fakten eher triviale Bemerkungen sind, verbergen sie manchmal überraschend große Anwendungsmöglichkeiten. Wir haben dieses Prinzip schon in unserem Beispiel für MAX-SAT angewendet. Eine zufällig ausgewählte Belegung erfüllt erwartungsgemäß mindestens die Hälfte der Klauseln.

Wenn man MAX-EkSAT betrachtet, liegt der Erwartungswert bei einer zufälligen Belegung sogar bei $2^k/(2^k - 1) \cdot m$ erfüllten Klauseln von insgesamt m Klauseln. Nach Fakt 1 existiert dann auch eine Belegung, die $2^k/(2^k - 1) \cdot m$ Klauseln einer Formel von m Klauseln in kKNF erfüllt. Wir haben im Beispiel 2.5.73 gezeigt, dass man nach ein paar Stichproben mit hoher Wahrscheinlichkeit eine Belegung erhält, die $m \cdot (2^{k-1}/(2^{k-1} - 1))$ von m Klauseln erfüllt.

WAHRSCHEINLICHKEITSVERSTÄRKUNG

Das Paradigma der Wahrscheinlichkeitsverstärkung (auch Wahrscheinlichkeitsamplifizierung[62] genannt) besagt nichts anderes, als dass man die Wahrscheinlichkeit einer erfolgreichen (korrekten) randomisierten Berechnung durch wiederholte unabhängige Läufe auf der gleichen Eingabe vergrößern kann. Die ganze vorgestellte Klassifizierung von randomisierten Algorithmen basiert auf diesem Paradigma und wir haben gelernt, wie stark die Amplifizierung bei unterschiedlichen Typen von randomisierten Algorithmen helfen kann.

Es gibt auch Situationen, in denen es sich nicht lohnt, die ganzen Läufe eines randomisierten Algorithmus wiederholt unabhängig laufen zu lassen. Manch-

[62] „amplification" im Englischen

mal reicht es aus, gezielt nur die Teile einer randomisierten Berechnung mehrmals unabhängig durchzuführen, bei denen die Wahrscheinlichkeit einer fehlerhaften Entscheidung am höchsten ist. Wir werden diese anspruchsvollere Version der Anwendung der Methode der Wahrscheinlichkeitsverstärkung im Kapitel 5 an dem Problem des minimalen Schnittes vorführen.

ZUFÄLLIGES RUNDEN

Die Methode des zufälligen Rundens benutzt man zur Lösung von Optimierungsproblemen, wobei sie mit der Methode der Relaxierung kombiniert wird. Die Methode der Relaxierung relaxiert zuerst ein schweres Problem durch Vergrößerung des Lösungsraumes (also durch das Aufheben gewisser Einschränkungen, was als Relaxierung bezeichnet wird) zu einem effizient lösbarem Problem. Zum Beispiel sind die ganzzahlige lineare Programmierung und die 0/1-lineare Programmierung NP-schwere Probleme, aber wenn man reelle Zahlen im Lösungsvektor erlaubt (also die Forderung nach der Ganzzahligkeit aufhebt), erhält man das Problem der linearen Programmierung, das in Polynomialzeit lösbar ist. Durch die Lösung des relaxierten Problems erhält man eine Lösung, die nicht notwendigerweise eine zulässige Lösung des ursprünglichen Problems sein muss. Um jetzt eine zulässige Lösung für das ursprüngliche schwere Problem zu erhalten, kann man die reellen Werte der ausgerechneten Lösung zufällig runden. Manchmal kann man das zufällige Runden als einen Spezialfall der Methode der Stichproben betrachten. Statt die Stichproben nach der Gleichverteilung durchzuführen, berechnet man sich durch die Relaxierung eine andere Wahrscheinlichkeitsverteilung, nach der dann die zufälligen Proben realisiert werden.

ALLGEMEINE BEMERKUNGEN

Wir haben hier einige grundlegende Paradigmen des Entwurfs von randomisierten Algorithmen kurz vorgestellt, und wir beabsichtigen, diese Paradigmen als erfolgreiche Entwurfsmethoden in konkreten Anwendungen in den nachfolgenden Kapiteln ausführlicher darzustellen. Es ist wichtig zu beobachten, dass diese Entwurfsmethoden die randomisierten Algorithmen nicht in disjunkte Klassen aufteilen. Eher gilt das Umgekehrte, dass oftmals mehrere dieser Entwurfsmethoden hinter dem Entwurf eines einzigen Algorithmus stehen. Zum Beispiel basiert unser randomisiertes Kommunikationsprotokoll für L_{ungleich} auf der Methode der Fingerabdrücke (die ein Spezialfall der Methode der häufigen Zeugen ist) sowie auf den Methoden des Überlistens des Widersachers und der Stichproben. Die Methode der Wahrscheinlichkeitsverstärkung kann hier zusätzlich benutzt werden, um die Erfolgswahrscheinlichkeit zu vergrößern (die Fehlerwahrscheinlichkeit zu verkleinern). Trotzdem verbinden wir den Entwurf dieses Protokolls hauptsächlich mit der Methode der Fingerabdrücke, weil diese Methode gerade die essentielle Idee bei der Lösungssuche am besten widerspiegelt. So werden wir in allen nachfolgenden Kapiteln mit dem Algorithmenentwurf umgehen. Zu jeder Entwurfsmethode werden wir solche Beispiele von randomisierten Algorithmen aussuchen, für die diese Methode das hilfreichste Instrument ist und die Kernidee des Entwurfs des randomisierten Algorithmus am stärksten widerspiegelt und prägt.

2.7 Zusammenfassung

Die Wahrscheinlichkeitstheorie ist die Sprache und das Basisinstrument zur Modellierung und Analyse von randomisierten Verfahren. In diesem einleitenden Kurs haben wir uns aus Gründen der Anschaulichkeit auf endliche Wahrscheinlichkeitsräume beschränkt. Die Modellierung eines Zufallsexperimentes beginnt mit der Festlegung der Menge S aller möglichen Resultate (Ausgänge) des Experiments, die als elementare Ereignisse bezeichnet werden. Wichtig ist, dass die elementaren Ereignisse als atomare Ergebnisse des Experiments betrachtet werden und sich somit das Auftreten zweier elementarer Ereignisse ausschließt. Ein Ereignis ist eine beliebige Teilmenge der Menge S aller elementaren Ereignisse. Nach der Bestimmung von S bestimmt man die Wahrscheinlichkeiten der einzelnen elementaren Ereignisse.[63] Die Wahrscheinlichkeit eines beliebigen Ereignisses A ist dann die Summe der Wahrscheinlichkeiten der in A enthaltenen elementaren Ereignisse.

Als ein Instrument zur Untersuchung von Experimenten, in denen wir bereits im Vorfeld über eine Teilinformation über den Ausgang des Experimentes verfügen, haben wir den Begriff der bedingten Wahrscheinlichkeiten eingeführt. Diese Teilinformation entspricht in der Modellierung einem Ereignis B, das mit Sicherheit vorkommt. Die bedingte Wahrscheinlichkeit des Ereignisses A, wenn ein Ereignis B mit Sicherheit eintritt (kurz die Wahrscheinlichkeit von A bei gegebenem B) ist dann die Wahrscheinlichkeit des Ereignisses $A \cap B$ in einem neuen Wahrscheinlichkeitsraum, in dem B die Menge aller elementaren Ereignisse darstellt. Wir sagen, dass zwei Ereignisse A und B in einem Wahrscheinlichkeitsraum unabhängig sind, wenn die Wahrscheinlichkeit von A genau die Wahrscheinlichkeit von A bei gegebenem B ist. Also ist die Bedeutung des Be-

[63] auf eine solche Weise, dass die Summe aller dieser Wahrscheinlichkeiten 1 ergibt.

griffes der Unabhängigkeit, dass das sichere Auftreten des Ereignisses B keine Änderung der Wahrscheinlichkeit von A (und auch umgekehrt) verursacht. Die Folge dieser Überlegung und im Prinzip eine äquivalente Formulierung der Unabhängigkeit von zwei Ereignissen A und B ist die Aussage, dass die Wahrscheinlichkeit des Ereignisses $A \cap B$ dem Produkt der Wahrscheinlichkeiten von A und B entspricht.

Weitere grundlegende Instrumente zur Analyse von Zufallsexperimenten sind der Begriff der Zufallsvariable als einer Funktion von der Menge S aller elementaren Ereignisse nach $\mathbb{R}$ und der Begriff des Erwartungswertes einer Zufallsvariablen als den durch die Wahrscheinlichkeiten gewichteten Durchschnittswert der Zufallsvariablen.

Weil wir von randomisierten Algorithmen fordern, dass sie auf jeder Eingabe mit großer Wahrscheinlichkeit korrekt und effizient arbeiten, müssen wir dieses Verhalten für jede mögliche Eingabe x eines randomisierten Algorithmus nachweisen. Deswegen betrachten wir die Wahrscheinlichkeitsräume für feste A und x als die Mengen $S_{A,x}$ aller Berechnungen (Läufe) von A auf x. Wenn man eine Zufallsvariable (Indikatorvariable genannt) wählt, die jedem korrekten Lauf eine 1 zuordnet, und jedem Lauf mit einem falschen Resultat eine 0 zuordnet, dann entspricht der Erwartungswert dieser Variablen genau der Wahrscheinlichkeit der Berechnung einer korrekten Ausgabe. Die Wahrscheinlichkeit des komplementären Ereignisses (einer falschen Berechnung) nennen wir die Fehlerwahrscheinlichkeit von A auf x. Wenn man eine Zufallsvariable nimmt, die jeder Berechnung ihre Komplexität zuordnet, ist der Erwartungswert dieser Zufallsvariable die erwartete Komplexität von A auf der Eingabe x. Wenn es möglich ist, betrachten wir einen randomisierten Algorithmus als eine Wahrscheinlichkeitsverteilung über eine Menge von deterministischen Algorithmen. Im Allgemeinen kann man randomisierte Algorithmen als nichtdeterministische Algorithmen mit Wahrscheinlichkeitsverteilungen über jede nichtdeterministische Verzweigung ansehen.

Wir klassifizieren die randomisierten Algorithmen bezüglich der Geschwindigkeit, mit der ihre Fehlerwahrscheinlichkeit mit der Anzahl der unabhängigen Läufe auf der gleichen Eingabe schrumpft. Die günstigsten randomisierten Algorithmen sind die Las Vegas-Algorithmen, die nie ein falsches Resultat liefern. Hiervon unterscheiden wir zwei Versionen. Bei der ersten Version enden alle Berechnungen mit dem korrekten Resultat und bei der zweiten ist die Antwort „?“ („ich weiß nicht“) mit beschränkter Wahrscheinlichkeit erlaubt. Bei der ersten Version von Las Vegas-Algorithmen untersuchen wir immer die erwartete Komplexität.

Die Monte Carlo-Algorithmen mit einseitigem Fehler sind nur für Entscheidungsprobleme gedacht. Für Eingaben, die die gewünschte Eigenschaft haben, fordert man, dass der randomisierte Algorithmus mit einer Wahrscheinlichkeit von mindestens $1/2$ (oder mindestens einem $\varepsilon > 0$) erkennt. Für Eingaben, die die gesuchte Eigenschaft nicht haben, wird gefordert, dass sie in allen Läufen verworfen werden. Das Positive an solchen randomisierten Algorithmen ist die Tatsache, dass ihre Fehlerwahrscheinlichkeit mit exponentieller Geschwindigkeit in der Anzahl der unabhängig realisierten Läufe gegen 0 geht.

Bei Monte Carlo-Algorithmen mit beschränktem Fehler fordern wir, dass eine Konstante ε existiert, so dass das korrekte Ergebnis mit einer Wahrscheinlichkeit größer als $\frac{1}{2}+\varepsilon$ für jede Eingabe berechnet wird. Die Forderung nach einem festen universellen ε-Abstand von $\frac{1}{2}$ ist wesentlich, weil dieses ermöglicht, mit nur konstant[64] vielen unabhängigen Wiederholungen der Berechnung auf der gleichen Eingabe zu einer beliebig kleinen konstanten Fehlerwahrscheinlichkeit zu gelangen. Falls man diese Anforderung zu der Forderung abschwächt, dass die Erfolgswahrscheinlichkeit für jede Eingabe über $\frac{1}{2}$ liegt (für jede Eingabe darf der Abstand zu $\frac{1}{2}$ also anders sein, sogar mit der Eingabegröße gegen $\frac{1}{2}$ konvergieren), können exponentiell viele[65] Wiederholungen notwendig sein, um die Fehlerwahrscheinlichkeit unter einen gewünschten Wert zu drücken. Solche randomisierten Algorithmen werden Monte Carlo-Algorithmen mit unbeschränktem Fehler oder allgemeine Monte Carlo-Algorithmen genannt. Diese Algorithmenklasse ist sehr ausdrucksstark, weil man durch Monte Carlo-Algorithmen mit polynomieller Laufzeit polynomielle nichtdeterministische Algorithmen simulieren kann.

Die präsentierte Klassifikation ist geeignet für die Berechnung von Funktionen und somit auch für die Lösung von Entscheidungsproblemen und Äquivalenzproblemen. Für Optimierungsprobleme streben wir üblicherweise nicht ein einziges korrektes Ergebnis an, sondern eine der möglicherweise vielen optimalen Lösungen oder sogar nur eine Lösung mit „vernünftiger“ Qualität. Diese Qualität misst man meistens anhand der Approximationsgüte, die man als eine Zufallsvariable von randomisierten Optimierungsalgorithmen betrachten kann. Dabei kann unser Interesse in der Analyse der Erwartungswerte der Approximationsgüte oder in der mit einer Wahrscheinlichkeit von mindestens $\frac{1}{2}$ garantierten Approximationsgüte des Ergebnisses liegen.

---

[64]Die Anzahl der Wiederholungen ist in dem Sinne konstant, dass sie unabhängig von der Eingabe ist, die Anzahl der Wiederholungen aber von dem Wert der Fehlerwahrscheinlichkeit abhängt, den man erreichen will.

[65]in der Eingabelänge

Anhand mehrerer Beispiele haben wir gesehen, dass randomisierte Algorithmen wesentlich effizienter sein können als die besten bekannten oder sogar bestmöglichen deterministischen Verfahren. In unserem Motivationsbeispiel haben wir gesehen, dass dieser Unterschied sogar exponentiell groß sein kann. Die allgemeinen robusten Ideen, die hinter diesem Erfolg der Randomisierung stehen, nennen wir die Paradigmen des Entwurfs von randomisierten Algorithmen. Die wichtigsten erkannten Paradigmen sind das „Überlisten des Widersachers", die „Häufigkeit von Zeugen", die „Methode der Fingerabdrücke", die „zufälligen Strichproben", das „zufällige Runden" und die „Wahrscheinlichkeitsverstärkung". Das Paradigma des Überlisten des Widersachers (auch die Methode der Vermeidung von Worst-Case-Eingaben genannt) steht im Hintergrund jedes randomisierten Verfahrens. Es geht dabei darum, die Situation, in der man für jeden deterministischen Algorithmus schwere Eingaben (auf denen der Algorithmus nicht effizient läuft) hat, auf folgende Weise zu überwinden. Man finde eine Menge von deterministischen Algorithmen (Strategien), so dass für jede Eingabe des Problems die meisten dieser Algorithmen effizient das korrekte Resultat berechnen. Dann entwirft man einen randomisierten Algorithmus als eine Wahrscheinlichkeitsverteilung über dieser Menge von deterministischen Algorithmen.

Die Methode der häufigen Zeugen ist insbesondere zur Lösung von Entscheidungsproblemen geeignet. Ein Zeuge für eine Eingabe x ist eine Information mit der man viel effizienter die Entscheidung über x treffen kann als ohne diese Zusatzinformation. Falls ausreichend viele Zeugen für jede Eingabe existieren, versucht man auf zufällige Weise einen Zeugen zu generieren. Wenn man in der Menge der Zeugenkandidaten viele Zeugen hat, die dort zufällig verteilt sind, gibt es keine effiziente Möglichkeit einen Zeugen deterministisch zu konstruieren, aber eine zufällige Stichprobe aus der Menge der Zeugenkandidaten kann mit akzeptabler Wahrscheinlichkeit zur Erzeugung (zum Auffinden) eines Zeugen führen.

Die Methode der Fingerabdrücke ist ein Spezialfall der Methode der häufigen Zeugen für Äquivalenzprobleme. Hier sind die Zeugen Abbildungen, die vollständige und nicht effizient vergleichbare Darstellungen von Objekten auf partielle Darstellungen abbilden. Einerseits sollen diese partiellen Darstellungen kurz sein, um einen effizienten Vergleich zu ermöglichen. Auf der anderen Seite müssen sie in dem Sinne prägnant wie Fingerabdrücke sein, dass sie trotz ihrer Unvollständigkeit die wesentlichen Eigenschaften der repräsentierten Objekte bewahren. Damit kann der effiziente Vergleich von diesen partiellen Darstellungen mit hinreichender Wahrscheinlichkeit zum richtigen Schluss führen.

Die Methode der zufälligen Stichproben hilft Objekte zu konstruieren, die zwar häufig vorkommen, aber durch ihre zufälligen Verteilungen in den Mengen aller Objekte deterministisch schwer zu finden oder zu konstruieren sind. Weil diese Objekte häufiger vorkommen, ist eine zufällige Stichprobe der ideale Weg zur Konstruktion eines Objektes mit der gewünschten Eigenschaft. Im Prinzip wendet man diese Methode auch bei der Methode von häufigen Zeugen an, um einen Zeugen zu erzeugen (finden).

Das Paradigma der Wahrscheinlichkeitsverstärkung besagt, dass man die Wahrscheinlichkeit einer erfolgreichen Berechnung des korrekten Resultates durch wiederholte unabhängige Läufe auf der gleichen Eingabe erhöhen kann. Wir haben dieses Paradigma der Reduktion der Fehlerwahrscheinlichkeit zur Klassifizierung von randomisierten Algorithmen benutzt.

Die Methode des zufälligen Rundens wendet man zur Lösung von Optimierungsproblemen an. Zuerst relaxiert man ein NP-schweres Optimierungsproblem zu einem effizient lösbaren Problem und dann rundet man zufällig die ausgerechnete Lösung des relaxierten Problems, um eine zulässige Lösung des ursprünglichen Optimierungsproblems zu erhalten.

Karp war der erste, der in seinem Meilensteinartikel [Kar 91] die Paradigmen und Entwurfsmethoden für randomisierte Algorithmen explizit ausformuliert hat. Die umfangreichste Quelle über den Einsatz von randomisierten Verfahren in allen möglichen Bereichen der Algorithmik ist das exzellente Buch von Motwani und Raghavan [MR 95]. Mehrere Teile dieses Buches besitzen einen für Anfänger zu hohen Schwierigkeitsgrad und daher empfehlen wir dieses Buch wärmstens zur Vertiefung der Themen dieses Lehrbuchs. Eine einfache Einführung in den Entwurf von randomisierten Algorithmen für schwere Probleme kann man in Kapitel 5 des Lehrbuchs [Hro 03] finden. Ein (leider durch den Kluwer-Verlag überteuertes) Handbuch über randomisierte Algorithmen mit vielen interessanten Beiträgen wurde von Pardalos, Rajasekavan, Reif und Rolim [PRRR 00] zusammengestellt. Das derzeitige Standardwerk der Algorithmik von Cormen, Leiserson, Rivest und Stein [CLRS 01] (die erste Ausgabe [CLR 90] von Cormen, Leiserson und Rivest) bietet ebenfalls lesenswerte Beiträge zum Thema Randomisierung. Empfehlenswertes über randomisierte Berechnungen kann man z.B. auch in den Lehrbüchern von Brassard und Bradley [BB 96], Schöning [Sch 01] und Wegener [Weg 03] finden. Eine faszinierende Quelle über das PCP-Theorem als das eindrucksvollste Beispiel der Stärke der Randomisierung ist der von Mayr, Prömel und Steger [MPS 98] herausgegebene Band.

Eine hervorragende und sehr leicht verständliche Einleitung in die Wahrscheinlichkeitstheorie bietet das Lehrbuch von Schickinger und Steger [SS 01]. Wir empfehlen auch wärmstens den Bestseller über die Grundlagen der diskreten Mathematik von Graham, Knuth und Patashnik [GKP 94], das erfolgreiche Lehrbuch von Ross [Ros 00] und das deutschsprachige Standardwerk über die Einführung in die diskrete Mathematik von Steger [Ste 01].

Der Gegner,
der eure Fehler entdeckt,
ist für euch nützlicher als der Freund,
der sie verstecken will.

Leonardo da Vinci

3 Überlisten des Gegners

3.1 Zielsetzung

Die Methode des Überlistens des Gegners (Widersachers) steht im Hintergrund aller randomisierten Algorithmen. Die Zielsetzung dieses Kapitels ist es, diese Methode für einige Problemstellungen vorzustellen, für die sie sogar im Vordergrund des Algorithmenentwurfs steht. Dies geschieht gerade in den Situationen, in denen

(i) jeder deterministische Algorithmus Worst-Case-Eingaben hat, in denen er nicht effizient zu einer korrekten Ausgabe gelangen kann,
(ii) es aber eine Klasse von deterministischen Verfahren gibt, so dass für jede zulässige Eingabe die meisten Verfahren aus dieser Klasse effizient das korrekte Resultat berechnen.

Wenn (ii) gilt, kann man für jede Eingabe zufällig einen Algorithmus aus der gegebenen Klasse wählen und man darf erwarten, dass man mit einer vernünftigen Wahrscheinlichkeit effizient eine korrekte Ausgabe erhält. Wegen dieser Sichtweise nennt man diese Methode auch die **Methode der Vermeidung von Worst-Case-Eingaben**. Von Überlisten des Gegners spricht man deswegen, weil man den gesamten Algorithmenentwurf als ein Spiel zwischen dem Algorithmendesigner und einem Gegner (Widersacher) betrachten kann. Die Aufgabe des Designers ist es, einen effizienten Algorithmus für ein gegebenes Problem zu entwerfen und die Aufgabe des Widersachers ist es, für jeden entworfenen Algorithmus eine schwere Eingabe zu konstruieren, auf der der Algorithmus nicht gut läuft. In Situationen, in denen der Widersacher für jeden deterministischen Algorithmus eine schwere Eingabe finden kann, erschwert man seine Aufgabe durch den Entwurf eines randomisierten Algorithmus. Zwar erhält der Widersacher auch den randomisierten Algorithmus zur Ansicht, aber er weiß nicht, welcher der möglichen Läufe zufällig gewählt wird. Eine Eingabe zu finden, die für die meisten Läufe schwer sein soll, ist eine viel kompliziertere Aufgabe als eine schwere Eingabe für einen konkreten Lauf zu bestimmen.

Die Kunst der Anwendung dieser Methode liegt darin,

> *eine geeignete Menge von deterministischen Algorithmen (Verfahren) zu finden, so dass für jede Eingabe die meisten Algorithmen effizient das gewünschte (korrekte) Resultat liefern.*

Zur Illustration erfolgreicher Anwendungen dieser Methode betrachten wir das sogenannte Hashing und den Entwurf von Online-Algorithmen. Beim Hashing ist es sehr leicht einzusehen, dass man für jede Hashfunktion Datenmengen finden kann, deren Verteilung in der Hashtabelle sehr unbefriedigend ist. Dies ist in Abschnitt 3.2 anschaulich dargestellt. Abschnitt 3.3 zeigt dann, wie man eine Menge von Hashfunktionen finden kann, so dass für jede mögliche Datenmenge eine aus dieser Menge zufällig gewählte Hashfunktion mit hoher Wahrscheinlichkeit diese Datenmenge zufriedenstellend in der Hashtabelle verteilt. In Abschnitt 3.4 werden Online-Probleme vorgestellt. Bei der Bearbeitung eines Online-Problems erhält man nur einen Teil der Eingabe, den man bearbeiten muss, und erst danach wird der nächste Teil der Eingabe verfügbar. Die Entscheidungen, die einmal getroffen worden sind, darf man auch nach Kenntnis weiterer Teile der Eingabe nicht mehr ändern. Diese Art von Aufgabenbearbeitung kommt in der Praxis oft vor. Dies ist eine ideale Situation für den Widersacher, der immer die Entscheidungen eines gegebenen Algorithmus abwartet und dann den nächsten Teil der Eingabe konstruiert. Es ist also nicht überraschend, dass deterministische Algorithmen für viele Online-Optimierungsprobleme keine Chance haben, eine qualitativ gute (dem Optimum nahe) Lösung für die Gesamtaufgabe zu berechnen. Die Zielsetzung des Abschnitts 3.5 ist zu zeigen, dass man mit der Randomisierung eine Möglichkeit gewinnen kann, gute Lösungen für alle Eingaben einiger Online-Probleme zu garantieren.

3.2 Hashing

Hashing ist eine Methode zur effizienten Datenverwaltung, wobei die Datensätze eindeutige Namen haben und durch diese Namen angesprochen werden. Diese eindeutigen Namen nennt man **Schlüssel** und die ganze Datenverwaltung ist durch diese Schlüssel determiniert, daher spielen die Länge und der Inhalt einzelner Datensätze für die Verwaltung keine Rolle. Deswegen werden wir im Folgenden von den Inhalten der Datensätze abstrahieren und die Datensätze mit ihren Schlüsseln identifizieren.

Bei der Datenverwaltung interessieren uns folgende drei Operationen:

- *Search* (T, k): Suche den Schlüssel (Datensatz) k in der Datenstruktur T.
- *Insert* (T, k): Füge einen neuen Schlüssel (Datensatz) k in die Datenstruktur T ein.
- *Delete* (T, k): Lösche den Schlüssel (Datensatz) k aus der Datenstruktur T.

Die Zielsetzung der Datenverwaltung ist, eine solche Datenstruktur zu finden, dass alle diese drei Operationen effizient durchgeführt werden können. In den Grundvorlesungen über Datenstrukturen und Algorithmen werden hierfür meistens AVL-Bäume und B-Bäume vorgestellt. Diese ermöglichen es, jede dieser drei Operation in der Zeit

$$\Theta(\log n)$$

sowohl im Mittel als auch im schlechtesten Fall zu realisieren.

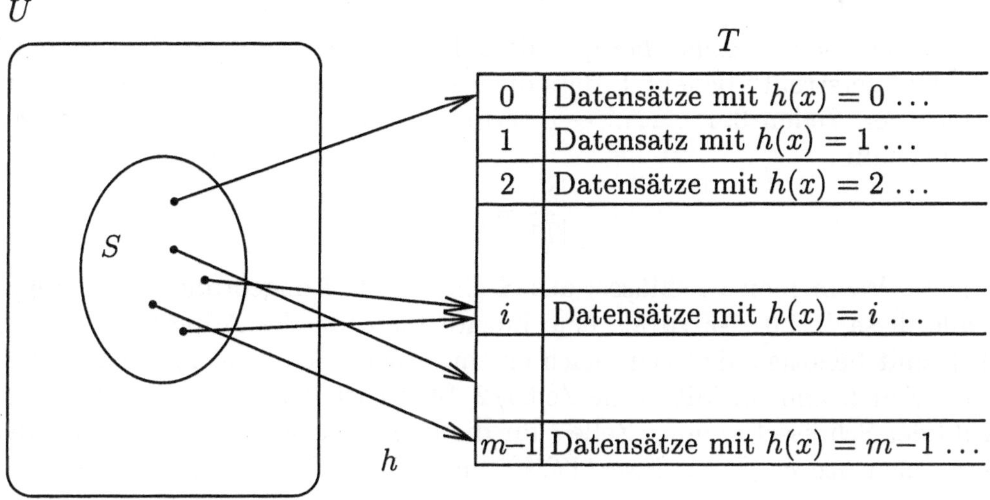

Fig. 3.1

Die erste Zielsetzung des Hashings besteht darin, diese Komplexität auf $O(1)$ im Mittel zu reduzieren. Dazu setzen wir voraus, dass wir einen Speicher T mit direktem Zugriff auf jede einzelne von m Speicherzellen haben, $m \in \mathbb{N} - \{0\}$. Das ganze Szenario ist in Fig. 3.1 dargestellt. Wir haben eine große Menge U (**Universum** genannt) bestehend aus möglichen Schlüsseln (jeder mögliche Schlüssel entspricht einem möglichen Datensatz), zu denen durch eine laufende Anwendung eine Menge $S \subseteq U$ bestehend aus aktuellen Schlüsseln ausgewählt wird. Üblicherweise ist $|U| \gg |T|$, so dass wir nicht das ganze Universum in T unterbringen können[1]. Also ist die Menge U nicht unsere Menge von aktuellen Datensätzen, die zu verwalten sind. Sie ist die Menge aller Schlüssel, die überhaupt auftreten können. Im Folgenden betrachten wir U immer als eine große, endliche Teilmenge $\{0, 1, \ldots, d\}$ von $\mathbb{N}$, oder sogar $U = \mathbb{N}$. Unsere Aufgabe ist es, die Menge $S \subseteq U$ von aktuellen Datensätzen (Schlüsseln) in T abzuspeichern. Dabei ist es wichtig, dass S keine von uns bestimmte oder ausgesuchte Teilmenge von U, sondern eine durch einen von uns unabhängigen Anwender gegebene Menge von aktuellen Schlüsseln ist. Typischerweise ist die Anzahl $|S|$ der aktuellen Schlüssel ungefähr so groß wie $|T| = m$. Im Folgenden legen wir

$$|S| = n$$

fest. Die Aufgabe ist jetzt eine Abbildung

$$h : U \to T = \{0, 1, \ldots, m - 1\}$$

zu definieren (oder auszusuchen), so dass die Menge S „gut" in T „zerstreut" wird. „Gut zerstreut" bedeutet, dass die Elemente von S in T gleichmäßig auf die einzelnen Zellen $0, 1, \ldots, m - 1$ verteilt werden, im Idealfall erhält jede Zelle ungefähr

$$\frac{|S|}{|T|} = \frac{n}{m}$$

Elemente. Wenn man l Schlüssel aus S einer Zelle i zugeordnet hat, hängen wir alle diese l Datensätze als eine lineare Liste an die Adresse i an (Fig. 3.2). Damit benötigt die Suche nach einem dieser l Schlüssel im schlimmsten Fall die Zeit l, und im Mittel die Zeit $l/2$. Somit ist klar, dass die maximale[2] Anzahl der Schlüssel in einer Zelle i für die Komplexität der Realisierung der Operationen *Search* (T, k), *Insert* (T, k) und *Delete* (T, k) maßgebend ist.

Wir machen darauf aufmerksam, dass wir nicht die Möglichkeit haben, h als eine Funktion von S nach T zu bestimmen. Wir müssen h bestimmen, bevor wir S kennen und die Menge S kann sich auch während der Verwaltung der

[1] sogar keinen großen Bruchteil von U

[2] über alle $i \in \{0, 1, \ldots, m - 1\}$

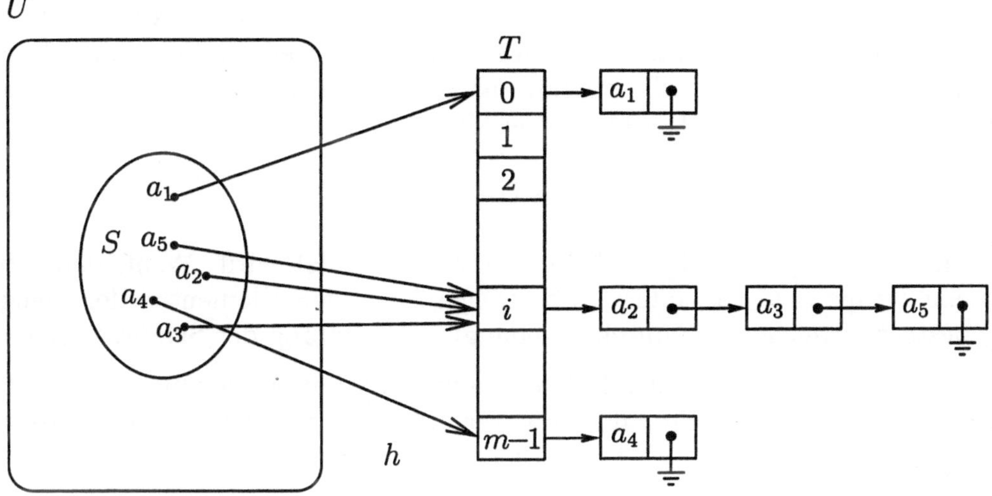

Fig. 3.2

Datenstruktur durch die Operationen *Insert* (T, k) und *Delete* (T, k) wesentlich ändern.

Die Funktion h von U nach T nennen wir **Hashfunktion**. Weil U und T vorgegeben sind und S zunächst unbekannt und ohne unseren Einfluss bestimmt ist, ist unser einziges Instrument in diesem Spiel die Wahl der Hashfunktion h. An die Funktion h stellen wir folgende Anforderungen:

(i) h muss effizient berechenbar sein,
(ii) h sollte die meisten Datenmengen $S \subseteq U$ so auf T abbilden, dass für alle $i \in \{0, 1, \ldots, m-1\}$ die Menge

$$T(i) = \{a \in S \mid h(a) = i\}$$

eine Mächtigkeit in $O(|S|/|T|)$ hat.

Man bemerke, dass die Funktion h als eine Anwendung der Methode der Fingerabdrücke[3] angesehen werden kann, wobei $h(a) \in \{0, 1, \ldots, m-1\}$ der Fingerabdruck der potenziell größeren Zahl a ist. Die Bedingung (ii) für h formuliert dann auch den Wunsch, dass der Fingerabdruck $h(a)$ so viel wesentliche Information über a enthält, dass man durch $h(a)$ den Schlüssel a von fast allen anderen Schlüsseln in S unterscheiden kann.

[3] Abschnitt 2.6

Wichtig ist aber zu beobachten, dass man die Anforderung (ii) auf h nicht in dem Sinne verschärfen kann, dass man eine gute Zerstreuung (Verteilung) von S in T für jede Menge $S \subseteq U$ fordert. Für jede Funktion $h : U \to T$ und jeden Wert $i \in \{0, 1, \ldots, m-1\}$, gibt es eine Menge

$$U_{h,i} = \{a \in U \mid h(a) = i\},$$

die durch h komplett auf das Feld i in T abgebildet wird. Wenn dann die aktuelle Menge $S \subseteq U_{h,i}$ oder S überwiegend aus den Elementen der Menge $U_{h,i}$ besteht, erreichen wir durch h keine gute Verteilung der Schlüssel in T.

Um aber mindestens (ii) zu erfüllen, braucht man eine Hashfunktion h, die die Elemente aus U gleichmäßig in T verteilt. Dies ist nichts anderes als zu fordern, dass für jedes $i \in \{0, 1, \ldots, m-1\}$,

$$\text{Wahr}(h(x) = i) = \frac{1}{m} \tag{3.1}$$

für jedes zufällig gleichverteilt aus U gezogene Element x gilt. Ein Beispiel einer solchen Hashfunktion ist die Funktion $h_m : U \to T$ definiert durch

$$h_m(x) = x \bmod m.$$

Aufgabe 3.2.1. Sei U endlich. Wie viele Funktionen $h : U \to T$ gibt es, die die Eigenschaft (3.1) erfüllen?

Unsere erste Zielsetzung ist zu zeigen, dass die Hashfunktionen, die (3.1) erfüllen, auch unserer Anforderung (ii) genügen.

Lemma 3.2.2. *Sei $U = \mathbb{N}$ ein Universum, und seien $T = \{0, 1, \ldots, m-1\}$ und $n, m \in \mathbb{N} - \{0, 1\}$. Sei $h : U \to T$ eine Hashfunktion, die (3.1) erfüllt. Dann gilt für jede Zelle $l \in T$*

(i) *die erwartete Anzahl von Elementen einer zufällig ausgewählten n-elementigen Menge $S \subseteq U$ an der Stelle l (d.h. mit $h(x) = l$) ist kleiner als*

$$\frac{n}{m} + 1$$

(ii) *und falls $n = m$, gilt*

$$\text{Wahr}(\textit{an der Stelle } l \textit{ ist mehr als ein Element aus } S) < \frac{1}{2}.$$

Beweis. Wir betrachten das Modell des n-fachen Ziehens von Schlüsseln aus U um eine zufällige Teilmenge $S \subseteq U$ mit $|S| = n$ zu erhalten. Dies modellieren wir durch einen Wahrscheinlichkeitsraum $(\mathcal{P}_n(U), \text{Wahr})$, wobei

$$\mathcal{P}_n(U) = \{S \subseteq U \mid |S| = n\}$$

gilt und Wahr die Gleichverteilung über alle S aus $\mathcal{P}_n(U)$ ist. Wir führen die Bezeichnung $S = \{s_1, s_2, \ldots, s_n\}$ ein, wobei $s_1, \ldots, s_n$ die zufällig gezogenen Elemente aus U sind.

Wir betrachten für alle $i, j \in \{1, \ldots, n\}$, $i < j$, und alle $l \in \{0, 1, \ldots, m-1\}$, die Zufallsvariable X_{ij}^l, definiert durch

$$X_{ij}^l(S) = \begin{cases} 1 & \text{falls } h(s_i) = h(s_j) = l \\ 0 & \text{sonst.} \end{cases}$$

Wenn $h(s_i) = h(s_j) = l$ gilt, dann sagen wir, dass **s_i und s_j eine Kollision an der l-ten Stelle** haben. Weil X_{ij}^l eine Indikatorvariable ist, ist $\mathrm{E}\left[X_{ij}^l\right]$ die Wahrscheinlichkeit, dass $h(s_i) = h(s_j) = l$ (und somit, dass sowohl s_i als auch s_j auf die Stelle l in T abgebildet werden). Dies ist aber nichts anderes als

$$\begin{aligned} \text{Wahr}\left(h(s_i) = l \wedge h(s_j) = l\right) &= \text{Wahr}\left(h(s_i) = l\right) \cdot \text{Wahr}\left(h(s_j) = l\right) \\ &\underset{(3.1)}{=} \frac{1}{m} \cdot \frac{1}{m} = \frac{1}{m^2}. \end{aligned} \tag{3.2}$$

Berechnen wir jetzt die erwartete Anzahl der Kollisionen für jede Stelle l in T. Die Indikatorvariable

$$X^l = \sum_{1 \leq i < j \leq n} X_{ij}^l = \sum_{i=1}^{n} \sum_{j=i+1}^{n} X_{ij}^l$$

zählt die Anzahl der Kollisionen an der l-ten Stelle. Aus (3.2) und der Linearität des Erwartungswertes erhalten wir

$$\begin{aligned} \mathrm{E}\left[X^l\right] &= \mathrm{E}\left[\sum_{1 \leq i < j \leq n} X_{ij}^l\right] \\ &= \sum_{1 \leq i < j \leq n} \mathrm{E}\left[X_{ij}^l\right] \\ &\underset{(3.2)}{=} \sum_{1 \leq i < j \leq n} \frac{1}{m^2} \\ &= \frac{\binom{n}{2}}{m^2} = \frac{n(n-1)}{2m^2} < \frac{n^2}{2 \cdot m^2}. \end{aligned} \tag{3.3}$$

für jedes $l \in \{0, 1, \ldots, m-1\}$. Für $n = m$ bekommen wir

$$\mathrm{E}\left[X^l\right] < \frac{1}{2},$$

daher ist in diesem Fall die Wahrscheinlichkeit, an der l-ten Stelle von T mehr als ein Element zu haben, kleiner als $\frac{1}{2}$.

Wir nutzen jetzt (3.3) um die mittlere Anzahl der Elemente an einer Stelle l von T abzuschätzen. Wenn an der Stelle l genau k Elemente aus S liegen, dann sind an dieser Stelle genau

$$\binom{k}{2} = \frac{k \cdot (k-1)}{2}$$

Kollisionen. Wir setzen also $\mathrm{E}\left[X^l\right] = \frac{k \cdot (k-1)}{2}$ und erhalten

$$\frac{n^2}{2m^2} > \mathrm{E}\left[X^l\right] \underset{(3.3)}{=} \frac{n \cdot (n-1)}{2 \cdot m^2} = \frac{k \cdot (k-1)}{2} > \frac{(k-1)^2}{2}$$

und damit

$$k < \frac{n}{m} + 1.$$

□

Aufgabe 3.2.3. Seien die Voraussetzungen von Lemma 3.2.2 erfüllt. Wie groß ist die erwartete Gesamtanzahl der Kollisionen auf allen l Stellen von T?

Aufgabe 3.2.4. Sei S eine zufällig ausgesuchte Menge von Personen. Wie groß muss S mindestens sein, um

$$\mathrm{Wahr}(\text{zwei Personen aus } S \text{ haben am gleichen Tag Geburtstag}) \geq \frac{1}{2}$$

zu garantieren? Betrachten Sie hierzu die Zufallsvariable X, definiert durch

$$X(S) = \begin{cases} 1 & \text{es gibt zwei Personen in } S \text{ mit gleichem Geburtstag} \\ 0 & \text{sonst} \end{cases}$$

Bestimmen Sie $\mathrm{E}[X]$ als eine Funktion von $|S|$.

Aufgabe 3.2.5. Betrachten Sie U, T, S und X_{ij}^l, X^l für $1 \leq i < j \leq n$, $0 \leq l \leq m-1$ wie im Beweis von Lemma 3.2.2 definiert. Definieren Sie eine neue Zufallsvariable $\mathrm{MAX} : \mathcal{P}_n(U) \to \{0, 1\}$ durch

$$\mathrm{MAX}(S) = \max\{X^0(S), X^1(S), \ldots, X^{m-1}(S)\}.$$

Bestimmen Sie $\mathrm{E}[\mathrm{MAX}]$ und erklären Sie seine Bedeutung.

Lemma 3.2.2 gibt uns die Garantie, dass die erwartete Komplexität der Realisierung jeder der Operationen *Insert*, *Delete*, *Search* in $O(\frac{n}{m})$ ist und somit in $O(1)$ für $n \in O(m)$. Dies gilt, weil für jede Stelle von T die erwartete Anzahl der Elemente kleiner als $\frac{n}{m} + 1$ ist.

In Lemma 3.2.2 haben wir $U = \mathbb{N}$ gesetzt. Wenn U endlich ist, $|U|$ ein Vielfaches von $|T|$ ist und man S durch n aufeinander folgende, zufällige Wahlen eines Elementes aus U generiert, ergibt sich folgendes Problem. Sei x mit $h(x) = i$ für ein $i \in T$ das erste gezogene Element. Wenn (3.1) gilt, dann gilt

$$\Big|\{a \in U - \{x\} \mid h(a) = i\}\Big| < \Big|\{b \in U - \{x\} \mid h(b) = j\}\Big| = \frac{|U|}{m}$$

für alle $j \in \{0, 1, \ldots, m-1\} - \{i\}$. Damit wird die Wahrscheinlichkeit, dass das nächstgezogene Element durch h auf die Stelle i abgebildet wird, kleiner als $1/m$. Wenn $|U| \gg |S| \geq |T|$, kann man trotzdem $1/m$ als eine gute Approximation der Wahrscheinlichkeiten $\text{Wahr}(h(a) = s \mid a \in U - A)$ für jedes $s \in T$ und jede kleine Menge A mit $|A| < |S|$ verwenden. Eine andere Möglichkeit, dieses Problem zu umgehen, schlägt die folgende Übungsaufgabe vor.

Aufgabe 3.2.6. Betrachten Sie die folgende Generierung von $S \subseteq U$. Wir wählen zufällig und gleichverteilt nacheinander n Elemente aus U derart, dass wir nach jedem Ziehen das gezogene Element in U zurückgeben. Damit kann dasselbe Element mehrmals gezogen werden. Das Resultat dieses Zufallsexperimentes ist eine Menge $S \in \bigcup_{r=1}^{n} \mathcal{P}_r(U)$. Wie groß ist die Wahrscheinlichkeit, dass wir eine n-elementige Menge erzeugt haben? Formulieren und beweisen Sie für diese Wahl von S aus einem endlichen U eine zu Lemma 3.2.2 analoge Behauptung.

3.3 Universelles Hashing

In Abschnitt 3.2 haben wir einerseits gezeigt,

(i) dass für jede Hashfunktion h schlechte Mengen S (zum Beispiel $S \subseteq U_{h,i} = \{a \in U \mid h(a) = i\}$) existieren, und andererseits
(ii) jede Hashfunktion, die (3.1) erfüllt, erfolgreich jede zufällige Menge S (und damit die meisten Mengen S) auf T verteilt.

Obwohl die Beobachtung (ii) sehr optimistisch aussieht, muss man bemerken, dass die Wahl der Daten aus dem Universum in vielen Anwendungen weit entfernt von einer Gleichverteilung ist. Wenn zum Beispiel Personendaten eines Betriebes auch die Angabe der Geschlechtszugehörigkeit enthalten, in dem Betrieb aber fast nur Männer arbeiten, kann man dieses Informationsbit nicht repräsentativ durch einen Münzwurf simulieren. Auch sind die Geburtstage nicht gleichmäßig über das Jahr verteilt und es können sich Probleme bei der Betrachtung von Altersgruppen ergeben. Deswegen streben wir ein besseres Hashingverfahren an.

Gemäß den Beobachtungen (i) und (ii) haben wir eine Mustersituation für die Randomisierung mit der Methode des Überlistens des Gegners. Für jede Wahl von h (also für jedes deterministische Hashing) kann uns nach (i) der Gegner beliebig schlechte Eingaben S konstruieren. Andererseits gibt es viele Hashfunktionen, die für die meisten Eingaben das bestmögliche Verhalten garantieren. Gemäß der Methode des Überlistens des Gegners sollte die Hashfunktion auf so eine Art zufällig gewählt werden, dass jede mögliche Eingabe S mit hoher Wahrscheinlichkeit gleichmäßig in T verteilt wird.

Also brauchen wir eine Menge H von Hashfunktionen, aus der wir h nach der Gleichverteilung über H zufällig wählen. Unser Wahrscheinlichkeitsraum ist jetzt also (H, Wahr_H) und H soll so gewählt werden, dass (H, Wahr_H) gut für jedes S ist. Dies ruft nach einer Analogie zu (3.1). Wenn man zufällig zwei Elemente x und y aus U wählt, dann ist die Wahrscheinlichkeit, dass beide durch eine Hashfunktion h mit der Eigenschaft (3.1) auf die gleichen Stelle abgebildet werden, genau

$$\frac{1}{m}.$$

Eine geringere Wahrscheinlichkeit kann man natürlich nicht erreichen. Wir fordern jetzt also analog für *jedes* Paar von Elementen $x, y \in U$, $x \neq y$, dass die Menge H so gewählt wird, dass

$$\text{Wahr}_H(h(x) = h(y)) \leq \frac{1}{m} \tag{3.4}$$

gilt. Dieses führt zu folgender Definition.

Definition 3.3.7. *Sei H eine endliche Menge von Hashfunktionen von U nach $T = \{0, 1, \ldots, m-1\}$. Die Menge H heißt* **universell**, *falls für jedes Paar von Elementen x, y aus U, $x \neq y$,*

$$|\{h \in H \mid h(x) = h(y)\}| \leq \frac{|H|}{m}$$

gilt (d.h. höchstens der m-te Teil der Funktionen aus H bildet x und y auf die gleiche Stelle ab).

Wir beobachten direkt, dass für jede universelle Menge H von Hashfunktionen die Eigenschaft (3.4) in dem Wahrscheinlichkeitsraum (H, Wahr_H) erfüllt ist. Zeigen wir jetzt, dass jede universelle Menge von Hashfunktionen unserer Zielsetzung entspricht, jede Menge S mit hoher Wahrscheinlichkeit gleichmäßig auf T zu verteilen.

Satz 3.3.8. *Sei $S \subseteq U$ eine beliebige Menge von Schlüsseln, $|S| = n$. Sei H eine universelle Klasse von Hashfunktionen von U nach $T = \{0, 1, \ldots, m-1\}$. Dann ist für jedes $x \in S$ und ein zufällig gewähltes $h \in H$ die erwartete Mächtigkeit der Menge $S_x(h) = \{a \in S \mid a \neq x, h(a) = h(x)\}$ höchstens*

$$\frac{|S|}{|T|} = \frac{n}{m}.$$

Beweis. Sei S eine beliebige Teilmenge von U mit $|S| = n$. Betrachten wir jetzt den Wahrscheinlichkeitsraum (H, Wahr_H). Sei für alle $x, y \in S$, $x \neq y$, $Z_{x,y}$ die Indikatorvariable definiert durch

$$Z_{x,y}(h) = \begin{cases} 1 & h(x) = h(y) \\ 0 & h(x) \neq h(y). \end{cases}$$

Weil $Z_{x,y}$ eine Indikatorvariable ist, erhalten wir durch die Anwendung von (3.4)

$$\mathrm{E}[Z_{x,y}] = \text{Wahr}_H(h(x) = h(y)) \underset{(3.4)}{=} \frac{1}{m}. \tag{3.5}$$

Die Zufallsvariable $Z_x = \sum_{y \in S, y \neq x} Z_{x,y}$ zählt die Anzahl der Elemente in $S_x(h)$. Dank der Linearität des Erwartungswertes gilt für jedes x

$$\mathrm{E}[Z_x] = \sum_{\substack{y \in S \\ y \neq x}} \mathrm{E}[Z_{xy}] \underset{(3.5)}{=} \sum_{\substack{y \in S \\ y \neq x}} \frac{1}{m} = \frac{|S| - 1}{m} < \frac{n}{m}.$$

□

Die Behauptung des Satzes 3.3.8 zeigt, dass die erwartete Anzahl von Elementen an jeder Stelle von T kleiner als $1 + \frac{n}{m}$ ist. Damit ist das Konzept der universellen Mengen von Hashfunktionen genau das gesuchte Mittel zur Lösung unseres Datenverwaltungsproblems, vorausgesetzt, es gibt universelle Mengen von Hashfunktionen. Der nächste Schritt ist also zu zeigen, dass wir nicht über ein „leeres“ Konzept gesprochen haben.

Lemma 3.3.9. *Sei U eine endliche Menge. Die Klasse*

$$H_{U,T} = \{h \mid h : U \to T\}$$

aller Funktionen von U nach T ist universell.

Beweis. Die Anzahl der Funktionen in $H_{U,T}$ ist[4]

$$m^{|U|},$$

und jede dieser Funktionen hat die gleiche Wahrscheinlichkeit ausgewählt zu werden. Sei

$$H(x, y, i) = \{h \mid h : U \to T \text{ und } h(x) = i = h(y)\}$$

für alle $x, y \in U$, $x \neq y$, und alle $i \in T$. Offensichtlich gilt

$$|H(x, y, i)| = m^{|U|-2}.$$

Uns interessiert die Mächtigkeit der Menge

$$H(x, y) = \{h : U \to T \mid h(x) = h(y)\}.$$

Offensichtlich gilt

$$H(x, y) = \bigcup_{i=0}^{m-1} H(x, y, i)$$

und $H(x, y, i) \cap H(x, y, j) = \emptyset$ für $i \neq j$, $i, j \in T$. Damit ist

$$|H(x, y)| = \sum_{i=0}^{m-1} |H(x, y, i)| = \sum_{i=0}^{m-1} m^{|U|-2} = m^{|U|-1} = \frac{|H_{U,T}|}{m}$$

für alle $x, y \in U$, $x \neq y$. Nach Definition 3.3.7 ist $H_{U,T}$ eine universelle Menge von Hashfunktionen. □

Aufgabe 3.3.10. Betrachten Sie die Menge

$$M = \{h : U \to T \mid h \text{ erfüllt } (3.1)\}.$$

Ist M eine universelle Menge von Hashfunktionen?

---

[4] Jedem der $|U|$ Elemente von U muss einer der m Werte aus T zugeordnet werden.

Wir wissen jetzt, dass das Konzept der Universalität nicht „leer“ ist, aber dies bedeutet noch nicht, dass es praktisch anwendbar ist. Es gibt die folgenden zwei Gründe, warum man $H_{U,T}$ in der Praxis nicht benutzen kann:

(1) $H_{U,T}$ ist zu groß[5] um eine zufällige Wahl eines h aus $H_{U,T}$ realisieren zu können.
(2) Die meisten Funktionen in $H_{U,T}$ kann man als zufällig in dem Sinne[6] betrachten, dass man sie nicht wesentlich kürzer als durch ihre vollständige Tabellenbeschreibung darstellen kann. Solche Funktionen sind nicht effizient berechenbar.

Die Gründe (1) und (2) für unsere Unzufriedenheit mit $H_{U,T}$ zeigen, was wir uns eigentlich wünschen. Wir hätten gerne universelle Klassen H von Hashfunktionen, so dass

(i) H klein ist, und
(ii) jede Hashfunktion aus H sehr effizient berechenbar ist.

Im Folgenden zeigen wir, dass diese Wünsche erfüllbar sind.

Betrachten wir $U = \{0,1,2,\ldots,p-1\}$ für eine Primzahl p. Für beliebige natürliche Zahlen $a, b \in U$ definieren wir die lineare Hashfunktion $h_{a,b} : U \to T$ durch

$$\boldsymbol{h_{a,b}(x)} = ((ax+b) \bmod p) \bmod m$$

für jedes $x \in U$. Weil wir modulo m rechnen, ist es klar, dass $h_{a,b}$ wirklich die Elemente aus U nach T abbildet. Sei

$$H_{\text{lin}}^{p} = \{h_{a,b} \mid a \in \{1,2,\ldots,p-1\} \text{ und } b \in \{0,1,\ldots,p-1\}\}$$

eine Menge von Hashfunktionen. Offensichtlich gilt

$$|H_{\text{lin}}^{p}| = p \cdot (p-1).$$

Satz 3.3.11.* *Für jede Primzahl p ist die Klasse H_{lin}^{p} eine universelle Klasse von Hashfunktionen von $U = \{0,\ldots,p-1\}$ nach $T = \{0,1,\ldots,m-1\}$.*

Beweis. Seien x und y zwei beliebige unterschiedliche Elemente aus U. Wir müssen zeigen, dass

$$|\{h_{a,b} \mid h_{a,b} \in H_{\text{lin}}^{p} \text{ und } h_{a,b}(x) = h_{a,b}(y)\}| = \frac{|H_{\text{lin}}^{p}|}{m} = \frac{p \cdot (p-1)}{m}.$$

[5]Man bemerke, dass schon U alleine sehr groß ist und $m^{|U|}$ durchaus größer als die Anzahl der Protonen im Universum sein kann.
[6]Man vergleiche dies mit dem Konzept der Kolmogorov-Komplexität in [Hro 03].

Dafür untersuchen wir zuerst die linearen Funktionen

$$h'_{a,b}(x) = (ax + b) \bmod p$$

in $\mathbb{Z}_p$. Die Struktur $(\mathbb{Z}_p, \oplus_{\bmod p}, \odot_{\bmod p})$ ist ein Körper, weil p eine Primzahl ist.[7] Seien

$$r = h'_{a,b}(x) = (ax + b) \bmod p \text{ und } s = h'_{a,b}(y) = (ay + b) \bmod p \quad (3.6)$$

die Reste modulo p der Anwendung der linearen Abbildung $h'_{a,b}$ auf x und y.

Wir zeigen indirekt, dass aus $x \neq y$ die Ungleichung $r \neq s$ folgt. Offensichtlich gilt

$$r - s \equiv ax - ay \equiv a \cdot (x - y) \pmod{p}. \quad (3.7)$$

Wenn $r = s$ wäre, dann wäre auch

$$a \cdot (x - y) \equiv 0 \pmod{p}.$$

Weil aber aus $c \cdot d = 0$ in einem Körper $c = 0$ oder $d = 0$ folgt, müsste $a \equiv 0 \pmod{p}$ oder $(x - y) \equiv 0 \pmod{p}$ gelten. Das Element a ist aber aus $\{1, \ldots, p - 1\}$ und somit bleibt nur die Möglichkeit $x - y \equiv 0 \pmod{p}$, die $x = y$ impliziert.

Damit wissen wir für jede feste freie Wahl von zwei Schlüsseln $x, y \in U$, $x \neq y$, dass die Funktion $h'_{a,b}$ (also die Wahl von $a \in \{1, \ldots, p-1\}$ und $b \in \{0, \ldots, p-1\}$) eindeutig ein Paar (r, s) mit $r \neq s$ aus $U \times U$ bestimmt. Mit anderen Worten haben wir bewiesen, dass $f_{x,y}$, definiert durch

$$f_{x,y}(a, b) = ((ax + b) \bmod p,\ (ay + b) \bmod p) = (h'_{a,b}(x), h'_{a,b}(y)),$$

eine Abbildung von $(U - \{0\}) \times U$ nach $\{(r, s) \mid r, s \in U, r \neq s\}$ ist (Fig. 3.3). Wir behaupten, dass $f_{x,y}$ eine Bijektion ist.[8] Weil

$$|(U - \{0\}) \times U| = (p - 1) \cdot p = |\{(r, s) \mid r, s \in U, r \neq s\}|,$$

reicht es zu zeigen, dass $f_{x,y}$ oder $f^{-1}_{x,y}$ injektiv ist. Wir zeigen, dass $f^{-1}_{x,y}$ injektiv ist. Seien $r, s \in U$, $r \neq s$. Weil wir in einem Körper $\mathbb{Z}_p$ rechnen, haben die

[7] $\mathbb{Z}_p$ ist ein Körper genau dann, wenn p eine Primzahl ist (diese Behauptung ist eine Folge des Satzes A.2.27).

[8] Also dass $f_{x,y}$ und $f^{-1}_{x,y}$ injektive Funktionen sind.

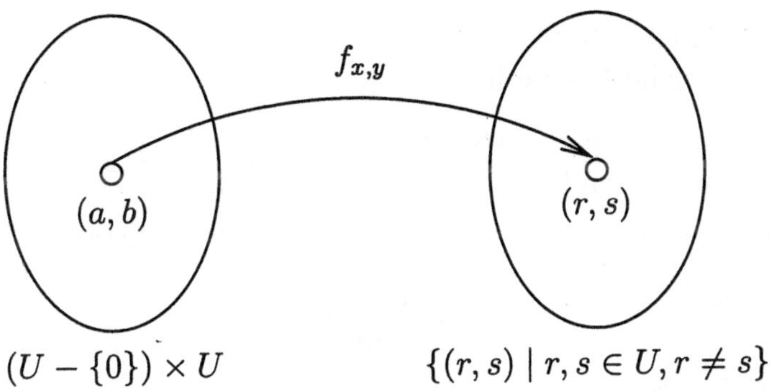

Fig. 3.3

linearen Gleichungen (3.6) für bekannte x, y, r und s die folgende eindeutige Lösung in $\mathbb{Z}_p$:

$$\begin{aligned} a &\underset{(3.7)}{=} (r-s)\cdot(x-y)^{-1} \bmod p \\ b &= (r-ax) \bmod p, \end{aligned}$$

wobei $(x-y)^{-1}$ das eindeutige inverse Element bezüglich $\odot_{\bmod p}$ in $\mathbb{Z}_p$ für das Element $x-y$ ist. Somit ist die Abbildung $f_{x,y}^{-1}$ mit

$$f_{x,y}^{-1}(r,s) = (a,b) = ((r-s)\cdot(x-y)^{-1} \bmod p, (r-ax) \bmod p)$$

auch eine injektive Funktion.

Weil die zufällige Wahl von $h_{a,b}$ (also die zufällige Wahl von (a,b)) eindeutig das Paar

$$(r,s) = (h'_{a,b}(x), h'_{a,b}(y)) = ((ax+b) \bmod p, (ay+b) \bmod p)$$

bestimmt, ist die Anzahl der Hashfunktionen in

$$H_{\text{lin}}^p(x,y) = \{h_{a,b} \in H_{\text{lin}}^p \mid h_{a,b}(x) = h_{a,b}(y)\}$$

gleich der Mächtigkeit der Menge

$$M(x,y) = \{(r,s) \in U \times U \mid r \neq s \text{ und } r \equiv s \pmod{m}\},$$

also

$$|H_{\text{lin}}^p(x,y)| = |M(x,y)|. \tag{3.8}$$

Die Anzahl der Elemente in U ist p und U zerfällt in Restklassen modulo m. Damit hat jede solche Klasse höchstens

$$\left\lceil \frac{p}{m} \right\rceil \leq \frac{(p+m-1)}{m} = \frac{(p-1)}{m} + 1$$

Elemente. Dies bedeutet, dass es für jedes feste r höchstens

$$\frac{(p-1)}{m}$$

Elemente s in U gibt mit

$$r \equiv s \pmod{m} \text{ und } r \neq s.$$

Damit erhalten wir[9]

$$|M(x,y)| \leq \frac{p \cdot (p-1)}{m} \tag{3.9}$$

für alle Paare $(x,y) \in U \times U$ mit $x \neq y$, und somit gilt

$$|H_{\text{lin}}^p(x,y)| \underset{(3.8)}{=} |M(x,y)| \underset{(3.9)}{\leq} \frac{p \cdot (p-1)}{m} = \frac{|H_{\text{lin}}^p|}{m}$$

für alle $(x,y) \in U$ mit $x \neq y$. □

Aufgabe 3.3.12. In Satz 3.3.11 haben wir $U = \{0, 1, \ldots, p-1\}$ so ausgewählt, dass p eine Primzahl war. Nehmen wir jetzt $U = \{0, 1, \ldots, l\}$ für eine beliebige positive ganze Zahl l und wählen wir eine Primzahl $p > l$. Ist dann die Menge H_{lin}^p immer noch eine universelle Menge von Hashfunktionen?

Wir geben jetzt ein anderes praktisches Beispiel einer universellen Menge von Hashfunktionen an. Dazu betrachten wir eine andere, für diesen Zweck geeignetere Darstellung der Menge aller Schlüssel. Für jede Primzahl m und jede positive Zahl r definieren wir

$$U(m,r) = \{x = (x_0, x_1, \ldots, x_r) \mid 0 \leq x_i \leq m-1 \text{ für } i = 1, \ldots, r\} = T^{r+1}$$

für $T = \{0, 1, \ldots, m-1\}$.

Für jeden Vektor $\alpha = (\alpha_0, \alpha_1, \ldots, \alpha_r) \in T^{r+1}$ definieren wir die Hashfunktion $h_\alpha : U(m,r) \to T$ durch

$$h_\alpha(x_0, x_1, \ldots, x_r) = \left(\sum_{i=0}^{r} \alpha_i \cdot x_i \right) \bmod m$$

[9] Das Element r kann man aus p Elementen von U wählen.

für alle $(x_0, x_1, \ldots, x_r) \in U(m,r)$. Sei

$$\text{Vec} = \{h_\alpha \mid \alpha \in T^{r+1}\}.$$

Lemma 3.3.13. Vec *ist eine universelle Menge von Hashfunktionen vom Universum* $U(m,r)$ *nach* T.

Beweis. Weil $|T^{r+1}| = m^{r+1}$, ist

$$|\text{Vec}| = m^{r+1}.$$

Seien $x = (x_0, x_1, \ldots, x_r)$ und $y = (y_0, y_1, \ldots, y_r)$ zwei beliebige unterschiedliche Elemente aus $U(m,r)$. Wir müssen zeigen, dass die Anzahl der Hashfunktionen h_α aus Vec mit der Eigenschaft $h_\alpha(x) = h_\alpha(y)$ höchstens

$$m^r = \frac{|\text{Vec}|}{m}$$

ist.

Weil die Vektoren x und y unterschiedlich sind, müssen sie sich in mindestens einer Position unterscheiden. Zur Vereinfachung der Notation und ohne Einschränkung der Allgemeinheit nehmen wir $x_0 \neq y_0$ an.

Es gilt:

$$h_\alpha(x) = h_\alpha(y)$$

für ein $\alpha \in T^{r+1}$ genau dann, wenn

$$\sum_{i=0}^{r} \alpha_i \cdot x_i \equiv \sum_{i=0}^{r} \alpha_i \cdot y_i \pmod{m}$$

und dies ist äquivalent zu

$$\alpha_0 \cdot (x_0 - y_0) \equiv \sum_{i=1}^{r} \alpha_i \cdot (y_i - x_i) \pmod{m}. \tag{3.10}$$

Da m eine Primzahl ist, ist die algebraische Struktur $(\mathbb{Z}_m, \oplus_{\text{ mod } m}, \odot_{\text{ mod } m})$ ein Körper. Daher existieren für alle Körperelemente unterschiedlich von 0 eindeutige multiplikative Inverse. Weil $x_0 - y_0 \neq 0$, gibt es ein multiplikativ Inverses $(x_0 - y_0)^{-1}$ zu $x_0 - y_0$. Wenn wir die beiden Seiten der Gleichung (3.10) mit $(x_0 - y_0)^{-1}$ multiplizieren, erhalten wir

$$\alpha_0 \equiv \left[\sum_{i=1}^{r} \alpha_i \cdot (y_i - x_i)\right] \cdot (x_0 - y_0)^{-1} \pmod{m}.$$

Damit ist α_0 eindeutig durch x, y und $\alpha_1, \alpha_2, \ldots, \alpha_r$ bestimmt, und somit gilt

$$|\{h_\alpha \in \text{Vec} \mid h_\alpha(x) = h_\alpha(y)\}| = m^r = \frac{m^{r+1}}{m} = \frac{|\text{Vec}|}{m}.$$

□

Wir beobachten, dass Vec eine geeignete universelle Menge von Hashfunktionen ist, denn:

(i) Jede Hashfunktion h_α aus Vec ist vollständig durch α determiniert und die Größe von α entspricht genau der Größe der Schlüssel in $U(m, r)$. Damit kann man α effizient generieren.
(ii) Die Funktion h_α ist für jedes α effizient berechenbar, nämlich in linearer Zeit in der Argumentlänge.

Aufgabe 3.3.14.* Unser letztes Beispiel einer universellen Klasse von Hashfunktionen basiert darauf, dass $T = \{0, 1, \ldots, m-1\}$ für eine Primzahl m ist. Betrachten wir jetzt $m = p^a$ für eine Primzahl p und eine natürliche Zahl $a \geq 2$. Kann man auch für ein solches m eine universelle Menge von Hashfunktionen finden?

3.4 Online-Algorithmen

Die Berechnungsprobleme, die wir bisher betrachtet haben, zeichnen sich dadurch aus, dass wir für eine gegebene Eingabe (Fragestellung) eine Ausgabe (Antwort) berechnen müssen. In der Praxis tauchen aber oft auch Aufgaben folgender Art auf. Wir erhalten nur einen Teil der Eingabe einer Aufgabe und sind aufgefordert, diesen zu bearbeiten. Nachdem wir dies gelöst haben, bekommen wir einen weiteren Teil der Eingabe, den wir wieder bearbeiten müssen. Auf diese Weise kann man die Eingabe beliebig lang machen. Diese Art der Problemstellung nennen wir ein Online-Problem und die zur Lösung eines Online-Problems entwickelten Algorithmen nennen wir **Online-Algorithmen**. Die grundlegende Frage, die man sich in diesem Zusammenhang stellt, ist:

> *„Wie gut kann ein Online-Algorithmus (der die Zukunft*[10] *nicht kennt) im Vergleich zu einem Algorithmus sein, der von vornherein an die ganze Eingabe erhält (die Zukunft kennt)?"*

[10] die Teile der Eingabe, die noch nicht formuliert worden sind

Was hier „gut“ bedeutet, hängt von dem Maß ab, mit dem wir die Qualität der Lösungen messen. Damit haben wir eine ähnliche Situation wie bei Optimierungsproblemen. Wir vergleichen die Kosten der auf Online-Weise berechneten Lösung mit den Kosten einer optimalen Lösung.

Um die Praxisrelevanz von Online-Problemen anzudeuten, präsentieren wir zwei kleine Beispiele. Betrachten wir ein Notarztzentrum mit k fahrenden Ärzten. Jeder Arzt verfügt über einen eigenen Krankenwagen. Wenn ein Anruf an die Zentrale kommt, muss einer der Ärzte zur Wohnung des Patienten fahren um ihn dort zu behandeln. Nach einiger Zeit ist ein Teil der Ärzte in der Stadt verteilt und ein Teil vielleicht noch im Notarztzentrum. Wenn jetzt ein Anruf kommt, muss die Zentrale entscheiden, welcher Arzt zu dem neuen Patienten fahren muss[11] und vielleicht auch, welche Ärzte nach abgeschlossener Behandlung zurückfahren oder sich zu einer anderen Position bewegen sollen, um die später eingehenden Notrufe am besten zu erledigen. Offensichtlich muss die Zentrale diese Entscheidungen treffen, ohne die Zukunft (Orte und Reihenfolge von weiteren Notrufen) zu kennen. Die Zentrale will aber die Entscheidungen so treffen, dass ein gegebenes Optimierungsmaß (gegebene Kosten) minimiert wird. Man kann zum Beispiel versuchen, die Summe der Längen der insgesamt von allen k Ärzten gefahrenen Strecken oder die Summe der Wartezeiten aller Patienten zu minimieren, oder eine Optimierungsfunktion die mehrere Maße (Kosten) einbezieht[12] anwenden. Ähnliche Aufgabenstellungen kann man bei einer Polizeiwache, einem Taxizentrum oder einem fahrenden Kundendienst in Betracht ziehen. Am spannendsten ist dabei die Frage, ob wir bei solchen Online-Problemen überhaupt eine reale Chance haben, vernünftige Entscheidungen bezüglich der unbekannten Zukunft zu treffen, ob also eine Möglichkeit besteht, eine Strategie zu verfolgen, die nicht viel schlechtere Ergebnisse liefert als eine optimale Strategie für die von vornherein bekannte Eingabe (Zukunft).

Eine andere Klasse von häufig vorkommenden Online-Problemen sind Arbeitsplanungsprobleme. Typischerweise betrachtet man einen Betrieb mit einer gewissen Anzahl von unterschiedlichen Maschinen. Mit der Zeit kommen Aufträge, die man als eine Folge von Aufgaben auffassen kann. Jede Aufgabe nimmt einen gewissen Maschinentyp für eine gewisse Zeit in Anspruch. Die Firma muss jetzt online für nacheinander hereinkommende Aufträge über eine zeitliche Zuteilung der Maschinen zu den Aufträgen entscheiden. Typischerweise versucht man dabei, die Zeit[13] zu minimieren, nach der alle Aufträge bearbeitet worden sind. Genausogut kann man auch die durchschnittliche Ma-

[11] Zum Beispiel der, der sich in der kleinsten Entfernung von dem Patienten befindet.

[12] Zum Beispiel auch die längste Wartezeit, die aufgetreten ist.

[13] Im Englischen „makespan“ genannt.

schinenauslastung maximieren, oder durchschnittliche Wartezeit der Kunden minimieren. Aufgaben von diesem Typ kommen nicht nur im Betrieben vor, sondern auch in der Verwaltung der Hardware eines Rechners, insbesondere eines Parallelrechners. Die laufenden Prozesse melden ständig gewisse Anforderungen an (Rechnen, Daten transportieren, Daten lesen, Daten speichern, ...), und das Betriebsystem muss zu diesen Anforderungen Hardwaredienste zur Verfügung stellen, ohne zu wissen, welche Prozesse mit welchen Anforderungen in der Zukunft kommen werden.

Im Folgenden wollen wir die Konkurrenzgüte[14] von Online-Algorithmen definieren, um ein vernünftiges Maß für ihre Qualität zu gewinnen.

Definition 3.4.15. *Sei* $U = (\Sigma_I, \Sigma_O, L, \mathcal{M}, \mathrm{cost}, \mathrm{goal})$ *ein Optimierungsproblem, das man auch als ein Online-Problem betrachten kann*[15]*. Ein Algorithmus* A *ist ein* **Online-Algorithmus** *für* U*, wenn für jede Eingabe* $x = x_1x_2\ldots x_n \in L$ *folgende Bedingungen erfüllt sind:*

(i) Für alle $i \in \{1,\ldots,n\}$ *ist* $x_1x_2\ldots x_i$ *eine zulässige Eingabe für* A*.*
(ii) $A(x) \in \mathcal{M}(x)$*, d.h.* A *berechnet immer eine zulässige Lösung.*
(iii) Für alle $i \in \{1,\ldots,n\}$ *ist* $A(x_1x_2\ldots x_i)$ *ein Teil von* $A(x)$*, d.h. man kann die getroffenen Entscheidungen für den Präfix* $x_1x_2\ldots x_i$ *von* x *kann man nicht mehr ändern.*

Für jede Eingabe $x \in L$ *ist die* **Konkurrenzgüte** $\mathbf{comp}_A(x)$ **von** A **auf** x *die Zahl*

$$\mathbf{comp}_A(x) = \max\left\{\frac{\mathrm{Opt}_U(x)}{\mathrm{cost}_A(x)}, \frac{\mathrm{cost}_A(x)}{\mathrm{Opt}_U(x)}\right\},$$

wobei $\mathrm{Opt}_U(x)$ *die Kosten einer optimalen (Offline-)Lösung des Problems auf der Eingabe bezeichnet.*

Sei $\delta \geq 1$ *eine reelle Zahl. Wir sagen, dass* A *ein* **δ-konkurrenzfähiger Algorithmus** *für* U *ist, wenn*

$$\mathrm{comp}_A(x) \leq \delta$$

für alle $x \in L$*.*

[14] „competitive ratio“ im Englischen

[15] Ein Optimierungsproblem kann man als ein Online-Problem betrachten, indem man für jeden Präfix der Eingabe eine Lösung liefern muss, die unverändert ein Teil der Gesamtlösung für die komplette Eingabe bleiben muss.

Definition 3.4.16. *Sei $\delta > 1$ ein reelle Zahl. Wir sagen, dass ein Online-Problem U* **δ-schwer** *ist, wenn es keinen d-konkurrenzfähigen Online-Algorithmus für U mit $d < \delta$ gibt.*

Beispiel 3.4.17. Wir betrachten das sogenannte Blätternproblem.[16] Wir haben einen schnellen Speicher (Cache), in den k Seiten mit Daten hineinpassen, und einen großen, langsamen Speicher (Hauptspeicher), in dem alle Daten vorhanden sind. Einen direkten Zugriff hat man nur auf die k Seiten im schnellen Speicher. Wenn man auf Daten zugreifen will, müssen die entsprechenden Seiten (die die Daten beinhalten) im schnellen Speicher vorliegen. Wenn der schnelle Speicher aber voll ist, und die gesuchte Seite dort nicht vorhanden ist, muss man zuerst eine Seite aus dem schnellen Speicher zurück in den Hauptspeicher schicken oder einfach löschen, und erst dann kann man eine neue Seite in den schnellen Speicher holen. Einem solchen Austausch von zwei Seiten ordnen wir die Komplexität 1 zu, und den direkten Zugriff auf Daten aus dem schnellen Speicher betrachten wir als kostenlos.

Die Anfangssituation ist, dass die ersten k Seiten $s_1, s_2, \ldots, s_k$ im schnellen Speicher CACHE liegen und der Hauptspeicher HAUPT die restlichen Seiten $s_{k+1}, s_{k+2}, \ldots, s_n$ für ein $n \gg k$ enthält. Eine Eingabe des Blätternproblems ist eine Folge $i_1, i_2, \ldots, i_m$ von Zahlen aus $\{1, 2, \ldots, n\}$, die besagt, dass man nacheinander die Daten aus den Seiten $s_{i_1}, s_{i_2}, \ldots, s_{i_m}$ lesen will. Im Fall der Online-Version erhält man zuerst i_1, ohne zu wissen, welches die nachfolgende Anforderung sein wird. Wenn s_{i_1} nicht in CACHE ist, muss s_{i_1} aus HAUPT geladen und gegen eine in CACHE vorhandenen Seite ausgetauscht werden. Der Online-Algorithmus muss also entscheiden, welche Seite er aus CACHE entfernt, ohne die nachfolgenden Anforderungen zu kennen. Dies ist eine ideale Situation für den Gegner, der gemeinerweise einfach als nächsten Teil der Eingabe genau die gerade entfernte Seite anfordern kann.

Die Zielsetzung dieses Beispiels ist zu zeigen, dass für alle $d < k$ kein d-konkurrenzfähiger Online-Algorithmus für das Blätternproblem mit einem Cache der Größe k existiert, und dass daher das Blätternproblem k-schwer ist. Zur Generierung einer schweren Eingabe nutzen wir einen wirklich gemeinen Gegner. Sei A ein beliebiger Online-Algorithmus für das Blätternproblem. Der Gegner beginnt mit der Anforderung $k+1$. Weil CACHE die Seiten $s_1, s_2, \ldots, s_k$ enthält, muss A eine dieser Seiten gegen s_{k+1} austauschen. Angenommen, A entscheidet sich für die Seite s_{j_1} ($j_1 \in \{1, \ldots, k\}$). Der gemeine Gegner setzt dann die Eingabe mit der Anforderung j_1 fort. A muss s_{j_1} wieder in den CACHE holen und dafür eine Seite s_{j_2} für ein $j_2 \in \{1, \ldots, k+1\} - \{j_1\}$

[16] paging im Englischen

entfernen. Danach fordert der Gegner genau die letzte entfernte Seite s_{j_2} an und so weiter. Auf diese Weise entsteht eine Eingabe $x_A = k{+}1, j_2, j_3, \ldots, j_{k-1}$, die für A schwer ist, weil diese Eingabe k Seitenaustausch-Operationen[17] von A erfordert (d.h. $\text{cost}(A(x_A)) = k$).

Wir zeigen jetzt, dass man zu der Eingabe x_A eine Lösung finden kann, die nur einen Seitenaustausch erfordert. Sei i eine Zahl aus $\{1, 2, \ldots, k\} - \{j_1, j_2, \ldots, j_{k-1}\}$. Die optimale Strategie für die Eingabe x_A ist, im ersten Schritt s_i in CACHE gegen s_{k+1} auszutauschen. Dann enthält CACHE alle Seiten $s_{j_1}, s_{j_2}, \ldots, s_{j_{k-1}}$, die in den nächsten $k-1$ Schritten angefordert werden. Damit erhalten wir

$$\text{comp}_A(x_A) = \frac{\text{cost}(A(x_A))}{\text{Opt}(x_A)} = \frac{k}{1} = k$$

für jeden deterministischen Online-Algorithmus A für das Blätternproblem und somit ist das Blätternproblem k-schwer. □

Aufgabe 3.4.18. Sei A ein beliebiger Online-Algorithmus für das Blätternproblem. Finden Sie unendlich viele Eingaben y des Blätternproblems mit der Eigenschaft $\text{comp}_A(y_A) \geq k$.

Somit ist die zentrale Frage bezüglich der Online-Probleme, welche Optimierungsprobleme man überhaupt auf die Online-Weise mit akzeptabler Konkurrenzgüte lösen kann. Wenn diese Möglichkeit besteht, sucht man nach effizienten Online-Algorithmen zur Lösung des betrachteten Problems. Beispiel 3.4.17 zeigt, dass es wirklich Probleme gibt, bei denen man ohne Kenntnis der Zukunft keinen Erfolg mit deterministischen Online-Strategien haben kann. Die Frage ist, ob Randomisierung nicht hilfreich sein könnte. Dieser Frage widmen wir uns im nächsten Abschnitt.

3.5 Randomisierte Online-Algorithmen

Wie wir im Abschnitt 3.4 beobachtet haben, geben gerade die Online-Problemstellungen einem Gegner die Möglichkeit, für jede deterministische Strategie schwere Probleminstanzen zu konstruieren. Ähnlich wie beim Hashing ist dies eine Situation, in der Randomisierung sehr hilfreich sein kann. Der Widersacher kennt zwar den randomisierten Algorithmus, aber er weiß im Voraus nicht, welche Zufallsentscheidungen getroffen werden. Anders ausgedrückt, wenn man

[17] Schlimmer kann es nicht werden, weil die Eingabelänge k ist.

für jede Probleminstanz hinreichend viele geeignete deterministische Strategien hat, reicht die zufällige Wahl einer deterministischen Strategie aus, um für jede Probleminstanz eine akzeptable erwartete Konkurrenzgüte zu erhalten. In diesem Sinne gibt es dann keine schwere Instanz und der Gegner kann gegen ein randomisiertes Verfahren nichts unternehmen.

Im Folgenden definieren wir zuerst das Konzept von randomisierten Online-Algorithmen und dann illustrieren wie seine Stärke an einem Beispiel.

Definition 3.5.19. *Sei* $U = (\Sigma_I, \Sigma_O, L, \mathcal{M}, \text{cost}, \text{goal})$ *ein Online-Optimierungsproblem. Ein randomisierter Algorithmus A ist ein* **randomisierter Online-Algorithmus** *für U, wenn für jede Eingabe* $x_1x_2 \ldots x_n \in L$ *und jedes* $i \in \{1, \ldots, n-1\}$

(i) die Ausgabe jeder Berechnung von A auf $x_1x_2 \ldots x_i$ *eine zulässige Lösung für die Instanz* $x_1x_2 \ldots x_i$ *von U ist, und*
(ii) für jede Eingabe $(C(x_1 \ldots x_i), x_{i+1})$*, wobei* $C(x_1 \ldots x_i)$ *eine zulässige Lösung für die Instanz* $x_1 \ldots x_i$ *ist (d.h.* $C(x_1 \ldots x_i) \in \mathcal{M}(x_1 \ldots x_i)$*), alle Läufe von A eine zulässige Lösung für die Probleminstanz* $x_1x_2 \ldots x_{i+1}$ *berechnen, die* $C(x_1 \ldots x_i)$ *als eine Teillösung beinhaltet.*

Seien, für eine Probleminstanz x, $S_{A,x}$ *die Menge aller Berechnungen von A auf x und* $\text{Wahr}_{A,x}$ *die entsprechende Wahrscheinlichkeitsverteilung auf* $\text{Wahr}_{A,x}$. *Sei* Z_x *die Zufallsvariable in* $(S_{A,x}, \text{Wahr}_{A,x})$*, die durch*

$$Z_x(C) = \text{comp}_C(x)$$

für jede Berechnung $C \in S_{A,x}$ *definiert wird. Dann definieren wir die* **erwartete Konkurrenzgüte von** $\boldsymbol{A}$ **auf** $\boldsymbol{x}$ *als*

$$\textbf{Exp-comp}_{\boldsymbol{A}}(\boldsymbol{x}) = \text{E}[Z_x].$$

Sei δ eine reelle Zahl. Wir sagen, dass der randomisierte Algorithmus A ein **E[δ]-konkurrenzfähiger** *Algorithmus für U ist, wenn*

$$\text{Exp-comp}_A(x) \leq \delta$$

für jedes $x \in L$ *gilt.*

Sei $h : \mathbb{N} \to \mathbb{R}^{\geq 1}$ *eine Funktion. Wir sagen, dass A ein* **Exp (h)-konkurrenzfähiger** *Algorithmus für U ist, wenn*

$$\text{Exp-comp}_A(x) \leq h(|x|)$$

für jedes $x \in L$.

Unser Ziel ist jetzt, anhand eines Beispiels zu zeigen, dass man durch Randomisierung eine erwartete Konkurrenzfähigkeit erhalten kann, die mit der Eingabelänge gegen 1 konvergiert, obwohl dies deterministisch nicht möglich ist.

Wir betrachten folgendes Arbeitsverteilungsproblem. Es sind m unterschiedliche Maschinentypen $M_1, M_2, \ldots, M_m$, von jeder Art genau eine vorhanden. Jeder zulässige Auftrag besteht aus m Aufgaben[18] $A_1, A_2, \ldots, A_m$ und kann durch eine Permutation $(i_1, i_2, \ldots, i_m)$ von $(1, 2, \ldots, m)$ dargestellt werden. Die Bedeutung des Auftrags $(i_1, i_2, \ldots, i_m)$ ist, dass man

(i) die Aufgaben in der Reihenfolge $A_1, A_2, \ldots, A_m$ durchführen muss (man darf nicht mit der Bearbeitung von A_{i+1} anfangen, wenn die Arbeit an A_i noch nicht beendet wurde),
(ii) die Aufgabe A_j muss auf der Maschine M_{i_j} für $j \in \{1, 2, \ldots, m\}$ bearbeitet werden, und
(iii) die Bearbeitung einer Aufgabe auf einer Maschine kostet genau eine Zeiteinheit.

Wenn wir m unterschiedliche Maschinen und d Aufträge haben, sprechen wir von einem Unit (m, d)-Job-Problem. Wir bezeichnen für jedes $d \in \mathbb{N} - \{0\}$ durch Unit (d)-Job das Problem

$$\bigcup_{m=1}^{\infty} \text{Unit}\,(m, d)\text{-Job}.$$

Eine zulässige Lösung für eine Instanz von Unit (m, d)-Job entspricht einer Verteilung der Aufgaben auf die Maschinen, d.h. jeder Aufgabe eines Auftrages wird die Zeiteinheit zugeordnet, in der sie auf der geforderten Maschine bearbeitet wird. Die Kosten einer zulässigen Lösung definieren wir als die Anzahl der Zeiteinheiten, die in dieser Lösung bis zur vollständigen Bearbeitung aller Aufträge verstrichen sind.

Im Folgenden betrachten wir die einfachste Version Unit (2)-Job des Problems. Um unsere Überlegungen anschaulich zu präsentieren, entwickeln wir eine geometrische Darstellung der Probleminstanzen. Sei

$$\alpha = (i_1, \ldots, i_m) \text{ und } \beta = (j_1, \ldots, j_m)$$

eine Probleminstanz von Unit $(m, 2)$-Job für ein $m \in \mathbb{N} - \{0\}$. Wir betrachten ein $m \times m$ Gitter $\text{Grid}_m(\alpha, \beta)$, in dem für alle $k, l \in \{1, \ldots, m\}$, die k-te

[18] Teilaufträgen des gesamten Auftrags

Zeile mit j_k und die l-te Spalte mit i_l markiert wird. Das Feld (k,l), d.h. den Schnitt der Zeile i_k mit der Spalte j_l nennt man ein **Hindernis (Konflikt)** genau dann, wenn $i_l = j_k$ (die gleiche Maschine wird gefordert). Diese Felder sind in Fig. 3.4(a) schraffiert dargestellt. Fig. 3.4(a) zeigt $\text{Grid}_9(\alpha,\beta)$ für $\alpha = (1,2,3,4,5,6,7,8,9)$ und $\beta = (1,3,2,6,5,4,8,7,9)$. Die Einführung des Begriffs des Hindernisses (Konflikts) ist folgendermaßen motiviert. Setzten wir voraus, dass gerade die Bearbeitung der ersten $l-1$ Aufgaben des Auftrages α und der ersten $k-1$ Aufgaben des Auftrages β abgeschlossen wurde. Wenn jetzt $i_l \neq j_k$, kann man parallel mit der Bearbeitung der l-ten Aufgabe von α und der k-ten Aufgabe von β die Arbeit fortsetzen.

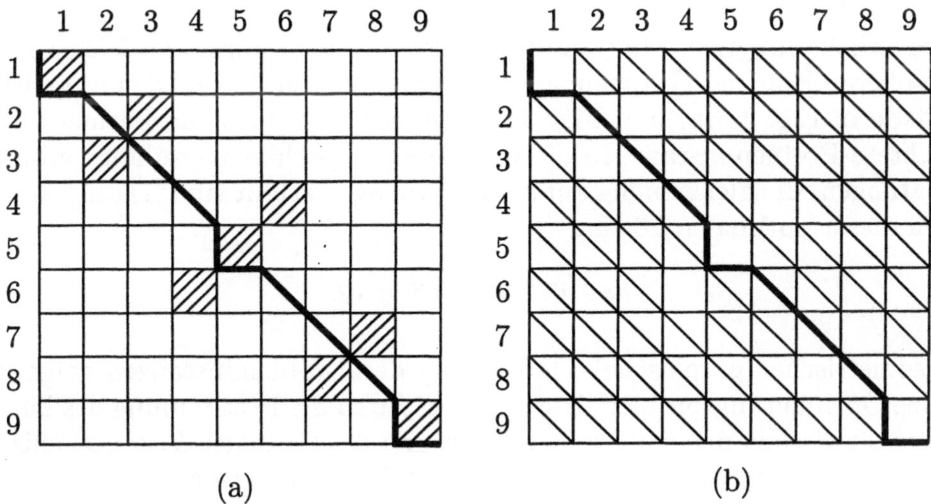

Fig. 3.4

Wenn aber

$$i_l = j_k$$

gilt, dann fordern beide Aufgaben die gleiche Maschine M_{i_l}. Deswegen muss jetzt eine dieser Aufgaben warten, bis die andere bearbeitet wird.

Dem Gitter $\text{Grid}_m(\alpha,\beta)$ ordnen wir den Graphen $G_m(\alpha,\beta) = (V,E)$ zu, wobei

(i) V aus den Knoten des Gitters $\text{Grid}_m(\alpha,\beta)$ besteht, und
(ii) E alle vertikalen und horizontalen Kanten von $\text{Grid}_m(\alpha,\beta)$ enthält, und zusätzlich die **diagonalen** Kanten zwischen der linken oberen Ecke und der rechten unteren Ecke eines jedes Feldes, das kein Hindernis ist.

Fig. 3.5(b) zeigt den Graphen $G_9(\alpha,\beta)$ zu dem Gitter $\text{Grid}_9(\alpha,\beta)$.

Wir beobachten, dass jede zulässige Lösung für die Probleminstanz (α,β) ein Weg in $G_m(\alpha,\beta)$ ist, der von der linken oberen Ecke zu der rechten unteren Ecke von $G_m(\alpha,\beta)$ nur über Kanten in Richtung nach rechts und/oder unten verläuft. Dieser Weg besteht aus Kanten, wobei jede Kante einer Zeiteinheit entspricht. Wenn die Kante diagonal ist, bedeutet dies, dass in dieser Zeiteinheit beide Aufträge parallel bearbeitet werden und keiner verspätet wird. Eine vertikale Kante entspricht der Tatsache, dass man in dieser Zeiteinheit den ersten Auftrag nicht bearbeitet, also bekommt dieser eine **Verspätung**. Analog entspricht eine horizontale Kante der Situation, in der der zweite Auftrag verspätet wird.

Offensichtlich entspricht eine optimale Lösung einem kürzesten Weg von der linken oberen Ecke des Graphen zu der rechten unteren Ecke. Die fett gedruckten Pfade in Fig. 3.5(a) und Fig. 3.5(b) zeigen eine optimale Lösung für die betrachtete Probleminstanz. In dieser Lösung (Maschinenzuteilung) gibt es 6 Verspätungen, die gleichmäßig auf beide Aufträge verteilt sind. Damit sind die Kosten dieser optimalen Lösung

$$m + 6/2 = 9 + 3 = 12.$$

Die geometrische (graphische) Darstellung der Probleminstanzen zeigt uns, dass das Optimierungsproblem Unit (2)-Job durch die Bestimmung des kürzesten Weges zwischen den entsprechenden Ecken des Graphen $G_m(\alpha,\beta)$ effizient lösbar ist. Uns interessiert jetzt aber die Online-Version des Problems. Hier erhält man zu Beginn nur die ersten Elemente der Permutationen und das nächste Element einer Permutation wird erst dann bekannt, wenn alle bekannten Aufgaben dieser Permutation schon bearbeitet worden sind. Um das Online-Problem zu analysieren, führen wir die folgenden Begriffe ein.

Sei (α,β) eine Probleminstanz von Unit $(m,2)$-Job. Sei S ein Weg in $G_m(\alpha,\beta)$. Die Anzahl $\text{del}_\alpha(S)$ der vertikalen Kanten von S nennen wir die **Verspätung des ersten Auftrags α** und die Anzahl $\text{del}_\beta(S)$ der horizontalen Kanten nennen wir die **Verspätung des zweiten Auftrags α**. Die **Verspätung von S**, kurz **Delay(S)**, ist das Maximum von $\text{del}_\alpha(S)$ und $\text{del}_\beta(S)$. Wenn S einer zulässigen Lösung für (α,β) entspricht, dann gilt offensichtlich[19] $\text{Delay}(S) = \text{del}_\alpha(S) = \text{del}_\beta(S)$ und somit

$$\text{cost}(S) = m + \text{Delay}(S) = m + \frac{\text{del}_\alpha(S) + \text{del}_\beta(S)}{2}. \tag{3.11}$$

[19] weil S von der linken oberen Ecke zur rechten unteren Ecke eines Quadrates führt

Seien $\text{Opt}_{\text{Job}}(\alpha, \beta)$ die Kosten der optimalen Lösungen für die Probleminstanz (α, β).

Jetzt zeigen wir, dass man mit deterministischen Online-Algorithmen nicht beliebig nah an die optimale Lösung heran kommen kann. Wir beginnen mit einer einfachen Beobachtung.

Beobachtung 3.5.20. Sei $m \in \mathbb{N} - \{0\}$. Jede Instanz (α, β) des Unit $(m, 2)$-Job-Problems enthält genau m Konflikte und in jeder Zeile und in jeder Spalte des Gitters $\text{Grid}_m(\alpha, \beta)$ gibt es genau einen Konflikt.

Beweis. Jede Zahl $k \in \{1, 2, \ldots, m\}$ befindet sich genau einmal in jeder der Permutationen α und β. □

Lemma 3.5.21. *Sei m eine positive ganze Zahl, die durch 8 teilbar ist. Für jeden Online-Algorithmus A für das* Unit $(m, 2)$-*Job-Problem existiert eine Eingabeinstanz $I = ((1, 2, \ldots, m), \beta)$, so dass*

$$\text{cost}(A(I)) \geq m + \frac{m}{8}$$

gilt.

Beweis. Sei A ein beliebiger Online-Algorithmus für das Unit (2)-Job-Problem. Wir wollen zeigen, dass ein Gegner die Konflikte (Hindernisse) durch die Wahl von β so platzieren kann, dass mindestens die Hälfte der Kanten vor dem Erreichen der $\left(\frac{m}{2} + 1\right)$-ten Spalte oder der $\left(\frac{m}{2} + 1\right)$-ten Zeile keine Diagonalkanten sind. Dies würde bedeuten, dass

$$\text{del}_{(1,2,\ldots,m)}(A(I)) + \text{del}_{\beta}(A(I)) \geq \frac{m}{4}$$

gilt und somit nach (3.11)

$$\text{Delay}(A(I)) \geq \frac{m}{8}$$

gelten würde.

Die Permutation β beginnt mit 1, um einen Konflikt direkt in das Feld $(1, 1)$ zu platzieren. Damit kann A nicht mit einer diagonaler Kante anfangen. Immer wenn A später eine Diagonalkante verwendet, erreicht der Weg eine neue Spalte und eine neue Zeile und dort platziert der Gegner ein Hindernis. Er kann dies bis zur Bearbeitung der Hälfte der Teilaufgaben in einem der beiden Aufträge immer tun, weil er die Elemente $1, 2, \ldots, m/2$ für diesen Zweck in β benutzt.

Wenn A vertikale Schritte macht, dann nutzt der Gegner die Elemente $m, m-1, m-2, \ldots, m/2+1$. □

Folgendes Lemma zeigt, dass man jede Instanz des Unit $(m,2)$-Job-Problems in $m+\sqrt{m}$ Zeiteinheiten lösen kann, und somit ist dieses Problem $\left(1+\frac{1}{8}-\varepsilon\right)$-schwer für jedes $\varepsilon > 0$.

Lemma 3.5.22. *Sei* $m \in \mathbb{N}-\{0\}$. *Jede Instanz* I *des* Unit $(m,2)$*-Job-Problems erfüllt*

$$\mathrm{Opt}_{\mathrm{Job}}(I) \leq m + \lceil\sqrt{m}\rceil .$$

Beweis. Zur Vereinfachung führen wir den Beweis nur für $m = k^2$. Sei I eine beliebige Instanz von Unit $(m,2)$-Job. Wir veranschaulichen die Beweisidee durch unsere geometrische Darstellung. Für $i = 0, 1, \ldots, \sqrt{m}$ bezeichnen wir mit D_i die i-te Diagonale des Gitters $\mathrm{Grid}_m(I)$, die von der Position $(0,i)$ zu der Position $(m-i, m)$ verläuft und mit D_{-i} die Diagonale von $(i,0)$ zu $(m, m-i)$ (Fig. 3.5).

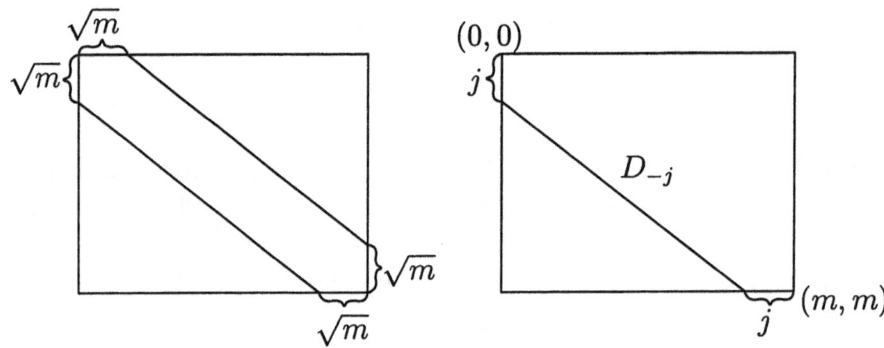

Fig. 3.5

Für jedes $i \in \{-\sqrt{m}, -\sqrt{m}+1, \ldots, 0, 1, \ldots, \sqrt{m}\}$ betrachten wir die folgende deterministische Strategie $A(D_i)$ für die Maschinenzuteilung. $A(D_i)$ benutzt zuerst i (horizontale/vertikale) Gitterkanten, um an die Startposition der Diagonale D_i zu gelangen. Dann läuft $A(D_i)$ über die Diagonalkanten der Diagonale D_i. Wenn der Weg an einem Hindernis auf der Diagonalen ankommt, dann umgeht $A(D_i)$, indem sie eine horizontale und eine vertikale Kante benutzt. Wenn $A(D_i)$ den Endpunkt der Diagonale D_i erreicht hat, dann läuft sie über die i (vertikalen/horizontalen) Gitterkanten zu der Ecke (m,m).

Die Kosten der durch $A(D_i)$ berechneten Lösung sind genau

$$m + i + \text{ die Anzahl der Hindernisse auf } D_i,$$

weil die Länge[20] von D_i genau $m - i$ ist, und $A(D_i)$ $2 \cdot i$ Schritte braucht, um den Anfang der Diagonalen zu erreichen und vom Ende der Diagonalen zu der Ecke (m, m) zu kommen. Somit ist

$$i + \text{ die Anzahl der Hindernisse auf } D_i$$

die Verspätung der durch $A(D_i)$ berechneten Lösung. Weil die Anzahl aller Hindernisse genau m ist (Beobachtung 3.5.20), ist die Summe der Verspätungen in allen $2 \cdot \sqrt{m} + 1$ berechneten Lösungen höchstens

$$m + \sum_{i=-\sqrt{m}}^{\sqrt{m}} |i| = m + 2 \cdot \sum_{i=1}^{\sqrt{m}} i = m + \sqrt{m} \cdot (\sqrt{m} + 1).$$

Weil wir $2 \cdot \sqrt{m} + 1$ Lösungen betrachten, ist die durchschnittliche Verspätung höchstens

$$\frac{m + \sqrt{m} \cdot (\sqrt{m} + 1)}{2 \cdot \sqrt{m} + 1} \leq \sqrt{m} + \frac{1}{2}.$$

Damit existiert ein $i \in \{-\sqrt{m}, \ldots, \sqrt{m}\}$, so dass die durch die Strategie $A(D_i)$ berechnete Lösung höchstens $\sqrt{m}$ Verspätungen hat, und somit sind die Kosten dieser Lösung höchstens $m + \sqrt{m}$. □

Lemma 3.5.21 und 3.5.22 implizieren zusammen den folgenden Satz.

Satz 3.5.23. *Für jedes reelle $\varepsilon > 0$ ist das* Unit (2)*-Job-Problem* $\left(\frac{9}{8} - \varepsilon\right)$*-schwer.*

Beweis. Für jeden deterministischen Online-Algorithmus A existiert nach Lemma 3.5.21 eine Eingabeinstanz I, so dass

$$\text{cost}\,(A(I)) \geq \frac{9}{8} \cdot m$$

gilt. Nach Lemma 3.5.22 gilt aber

$$\text{Opt}_{\text{Job}}(I) \leq m + \sqrt{m}.$$

Somit gilt

$$\text{comp}_A(I) = \frac{\text{cost}\,(A(I))}{\text{Opt}_{\text{Job}}(I)} \leq \frac{\frac{9}{8} \cdot m}{m + \lceil \sqrt{m} \rceil} \leq \frac{9}{8} \cdot \frac{1}{1 + \frac{1}{\sqrt{m}}}.$$

□

[20] die Anzahl der Diagonalkanten

Aufgabe 3.5.24. Zeigen Sie, dass für jedes $m = \binom{k+1}{2}$ für ein $k \in \mathbb{N} - \{0\}$, eine Instanz I des Unit (2)-Job-Problems existiert, so dass

(i) $\mathrm{Opt_{Job}}(I) \geq m + \sqrt{\frac{m}{2}} - \frac{1}{2}$, und
(ii)* $\mathrm{Opt_{Job}}(I) \geq m + \sqrt{m}$.

Obwohl das Unit (2)-Job-Problem ein einfach und effizient lösbares Optimierungsproblem ist, kann man es nicht optimal oder fast optimal mit einem deterministischen Online-Algorithmus lösen. Dies gilt unabhängig von der Laufzeit eines solchen Online-Algorithmus. Der Beweis von Lemma 3.5.22 liefert uns aber schon eine Idee, wie man erwartungsmäßig nahe an das Optimum kommen kann. Betrachten wir einfach einen randomisierten Online-Algorithmus als eine Wahrscheinlichkeitsverteilung über die $2 \cdot \sqrt{m} + 1$ Diagonalstrategien $A(D_i)$.

Algorithmus DIAG

Eingabe: Eine Instanz I des Unit $(m, 2)$-Job-Problems für ein $m \in \mathbb{N} - \{0\}$.
Schritt 1: Wähle zufällig ein $i \in \{-\lceil\sqrt{m}\rceil, -\lceil\sqrt{m}\rceil + 1, \ldots, \lceil\sqrt{m}\rceil\}$.
Schritt 2: Berechne die Lösung mit der Online-Diagonalstrategie $A(D_i)$.

Satz 3.5.25. DIAG *ist ein randomisierter Online-Algorithmus für das* Unit (2)-*Job-Problem mit*

$$\text{Exp-comp}_{\text{DIAG}}(I) \leq 1 + \frac{1}{\sqrt{m}} + \frac{1}{2 \cdot m}$$

für jede Instanz I von Unit $(m, 2)$-*Job.*

Beweis. Im Beweis von Lemma 3.5.22 haben wir für jede Instanz I von Unit $(m, 2)$-Job gezeigt, dass die erwartete Verspätung[21] über alle $2 \cdot \lceil\sqrt{m}\rceil + 1$ betrachtete Diagonalstrategien höchstens

$$\lceil\sqrt{m}\rceil + \frac{1}{2}$$

ist. Damit sind die erwarteten Kosten über alle $2 \cdot \lceil\sqrt{m}\rceil + 1$ durch die betrachteten Diagonalstrategien ausgerechneten Lösungen höchstens

$$m + \lceil\sqrt{m}\rceil + \frac{1}{2}.$$

[21] Formal korrekt müsste man eine Zufallsvariable X definieren, die die Anzahl der Hindernisse auf der Diagonalen zählt, und dann $\sum_{i=-\lceil\sqrt{m}\rceil}^{\lceil\sqrt{m}\rceil} X(D_i) \leq m$ aus Beobachtung 3.5.20 einsetzen.

Weil $\text{Opt}_{\text{Job}}(I) \geq m$ für alle Instanzen von Unit $(m, 2)$-Job, gilt

$$\begin{aligned}
\text{Exp-comp}_{\text{DIAG}}(I) &= \frac{\text{Erwartete Kosten}}{\text{Opt}_{\text{Job}}(I)} \\
&\leq \frac{m + \sqrt{m} + \frac{1}{2}}{m} \\
&= 1 + \frac{1}{\sqrt{m}} + \frac{1}{2 \cdot m}.
\end{aligned}$$

□

Aufgabe 3.5.26. Betrachten Sie das Unit (3)-Job-Problem. Bestimmen Sie wie schwer dieses Problem für deterministische Online-Algorithmen ist, und verallgemeinern Sie den randomisierten Algorithmus DIAG für Probleminstanzen des Unit (3)-Job-Problems.

3.6 Zusammenfassung

In diesem Kapitel haben wir gezeigt, dass eine zufällige Wahl eines Algorithmus aus einer geeigneten Klasse von deterministischen Verfahren zur erfolgreichen Bearbeitung eines Problems führen kann, obwohl kein einziges deterministisches Verfahren imstande ist, das gegebene Problem für alle Eingaben effizient zu lösen. Diese Methode der Vermeidung von Worst-Case-Eingaben wird auch die Methode des Überlistens des Gegners (Widersachers) genannt, weil man den Algorithmenentwurf als ein Spiel zwischen dem Algorithmendesigner und seinem Gegner betrachten kann, der für jeden entworfenen Algorithmus versucht, möglichst schwere Eingaben zu konstruieren. Die Kunst der Anwendung dieser Methode zum Entwurf randomisierter Algorithmen liegt darin, für das gegebene Problem eine geeignete Menge von deterministischen Verfahren zu bestimmen (zu finden). Wenn wir wissen, dass dies möglich ist, dann bemühen wir uns, die kleinstmögliche solche Menge zu finden, um die Effizienz der zufälligen Wahl zu garantieren.

Für das Hashing-Problem nennt man solche Mengen von Hashfunktionen universell. Wir haben gesehen, dass man universelle Mengen von Hashfunktionen konstruieren kann, deren Mächtigkeit für praktische Anwendungen akzeptabel ist.

Online-Algorithmen sind Algorithmen, die gegebene Anforderungen bearbeiten müssen, obwohl sie noch nicht die zukünftigen Anforderungen kennen.

Ohne die Zukunft zu kennen ist es wesentlich schwerer, einem Algorithmus zu konkurrieren, der von Anfang an die kompletten Informationen über zukünftige Anforderungen (über die gesamte Aufgabenstellung) hat. Der Widersacher hat im Fall eines Online-Problems also eine sehr gute Ausgangsposition, weil er schwere Eingabeinstanzen so konstruieren kann, dass er immer die Entscheidungen des Online-Algorithmus abwartet und dann den nächsten Teil der Eingabe konstruiert. Am Beispiel einer einfachen Version des Unit-Job-Problems haben wir gesehen, dass es Aufgabenstellungen gibt, für die kein deterministischer Online-Algorithmus die Nähe zu einer optimalen Lösung garantieren kann, wohl aber ein randomisierter Online-Algorithmus.

Eine ausführliche Untersuchung von Hashingverfahren kann man in den meisten Lehrbüchern über Algorithmen und Datenstrukturen finden. Wir empfehlen hier die Bücher von z.B. Cormen, Leiserson, Rivest und Stein [CLRS 01], Ottmann und Widmayer [OW 02], Schöning [Sch 01], Gonnet [Gon 84] und Knuth [Knu 73]. Das Konzept des universellen Hashings wurde von Carter und Wegman [CW 79] ausgearbeitet. Weitere Verbesserungen dieses Konzepts haben Fredman, Komlós und Szemerédi [FKS 84] und Dietzfelbinger, Karlin, Mehlhorn, Meyer auf der Heide, Rohnert und Tarjan [DKM$^+$ 94] entwickelt.

Die ausführlichsten Quellen über Online-Algorithmen sind die Bücher von Fiat und Woeginger [FW 98] und Borodin und El-Yaniv [BEY 98]. Der im Abschnitt 3.5 vorgestellte randomisierte Online-Algorithmus entspricht der einfachsten Version des Ansatzes von Hromkovič, Steinhoefel und Widmayer [HSW 01].

Ein Zwerg bleibt ein Zwerg,
auch wenn er einen Berg besteigt;
Der Koloss behält seine Größe,
auch wenn er in einem Tal steht.

Demokrit

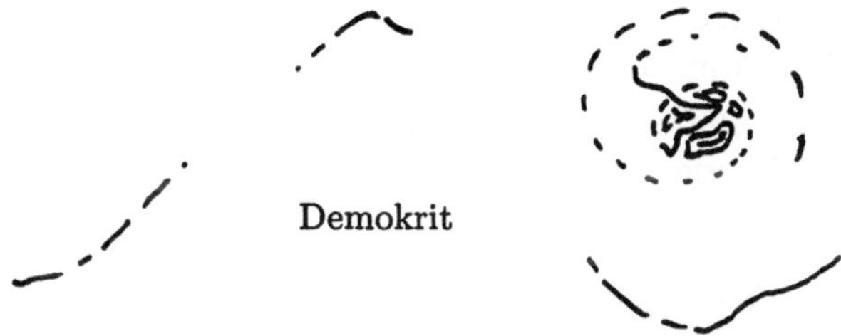

4 Die Methode der Fingerabdrücke

4.1 Zielsetzung

Dieses Kapitel ist der Anwendung der Methode der Fingerabdrücke gewidmet. Wir haben diese Methode im Abschnitt 2.6 als einen Ansatz zur Lösung von Äquivalenzproblemen vorgestellt. Die Grundidee ist dabei, zwei vollständige zum effizienten Vergleich zu komplexe Darstellungen von Objekten durch Fingerabdrücke dieser Darstellungen zu vergleichen. Dabei können die Fingerabdrücke auf mehrere Arten erzeugt werden. Im Motivationsbeispiel aus Kapitel 1 entspricht zum Beispiel die Rechnung modulo p für jede Primzahl $p < n^2$ einer Art, den Fingerabdruck zu gewinnen. Die Art des Fingerabdrucks wird aus einer endlichen Menge von Möglichkeiten zufällig gewählt. Wir stellen die folgenden beiden Anforderungen an die Fingerabdrücke.

(i) Die Fingerabdrücke sollen einfach und kurz sein, so dass ein effizienter Vergleich von Fingerabdrücken möglich ist. Um dies zu erreichen, dürfen die Fingerabdrücke nicht nur eine Komprimierung der gegebenen Darstellungen, sondern sogar eine unvollständige Darstellung der betrachteten Objekte sein.

(ii) Der Fingerabdruck eines Objektes soll trotz seiner beschränkten Größe so viel wie möglich substanzielle Information über das Objekt enthalten.

Damit ist die Grundlage zur Anwendung dieser Methode[1] eine Menge M von Fingerabdruckarten (Funktionen). Jedes Element von M ist eine Abbildung von den vollständigen Darstellungen der betrachteten Objekte auf ihre Fingerabdrücke. Unser Wunsch ist, dass es für zwei beliebige unterschiedliche Objekte O_1 und O_2 hinreichend viele Fingerabdruckarten in M gibt, die den

[1] ähnlich wie bei universellen Hashing

Unterschied zwischen O_1 und O_2 bewahren und damit bezeugen. Deswegen betrachtet man die Methode der Fingerabdrücke als ein Spezialfall der Methode der häufigen Zeugen, wobei M die Menge der Zeugenkandidaten für $O_1 \not\equiv O_2$ ist, und jede Abbildung $h \in M$ genau dann ein Zeuge von $O_1 \not\equiv O_2$ ist, wenn $h(O_1) \not\equiv h(O_2)$.

Die Kunst bei der Anwendung dieser Methode liegt in der geeigneten Wahl von M. Auf einer Seite bemühen wir uns, die Fingerabdrücke so repräsentativ wie möglich zu machen und damit eine möglichst hohe Anzahl von Zeugen in der Kandidatenmenge zu erhalten. Auf der anderen Seite wollen wir die Fingerabdrücke so klein wie möglich halten, um einen effizienten Vergleich zweier Fingerabdrücke zu gewährleisten. Diese zwei Bestrebungen widersprechen sich aber. Kleine Fingerabdrücke bedeuten auch eine kleine Menge von Fingerabdrücken und somit zwangsläufig die Abbildung mehrerer unterschiedlicher Objekte auf den gleichen Fingerabdruck (Fig. 4.1).

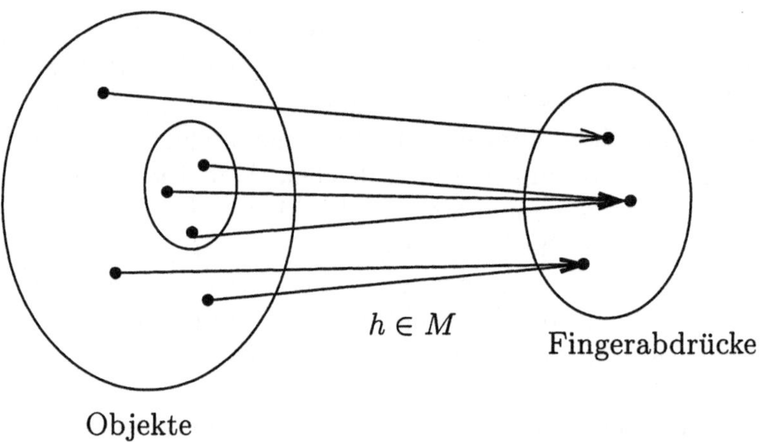

Fig. 4.1

Also liegt die wahre Kunst bei der Anwendung dieser Methode in der Suche nach einem geeigneten Kompromiss zwischen der Effizienz des Vergleichs (der Größe) von Fingerabdrücken und der Häufigkeit von Zeugen in M. Die Zielsetzung dieses Kapitels ist es, diese Suche nach einer passenden Wahl von M für einige grundlegende Äquivalenzprobleme anschaulich vorzuführen und damit ein Einstiegstraining für die Anwendung dieser Methode zu bieten.

Im Abschnitt 4.2 vertiefen wir den Ansatz aus unserem Musterbeispiel zum Vergleich zwei langer Strings in zwei Richtungen. Erstens betrachten wir zwei Verallgemeinerungen dieses Entscheidungsproblems, und zwar ob ein String in einer Menge von Strings enthalten ist und ob der Schnitt zweier Mengen leer ist. Zweitens wollen wir auf Basis einer verbesserten Wahl von M eine andere Methode zur Verstärkung der Erfolgswahrscheinlichkeit vorstellen als die im Abschnitt 2.6 erwähnte Methode der Wiederholung von unabhängigen Läufen auf derselben Eingabe. Diese Methode zeigt, wie man durch akzeptable Vergrößerung der Fingerabdrücke die Fehlerwahrscheinlichkeit signifikant verringern kann. In Abschnitt 4.3 wenden wir nochmal diese Fingerabdruckart an, um einen effizienten randomisierten Algorithmus für das häufig vorkommende Teilstringproblem zu entwerfen.

Im Abschnitt 4.4 zeigen wir, wie man die Gültigkeit einer Gleichung $A \cdot B = C$ für drei $(n \times n)$ Matrizen A, B und C mit der Methode der Fingerabdrücke effizient in $O(n^2)$ Zeit überprüfen kann. Diese Anwendung wird im Abschnitt 4.5 zu einem randomisierten Polynomialzeit-Test für die Äquivalenz von zwei Polynomen erweitert. Wichtig ist zu bemerken, dass man für dieses Problem keinen deterministischen polynomiellen Algorithmus kennt.

4.2 Kommunikationsprotokolle

In unserem Musterbeispiel für die Anwendung der Methode der Fingerabdrücke haben wir zwei Rechner R_{I} und R_{II} betrachtet, die feststellen sollten, ob die Inhalte ihrer Datenbanken identisch sind. Die Inhalte haben wir dabei als Strings der Länge n über dem Alphabet $\{0,1\}$ betrachtet. Jetzt überlegen wir uns einige Verallgemeinerungen dieses Äquivalenztests.

Zuerst nehmen wir an, dass R_{I} einen String $x \in \{0,1\}^n$ besitzt und dass R_{II} über eine Menge $U = \{u_1, u_2, \ldots, u_k\}$ von Strings $u_i \in \{0,1\}^n$ für $i = 1, \ldots, k$ verfügt. Der Rechner R_{II} kennt kein einziges Bit von x und R_{I} hat keine Information über U. Die Rechner sollen feststellen, ob $x \in U$ gilt oder nicht. Deterministisch geht dies nicht effizienter als den ganzen String x von R_{I} zu R_{II} zu schicken und den Rechner R_{II} überprüfen zu lassen, ob x in U vorkommt oder nicht. Für ein randomisiertes Verfahren können wir die gleiche Idee wie in unserem Musterbeispiel anwenden. Die Frage ist, für welche Mächtigkeit von U dieses Konzept noch erfolgreich anwendbar ist. Betrachten wir folgendes Kommunikationsprotokoll PSet, das mit der Menge $M = \{h_p \mid p \in \text{PRIM}\,(n^2)\}$ von Fingerabdruckarten arbeitet.

PSet

Ausgangssituation: R_{I} hat einen String $x \in \{0,1\}^n$. R_{II} hat k unterschiedliche Strings $u_1, u_2, \ldots, u_k \in \{0,1\}^n$. Sei $U = \{u_1, u_2, \ldots, u_k\}$. Die Rechner sollen durch Kommunikation feststellen, ob $x \in U$ oder $x \notin U$.

Phase 1: R_{I} wählt zufällig und gleichverteilt eine Primzahl $p \in \mathrm{PRIM}\,(n^2)$.

Phase 2: R_{I} berechnet die Zahl

$$s = \mathrm{Nummer}(x) \mod p$$

und schickt s und p an R_{II}.

Phase 3: Nach dem Empfang von s und p berechnet R_{II} die Zahlen

$$q_i = \mathrm{Nummer}(u_i) \mod p$$

für $i = 1, \ldots, k$.
Falls $s \in \{q_1, q_2, \ldots, q_k\}$, dann liefert R_{II} die Ausgabe „$s \in U$“.
Falls $s \notin \{q_1, q_2, \ldots, q_k\}$, dann liefert R_{II} die Ausgabe „$s \notin U$“.

Offensichtlich ist die Kommunikationskomplexität von PSet die gleiche wie in unserem Musterbeispiel, also $4 \cdot \lceil \log_2 n \rceil$.

Analysieren wir jetzt die Fehlerwahrscheinlichkeit. Wir unterscheiden wie üblich zwei Fälle.

(i) Sei $x \in U$.
Dann existiert ein $j \in \{1, \ldots, k\}$, so dass $x = u_j$. Ähnlich wie in unserem Musterbeispiel ist dann

$$\mathrm{Nummer}(x) = \mathrm{Nummer}(u_j) \pmod m$$

für alle $m \in \mathbb{N} - \{0\}$ und somit gibt PSet die Antwort „$x \in U$“ mit Sicherheit. Damit ist die Fehlerwahrscheinlichkeit in diesem Fall 0.

(ii) Sei $x \notin U$.
Sei $S_{\mathrm{PSet},x} = \{P_r \mid r \in \mathrm{PRIM}\,(n^2)\}$ die Menge aller möglichen *Prim* (n^2) Läufe von PSet auf x. Sei A_i das Ereignis[2], dass

$$\mathrm{Nummer}(x) \mod r = \mathrm{Nummer}(u_i) \mod r$$

[2]Also $A_i = \{P_m \mid m \in \mathrm{PRIM}\,(n^2)$ und $s = q_i$ in der Berechnung $P_m\}$.

für $i \in \{1, \ldots, k\}$. Offensichtlich ist

$$A = \bigcup_{i=1}^{k} A_i$$

das Ereignis, dass PSet die falsche Antwort $x \in U$ ausgibt. Somit ist Wahr(A) die Fehlerwahrscheinlichkeit von PSet auf x.

In unserem Musterbeispiel haben wir gezeigt, dass

$$\text{Wahr}(A_i) \leq \frac{n-1}{Prim\,(n^2)} \leq \frac{2 \cdot \ln n}{n} \tag{4.1}$$

für jede Zahl $i \in \{1, \ldots, k\}$. Somit erhalten wir

$$\begin{aligned} \text{Fehler}_{\text{PSet}}(x, U) &= \text{Wahr}(A) \\ &= \text{Wahr}\left(\bigcup_{i=1}^{k} A_i\right) \\ &\leq \sum_{i=1}^{k} \text{Wahr}(A_i) \\ &\leq \sum_{i=1}^{k} \frac{2 \cdot \ln n}{n} \\ &= k \cdot \frac{2 \cdot \ln n}{n} \end{aligned} \tag{4.2}$$

Damit haben wir für $k \leq \frac{n}{4 \cdot \ln n}$

$$\text{Fehler}_{\text{PSet}}(x, U) \leq \frac{1}{2}.$$

Somit ist PSet ein einseitiges Monte Carlo-Protokoll zur Bestimmung der Zugehörigkeit von x zu U für $k \leq n/(4 \cdot \ln n)$.

Aufgabe 4.2.1. Wenden Sie die Methode der Wahrscheinlichkeitsverstärkung an, um den randomisierten Test von $x \in U$ auch für größere Mengen U zu ermöglichen. Bis zu welcher Mächtigkeit von U können wir eine Fehlerwahrscheinlichkeit erhalten, die mit n gegen 0 geht, wenn die Kommunikationskomplexität höchstens

(i) in $O(\log n \cdot \log\log n)$,
(ii) in $O\big((\log n)^d\big)$ für ein festes $d \in \mathbb{N}$,
(iii) polylogarithmisch

ist?

Betrachten wir jetzt eine weitere Verallgemeinerung dieser Aufgabe, bei der es darum geht, ob der Schnitt zweier Mengen leer ist oder nicht. Das folgende Protokoll benutzt wieder die Fingerabdruckarten $M = \{h_p \mid p \in \text{PRIM}\,(n^2)\}$.

Protokoll PSchnitt

Aufgabenstellung: R_{I} besitzt eine Menge $V = \{v_1, v_2, \ldots, v_l\} \subseteq \{0,1\}^n$ und R_{II} besitzt eine Menge $U = \{u_1, u_2, \ldots, u_k\} \subseteq \{0,1\}^n$, keiner weiß etwas über die Daten des anderen. Die Rechner R_{I} und R_{II} sollen mittels Kommunikation herausfinden, ob $V \cap U = \emptyset$ oder $V \cap U \neq \emptyset$.

Phase 1: R_{I} wählt zufällig eine Primzahl $p \in \text{PRIM}\,(n^2)$.

Phase 2: R_{I} berechnet die Zahlen

$$s_i = \text{Nummer}(v_i) \mod p$$

für $1, 2, \ldots, l$ und schickt

$$p, s_1, s_2, \ldots, s_l$$

an R_{II}.

Phase 3: Nach dem Empfang von $p, s_1, s_2, \ldots, s_l$ berechnet R_{II} die Zahlen

$$q_m = \text{Nummer}(u_m) \mod p$$

für $m = 1, 2, \ldots, k$.
Falls $\{s_1, s_2, \ldots, s_l\} \cap \{q_1, q_2, \ldots, q_k\} \neq \emptyset$, dann liefert R_{II} die Ausgabe „$U \cap V \neq \emptyset$".
Falls $\{s_1, s_2, \ldots, s_l\} \cap \{q_1, q_2, \ldots, q_k\} = \emptyset$, dann liefert R_{II} die Ausgabe „$U \cap V = \emptyset$".

Die Kommunikationskomplexität von PSchnitt ist

$$(l+1) \cdot 2 \cdot \lceil \log_2 n \rceil.$$

Falls $k < l$, kann man natürlich die Rollen von R_{I} und R_{II} vertauschen und so eine Kommunikationskomplexität von $(k+1) \cdot 2 \cdot \lceil \log_2 n \rceil$ erhalten.

Im Folgenden untersuchen wir die Fehlerwahrscheinlichkeit des Protokolls.

Lemma 4.2.2. PSchnitt *ist ein* 1MC*-*Protokoll für die Probleminstanzen der Leerheit des Schnittes zweier Mengen* $U, V \subseteq \{0,1\}^n$ *mit der Eigenschaft*

$$|U| \cdot |V| = o(n/\ln n)\,.$$

Beweis. In der Fehlerwahrscheinlichkeitsanalyse unterscheiden wir die zwei Möglichkeiten $U \cap V \neq \emptyset$ und $U \cap V = \emptyset$.

(i) Sei $U \cap V \neq \emptyset$.
Dann existieren $i \in \{1, \ldots, l\}$ und $j \in \{1, \ldots, k\}$, so dass $v_i = u_j$. Somit gilt $s_i = q_j$ für alle Primzahlen p und PSchnitt gibt mit Sicherheit die richtige Antwort „$U \cap V \neq \emptyset$".

(ii) Sei $U \cap V = \emptyset$.
Sei für alle $i \in \{1, \ldots, l\}$ B_i das Ereignis, dass $s_i \in \{q_1, q_2, \ldots, q_k\}$. In (4.2) haben wir ausgerechnet, dass

$$\text{Wahr}(B_i) \leq k \cdot \frac{2 \cdot \ln n}{n} \tag{4.3}$$

für alle $i \in \{1, \ldots, l\}$. Offensichtlich ist

$$B = \bigcup_{i=1}^{l} B_i$$

das Ereignis, dass PSchnitt das falsche Resultat „$U \cap V \neq \emptyset$" ausgibt. Somit gilt

$$\begin{aligned}
\text{Fehler}_{\text{PSchnitt}}(V, U) &= \text{Wahr}(B) \\
&= \text{Wahr}\left(\bigcup_{i=1}^{l} B_i\right) \\
&\leq \sum_{i=1}^{l} \text{Wahr}(B_i) \\
&\leq \sum_{i=1}^{l} k \cdot \frac{2 \cdot \ln n}{n} \\
&= l \cdot k \cdot \frac{2 \cdot \ln n}{n}.
\end{aligned}$$

Also geht die Fehlerwahrscheinlichkeit mit wachsendem n gegen 0, wenn

$$l \cdot k = o(n/\ln n)\,.$$

Für solche l und k ist dann PSchnitt ein 1MC*-Protokoll für das Disjunktheitsproblem. □

Aufgabe 4.2.3. Seien $U, V \subseteq \{0,1\}^n$ mit $|U| \in O(n^3)$ und $|V| \in O(n^2)$. Wie groß muss die Anzahl der wiederholten Läufe und somit die Kommunikationskomplexität sein, um eine gegen 0 konvergierende Fehlerwahrscheinlichkeit zu gewährleisten? Was passiert für den Fall, dass $U, V \in \Theta(2^{\sqrt{n}})$?

Aufgabe 4.2.4. Das Disjunktheitsproblem für eine Instanz (U, V) kann man deterministisch immer so lösen, dass einer der Rechner seine Daten vollständig dem anderen zuschickt. Damit kann die Kommunikationskomplexität $n \cdot |U|$ oder $n \cdot |V|$ betragen, aber es ist nie notwendig mehr als 2^n Bits zu schicken. Begründen Sie warum 2^n Bits immer ausreichen. Gibt es Mächtigkeiten von U und V, für die sich der randomisierte Ansatz der wiederholten Läufe von PSchnitt nicht mehr lohnt?

Aufgabe 4.2.5. Wandeln Sie das Kommunikationsprotokoll PSchnitt in ein Las Vegas-Protokoll um. Wie groß ist die erwartete Kommunikationskomplexität?

Bisher haben wir die Wahrscheinlichkeit des Erfolges[3] immer durch wiederholte unabhängige Läufe verstärkt. Jetzt möchten wir eine andere Möglichkeit vorstellen. In der Analyse unseres Musterbeispiels haben wir festgestellt, dass es für jede Eingabe (x, y) mit $x \neq y$ höchstens $n - 1$ schlechte[4] Primzahlen gibt. Aus dem Beweis ist ersichtlich, dass diese Aussage nicht durch einen Bezug auf PRIM (n^2) beschränkt ist. Das bedeutet, wenn wir PRIM (n^2) z.B. durch PRIM (n^3) ersetzen, sind für jede Eingabe (x, y) mit „$x \neq y$" auch in PRIM (n^3) höchstens $n - 1$ schlechte Primzahlen, aber die Anzahl der guten Primzahlen erhöht sich wesentlich. Dies ist erfreulich, weil damit die Erfolgswahrscheinlichkeit beträchtlich steigt. Betrachten wir also das folgende Protokoll. Sei d eine positive ganze Zahl größer als 2.

Protokoll d-R

Ausgangssituation: R_{I} hat ein $x \in \{0,1\}^n$ und R_{II} hat ein $y \in \{0,1\}^n$.

[3] Unabhängig davon, ob der Erfolg als die Berechnung des richtigen Resultates oder als eine effiziente Berechnung betrachtet wird.

[4] Zur Erinnerung, schlechte Primzahlen bezeugen nicht „$x \neq y$", sind also die einzigen Nicht-Zeugen von „$x \neq y$" in PRIM (n^2).

Phase 1: R_{I} wählt zufällig eine Primzahl p aus der Menge

$$\mathrm{PRIM}\left(n^d\right) = \{p \mid p \leq n^d \text{ ist eine Primzahl}\}.$$

Phase 2: R_{I} berechnet die Zahl

$$s = \mathrm{Nummer}(x) \mod p$$

und schickt s und p an R_{II}.

Phase 3: Nach dem Empfang von s und p berechnet R_{II} die Zahl

$$q = \mathrm{Nummer}(y) \mod p.$$

Falls $q \neq s$, dann liefert R_{II} die Ausgabe „$x \neq y$“.
Falls $q = s$, dann liefert R_{II} die Ausgabe „$x = y$“.

Weil s und p kleiner als n^d sind, ist die Kommunikationskomplexität von d-R durch

$$2 \cdot \lceil \log_2 n^d \rceil \leq 2 \cdot d \cdot \lceil \log_2 n \rceil$$

beschränkt.

Offensichtlich ist für die Eingaben (x, y) mit $x = y$ die Fehlerwahrscheinlichkeit unverändert 0.

Für Eingaben (x, y) mit $x \neq y$ ist die Fehlerwahrscheinlichkeit

$$\frac{\text{Anzahl der schlechten Primzahlen für } (x,y) \text{ in } \mathrm{PRIM}\left(n^d\right)}{|\mathrm{PRIM}\left(n^d\right)|},$$

also höchstens

$$\frac{n-1}{Prim\left(n^d\right)} \leq \frac{n}{n^d / \ln n^d} = \frac{d \cdot \ln n}{n^{d-1}}$$

für alle hinreichend großen n.

Wir beobachten, dass das Resultat unserer Analyse sehr günstig ist, weil die Kommunikationskomplexität nur linear mit d wächst, aber die Fehlerwahrscheinlichkeit mit wachsendem d exponentiell schnell gegen 0 läuft.

Aufgabe 4.2.6. Wenden Sie diese Methode zur Verstärkung der Erfolgswahrscheinlichkeit für die Protokolle PSet und PSchnitt an und bestimmen Sie die Fehlerwahrscheinlichkeit als eine Funktion von n, d und den Mächtigkeiten der Mengen U und V.

Aufgabe 4.2.7. Vergleichen Sie die Möglichkeiten der Methode der wiederholten unabhängigen Läufe und der Methode der Vergrößerung der Menge M von Zeugenkandidaten (Fingerabdruckarten). Eine mögliche konkrete Fragestellung ist, wie viele Kommunikationsbits jede dieser Methoden braucht, um eine gegebene Fehlerwahrscheinlichkeit $\delta(n)$ mit $\lim_{n\to\infty} \delta(n) = 0$ zu gewährleisten. Eine andere Fragestellung könnte sein, wie stark man die Fehlerwahrscheinlichkeit beider Methoden verringern kann, wenn man eine obere Schranke $c(n)$ auf die Anzahl der Kommunikationsbits vorgibt.

Aufgabe 4.2.8. Betrachten Sie ein Netz von l Rechnern $R_1, R_2, \ldots, R_l$, von denen jeder mit jedem durch einen direkten Kommunikationslink verbunden ist. Setzen wir voraus, dass jeder R_i eine Menge $S_i \subseteq \{0,1\}^n$ besitzt, wobei $|S_i| \leq k$ für alle $i \in \{1, 2, \ldots, l\}$. Entwerfen und analysieren Sie ein randomisiertes Kommunikationsprotokoll für diese l Rechner zur Bestimmung ob $\bigcap_{i=1}^{l} S_i$ leer ist oder nicht. Die Kommunikationskomplexität ist dabei die Anzahl der Bits, die insgesamt auf allen Verbindungen zwischen den Rechnern ausgetauscht werden.

Aufgabe 4.2.9. Betrachten Sie die folgende Aufgabe. R_{I} hat eine Folge von Strings $x_1, x_2, \ldots, x_n$, $x_i \in \{0,1\}^n$ für $i = 1, 2, \ldots, n$. R_{II} hat auch eine Folge von n Strings $y_1, y_2, \ldots, y_n$, $y_i \in \{0,1\}^n$ für $i = 1, 2, \ldots, n$. Die Frage ist, ob ein $j \in \{1, 2, \ldots, n\}$ existiert, so dass $x_j = y_j$. Deterministisch erfordert diese Aufgabe den Austausch von n^2 Bits. Entwerfen Sie ein Las Vegas-Protokoll für diese Aufgabe mit erwarteter Kommunikationskomplexität in $O(n \cdot \log n)$.

4.3 Das Teilstringproblem

Eine wichtige Klasse von algorithmischen Problemen sind die Aufgaben der Mustererkennung, die oft in der Text- und Bildverarbeitung auftreten. Typischerweise soll man ein gegebenes Muster in einer Szene erkennen oder irgendwelche Beschreibungen von Objekten entsprechend einem gegebenem Muster klassifizieren. Hier betrachten wir die einfachste und grundlegendste dieser Aufgaben, das Teilstringproblem. Gegeben sind ein Muster $x = x_1 x_2 \ldots x_n$ und ein Text $y = y_1 y_2 \ldots y_m$ als Wörter über einem Alphabet Σ, $x_i \in \Sigma$ für $i = 1, \ldots, n$ und $y_j \in \Sigma$ für $j = 1, \ldots, m$. Die Aufgabe besteht darin, festzustellen, ob x ein Teilstring[5] von y ist, und falls ja, den kleinsten Index r zu

[5]Zur Erinnerung, ein String x ist ein Teilstring (oder ein Teilwort) von y, falls $y = uxv$ für irgendwelche Strings u und v.

finden, so dass $x_1x_2 \dots x_n = y_r \dots y_{r+n-1}$. Diese Aufgabe tritt nicht nur oft in der Textverarbeitung auf, sondern ist auch eine der algorithmischen Grundaufgaben in der Molekularbiologie.

Im Folgenden betrachten wir zur Vereinfachung $\Sigma = \{0,1\}$. Sei, für jedes $k \in \{1,\dots,m-1\}$ und jedes $r \in \{1,\dots,m-k+1\}$,

$$y(r,k) = y_r y_{r+1} \cdots y_{r+k-1}$$

der Teilstring von y der Länge k, der an der r-ten Position von y beginnt. Für gegebene $x = x_1x_2 \dots x_n$ und $y = y_1y_2 \dots y_m$ vergleicht ein naiver deterministischer Algorithmus x mit allen Teilstrings $y(r,n)$ für $r = 1,2,\dots,m-n+1$, um x in y zu finden. Dieser Algorithmus benötigt $O(n \cdot m)$ Operationen über Buchstaben aus $\Sigma = \{0,1\}$. Es gibt auch schnellere deterministische Algorithmen, die in der optimalen Zeit $O(n+m) = O(m)$ laufen. Im Folgenden präsentieren wir einen einfachen Las Vegas-Algorithmus für diese Aufgabe. Sei $f : \mathbb{N} \times \mathbb{N} \to \mathbb{N}$ eine Abbildung.

Algorithmus STRING (*f*)

Eingabe: Zwei Strings $x = x_1x_2 \dots x_n$, $y = y_1y_2 \dots y_m$ über $\{0,1\}$, $n \leq m$.
Schritt 1: Wähle zufällig eine Primzahl p aus PRIM $(f(n,m))$.
Schritt 2: Berechne

$$\text{Finger}_p(x) := \text{Nummer}(x) \mod p.$$

Schritt 3: Berechne sukzessiv

$$\text{Finger}_p(y(r,n)) := \text{Nummer}(y,(r,n)) \mod p$$

für alle $r \in \{1,2,\dots,m-n+1\}$ und teste, ob

$$\text{Finger}_p(y(r,n)) = \text{Finger}_p(x).$$

Falls für ein $j \in \{1,2,\dots,m-n+1\}$ $\text{Finger}_p(y(j,n)) = \text{Finger}_p(x)$, dann vergleiche $y(j,n)$ und x.
Falls $y(j,n) = x$, halte und gebe den Index „j“ als Antwort aus.
Sonst fahre mit der Berechnung von $\text{Finger}_p(y(j+1,n))$ fort.
Falls kein r mit $y(r,n) = x$ gefunden wurde, gebe „$\emptyset$“ als Antwort aus.

Offensichtlich ist STRING (f) ein Las Vegas-Algorithmus, weil STRING (f) immer die korrekte Antwort ausgibt.

Analysieren wir jetzt die erwartete Laufzeit von STRING (f). Hierfür zählen wir für den Vergleich zweier Fingerabdrücke eine Zeiteinheit und n Zeiteinheiten für den bitweisen Vergleich von x und $y(r,n)$. Also ist die Zeitkomplexität als die Anzahl der Operationen in $\mathbb{Z}_p$ oder Buchstabenvergleiche betrachtet.

Offensichtlich kann man $\text{Finger}_p(x)$ und $\text{Finger}_p(y(1,n))$ in einer Zeit $O(|x|) = O(n)$ berechnen. Wir zeigen jetzt, dass man alle Fingerabdrücke

$$\text{Finger}_p(y(r,n)) \text{ für } r = 1, \ldots, m-n+1$$

in einer Gesamtzeit $O(m)$ berechnen kann. Dies ist möglich, da

$$\text{Nummer}(y(r+1,n)) = 2 \cdot \left[\text{Nummer}(y(r,n)) - 2^{n-1} \cdot y_r\right] + y_{r+n}$$

und man somit $\text{Finger}_p(y(r+1,n))$ aus $\text{Finger}_p(y(r,n))$ wie folgt berechnen kann:

$$\text{Finger}_p(y(r+1,n)) = \left(2 \cdot \left[\text{Finger}_p(y(r,n)) - (2^{n-1} \cdot y_r) \bmod p\right] + y_{r+n}\right) \bmod p.$$

Also reichen $O(1)$ Operationen über dem Körper $\mathbb{Z}_p$ aus, um den Fingerabdruck $\text{Finger}_p(y(r+1,n))$ aus $\text{Finger}_p(y(r,n))$ zu berechnen.

Sei (x,y) eine Eingabe, wobei x kein Teilwort von y ist. Sei (PRIM $(f(n,m))$, Wahr) der entsprechende Wahrscheinlichkeitsraum, wobei Wahr die Gleichverteilung über alle Primzahlen kleiner gleich $f(n,m)$ ist. Sei A_r für $r = \{1, \ldots, m-n+1\}$ das Ereignis, dass $\text{Finger}_p(x) = \text{Finger}_p(y(r,n))$. Analog zu dem Beweis in unserem Musterbeispiel kann man zeigen, dass

$$\text{Wahr}(A_r) \leq \frac{n-1}{Prim\,(f(n,m))} \leq \frac{n \cdot \ln(f(n,m))}{f(n,m)}.$$

Die erwartete Zeitkomplexität von STRING (f) ist dann

$$\begin{aligned}
\text{Erw-Time}_{\text{STRING}(f)}((x,y)) &= O(m) + \sum_{r=1}^{m-n+1} (1 + \text{Wahr}(A_r) \cdot n) \\
&\quad \{O(m) \text{ Komplexität reicht um } \text{Finger}_p(x) \text{ im Schritt 2 zu berechnen und wie oben gezeigt, reicht eine Zeit in } O(m) \text{ aus, um alle } \text{Finger}_p(y(r,n)) \text{ zu berechnen}\} \\
&\leq O(m) + \sum_{r=1}^{m-n+1} \frac{n \cdot \ln(f(n,m))}{f(n,m)} \cdot n \\
&\leq O(m) + m \cdot n^2 \cdot \frac{\ln(f(n,m))}{f(n,m)}.
\end{aligned}$$

Wenn wir jetzt $f(n,m) = n^2m \cdot \ln(n^2m)$ wählen, dann erhalten wir

$$\text{Erw-Time}_{\text{STRING}(n^2m\cdot\ln(n^2m))}(x,y) \in O(m)\,.$$

Wir beenden unsere Analyse mit der Bemerkung, dass die erwartete Komplexität von STRING (f) auf Eingaben (x, uxv) nicht größer sein kann als auf Eingaben, in denen das Muster nicht im Text vorkommt.

Aufgabe 4.3.10. Sei (x,y) eine Eingabe mit $y(j,n) = x$ und sei j die kleinste Zahl aus $\{1, 2, \ldots, m-n+1\}$ mit dieser Eigenschaft. Analysieren Sie genau die erwartete Zeitkomplexität von STRING $(n^2m \cdot \ln(n^2m))$ auf (x,y).

4.4 Verifikation der Matrixmultiplikation

Die Multiplikation von zwei Matrizen über einem Körper $\mathbb{F}$ ist eine der algorithmischen Basisaufgaben.[6] Der Schulalgorithmus für die Matrixmultiplikation benötigt $O(n^3)$ arithmetische Operationen über $\mathbb{F}$. Basierend auf der Methode „Teile und Herrsche“ entwickelte Strassen einen $O(n^{\log_2 7})$-Algorithmus für die Matrixmultiplikation. Die Weiterentwicklung dieser Idee lieferte weitere Verbesserungen und heute läuft der beste bekannte Algorithmus für die Matrixmultiplikation in einer Zeit von $O(n^{2.376})$.

Die hier betrachtete Aufgabe ist ein bisschen einfacher. Gegeben drei $(n \times n)$-Matrizen A, B und C über einem Körper $\mathbb{F}$, wollen wir entscheiden, ob $A \cdot B = C$ (ob $A \cdot B$ die gleiche Matrix wie C ist). Ein trivialer deterministischer Ansatz zur Lösung dieses Äquivalenzproblems wäre, $A \cdot B$ auszurechnen und dann mit C zu vergleichen. Die Kosten dieses Ansatzes entsprechen asymptotisch der Komplexität der Matrixmultiplikation. Unser Ziel ist es, die Methode der Fingerabdrücke anzuwenden, um einen randomisierten $O(n^2)$-Algorithmus für dieses Äquivalenzproblem zu entwerfen. Die Fingerabdrücke sollen Vektoren sein und die Menge M der Fingerabdruckarten ist

$$M = \{f_\alpha : \mathbb{F}^{n\times n} \to \mathbb{F}^n \mid f_\alpha(A) = A \cdot \alpha \text{ und } \alpha \in \{0,1\}^n\},$$

wobei $\mathbb{F}^{n\times n}$ die Menge aller $(n \times n)$-Matrizen über $\mathbb{F}$ und $\mathbb{F}^n$ die Menge aller n-dimensionalen Vektoren[7] $(\alpha_1, \alpha_2, \ldots, \alpha_n)^\top$ über $\mathbb{F}$ sind. Auf M aufbauend

[6] Es ist bekannt, dass die Komplexität der Multiplikation von Matrizen asymptotisch der Komplexität der Berechnung einer inversen Matrix entspricht und eng mit der Komplexität der Lösung eines linearen Gleichungssystems verknüpft ist.

[7] $(n \times 1)$-Matrizen über $\mathbb{F}$

erhalten wir den folgenden Algorithmus für die Verifikation der Matrixmultiplikation, nach seinem Erfinder Freivalds-Algorithmus benannt.

Algorithmus FREIVALDS

Eingabe: Drei $(n \times n)$-Matrizen A, B, C über einem Körper $\mathbb{F}$.
Schritt 1: Wähle zufällig einen Vektor $\alpha \in \{0,1\}^n$.
Schritt 2: Berechne die Vektoren
$\beta := A \cdot (B \cdot \alpha)$
$\gamma := C \cdot \alpha$
Schritt 3:
Falls $\beta = \gamma$ dann `output` „$A \cdot B = C$“
Falls $\beta \neq \gamma$ dann `output` „$A \cdot B \neq C$“.

Um β zu berechnen, müssen wir zweimal eine $(n \times n)$-Matrix mit einem n-dimensionalen Spaltenvektor multiplizieren, und um γ zu berechnen, reicht eine Multiplikation der $(n \times n)$ Matrix C mit dem Vektor α aus. Der Vergleich zwischen β und γ ist in linearer Zeit möglich und somit ist die Gesamtkomplexität des Algorithmus FREIVALDS in $O(n^3)$.

Wir wollen jetzt zeigen, dass FREIVALDS ein 1MC-Algorithmus für unser Äquivalenzproblem ist.

Wenn $A \cdot B = C$, dann gilt

$$A \cdot B \cdot \alpha = C \cdot \alpha$$

für alle $\alpha \in \{0,1\}^n$. Somit gibt FREIVALDS die korrekte Antwort mit Sicherheit.

Zur Analyse der Fehlerwahrscheinlichkeit für den Fall $A \cdot B \neq C$ benutzen wir das folgende Lemma.

Lemma 4.4.11. *Seien A, B und C $(n \times n)$-Matrizen über einem Körper $\mathbb{F}$, so dass $A \cdot B \neq C$. Dann bezeugen mindestens 2^{n-1} Vektoren α aus $\{0,1\}^n$ die Tatsache „$A \cdot B \neq C$“ durch*

$$A \cdot B \cdot \alpha \neq C \cdot \alpha.$$

Beweis. Wenn $A \cdot B \neq C$, dann enthält die Matrix

$$D = A \cdot B - C$$

mindestens ein Element ungleich 0. Es reicht also zu zeigen, dass mindestens für die Hälfte[8] der Vektoren α aus $\{0,1\}^n$

$$D \cdot \alpha = \delta = (\delta_1, \delta_2, \ldots, \delta_n)$$

kein 0-Vektor ist, wenn D keine 0-Matrix ist.

Sei $D = [d_{ij}]_{i,j=1,2,\ldots,n}$. Sei $i \in \{1,2,\ldots,n\}$ ein Index, so dass die i-te Zeile d_i von D keine 0-Zeile ist. Seien $d_{is_1}, d_{is_2}, \ldots, d_{is_l}, l \geq 1$, alle Elemente aus d_i, die ungleich Null sind. Offensichtlich reicht es zu zeigen, dass $\delta_i \neq 0$ ist für mindestens 2^{n-1} Vektoren α. Es gilt

$$\delta_i = \sum_{j=1}^{n} d_{ij} \cdot \alpha_j = \sum_{k=1}^{l} d_{is_k} \cdot \alpha_{s_k}.$$

Offensichtlich gilt

$$\delta_i = 0 \quad \Leftrightarrow \quad \sum_{k=1}^{l} d_{is_k} \cdot \alpha_{s_k} = 0 \quad \Leftrightarrow \quad \alpha_{s_1} = -\frac{1}{d_{is_1}} \cdot \sum_{k=2}^{l} d_{is_k} \cdot \alpha_{s_k}.$$

Dies bedeutet, dass der Wert von α_{s_1} eindeutig durch die Werte der restlichen Elemente von α bestimmt ist. Damit gilt für höchstens 2^{n-1} Vektoren α, dass $\delta_i = 0$ in $\delta = D \cdot \alpha$ ist. □

Lemma 4.4.11 garantiert uns, dass mindestens die Hälfte der Vektoren aus $\{0,1\}^n$ den Unterschied zwischen $A \cdot B$ und C bezeugt. Damit ist die Fehlerwahrscheinlichkeit von FREIVALDS im Fall $A \cdot B \neq C$ höchstens $1/2$, und wir haben damit gezeigt, dass FREIVALDS ein 1MC-Algorithmus ist.

Aufgabe 4.4.12. Sei p eine Primzahl. Sei $\mathbb{Z}_p$ der endliche Körper mit p Elementen mit den Operationen $\oplus_{\text{ mod } p}$ und $\odot_{\text{ mod } p}$. Seien A, B und C drei $(n \times n)$-Matrizen über $\mathbb{Z}_p$, so dass $A \cdot B \neq C$. Wie viele Vektoren aus $(\mathbb{Z}_p)^n$ bezeugen diese Ungleichheit? Welchen Einfluss hat dies auf die Fehlerwahrscheinlichkeit des entsprechenden Algorithmus und womit wird hier für die Reduktion der Fehlerwahrscheinlichkeit bezahlt? Warum reduzieren wir nicht die Fehlerwahrscheinlichkeit im Fall eines unendlichen Körpers durch die Zufallswahl eines beliebigen Vektors aus $\mathbb{F}^n$ statt eines Vektors aus $\{0,1\}^n$?

[8] 2^{n-1} viele

4.5 Äquivalenz von zwei Polynomen

Im Folgenden wollen wir ein Äquivalenzproblem betrachten, für das kein deterministischer polynomieller Algorithmus bekannt ist, das man aber randomisiert mit der Methode der Fingerabdrücke effizient lösen kann. Das Problem ist das Äquivalenzproblem von zwei Polynomen in mehreren Variablen über einem endlichen Körper $\mathbb{Z}_p$ für eine Primzahl p. Zwei Polynome $P_1(x_1, \ldots, x_n)$ und $P_2(x_1, \ldots, x_n)$ heißen äquivalent über $\mathbb{Z}_p$, falls für alle $(\alpha_1, \ldots, \alpha_n) \in (\mathbb{Z}_p)^n$

$$P_1(\alpha_1, \ldots, \alpha_n) \equiv P_2(\alpha_1, \ldots, \alpha_n) \pmod p.$$

Für dieses Äquivalenzproblem ist kein polynomieller Algorithmus bekannt. Jemand könnte widersprechen, dass ein solcher Vergleich doch einfach sei; es reiche aus, nur die Koeffizienten bei gleichen Termen zu vergleichen. Zwei Polynome sind genau dann gleich, wenn die Koeffizienten bei allen entsprechenden Termen gleich sind. Die Schwierigkeit des Äquivalenztests liegt aber darin, dass für einen solchen einfachen Vergleich beide Polynome in Normalform vorliegen müssen. Die Normalform eines Polynoms von n Variablen $x_1, x_2, \ldots, x_n$ und Grad[9] d ist

$$\sum_{i_1=0}^{d} \sum_{i_2=0}^{d} \cdots \sum_{i_n=0}^{d} c_{i_1,i_2,\ldots,i_n} \cdot x_1^{i_1} \cdot x_2^{i_2} \cdot \ldots \cdot x_n^{i_n}.$$

Die Polynome für unseren Äquivalenztest dürfen aber in einer beliebigen Form vorliegen, wie z.B.

$$P(x_1, x_2, x_3, x_4, x_5, x_6) = (x_1 + x_2)^{10} \cdot (x_3 - x_4)^7 \cdot (x_5 + x_6)^{20}.$$

Wenn wir uns an die binomische Formel

$$(x_1 + x_2)^n = \sum_{k=0}^{n} \binom{n}{k} \cdot x_1^k \cdot x_2^{n-k}$$

erinnern, wird uns klar, dass $P(x_1, x_2, x_3, x_4, x_5, x_6)$ bis zu $10 \cdot 7 \cdot 20 = 1400$ Terme (mit Koeffizienten ungleich 0) haben kann. Also kann eine Normalform eines Polynoms exponentiell länger sein als seine eingegebene Darstellung und somit kann man die Normalform im Allgemeinen nicht in polynomieller Zeit erzeugen.[10] Wir müssen daher versuchen, die Polynome ohne Erzeugung der Normalform zu vergleichen.

---

[9] Der Grad eines Polynoms von mehreren Variablen ist das Maximum der Grade der einzelnen Variablen.

[10] Man bemerke die Ähnlichkeit zu der Situation, in der man die Matrizen $A \cdot B$ und C vergleichen möchte, ohne $A \cdot B$ auszurechnen.

Wir wählen dazu eine sehr einfache Strategie, die auf der Idee von Freivalds aus Abschnitt 4.4 aufbaut. Eine andere Sichtweise der Anwendung der Fingerabdrücke beim Vergleichen von $A \cdot B$ mit C ist, dass

(i) $A \cdot B$ und C zwei lineare Funktionen f_{AB} und f_C von $\mathbb{F}^n$ nach $\mathbb{F}^n$ sind, wobei $f_{AB}(\alpha) = (A \cdot B) \cdot \alpha$ und $f_C(\alpha) = C \cdot \alpha$, und
(ii) ein Argument $\alpha \in \mathbb{F}^n$ für f_{AB} und f_C ein Zeuge von $AB \neq C$ ist, wenn $f_{AB}(\alpha) \neq f_C(\alpha)$.

Wenn wir diese Idee für einen Vergleich von zwei Polynomen verwenden, erhalten wir das Folgende. Für zwei Polynome $P_1(x_1, \ldots, x_n)$ und $P_2(x_1, \ldots, x_n)$ ist ein $\alpha = (\alpha_1, \ldots, \alpha_n) \in (\mathbb{Z}_p)^n$ ein Zeuge von

$$P_1(x_1, \ldots, x_n) \not\equiv P_2(x_1, \ldots, x_n)$$

wenn

$$P_1(\alpha_1, \ldots, \alpha_n) \bmod p \neq P_2(\alpha_1, \ldots, \alpha_n) \bmod p.$$

In der Sprache der Methode der Fingerabdrücke ist

$$h_\alpha(P_i) = P_i(\alpha_1, \ldots, \alpha_n) \bmod p$$

der Fingerabdruck von P_i für $i = 1, 2$. Damit ergibt sich der folgende einfache randomisierte Algorithmus:

Algorithmus AQP

Eingabe: Eine Primzahl p und zwei Polynome P_1 und P_2 über $\mathbb{Z}_p$ in n Variablen $x_1, \ldots, x_n$, $n \in \mathbb{N} - \{0\}$, von maximalen Grad d, $d \in \mathbb{N}$.

Schritt 1: Wähle zufällig[11] ein $\alpha = (\alpha_1, \ldots, \alpha_n) \in (\mathbb{Z}_p)^n$.

Schritt 2: Berechne die Fingerabdrücke
$h_\alpha(P_1) = P_1(\alpha_1, \ldots, \alpha_n) \bmod p$, und
$h_\alpha(P_2) = P_2(\alpha_1, \ldots, \alpha_n) \bmod p$.

Schritt 3:
if $h_\alpha(P_1) = h_\alpha(P_2)$ **then**
  output „$P_1 \equiv P_2$"
else
  output „$P_1 \not\equiv P_2$"

[11] bezüglich der Gleichverteilung über $(\mathbb{Z}_p)^n$

Die Komplexität von AQP ist offensichtlich in $O(m \cdot \log_2 d)$ bezüglich der Anzahl der Operationen über $\mathbb{Z}_p$, wobei m die Länge der Darstellung der Eingabe (P_1, P_2) ist.

Untersuchen wir jetzt die Fehlerwahrscheinlichkeit des Algorithmus AQP. Falls P_1 und P_2 äquivalent über $\mathbb{Z}_p$ sind, dann gilt

$$P_1(\alpha_1, \ldots, \alpha_n) \equiv P_2(\alpha_1, \ldots, \alpha_n) \pmod{p}$$

für alle $(\alpha_1, \alpha_2, \ldots, \alpha_n) \in (\mathbb{Z}_p)^n$. Somit ist die Fehlerwahrscheinlichkeit für die Eingaben P_1, P_2 mit $P_1 \equiv P_2$ gleich 0.

Seien P_1 und P_2 zwei Polynome, die nicht äquivalent sind. Wir zeigen jetzt, dass die Fehlerwahrscheinlichkeit von AQP kleiner als $1/2$ ist, wenn $p > 2nd$ ist. Die Frage, ob

$$P_1(x_1, \ldots, x_n) \equiv P_2(x_1, \ldots, x_n),$$

ist äquivalent zu der Frage ob

$$Q(x_1, \ldots, x_n) = P_1(x_1, \ldots, x_n) - P_2(x_1, \ldots, x_n) \equiv 0.$$

Das heißt, wenn P_1 und P_2 nicht äquivalent sind, dann ist das Polynom Q nicht identisch zu 0. Unser Ziel ist jetzt zu zeigen, dass die Anzahl der Nullstellen eines Polynoms $Q \not\equiv 0$ durch die Anzahl der Variablen und den Grad d beschränkt ist. Dadurch gibt es genügend viele Zeugen $\alpha \in (\mathbb{Z}_p)^n$ mit $Q(\alpha) \not\equiv 0 \pmod{p}$ (d.h. mit $P_1(\alpha) \not\equiv P_2(\alpha) \pmod{p}$). Wir beginnen mit dem bekannten Satz über die Anzahl von Nullstellen für Polynome in einer Variablen.

Satz 4.5.13. *Sei $d \in \mathbb{N}$ und sei $P(x)$ ein Polynom in einer Variablen x vom Grad d über einem beliebigen Körper. Dann ist entweder $P(x)$ überall gleich 0 oder $P(x)$ hat höchstens d Wurzeln (Nullstellen).*

Beweis. Wir beweisen den Satz durch Induktion bezüglich d.

(i) Sei $d = 0$. Dann ist $P(x) = c$ für eine Konstante c. Falls $c \neq 0$, dann hat $P(x)$ keine Nullstelle.

(ii) Sei die Behauptung des Satzes gültig für $d - 1$, $d \geq 1$. Wir beweisen sie für d. Sei $P(x) \not\equiv 0$ und sei a eine Nullstelle von P. Dann ist

$$P(x) = (x - a) \cdot P'(x)$$

wobei $P'(x) = \frac{P(x)}{(x-a)}$ ein Polynom vom Grad $d-1$ ist. Mit der Induktionsannahme hat $P'(x)$ höchstens $d-1$ Nullstellen. Somit hat $P(x)$ höchstens d Nullstellen. □

Jetzt sind wir bereit, den Beweis zu führen, dass es genügend viele Zeugen (Nichtnullstellen von $Q(x_1, \ldots, x_n) = P_1(x_1, \ldots, x_n) - P_2(x_1, \ldots, x_n)$) der Nichtäquivalenz von unterschiedlichen P_1 und P_2 über $\mathbb{Z}_p$ für eine genügend große Primzahl p gibt.

Satz 4.5.14. *Sei p eine Primzahl, und seien $n, d \in \mathbb{N} - \{0\}$. Sei $Q(x_1, \ldots, x_n) \not\equiv 0$ ein Polynom über $\mathbb{Z}_p$ in n Variablen $x_1, \ldots, x_n$, wobei jede Variable in Q höchstens Grad d hat. Dann hat Q höchstens*

$$n \cdot d \cdot p^{n-1}$$

Nullstellen.

Beweis. Wir beweisen den Satz per Induktion bezüglich der Anzahl n der Variablen.

(i) Sei $n = 1$. Nach Satz 4.5.13 hat $Q(x_1)$ höchstens $d = n \cdot d \cdot p^{n-1}$ (für $n = 1$) Nullstellen.

(ii) Sei die Induktionsannahme gültig für $n - 1$, $n \in \mathbb{N} - \{0\}$. Wir beweisen sie für n. Wir können Q darstellen als

$$\begin{aligned} Q(x_1, x_2, \ldots, x_n) &= Q_0(x_2, \ldots, x_n) + x_1 \cdot Q_1(x_2, \ldots, x_n) + \ldots \\ &\quad + x_1^d \cdot Q_d(x_2, \ldots, x_n) \\ &= \sum_{i=0}^{d} x_1^i \cdot Q_i(x_2, \ldots, x_n) \end{aligned}$$

für bestimmte Polynome

$$Q_0(x_2, \ldots x_n),\ Q_1(x_2, \ldots, x_n),\ \ldots,\ Q_d(x_2, \ldots, x_n).$$

Falls $Q(\alpha_1, \alpha_2, \ldots, \alpha_n) \equiv 0 \pmod p$ für ein $\alpha = (\alpha_1, \ldots, \alpha_n) \in (\mathbb{Z}_p)^n$, dann gilt entweder

(a) $Q_i(\alpha_2, \ldots, \alpha_n) \equiv 0 \pmod p$ für alle $i = 0, 1, \ldots, d$, oder

(b) es existiert ein $j \in \{0, 1, \ldots, d\}$ mit $Q_j(\alpha_2, \ldots, \alpha_n) \not\equiv 0 \pmod p$ und α_1 ist eine Nullstelle des Polynoms

$$\begin{aligned} \overline{Q}(x_1) &= Q_0(\alpha_2, \ldots \alpha_n) + x_1 \cdot Q_1(\alpha_2, \ldots, \alpha_n) + \ldots \\ &\quad + x_1^d \cdot Q_d(\alpha_2, \ldots, \alpha_n) \end{aligned}$$

in einer Variablen x_1.

Wir zählen jetzt getrennt die Anzahl der Nullstellen im Fall (a) und (b).

(a) Weil $Q(x_1, \ldots, x_n) \not\equiv 0$, existiert eine Zahl $k \in \{0, 1, \ldots, d\}$, so dass $Q_k(x_2, \ldots, x_n) \not\equiv 0$. Nach der Induktionsannahme ist die Anzahl der Nullstellen von Q_k höchstens $(n-1)\cdot d\cdot p^{n-2}$. Dann gibt es aber höchstens

$$(n-1) \cdot d \cdot p^{n-2}$$

Elemente $\overline{\alpha} = (\alpha_2, \ldots, \alpha_n) \in (\mathbb{Z}_p)^{n-1}$, so dass

$$Q_i(\overline{\alpha}) \equiv 0 \pmod{p} \text{ für alle } i \in \{0, 1, 2, \ldots, d\}.$$

Weil der Wert α_1 von x_1 keinen Einfluss auf die Bedingung (a) hat und somit frei wählbar ist, gibt es höchstens

$$p \cdot (n-1) \cdot d \cdot p^{n-2} = (n-1) \cdot d \cdot p^{n-1}$$

Elemente $\alpha = (\alpha_1, \alpha_2, \ldots, \alpha_n) \in (\mathbb{Z}_p)^n$, die die Eigenschaft (a) haben.

(b) Weil $\overline{Q}(x_1) \not\equiv 0$, hat $\overline{Q}$ nach Satz 4.5.13 höchstens d Nullstellen (d.h. höchstens d Werte $\alpha_1 \in \mathbb{Z}_p$ mit $\overline{Q}(\alpha_1) \equiv 0 \pmod{p}$). Deswegen gibt es höchstens $d\cdot p^{n-1}$ Werte $\alpha = (\alpha_1, \alpha_2, \ldots, \alpha_n) \in (\mathbb{Z}_p)^n$, die die Bedingung (b) erfüllen.

Zusammenfassend hat $Q(x_1, \ldots, x_n)$ höchstens

$$(n-1) \cdot d \cdot p^{n-1} + d \cdot p^{n-1} = n \cdot d \cdot p^{n-1}$$

Nullstellen. □

Korollar 4.5.15. *Sei p eine Primzahl, und seien $n, d \in \mathbb{N} - \{0\}$. Für jedes Polynom $Q(x_1, \ldots, x_n) \not\equiv 0$ über $\mathbb{Z}_p$ vom Grad höchstens d gibt es mindestens*

$$\left(1 - \frac{n \cdot d}{p}\right) \cdot p^n$$

Zeugen von $Q \not\equiv 0$.

Beweis. Die Anzahl der Elemente in $(\mathbb{Z}_p)^n$ ist genau p^n und nach Satz 4.5.14 sind höchstens $n\cdot d\cdot p^{n-1}$ davon keine Zeugen. Somit ist die Anzahl der Zeugen mindestens

$$p^n - n \cdot d \cdot p^{n-1} = \left(1 - \frac{n \cdot d}{p}\right) \cdot p^n.$$

□

Damit ist die Wahrscheinlichkeit des zufälligen Ziehens eines Zeugen aus p^n Elementen von $(\mathbb{Z}_p)^n$ mindestens

$$\left(1 - \frac{n \cdot d}{p}\right).$$

Für $p > 2nd$ ist diese Wahrscheinlichkeit größer als $1/2$. Durch wiederholtes zufälliges Ziehen aus $(\mathbb{Z}_p)^n$ kann man die Wahrscheinlichkeit, dass mindestens ein Zeuge für $Q \not\equiv 0$ (d.h. für $P_1(x_1, \ldots, x_n) \not\equiv P_2(x_1, \ldots, x_n)$) gefunden wird, beliebig an 1 anzunähern.

Aufgabe 4.5.16. Erweitern Sie den Algorithmus AQP so, dass er auch für unendliche Körper erfolgreich arbeitet.

Aufgabe 4.5.17. Betrachten Sie unser Musterbeispiel für den Vergleich der Inhalte zweier Datenbanken. Sei p eine Primzahl und sei $a = a_1 a_2 \ldots a_n$, $a_i \in \{0, 1\}$ für $i = 1, \ldots, n$, ein n-Bit-String. Betrachten wir das Polynom P_a einer Variablen x über $\mathbb{Z}_p$ definiert durch

$$P_a(x) = \sum_{i=1}^{n} a_i x^{i-1}.$$

Benutzen Sie die Idee des Algorithmus AQP, um ein effizientes 1MC-Protokoll zum Vergleich von zwei n-Bit Strings $a = a_1 a_2 \ldots a_n$ und $b = b_1 b_2 \ldots b_n$ zu entwerfen. Wie beeinflusst die Wahl von p die Fehlerwahrscheinlichkeit und die Kommunikationskomplexität? Vergleichen Sie die Resultate mit dem Verhalten des 1MC-Protokolls in unserem Musterbeispiel.

4.6 Zusammenfassung

Die Methode der Fingerabdrücke ist eine robuste Entwurfstechnik für effiziente randomisierte Algorithmen zum Vergleich von Darstellungen zweier Objekte (d.h. zur Lösung von Äquivalenzproblemen). Wir können oft nicht effizient entscheiden, ob zwei gegebene Objektbeschreibungen das gleiche Objekt darstellen. Die Gründe für den hohen Schwierigkeitsgrad dieser Aufgabe liegen oft in der Größe der Darstellungen der Objektbeschreibungen oder in der Ungünstigkeit dieser Darstellungen für einen Vergleich. Ein Musterbeispiel ist der Vergleich von zwei Polynomen in einer beliebigen (möglicherweise kurzen)

Darstellung, die keinen effizienten Vergleich ermöglicht, und deren Umwandlung in leicht vergleichbare Normalformen ein exponentielles Wachstum der Eingabelänge (der Normalform-Darstellung) verursachen kann. Solche Probleme sind wie geschaffen für die Anwendung der Methode der Fingerabdrücke. Die Grundidee dabei ist, die beiden Objekte auf Basis ihrer Fingerabdrücke zu vergleichen. Ein Fingerabdruck einer Darstellung eines Objekts ist eine kurze, aber unvollständige Darstellung des Objekts. Um eine kurze Darstellung und dadurch die Möglichkeit eines effizienten Vergleichs zu gewinnen, müssen wir mit der Unvollständigkeit der Darstellung und damit der Möglichkeit einer fehlerhaften Entscheidung bezahlen. Das erinnert uns stark an das Hashing, bei dem die Fingerabdrücke der Schlüssel über die Verteilung der Datensätze einer aktuellen Menge S im Speicher T mit direktem Zugriff entschieden haben. Der Kern dieser Methode ist es, eine Menge von Fingerabdruckarten zu finden, so dass

> *für alle Paare unterschiedlicher Objekte aus der betrachteten Objektmenge eine zufällig gewählte Fingerabdruckart den Unterschied zwischen den beiden Objekten mit vernünftiger Wahrscheinlichkeit bezeugt.*[12]

Die Stärke dieser Methode haben wir in Abschnitt 1.2 anhand des Motivationsbeispiels des Vergleichs zweier Strings eindrucksvoll demonstriert. Hier, im Abschnitt 4.2, haben wir diesen Ansatz erweitert, um randomisierte Kommunikationsprotokolle für Entscheidungsprobleme wie die Zugehörigkeit eines Strings zu einer Menge oder die Leerheit des Schnittes zweier Stringmengen zu entscheiden. Wir haben gesehen, dass für kleine Mengen von großen Objekten die Methode der Fingerabdrücke erfolgreich angewendet werden kann. Wir haben dabei gelernt, dass man die Fehlerwahrscheinlichkeit auch anders als durch wiederholte Läufe auf der gleichen Eingabe auf einen Wert nahe 0 verringern kann. Die Idee hierfür ist, etwas größere Fingerabdrücke zu erlauben und damit die Anzahl der Zeugen zwischen den Abdruckarten (Zeugenkandidaten) für jede Eingabe wesentlich zu erhöhen.

Im Abschnitt 4.3 haben wir eine weitere Anwendung des randomisierten Stringvergleiches vorgeführt. Das Resultat ist ein effizienter[13] randomisierter Algorithmus für das Teilstringproblem, das häufig in der Textverarbeitung und in

[12] Mit anderen Worten, ein „großer Anteil" der Fingerabdruckarten bildet zwei Objektdarstellungen auf unterschiedliche Fingerabdrücke ab und bezeugt damit den Unterschied zwischen den zwei Objekten.

[13] Sogar ein optimaler, weil eine Laufzeit, die asymptotisch kleiner ist als die Eingabelänge, nicht möglich ist.

der Bioinformatik[14] vorkommt.

Im Abschnitt 4.4 haben wir gesehen, dass man Darstellungen von Matrizen durch Multiplikation mehrerer Matrizen randomisiert vergleichen kann, ohne die Multiplikation der Matrizen explizit durchzuführen. Für eine Matrixdarstellung $A \cdot B$ als Produkt zweier Matrizen A und B bestimmen wir einen Fingerabdruck durch einen Vektor α, wobei der entsprechende Fingerabdruck der Vektor $A \cdot (B \cdot \alpha)$ ist. Was wir dabei an Komplexität einsparen, entspricht dem Unterschied zwischen der Matrixmultiplikation und der Multiplikation einer Matrix mit einem Vektor. Wir können diese Anwendung der Methode der Fingerabdrücke auch so interpretieren, dass wir eine Matrix (auch in der Darstellung $A \cdot B$) als eine Abbildung von Vektoren auf Vektoren betrachten, und den Fingerabdruck bezüglich eines Vektors α als die Auswertung dieser Funktion auf der Eingabe α. Es mag überraschen, dass bereits eine Auswertung gegebener Funktionen auf ihren Argumenten erfolgreiche Fingerabdruckarten liefert. Im Abschnitt 4.5 haben wir gesehen, dass dieser einfache und elegante Ansatz von Freivalds auch für den Vergleich von zwei Polynomen funktioniert. Die Begründung in diesem Fall ist, dass die Anzahl der Nullstellen von Polynomen[15] proportional zur Anzahl aller Argumente nicht zu groß ist, und man somit randomisiert effizient testen kann, ob ein Polynom identisch zum 0-Polynom ist. Anschließend reicht es aus zu bemerken, dass zwei Polynome genau dann identisch sind, wenn deren Differenz dem 0-Polynom entspricht.

Die Methode der Fingerabdrücke kann man am anschaulichsten in der Theorie der Kommunikationskomplexität vorführen, die in den Büchern von Kushilevitz und Nisan [KN 97] und Hromkovič [Hro 97] dargestellt ist. Mehlhorn und Schmidt [MS 82] haben diese Methode benutzt um den maximal möglichen Komplexitätsunterschied zwischen Las Vegas- und deterministischen Protokollen festzulegen. Die Konzepte zum Vergleich von zwei Abbildungen durch ihre Auswertung auf einer zufälligen Eingabe verdanken wir Freivalds [Fre 77]. Diese Methode kann man aber nicht immer so einfach anwenden. Wenn man zum Beispiel zwei Darstellungen Boolescher Funktionen hat, die sich nur in einem von 2^n vielen Argumenten unterscheiden, kann man diesen Ansatz nicht direkt anwenden. Es gibt aber eine Möglichkeit, einige Darstellungen der Booleschen Funktionen so in Polynome umzuwandeln, dass man diese Aufgabe auf das Problem des Vergleichs von zwei Polynomen reduzieren kann. Eine ausführliche Darstellung dieser Anwendung der Methode der Fingerabdrücke ist in dem exzellenten Lehrbuch von Sipser [Sip 97] zu finden. Weitere anspruchsvolle Anwendungen dieser Methode werden in dem Buch von Motwani

[14] Zum Beispiel bei der Suche nach bestimmten Strings in DNA-Sequenzen.
[15] auch mehrerer Variablen

und Raghavan [MR 95] beschrieben.

Ausdauer ist eine Tochter der Kraft,
Hartnäckigkeit eine Tochter der Schwäche,
nämlich der Verstandesschwäche.

M. Ebner-Eschenbach

5 Wahrscheinlichkeitsverstärkung durch Wiederholungen und die Stichprobenmethode

5.1 Zielsetzung

Dieses Kapitel widmen wir zwei Paradigmen des Entwurfs von randomisierten Algorithmen – nämlich der Wahrscheinlichkeitsverstärkung durch wiederholte Läufe auf der gleichen Eingabe und der Methode der Stichproben. Der Grund dafür, beide Methoden gemeinsam vorzustellen liegt darin, dass sie beim Algorithmenentwurf oft so verflochten sind, dass man nicht entscheiden kann, welche der beiden maßgeblicher für den Erfolg des entworfenen randomisierten Algorithmus ist.

Im Kapitel 2 haben wir darauf hingewiesen, dass die Wahrscheinlichkeitsverstärkung durch wiederholte Läufe eine Methode zur Verringerung der Fehlerwahrscheinlichkeit unter ein gewähltes, beliebig kleines ε ist. Die Wichtigkeit dieser Erkenntnis haben wir dadurch unterstrichen, dass wir die randomisierten Algorithmen danach klassifiziert haben, wie schnell die Erfolgswahrscheinlichkeit mit der Anzahl der wiederholten Läufe gegen 1 konvergiert. In diesem Kapitel wollen wir Beispiele für Algorithmen vorstellen, bei denen die Methode der Wahrscheinlichkeitsverstärkung nicht nur die Erfolgswahrscheinlichkeit eines gegebenen Algorithmus erhöht, sondern auch direkt in den Entwurf des Algorithmus einfließt. Zusätzlich wollen wir nicht nur den naiven Ansatz der Wiederholungen von ganzen Läufen auf einer gegebenen Eingabe verfolgen, sondern auch eine intelligentere Variante entwickeln, bei der man nur gewisse Teile der Berechnungen unterschiedlich häufig unabhängig voneinander ablaufen lässt.

Was die Methode der Stichproben betrifft, wollen wir in erster Linie die Stärke dieser Methode dokumentieren, indem wir durch ihre Anwendung praktikable randomisierte Algorithmen für Probleme entwerfen, für die keine deterministischen Polynomialzeitalgorithmen bekannt sind.

Das Kapitel ist wie folgt gegliedert. Abschnitt 5.2 stellt die angesprochene verallgemeinerte Version der Methode der Wahrscheinlichkeitsverstärkung zur Lösung des Problems des minimalen Schnittes in einem Multigraphen vor. In Abschnitt 5.3 kombinieren wir die Methode der Stichproben mit der Wahrscheinlichkeitsverstärkung durch Wiederholungen, um einen praktisch nutzbaren 1MC*-Algorithmus für das bekannte NP-vollständige 3-Erfüllbarkeitsproblem[1] (3SAT) zu entwerfen. Dieser Algorithmus läuft zwar in exponentieller Zeit, aber wesentlich schneller als in der Zeit $O(2^n)$. Damit kann er erfolgreich relativ große Probleminstanzen von 3SAT in kurzer Zeit bearbeiten. Abschnitt 5.4 präsentiert eine Anwendung der Methode der Stichproben, die in einem polynomiellen Las Vegas-Algorithmus für ein zahlentheoretisches Problem resultiert. Es ist interessant zu bemerken, dass kein deterministischer polynomieller Algorithmus für dieses Problem bekannt ist und somit dieser Las Vegas-Algorithmus den einzigen bekannten effizienten Weg zur Lösung dieses Problems darstellt. Insgesamt präsentiert das Kapitel eindrucksvolle Beispiele der Überlegenheit der randomisierten Verfahren gegenüber den besten bekannten deterministischen Algorithmen. Wie üblich schließen wir das Kapitel mit der Zusammenfassung der wichtigsten Ideen und Resultate in Abschnitt 5.5 ab.

5.2 Effiziente Wahrscheinlichkeitsverstärkung durch Wiederholungen von Berechnungsteilen

Die Zielsetzung dieses Abschnittes ist die Vorstellung der Methode der Wahrscheinlichkeitsverstärkung als eine Methode zum Entwurf von randomisierten Algorithmen und nicht nur (wie wir sie bisher betrachtet haben) als eine Technik zur Reduktion der Fehlerwahrscheinlichkeit von schon entworfenen Algorithmen. Dazu betrachten wir das folgende Minimierungsproblem MIN-CUT.

MIN-CUT

Eingabe: Ein Multigraph $G = (V, E, c)$, wobei $c : E \to \mathbb{N} - \{0\}$ die Vielfachheit der Kanten bestimmt.

[1]Das 3-Erfüllbarkeitsproblem besteht darin, zu entscheiden, ob eine Formel in 3KNF erfüllbar ist.

Einschränkungen: Die Menge der zulässigen Lösungen für G ist die Menge

$$\mathcal{M}(G) = \{(V_1, V_2) \mid V_1 \cup V_2 = V, V_1 \cap V_2 = \emptyset\}$$

aller Schnitte von G.

Kosten: Für jeden Schnitt $(V_1, V_2) \in \mathcal{M}(G)$ ist

$$\text{cost}((V_1, V_2), G) = \sum_{e \in S(V_1, V_2)} c(e),$$

wobei $S(V_1, V_2) = \{\{x, y\} \in E \mid x \in V_1 \text{ und } y \in V_2\}$ (also entspricht $\text{cost}((V_1, V_2), G)$ der Anzahl aller Kanten zwischen V_1 und V_2).

Ziel: Minimum

Der beste bekannte deterministische Algorithmus für MIN-CUT läuft in einer Zeit in

$$O\left(|V| \cdot |E| \cdot \log\left(\frac{|V|^2}{|E|}\right)\right),$$

was $O(n^3)$ für $n = |V|$ entsprechen kann.[2] Unsere Zielsetzung ist jetzt, einen effizienteren randomisierten Algorithmus für MIN-CUT zu entwerfen. Dazu betrachten wir die Basisoperation **Contract(G, e)**, die für einen gegebenen Multigraph $G = (V, E)$ und eine Kante $e = \{x, y\} \in E$ die Kante e kontrahiert und damit die Knoten x und y durch einen neuen Knoten $\text{Knot}(x, y)$ ersetzt. Die Multikante $\{x, y\}$ verschwindet dabei und jede Kante $\{r, s\}$ mit $r \in \{x, y\}$ und $s \notin \{x, y\}$ wird durch eine neue Kante $\{\text{Knot}(x, y), s\}$ ersetzt.[3] Alle restlichen Teile des Multigraphen G bleiben unverändert. Den resultierenden Multigraphen bezeichnen wir als $G/\{e\}$.

Fig. 5.1 zeigt drei aufeinanderfolgende Kantenkontraktionen durch Contract-Operationen. Fig. 5.1(a) zeigt einen Multigraphen G auf dem wir die Operation $\text{Contract}(G, \{x, y\})$ durchführen. Der resultierende Multigraph $G/\{x, y\}$ ist in Fig. 5.1(b) dargestellt. Jetzt entscheiden wir uns, die Kante $\{u, z\}$ zu kontrahieren und dadurch erhalten wir den Multigraphen $(G/\{x, y\})/\{u, z\}$ in Fig. 5.1(c). Danach kontrahieren wir die Kante $\{\text{Knot}(x, y), v\}$ und erhalten den Multigraphen mit den zwei Knoten[4] $\text{Knot}(x, y, v)$ und $\text{Knot}(u, z)$ in Fig. 5.1(d).

---

[2] Wenn $|E| \in \Omega(|V|^2)$ ist.

[3] Visuell bedeutet dies, dass die zu x und y inzidenten Kanten bei der Vereinigung von x und y zu dem neuen Knoten $\text{Knot}(x, y)$ gezogen werden.

[4] Um formal exakt zu sein, müssten wir den Knoten $\text{Knot}(x, y, v)$ als $\text{Knot}(\text{Knot}(x, y), v)$ bezeichnen. Wir verzichten aber auf diese längere Notation, weil im Folgenden nur wichtig

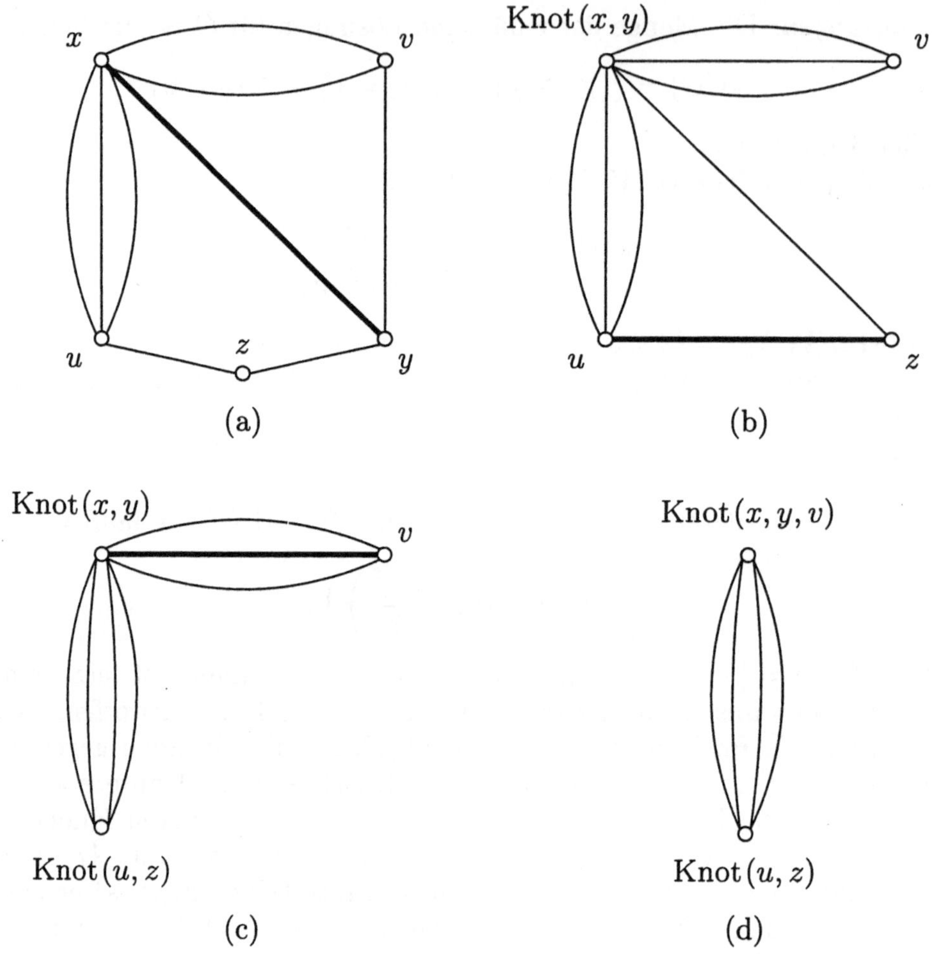

Fig. 5.1

Wir bemerken, dass $(G/\{u,z\})/\{x,y\}$ der gleiche Multigraph wie $(G/\{x,y\})/\{u,z\}$ in Fig. 5.1 ist, und dass für eine gegebene Menge $F \subseteq E$ das Resultat der Kontraktionen der Kanten in F unabhängig von der Reihenfolge der Kantenkontraktionen ist. Deswegen vereinfachen wir die Bezeichnung und bezeichnen den resultierenden Multigraphen als G/F. Damit ist $G/\{\{x,y\},\{u,z\},\{x,v\}\}$ eine kürzere Bezeichnung für den Graphen in Fig. 5.1(d).

ist, dass die Knoten x, y und v in einem Knoten vereinigt wurden. Um die Notation zu vereinfachen, nutzen wir sogar die Bezeichnung **Knot** (V') für den Knoten, der der Vereinigung aller Knoten aus V' entspricht.

Die Idee des Entwurfs eines naiven randomisierten Algorithmus für MIN-CUT ist sehr einfach. Wir kontrahieren zufällig ausgesuchte Kanten, bis wir einen Multigraphen mit genau zwei Knoten Knot(V_1) und Knot(V_2) erhalten. Offensichtlich gilt $V_1 \cup V_2 = V$ und $V_1 \cap V_2 = \emptyset$, und somit ist (V_1, V_2) ein Schnitt von G. Die Anzahl der Kanten zwischen den beiden Knoten entspricht den Kosten des Schnittes (V_1, V_2).

In unserem Beispiel entspricht der Multigraph in Fig. 5.1(d) dem Schnitt $(\{x, y, v\}, \{u, z\})$ mit Kosten 4. Diesen Ansatz können wir wie folgt beschreiben. Im Folgenden bezeichne $E(G)$ die Menge der Kanten eines Multigraphen G.

Algorithmus KONTRAKTION

Eingabe: Ein zusammenhängender[5] Multigraph $G = (V, E, c)$
Schritt 1: Setze label$(v) := \{v\}$ für jeden Knoten $v \in V$.
Schritt 2:

```
while G hat mehr als zwei Knoten do
   begin
      wähle zufällig eine Kante e = {x, y} ∈ E(G);
      G := Contract(G, e);
      Setze label(z) := label(x) ∪ label(y)
      für den neuen Knoten z = Knot(x, y);
   end
```

Schritt 3:

```
if G = ({u, v}, E(G)) für eine Multimenge E(G) then
   output „(label(u), label(v))“ und „Kosten = |E(G)|“
```

Satz 5.2.1. *Der Algorithmus* KONTRAKTION *ist ein polynomieller randomisierter Algorithmus, der einen minimalen Schnitt eines gegebenen Multigraphen G mit n Knoten mit einer Wahrscheinlichkeit von mindestens*

$$\frac{2}{n \cdot (n-1)}$$

berechnet.

[5] Man kann in einer Zeit von $O(|E|)$ bestimmen, ob ein Multigraph zusammenhängend ist oder nicht, und für einen nicht zusammenhängenden Multigraphen einen minimalen Schnitt mit Kosten von 0 finden.

Beweis. Offensichtlich berechnet der Algorithmus KONTRAKTION einen Schnitt von G und damit eine zulässige Lösung für MIN-CUT. Der Algorithmus führt genau $n-2$ Kontraktionen für einen Multigraphen mit n Knoten durch und jede Kontraktion kann man in $O(n)$ Schritten durchführen. Damit ist die Komplexität des Algorithmus in $O(n^2)$.

Wir wollen jetzt zeigen, dass der Algorithmus KONTRAKTION einen minimalen Schnitt mit einer Wahrscheinlichkeit von mindestens $\frac{2}{n\cdot(n-1)}$ findet. Sei $G=(V,E,c)$ ein Multigraph und sei $C_{\min}=(V_1,V_2)$ ein minimaler Schnitt von G mit $\text{cost}(C_{\min})=k$ für eine natürliche Zahl k. Sei $E(C_{\min})$ die Bezeichnung für die Menge der Kanten von $C_{\min}$. Im Folgenden zeigen wir, dass die Wahrscheinlichkeit, dass KONTRAKTION genau den Schnitt $C_{\min}$ berechnet,[6] mindestens $\frac{2}{n\cdot(n-1)}$ ist. Zuerst beobachten wir, dass

G mindestens $\frac{n\cdot k}{2}$ Kanten hat, also $|E(G)|\geq\frac{n\cdot k}{2}$,

weil die Minimalität von $C_{\min}$ mit $\text{cost}(C_{\min})=k$ impliziert, dass jeder Knoten mindestens den Grad k hat.

Die zweite wichtige Beobachtung ist, dass

der Algorithmus KONTRAKTION *genau dann $C_{\min}$ berechnet, wenn keine Kante von $E(C_{\min})$ kontrahiert wurde.*

Unser Ziel ist jetzt, die Wahrscheinlichkeit dieses Ereignisses zu bestimmen.

Der Algorithmus besteht aus $n-2$ Kontraktionen. Sei $S_{\text{Kon},G}$ die Menge aller möglichen Berechnungen des Algorithmus KONTRAKTION auf G. Wir betrachten in dem Wahrscheinlichkeitsraum $(S_{\text{Kon},G}, \text{Wahr})$ die Ereignisse

$$\begin{aligned}\text{Event}_i &= \{\text{alle Berechnungen aus } S_{\text{Kon},G}, \text{ in denen keine Kante}\\ &\qquad \text{aus } E(C_{\min}) \text{ im } i\text{-ten Schritt kontrahiert wurde}\}\end{aligned}$$

für $i=1,2,\ldots,n-2$. Das Ereignis, dass gerade $C_{\min}$ die Ausgabe des Algorithmus wird, ist dann das Ereignis

$$\bigcap_{i=1}^{n-2}\text{Event}_i.$$

[6]Wir bemerken, dass es mehrere minimale Schnitte in G geben kann. Damit ist die Wahrscheinlichkeit $C_{\min}$ zu berechnen eine untere Schranke für die Erfolgswahrscheinlichkeit des Algorithmus.

Wir wenden jetzt das Konzept der bedingten Wahrscheinlichkeiten (Aufgabe 2.2.16) an, um die Wahrscheinlichkeit dieses Ereignisses auszurechnen.

$$\begin{aligned}\mathrm{Wahr}\left(\bigcap_{i=1}^{n-2}\mathrm{Event}_i\right) &= \mathrm{Wahr}(\mathrm{Event}_1)\cdot\mathrm{Wahr}(\mathrm{Event}_2 \mid \mathrm{Event}_1)\\ &\quad\cdot\mathrm{Wahr}(\mathrm{Event}_3 \mid \mathrm{Event}_1\cap\mathrm{Event}_2)\cdot\ldots\\ &\quad\cdot\mathrm{Wahr}\left(\mathrm{Event}_{n-2}\,\middle|\,\bigcap_{j=1}^{n-3}\mathrm{Event}_j\right) \qquad (5.1)\end{aligned}$$

Um unseren Satz zu beweisen, müssen wir nun untere Schranken für

$$\mathrm{Wahr}\left(\mathrm{Event}_i\,\middle|\,\bigcap_{j=1}^{i-1}\mathrm{Event}_j\right)$$

für $i = 1, \ldots, n-2$ bestimmen.

Weil G mindestens $\frac{n\cdot k}{2}$ Kanten hat und die Kanten für die Kontraktion zufällig gewählt werden, gilt

$$\begin{aligned}\mathrm{Wahr}(\mathrm{Event}_1) &= \frac{|E|-|E(C_{\mathrm{min}})|}{|E|}\\ &= 1-\frac{k}{|E|}\\ &\geq 1-\frac{k}{\frac{k\cdot n}{2}} = 1-\frac{2}{n}. \qquad (5.2)\end{aligned}$$

Allgemein hat der nach $i-1$ Kontraktionen erzeugte Multigraph G/F_i genau $n-i+1$ Knoten. Wenn

$$F_i \cap E(C_{\mathrm{min}}) = \emptyset \text{ (d.h. } \bigcap_{j=1}^{i-1}\mathrm{Event}_j \text{ tritt ein)},$$

dann ist C_{min} auch ein minimaler Schnitt von G/F_i. Damit muss noch immer jeder Knoten in G/F_i mindestens den Grad k haben und somit hat G/F_i mindestens

$$\frac{k\cdot(n-i+1)}{2}$$

Kanten. Also gilt

$$\begin{aligned}
\text{Wahr}\left(\text{Event}_i \,\middle|\, \bigcap_{j=1}^{i-1} \text{Event}_j\right) &\geq \frac{|E(G/F_i) - E(C_{\min})|}{|E(G/F_i)|} \\
&\geq 1 - \frac{k}{\frac{k\cdot(n-i+1)}{2}} \qquad (5.3)\\
&= 1 - \frac{2}{(n-i+1)}.
\end{aligned}$$

für $i = 2, \ldots, n-1$. Wenn wir (5.3) in (5.1) einsetzen, erhalten wir

$$\begin{aligned}
\text{Wahr}\left(\bigcap_{j=1}^{n-2} \text{Event}_j\right) &\geq \prod_{i=1}^{n-2}\left(1 - \frac{2}{n-i+1}\right) \\
&= \prod_{l=n}^{3}\left(\frac{l-2}{l}\right) \\
&= \frac{2}{n\cdot(n-1)} = \frac{1}{\binom{n}{2}}.
\end{aligned}$$

□

Aufgabe 5.2.2. Modifizieren Sie den Algorithmus KONTRAKTION, indem Sie statt eine Kante zufällig zu wählen und zu kontrahieren, zufällig zwei Knoten aussuchen und in einem neuen Knoten zusammenfassen. Finden Sie eine unendliche Folge von Multigraphen, für die dieser modifizierte Algorithmus eine optimale Lösung mit einer Wahrscheinlichkeit findet, die mit wachsendem n exponentiell gegen 0 geht.

Satz 5.2.1 garantiert uns, in einem Lauf von KONTRAKTION mit einer Wahrscheinlichkeit größer gleich

$$\frac{2}{n\cdot(n-1)} > \frac{2}{n^2}$$

ein Optimum zu erhalten. Wenn wir jetzt unabhängig $n^2/2$ Läufe des Algorithmus durchführen und dann das beste der $n^2/2$ Resultate als Ausgabe nehmen, ist die Wahrscheinlichkeit, keine optimale Lösung zu finden, höchstens

$$\left(1 - \frac{2}{n^2}\right)^{\frac{n^2}{2}} < \frac{1}{e}$$

und somit erhält man eine optimale Lösung mit einer Wahrscheinlichkeit von mindestens

$$1 - \frac{1}{e}.$$

Die Komplexität von KONTRAKTION$_{n^2/2}$ ist in

$$O(n^4).$$

Wir brauchen also $O(n^4)$ Zeit um mit einer konstanten Wahrscheinlichkeit eine optimale Lösung zu erhalten, die man in $O(n^3)$ deterministisch mit Sicherheit erhalten kann. Der ganze Aufwand scheint umsonst zu sein. Dies ist aber nicht der Fall. Die zu hohe Komplexität ist nur durch die naive Anwendung der Methode der Wahrscheinlichkeitsverstärkung entstanden, weil wir immer komplette Läufe wiederholt haben. Dies war hier aber nicht so klug, weil die Wahrscheinlichkeit, eine Kante aus $C_{\min}$ zu kontrahieren, mit der Anzahl der durchgeführten Kontraktionen wächst. Für die ersten Kontraktionen beträgt diese Wahrscheinlichkeit nur

$$\frac{2}{n}, \frac{2}{n-1}, \frac{2}{n-2}, \frac{2}{n-3}, \frac{2}{n-4}, \ldots$$

aber für die letzte Kontraktionen sogar 2/3. Eine natürliche Idee ist, einfach auf die letzten[7] Kontraktionen zu verzichten, weil der erzeugte Multigraph G/F ausreichend klein ist, um den optimalen Schnitt für G/F effizient deterministisch zu berechnen. Wir formulieren den durch diese Idee entstandenen Algorithmus indem wir die Größe von G/F parametrisieren. Sei $l : \mathbb{N} \to \mathbb{N}$ eine monoton wachsende Funktion mit $1 \leq l(n) < n$ für alle $n \in \mathbb{N}$.

Algorithmus DETRAN (l)

Eingabe: Ein Multigraph $G = (V, E, c)$ mit n Knoten, $n \in \mathbb{N}$, $n \geq 3$.
Schritt 1: Wende den Algorithmus KONTRAKTION auf G an, um einen Multigraphen G/F mit $l(n)$ Knoten zu erzeugen.
Schritt 2: Wende den besten deterministischen Algorithmus an, um einen optimalen minimalen Schnitt D von G/F zu berechnen.
Ausgabe: D

Wir analysieren zunächst, welchen Einfluss der Austausch des Algorithmus KONTRAKTION durch DETRAN(l) auf

[7]Wie viele Kontraktionen als die letzten betrachtet werden sollen, werden wir bald analysieren.

(i) die Verstärkung der Erfolgswahrscheinlichkeit und
(ii) das Wachstum der Komplexität[8]

hat, wobei wir in dieser Analyse l als einen frei wählbaren Parameter betrachten.

Lemma 5.2.3. *Sei* $l : \mathbb{N} \to \mathbb{N}$ *eine monoton wachsende Funktion mit* $1 \leq l(n) < n$. *Der Algorithmus* DETRAN(l) *arbeitet in der Zeit*

$$O\big(n^2 + (l(n))^3\big)$$

und er findet eine optimale Lösung mit einer Wahrscheinlichkeit von mindestens

$$\frac{\binom{l(n)}{2}}{\binom{n}{2}}.$$

Beweis. Analysieren wir zuerst die Komplexität von DETRAN(l). In Schritt 1 werden $n - l(n)$ Kontraktionen durchgeführt und jede Kontraktion kann man in Zeit $O(n)$ realisieren. Somit kann der erste Schritt in $O((n - l(n)) \cdot n) = O(n^2)$ Zeit durchgeführt werden. Für den zweiten Schritt verwenden wir den erwähnten deterministischen Algorithmus, der in Zeit $O((l(n))^3)$ einen optimalen Schnitt G/F findet. Zusammenfassend ist die Komplexität von DETRAN(l) in

$$O\big(n^2 + (l(n))^3\big).$$

Analysieren wir jetzt die Erfolgswahrscheinlichkeit von DETRAN(l). Dazu betrachten wir wie im Beweis von Satz 5.2.1 einen bestimmten optimalen Schnitt $C_{\min}$. Der Algorithmus DETRAN(l) ist offensichtlich erfolgreich, wenn $C_{\min}$ ein Schnitt in G/F ist. Das entsprechende Ereignis ist genau

$$\bigcap_{i=1}^{n-l(n)} \text{Event}_i.$$

Wenn wir (5.1), (5.2) und (5.3) anwenden, erhalten wir die folgende untere Schranke auf die Wahrscheinlichkeit dieses Ereignisses und somit auch auf die Wahrscheinlichkeit, einen optimalen Schnitt zu finden:

$$\text{Wahr}\left(\bigcap_{i=1}^{n-l(n)} \text{Event}_i\right) \geq \prod_{i=1}^{n-l(n)} \left(1 - \frac{2}{n-i+1}\right)$$

[8] mit der wir für diese Wahrscheinlichkeitsverstärkung bezahlen

$$= \frac{\prod_{i=1}^{n-2}(1-\frac{2}{n-i+1})}{\prod_{j=n-l(n)+1}^{n-2}(1-\frac{2}{n-j+1})}$$

$$= \frac{\frac{1}{\binom{n}{2}}}{\frac{1}{\binom{l(n)}{2}}} = \frac{\binom{l(n)}{2}}{\binom{n}{2}}.$$

□

Weil

$$\frac{n^2}{(l(n))^2} \geq \frac{\binom{n}{2}}{\binom{l(n)}{2}},$$

führen $\frac{n^2}{(l(n))^2}$ unabhängige Läufe von DETRAN(l) zu einem randomisierten Algorithmus, der in der Zeit

$$O\left((n^2+(l(n))^3)\cdot\frac{n^2}{(l(n))^2}\right) = O\left(\frac{n^4}{(l(n))^2}+n^2\cdot l(n)\right) \tag{5.4}$$

einen minimalen Schnitt von G mit einer Wahrscheinlichkeit mindestens

$$1-\frac{1}{e}$$

berechnet. Die beste[9] Wahl von l bezüglich der Zeitkomplexität ist

$$l(n) = \lfloor n^{2/3} \rfloor$$

und für diese Wahl erhalten wir das folgende Resultat.

Satz 5.2.4. *Der Algorithmus* DETRAN$(\lfloor n^{2/3}\rfloor)_{n^2/\lfloor n^{2/3}\rfloor}$ *arbeitet in Zeit* $O(n^{8/3})$ *und berechnet einen optimalen Schnitt mit einer Wahrscheinlichkeit größer als* $1-e^{-1}$.

Jetzt haben wir einen randomisierten Algorithmus, der asymptotisch schneller als der beste bekannte deterministische Algorithmus ist und dessen Fehlerwahrscheinlichkeit man beliebig[10] verringern kann. Trotzdem sind wir mit diesem randomisierten Algorithmus[11] nicht ganz zufrieden. Die Entwurfsstrategie ist noch zu einfach, um wirklich mit der Anzahl der Kontraktionen die

---

[9]Um den Ausdruck (5.4) zu minimieren, muss man ein l suchen, so dass $\frac{n^4}{(l(n))^2} = n^2\cdot l(n)$ gilt.

[10]Die Fehlerwahrscheinlichkeit läuft mit exponentieller Geschwindigkeit bezüglich der Anzahl der wiederholten Läufe gegen 0.

[11]mit unserem Entwurfsprodukt

ständig wachsende Fehlerwahrscheinlichkeit genau genug zu berücksichtigen. Im Algorithmus DETRAN(l) haben wir einfach die Erfolgswahrscheinlichkeitsverstärkung durch das deterministische Rechnen[12] in der letzten Phase des Algorithmus erhöht und dadurch haben weniger wiederholte Läufe ausgereicht, um mit konstanter Wahrscheinlichkeit einen minimalen Schnitt zu erhalten.

Wenn wir das Wachstum der Fehlerwahrscheinlichkeit

$$\frac{2}{n}, \frac{2}{n-1}, \frac{2}{n-2}, \frac{2}{n-3}, \ldots, \frac{2}{3}$$

in den einzelnen Kontraktionsschritten beobachten, liegt die Idee nahe, dass man am Anfang der Arbeit weniger wiederholte Versuche braucht als bei den letzten Kontraktionen. Wir werden diese Idee im Folgenden veranschaulichen. Der Algorithmus KONTRAKTION braucht n^2 wiederholte Läufe der Komplexität in $O(n^2)$, um einen minimalen Schnitt mit konstanter Wahrscheinlichkeit zu garantieren. Dieses entspricht dem Bild in Fig. 5.2, wo man n^2 Läufe des Algorithmus KONTRAKTION parallel laufen lässt und die Komplexität jedes Laufes in $O(n^2)$ ist. Damit ist die Gesamtkomplexität dieses Vorhabens die Fläche des Rechtecks mit den Seitenlängen n^2 und $O(n^2)$, also $O(n^4)$.

Verfolgen wir jetzt die folgende Strategie (Fig. 5.3). Wir beginnen mit nur zwei parallelen Läufen. Nach einigen Kontraktionen, wenn die Fehlerwahrscheinlichkeit, eine ungünstige Kante zur Kontraktion zu wählen gestiegen ist, verzweigen wir diese Läufe in je 2 Läufe. Nach einigen weiteren Kontraktionsschritten verdoppeln wir die Anzahl der Läufe wieder, usw. Am Ende haben wir dann (wie auch in Fig. 5.2) $O(n^2)$ Läufe und nehmen den besten von $O(n^2)$ vielen ausgerechneten Schnitten. Also ist die Grundidee, bei den letzten Kontraktionsschritten ungefähr so viele wiederholte Läufe wie im naiven Ansatz zu verwenden, aber am Anfang (wo die Wahrscheinlichkeit, eine falsche Zufallswahl zu treffen klein ist) nur wenige. Für die Analyse der Komplexität und der Fehlerwahrscheinlichkeit ist es wichtig, die Anzahl der Kontraktionsschritte zwischen zwei Verdoppelungen der Läufe zu bestimmen. Wir werden die Anzahl der Läufe immer dann verdoppeln, wenn die Anzahl der Knoten der letzten Verdoppelung um den Faktor $1/\sqrt{2}$ geschrumpft ist. Weil wir $n-2$ Kontraktionen durchzuführen haben, ist die Anzahl der Blätter (Läufe am Ende des Algorithmus) tatsächlich in $O(n^2)$. Jetzt betrachten wir Fig. 5.3 und sehen, dass die Komplexität dieses Ansatzes der Summe der Längen aller Baumkanten[13] in den zwei binären Bäumen in Fig. 5.3 entspricht. Im Ver-

[12] wodurch wir mit hoher Wahrscheinlichkeit eine ungünstige Anzahl zu kontrahierender Kanten vermieden haben.

[13] genauer gesagt, der den Baumkanten entsprechenden Berechnungsteilen

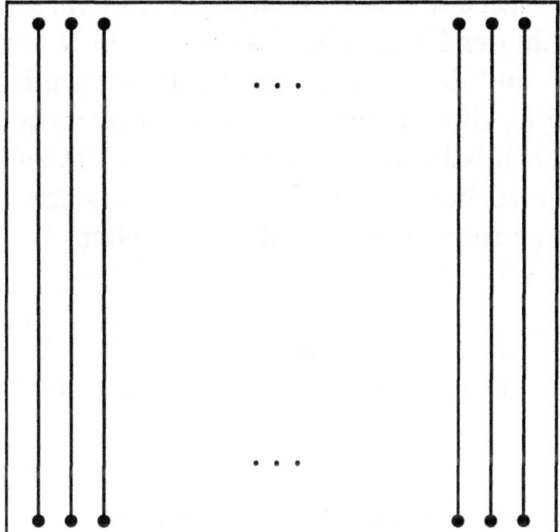

$O(n^2)$ Länge

Fig. 5.2

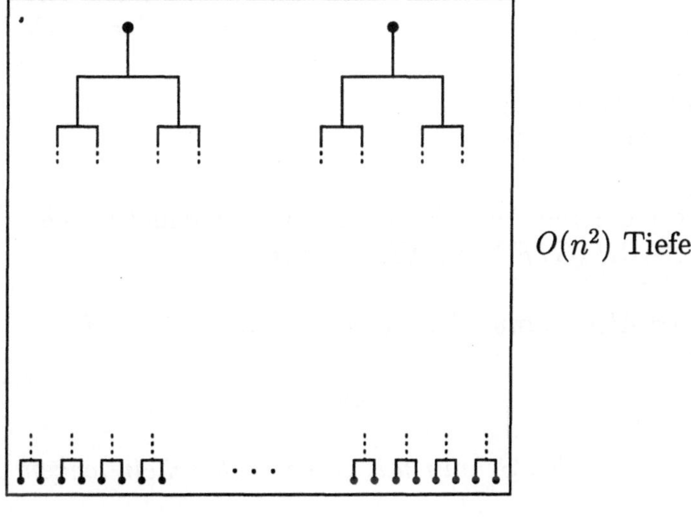

$O(n^2)$ Blätter

Fig. 5.3

gleich zu der Fläche des Bildes[14] sehen die Bäume relativ luftig aus und so könnte man intuitiv eine wesentlich kleinere Komplexität erwarten. Wenn wir noch bedenken, dass die Anzahl der Kanten in einem binären Baum mit $O(n^2)$ Blättern in $O(n^2 \cdot \log_2 n^2)$ ist und dass die Länge der Kanten mit der Anzahl der parallelen Läufe schrumpft, dürfen wir auf die Komplexität $O(n^2 \log n)$ hoffen. Dass die Fehlerwahrscheinlichkeit dieses Ansatzes nicht zu groß ist, ist ein bisschen anspruchsvollerer zu begründen. Bevor wir dies tun, werden wir zuerst den Algorithmus als eine rekursive Prozedur darstellen.

Algorithmus WBAUM(G)

Eingabe: Ein Multigraph $G = (V, E, c)$, $|V| = n$, $n \in \mathbb{N}$, $n \geq 3$.
Prozedur:

```
if n ≤ 6 then
   berechne deterministisch einen minimalen Schnitt
else
   begin
     h := ⌈1 + n/√2⌉;
     Führe zwei unabhängige Läufe von KONTRAKTION durch, um
     zwei Multigraphen G/F1 und G/F2 jeweils der Größe h zu erhal-
     ten;
     WBAUM(G/F1);
     WBAUM(G/F2)
   end
output den kleineren der beiden Schnitte berechnet durch
       WBAUM(G/F1) und WBAUM(G/F2)
```

Satz 5.2.5.* *Der Algorithmus* WBAUM *arbeitet in der Zeit*

$$O\left(n^2 \cdot \log n\right)$$

und findet einen minimalen Schnitt mit einer Wahrscheinlichkeit von mindestens

$$\frac{1}{\Omega(\log_2 n)}.$$

Beweis. Zuerst analysieren wir die Zeitkomplexität. Die Tiefe der binären Bäume in Fig. 5.3 entspricht der Anzahl der rekursiven Aufrufe von WBAUM.

[14] die in $\Theta(n^4)$ ist

Weil wir die Größe des Multigraphen zwischen zwei rekursiven Aufrufen (zwischen zwei Verdoppelungen der Läufe) um den Faktor $1/\sqrt{2}$ reduzieren, ist die Anzahl der rekursiven Aufrufe höchstens

$$\log_{\sqrt{2}} n \in O(\log_2 n)\,.$$

Gemäß der Komplexitätsanalyse des Algorithmus KONTRAKTION ist die Zeitkomplexität der Reduktion eines Multigraphen G mit m Knoten zu einem Multigraphen G/F mit $\lceil 1 + \frac{m}{\sqrt{2}} \rceil$ Knoten in $O(m^2)$. Damit erhalten wir für $\mathrm{Time}_{\mathrm{WBAUM}}$ die folgende Rekurrenzgleichung:

$$\begin{aligned} &\mathrm{Time}_{\mathrm{WBAUM}}(n) \in O(1) \text{ für } n \leq 6, \text{ und} \\ &\mathrm{Time}_{\mathrm{WBAUM}}(n) = 2 \cdot \mathrm{Time}_{\mathrm{WBAUM}}\left(\left\lceil 1 + \frac{n}{\sqrt{2}} \right\rceil\right) + O(n^2)\,. \end{aligned} \tag{5.5}$$

Es ist leicht zu überprüfen, dass

$$\mathrm{Time}_{\mathrm{WBAUM}}(n) = \Theta(n^2 \cdot \log_2 n).$$

Im Folgenden geben wir eine untere Schranke für die Erfolgswahrscheinlichkeit des Algorithmus WBAUM an. Wieder analysieren wir die Wahrscheinlichkeit, einen bestimmten minimalen Schnitt $C_{\min}$ mit $|E(C_{\min})| = k$ zu berechnen.

Wir stellen uns zunächst die folgende Frage. Sei p_l die Wahrscheinlichkeit des Ereignisses, dass der Multigraph G/F_i ($i = 1, 2$) der Größe $\lceil 1 + (l/\sqrt{2}) \rceil$ den minimalen Schnitt $C_{\min}$ noch enthält, wenn der Multigraph G/F mit l Knoten zu Beginn der letzten Verzweigung[15] $C_{\min}$ enthalten hat. Wie groß ist p_l? Gemäß der Analyse des Algorithmus DETRAN gilt

$$p_l \geq \frac{\binom{\lceil 1 + \frac{l}{\sqrt{2}} \rceil}{2}}{\binom{l}{2}} = \frac{\left\lceil 1 + \frac{l}{\sqrt{2}} \right\rceil \cdot \left(\left\lceil 1 + \frac{l}{\sqrt{2}} \right\rceil - 1\right)}{l \cdot (l-1)} \geq \frac{1}{2}.$$

Sei $\mathrm{Wahr}(n)$ die Wahrscheinlichkeit, dass WBAUM einen minimalen Schnitt eines Multigraphen von n Knoten findet. Dann ist

$$p_l \cdot \mathrm{Wahr}\left(\left\lceil 1 + \frac{l}{\sqrt{2}} \right\rceil\right)$$

für $i \in \{1, 2\}$ eine untere Schranke für die bedingte Wahrscheinlichkeit, dass WBAUM den Schnitt $C_{\min}$ bei der Reduktion von G/F zu G/F_i und danach

[15] nachdem G/F_1 und G/F_2 erzeugt worden sind

bei dem rekursiven Aufruf WBAUM(G/F_i) ausgibt, wenn G/F den Schnitt $C_{\min}$ noch enthalten hat. Weil WBAUM ausgehend von G/F zwei unabhängige Läufe von KONTRAKTION mit den Ausgaben G/F_1 und G/F_2 durchführt, ist

$$\left(1 - p_l \cdot \text{Wahr}\left(\left\lceil 1 + \frac{l}{\sqrt{2}} \right\rceil\right)\right)^2$$

eine obere Schranke für die bedingte Wahrscheinlichkeit, dass WBAUM(G/F) den Schnitt $C_{\min}$ nicht berechnet, wenn G/F den Schnitt $C_{\min}$ enthält. Somit erhalten wir die folgende Rekurrenzgleichung für Wahr(n):

$$\begin{aligned}
\text{Wahr}(2) &= 1, \text{ und} \\
\text{Wahr}(l) &\geq 1 - \left(1 - p_l \cdot \text{Wahr}\left(\left\lceil 1 + \frac{l}{\sqrt{2}} \right\rceil\right)\right)^2 \\
&\geq 1 - \left(1 - \frac{1}{2} \cdot \text{Wahr}\left(\left\lceil 1 + \frac{l}{\sqrt{2}} \right\rceil\right)\right)^2 \qquad (5.6)
\end{aligned}$$

Man kann zeigen, dass jede Funktion Wahr, die (5.6) erfüllt, in $\Theta(\frac{1}{\log_2 n})$ ist. □

Aufgabe 5.2.6. Zeigen Sie, dass die Lösung der Rekurrenzgleichung (5.5) eine Funktion in $\Theta(n^2 \cdot \log n)$ ist.

Aufgabe 5.2.7. Zeigen Sie, dass für jede Funktion Wahr, die (5.6) erfüllt, Wahr$(n) \geq \frac{1}{\Omega(\log_2 n)}$ gelten muss.

Aufgabe 5.2.8.* Analysieren Sie die Erfolgswahrscheinlichkeit und die Zeitkomplexität von WBAUM für die folgende Reduktionsgröße zwischen zwei Verzweigungen:

(i) von l zu $\lfloor \frac{l}{2} \rfloor$
(ii) von l zu $\sqrt{l}$
(iii) von l zu $\frac{l}{\log_2 l}$
(iv) von l zu $l - \sqrt{l}$.

Nach Satz 5.2.5 reichen $O(\log_2 n)$ Wiederholungen des Algorithmus WBAUM aus, um einen minimalen Schnitt mit einer konstanten Wahrscheinlichkeit zu finden. Schon bei $O((\log_2 n)^2)$ Wiederholungen geht die Fehlerwahrscheinlichkeit mit wachsenden n gegen 0 und man kann den Algorithmus als praktisch anwendbar betrachten. Seine Komplexität wird bei $O((\log_2 n)^2)$ Wiederholungen in

$$O\big(n^2 \cdot (\log_2 n)^3\big)$$

liegen, was wesentlich besser ist als die Komplexität $O(n^3)$ des besten deterministischen Verfahrens und die Komplexität $O\big(n^{8/3}\big)$ des randomisierten Algorithmus $\mathrm{DETRAN}\big(\lfloor n^{2/3} \rfloor\big)_{n^2/\lfloor n^{2/3} \rfloor}$. Die Idee, unterschiedliche Teile der Berechnungen unterschiedlich häufig wiederholen zu lassen, kann in gewissen Situationen also sehr fruchtbar sein.

5.3 Wiederholte Stichproben und Erfüllbarkeit

In diesem Abschnitt kombinieren wir die Methode der Wahrscheinlichkeitsverstärkung mit der Methode der Stichproben und der lokalen Suche, um einen Algorithmus zu entwerfen, der das 3-Erfüllbarkeitsproblem[16] (3SAT) für Instanzen nichttrivialer Größe noch in akzeptabler Zeit lösen kann. 3SAT ist ein bekanntes NP-vollständiges Problem und man hat bisher keinen polynomiellen randomisierten Algorithmus mit beschränktem Fehler für irgendein NP-schweres Problem gefunden. Unsere Erfahrungen mit der allgemeinen[17] Polynomialzeit deuten eher darauf hin, dass NP-schwere Probleme auch für randomisierte Polynomialzeitberechnungen schwer bleiben und somit exponentielle Sprünge in der Zeitkomplexität zwischen deterministischen und randomisierten Algorithmen nicht zu erwarten sind.[18] Deswegen streben wir im Falle des NP-schweren 3SAT-Problems den Entwurf eines praktikablen exponentiellen Algorithmus an. Tab. 5.1 zeigt, dass der Entwurf von Exponentialzeitalgorithmen ein sinnvolles und erstrebungswertes Ziel sein kann. Die horizontalen Werte von n geben die betrachteten Eingabegrößen $10, 50, 100$ und 300 an und in der ersten Spalte stehen die betrachteten Laufzeiten. Die einzelnen Einträge der Tabelle geben dann die Anzahl der erforderlichen Operationen an. Wenn eine Zahl zu groß ist, steht in Klammern anstatt der Zahl die Anzahl der Dezimalstellen dieser Zahl.

Wenn wir ungefähr 10^{16} Operationen als Grenze des noch praktisch Durchführbaren betrachten, sehen wir, dass die Algorithmen mit Laufzeiten wie $n!$ oder 2^n schon für kleine Eingabegrößen nicht mehr anwendbar sind. Mit $2^{n/2}$ ist es schon möglich, Eingaben der Größe 100 zu bearbeiten und bei $(1,2)^n$

[16]Zur Erinnerung: Beim 3SAT-Problem sind die Eingabeinstanzen als Formeln in 3KNF gegeben., und die Aufgabe ist zu entscheiden, ob die gegebene Formel erfüllbar ist.

[17]Allgemein in dem Sinne des uneingeschränkten Berechnungsmodells, also allgemeiner Algorithmen.

[18]Die eindrucksvollste Vorführung der Stärke der Randomisierung gegenüber dem Determinismus finden wir in eingeschränkten Szenarien einfacherer Rechnermodelle wie z.B. bei endlichen Automaten, Kellerautomaten oder Kommunikationsprotokollen.

$f(n)$ \ n	10	50	100	300
$n!$	$\approx 3,6 \cdot 10^6$	(65 Ziffern)	(158 Ziffern)	(625 Ziffern)
2^n	1024	(16 Ziffern)	(31 Ziffern)	(91 Ziffern)
$2^{n/2}$	32	$\approx 33 \cdot 10^6$	(16 Ziffern)	(46 Ziffern)
$(1,2)^n$	$\approx 6,19$	9100	$\approx 8,2 \cdot 10^7$	(24 Ziffern)
$10 \cdot 2^{\sqrt{n}}$	≈ 30	≈ 1345	10240	$\approx 1,64 \cdot 10^6$
$n^2 \cdot 2^{\sqrt{n}}$	895	≈ 336158	$1,024 \cdot 10^7$	$\approx 1,48 \cdot 10^{11}$
n^6	10^6	$1,54 \cdot 10^{10}$	10^{12}	$\approx 7,29 \cdot 10^{14}$

Tab. 5.1

kann man noch viel weiter gehen. Algorithmen mit exponentiellen Laufzeiten wie $10 \cdot 2^{\sqrt{n}}$ oder $n^2 \cdot 2^{\sqrt{n}}$ sind noch für relativ große Problemfälle praktikabel und wie aus Tab. 5.1 zu erkennen, sogar effizienter als für eine polynomielle Laufzeit von n^6 für $n \leq 300$. Dabei laufen diese exponentiellen Algorithmen auf schnellen Rechnern im Sekundenbereich, was man von einem n^6-Algorithmus für Eingaben länger als 100 nicht sagen kann.

Unsere Zielsetzung besteht hier darin, einen 1MC-Algorithmus zu entwerfen, der für jede Formel F in 3KNF über n Variablen in der Zeit

$$O\left(|F| \cdot n^{\frac{3}{2}} \cdot \left(\frac{4}{3}\right)^n\right)$$

arbeitet.[19] Diese Laufzeit kann man nicht nur durch reine Stichproben für eine beliebige Formel F in 3KNF erreichen. Wenn nämlich F erfüllbar ist, aber nur eine oder wenige Belegungen F erfüllen, würde man $\Omega(2^n)$ Stichproben brauchen, um eine solche Belegung zu finden.

Aufgabe 5.3.9. Sei F eine Formel über n Variablen, die bei genau k Belegungen erfüllt ist. Wieviele zufällige Stichproben aus der Menge $\{0,1\}^n$ sind notwendig, um mit einer Wahrscheinlichkeit mindestens $1/2$ eine Belegung zu finden, die F erfüllt?

[19]Durch $|F|$ bezeichnen wir die Länge der Formel F, also die Eingabelänge. Offensichtlich ist $n \leq |F|$.

Die Entwurfsidee für den Algorithmus ist einfach. Wir wiederholen höchstens

$$O\left(\sqrt{n}\cdot\left(\frac{4}{3}\right)^n\right)\text{-mal}$$

folgende einfache Prozedur. Wähle eine der 2^n Belegungen aus $\{0,1\}^n$ als eine Stichprobe und führe anschließend höchstens $3\cdot n$ Schritte einer lokalen Suche durch, um eine Belegung zu finden, die F erfüllt. Ein Schritt der lokalen Suche besteht in der Ausführung einer Flip-Operation, die genau ein Bit der aktuellen Belegung invertiert. Welches Bit invertiert wird, wird teilweise randomisiert bestimmt. Eine genauere Darstellung des Algorithmus folgt.

Algorithmus SCHÖNING

Eingabe: Eine Formel F in 3KNF über n Booleschen Variablen.
Schritt 1:

ANZAHL := 0;
HÖCHSTENS := $\lceil 20\cdot\sqrt{3\pi n}\cdot(\frac{4}{3})^n\rceil$;
GEFUNDEN := FALSE;
{In der Variable ANZAHL zählen wir die Anzahl der durchgeführten Stichproben. HÖCHSTENS ist die obere Schranke für die Anzahl der Stichproben, die wir bereit sind durchzuführen. Die Variable GEFUNDEN signalisiert uns, ob wir schon eine Belegung gefunden haben, die F erfüllt.}

Schritt 2:

```
while ANZAHL < HÖCHSTENS und GEFUNDEN = FALSE do
   begin
      ANZAHL := ANZAHL + 1;
      Generiere zufällig eine Belegung α ∈ {0,1}^n;
      if α erfüllt F then GEFUNDEN := TRUE;
      M := 0;
      while M < 3·n und GEFUNDEN = FALSE do
         begin
            M := M + 1;
            Finde eine Klausel C, die α nicht erfüllt.
            {Weil α die Formel F nicht erfüllt, muss es eine solche Klausel
             C geben. Wenn es mehrere solche Klauseln gibt, ist es egal,
             welche man nimmt.}
            Wähle zufällig eines der Literale von C und kehre den Wert
            der entsprechenden Variable um, um eine neue Belegung α
            zu erzeugen.
```

```
                {Man bemerke, dass α jetzt die Klausel C erfüllt.}
                if α erfüllt F then GEFUNDEN := TRUE;
             end
         end
Schritt 3:
     if GEFUNDEN = TRUE then
         output „F ist erfüllbar“
     else
         output „F ist nicht erfüllbar“.
```

Die Hauptschwierigkeit ist jetzt zu zeigen, dass die Stichproben mit anschließender kurzer zufälliger lokaler Suche eine wesentlich höhere Wahrscheinlichkeit für das Finden einer F erfüllenden Belegung haben als reine Stichproben.

Satz 5.3.10.* *Der Algorithmus* SCHÖNING *ist ein* 1MC-*Algorithmus für das* 3SAT-*Problem, der in der Zeit*

$$O\left(|F| \cdot n^{3/2} \cdot \left(\frac{4}{3}\right)^n\right)$$

für jede Probleminstanz F mit n Variablen läuft.

Beweis. Zuerst analysieren wir die Laufzeit im schlechtesten Fall. Schritt 1 kann man in Zeit $O(n^2 \cdot \log_2 n)$ durch wiederholtes Quadrieren durchführen und Schritt 3 erfordert nur $O(1)$ Operationen. Die Stichprobe mit der nachfolgenden lokalen Suche führt der Algorithmus höchstens

$$\left\lceil 20 \cdot \sqrt{3\pi n} \cdot \left(\frac{4}{3}\right)^n \right\rceil$$

mal durch. Jede lokale Suche besteht aus höchstens $3 \cdot n$ Schritten und jeden dieser Schritte kann man in Zeit $O(|F|)$ durchführen.[20] Somit ist die (für die gesamte Zeitkomplexität maßgebliche) Laufzeit des zweiten Schrittes in

$$O\left(|F| \cdot n^{\frac{3}{2}} \cdot \left(\frac{4}{3}\right)^n\right).$$

Jetzt wollen wir zeigen, dass der Algorithmus SCHÖNING ein 1MC-Algorithmus für 3SAT ist. Wie üblich, untersuchen wir die zwei Fälle bezüglich der Erfüllbarkeit von F.

[20] Eine Formel F kann in Zeit $O(|F|)$ für eine gegebene Belegung ausgewertet werden. Bei der Auswertung stellen wir fest, welche Klauseln erfüllt sind und welche nicht erfüllt sind.

Sei F nicht erfüllbar. Dann findet SCHÖNING keine Belegung, die F erfüllt, und gibt mit Sicherheit die richtige Antwort „F ist nicht erfüllt“ aus.

Sei F erfüllbar. Um eine untere Schranke für die Erfolgswahrscheinlichkeit zu bestimmen, untersuchen wir ähnlich wie im Abschnitt 5.2 die Wahrscheinlichkeit, eine bestimmte Belegung zu finden, die F erfüllt. Sei α^* eine Belegung, die F erfüllt, und sei p die Wahrscheinlichkeit, dass SCHÖNING durch eine Stichprobe, gefolgt von höchstens $3 \cdot n$ Schritten lokaler Suche, die Belegung α^* findet. Unser erstes Ziel ist zu zeigen, dass

$$p \geq \frac{1}{2 \cdot \sqrt{3\pi n}} \cdot \left(\frac{3}{4}\right)^n \tag{5.7}$$

gilt. Dazu unterteilen wir die Menge $\{0,1\}^n$ aller Belegungen von F in $n+1$ Klassen bezüglich ihrer Entfernung von α^*. Seien α und β zwei Belegungen. Wir definieren die Entfernung $\mathbf{Entf}\,(\boldsymbol{\alpha}, \boldsymbol{\beta})$ zwischen α und β als die Anzahl unterschiedlicher Bits (d.h. die Anzahl der Flip-Operationen, die notwendig sind, um von α nach β oder umgekehrt zu gelangen). Für jedes $j = 0, 1, 2, \ldots, n$ definieren wir die Belegungsklasse

$$Class\,(j) = \{\beta \in \{0,1\}^n \mid \mathrm{Entf}\,(\alpha^*, \beta) = j\}.$$

Diese $n+1$ Klassen sind paarweise disjunkt und bilden eine Partitionierung von $\{0,1\}^n$. Offensichtlich gilt $Class\,(0) = \{\alpha^*\}$ und

$$|Class\,(j)| = \binom{n}{j}$$

für $j = 0, 1, \ldots, n$. Die Kernidee unserer Analyse ist, den Ablauf der lokalen Suche als einen Lauf zwischen diesen Klassen (eine Abfolge dieser Klassen) zu betrachten. Um dies anschaulich darzustellen, nutzen wir den Graphen in Fig. 5.4. Der Knoten i in diesem Graphen entspricht der Klasse $Class\,(i)$ für $i = 0, 1, \ldots, n$ und wir sagen, dass sich der Algorithmus im Knoten i befindet, wenn die aktuelle Belegung α in $Class\,(i)$ ist. Unser Ziel ist offensichtlich im Knoten 0 anzukommen. Jeder lokale Schritt[21] ändert genau ein Bit der Belegung und damit entspricht er einer Bewegung zu einem benachbarten Knoten. Also können wir in einem lokalen Schritt entweder um eins näher an den Knoten n herankommen oder uns um eins vom Knoten n entfernen. Ausnahmen bilden nur die Knoten 0 und n. Aus dem Knoten n kann man nur in Richtung

[21] Durchführung einer Flip-Operation

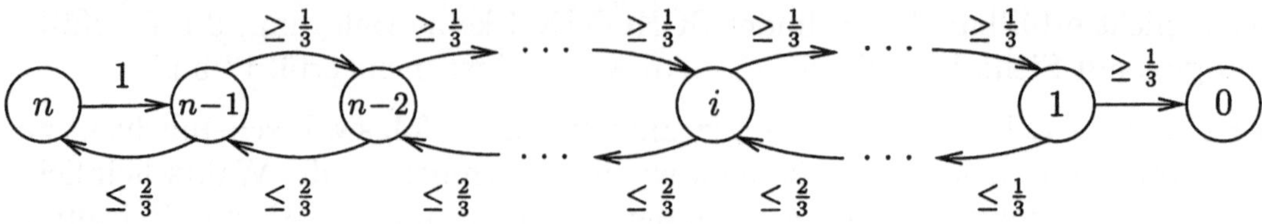

Fig. 5.4

des Knotens 0 gehen und den Knoten 0 wollen wir nicht mehr verlassen.[22] Wir behaupten jetzt, dass für $j = 1, 2, \dots, n-1$

die Wahrscheinlichkeit, in einem lokalen Schritt vom Knoten j zum Knoten $j-1$ überzugehen, mindestens $\frac{1}{3}$ ist. (5.8)

Dies lässt sich wie folgt begründen. Sei α die aktuelle Belegung aus *Class* (j) und sei C eine durch α nicht erfüllte Klausel. Die Klausel C enthält höchstens 3 Literale und hängt somit von höchstens 3 Variablen ab. Die Belegung α erfüllt keines dieser Literale. Weil α^* die Formel F und damit auch C erfüllt, hat mindestens eine dieser Variablen bei α^* einen anderen Wert als bei α. Der Algorithmus wählt eine dieser höchstens 3 Variablen zur Umkehrung zufällig aus und damit haben wir eine Wahrscheinlichkeit von mindestens 1/3, näher an α^* heran zu kommen. Somit ist die Wahrscheinlichkeit höchstens 2/3, sich in einem Schritt um 1 von α^* zu entfernen.[23]

Untersuchen wir jetzt für alle i, j mit $i \leq j \leq n$ die Wahrscheinlichkeit $q_{j,i}$, dass der Algorithmus aus der Klasse *Class* (j) (aus dem Knoten j) in $j + 2 \cdot i$ Schritten (genauer in $j + i$ Schritten in Richtung α^* und i Schritten in die Gegenrichtung) die Klasse *Class* (n) und somit α^* erreicht. Weil $j+2\cdot i \leq 3\cdot n$, ist ein solcher Verlauf für den Algorithmus immer möglich. Um eine untere Schranke für $q_{j,i}$ zu erhalten, stellen wir die Bewegung während der $j + 2 \cdot i$ Schritte entlang der Kanten des Graphen in Fig. 5.4 als ein Wort in $\{+, -\}^{j+2\cdot i}$ dar. Eine Bewegung in Richtung α^* (von links nach rechts in Fig. 5.4) wird durch + und in die Gegenrichtung durch − bezeichnet. Die Anzahl der Wörter über $\{+, -\}$ der Länge $j + 2 \cdot i$ mit genau i Symbolen − ist

$$\binom{j + 2 \cdot i}{i}.$$

[22] Wenn der Algorithmus den Knoten 0 erreicht, dann hält er.

[23] Offensichtlich besteht bei der Änderung eines Bits keine Möglichkeit, in der Klasse *Class* (j) zu bleiben.

Aber nicht jedes dieser Wörter entspricht einer möglichen Berechnung von Knoten j zum Knoten 0 in $j+2\cdot i$ Schritten. Nur diejenigen Wörter entsprechen einem möglichen Verlauf, bei denen alle Suffixe mindestens so viele Symbole + wie Symbole − enthalten. Das ist aber mindestens ein Drittel[24] der Anzahl der Wörter mit $i+j$ Symbolen + und somit gibt es mindestens

$$\frac{1}{3}\cdot\binom{j+2\cdot i}{i} \tag{5.9}$$

solche Wörter. Sei w ein beliebiges Wort aus dieser Menge. Weil das Symbol + mit einer Wahrscheinlichkeit von mindestens 1/3 auftritt und das Symbol − mit einer Wahrscheinlichkeit von höchstens 2/3 erscheint, ist die Wahrscheinlichkeit des zu w gehörigen Ereignisses mindestens

$$\left(\frac{1}{3}\right)^{j+i}\cdot\left(\frac{2}{3}\right)^{i}. \tag{5.10}$$

Aus (5.9) und (5.10) erhalten wir

$$q_{j,i}\geq\frac{1}{3}\cdot\binom{j+2\cdot i}{i}\cdot\left(\frac{1}{3}\right)^{j+i}\cdot\left(\frac{2}{3}\right)^{i}. \tag{5.11}$$

Sei q_j für $j=0,1,2,\ldots,n$ die Wahrscheinlichkeit, in höchstens $3\cdot n$ lokalen Schritten von einem $\alpha\in \mathit{Class}\,(j)$ aus α^* zu erreichen. Dann gilt[25]

$$q_j\geq\sum_{i=0}^{j}q_{j,i}. \tag{5.12}$$

Wenn wir (5.11) in (5.12) einsetzen, erhalten wir

$$\begin{aligned} q_j &\geq \sum_{i=0}^{j}\left[\frac{1}{3}\cdot\binom{j+2\cdot i}{i}\cdot\left(\frac{1}{3}\right)^{j+i}\cdot\left(\frac{2}{3}\right)^{i}\right] \\ &= \frac{1}{3}\cdot\sum_{i=0}^{j}\left[\binom{j+2\cdot i}{i}\cdot\left(\frac{1}{3}\right)^{j+i}\cdot\left(\frac{2}{3}\right)^{i}\right] \end{aligned}$$

[24]Man kann zeigen (Lemma A.21), dass die Anzahl solcher Wörter mindestens

$$\binom{j+2i-1}{i}-\binom{j+2i-1}{i-1}=\binom{j+2i}{i}\cdot\frac{1}{j+2i}$$

ist. Dann reicht es zu bemerken, dass $\frac{1}{j+2i}\geq\frac{1}{3}$ für alle $i<j$ mit $n\geq j\geq i$ ist.

[25]weil $j+2\cdot i\leq 3\cdot n$ für $0\leq i\leq j\leq n$

$$> \frac{1}{3} \cdot \binom{3 \cdot j}{j} \cdot \left(\frac{1}{3}\right)^{2 \cdot j} \cdot \left(\frac{2}{3}\right)^{j}$$

{Wir haben die Summe durch den einen Summanden für $i = j$ von unten abgeschätzt.}

Wenn wir jetzt die Stirlingsche Formel

$$r! = \sqrt{2\pi r}\left(\frac{r}{e}\right)^r \cdot \left(1 + \frac{1}{12r} + O\left(\frac{1}{r^2}\right)\right) \sim \sqrt{2\pi r} \cdot \left(\frac{r}{e}\right)^r$$

einsetzen, erhalten wir

$$\begin{aligned} q_j &\geq \frac{1}{3} \cdot \frac{(3 \cdot j)!}{(2 \cdot j)! \cdot j!} \cdot \left(\frac{1}{3}\right)^{2 \cdot j} \cdot \left(\frac{2}{3}\right)^{j} \\ &\geq \frac{1}{3} \cdot \frac{\sqrt{2\pi \cdot 3j} \cdot \left(\frac{3 \cdot j}{e}\right)^{3 \cdot j}}{\sqrt{2\pi \cdot 2j} \cdot \left(\frac{2 \cdot j}{e}\right)^{2 \cdot j} \cdot \sqrt{2\pi j} \cdot \left(\frac{j}{e}\right)^{j}} \cdot \left(\frac{1}{3}\right)^{2 \cdot j} \cdot \left(\frac{2}{3}\right)^{j} \\ &= \frac{1}{3} \cdot \frac{\sqrt{3}}{2 \cdot \sqrt{\pi j}} \cdot \frac{3^{3 \cdot j}}{2^{2 \cdot j}} \cdot \left(\frac{1}{3}\right)^{2 \cdot j} \cdot \left(\frac{2}{3}\right)^{j} \\ &= \frac{1}{2 \cdot \sqrt{3\pi j}} \cdot \left(\frac{1}{2}\right)^{j}. \end{aligned} \tag{5.13}$$

Weil die Stichproben nach der Gleichverteilung durchgeführt werden, bestimmt die Mächtigkeit der Klassen *Class* (j) die Wahrscheinlichkeit p_j, dass ein durch die Stichprobe bestimmtes initiales α in *Class* (j) liegt. Somit gilt

$$p_j \leq \binom{n}{j} / 2^n. \tag{5.14}$$

Offensichtlich gilt

$$\begin{aligned} p &= \text{Wahr}\left(\begin{array}{l}\text{SCHÖNING findet } \alpha^* \text{mit einer Stich-} \\ \text{probe und anschließender lokaler Suche}\end{array}\right) \\ &\geq \sum_{j=0}^{n} p_j \cdot q_j. \end{aligned} \tag{5.15}$$

Wenn wir jetzt (5.13) und (5.14) in (5.15) einsetzen, erhalten wir

$$p > \sum_{j=0}^{n} \left[\left(\frac{1}{2}\right)^n \cdot \binom{n}{j} \cdot \left(\frac{1}{2 \cdot \sqrt{3\pi j}} \cdot \left(\frac{1}{2}\right)^j\right)\right]$$

$$\geq \frac{1}{2 \cdot \sqrt{3\pi n}} \cdot \left(\frac{1}{2}\right)^n \cdot \sum_{j=0}^{n} \left[\binom{n}{j} \cdot \left(\frac{1}{2}\right)^j\right]$$

$$= \frac{1}{2 \cdot \sqrt{3\pi n}} \cdot \left(\frac{1}{2}\right)^n \cdot \left(1 + \frac{1}{2}\right)^n$$

{Weil man $\binom{n}{j} \cdot \left(\frac{1}{2}\right)^j$ als $\binom{n}{j} \cdot \left(\frac{1}{2}\right)^j \cdot 1^{n-j}$ schreiben und dann den Binomischen Satz anwenden kann}

$$= \frac{1}{2 \cdot \sqrt{3\pi n}} \cdot \left(\frac{3}{4}\right)^n = \widetilde{p}. \tag{5.16}$$

Damit ist die Wahrscheinlichkeit, dass der Algorithmus durch eine Stichprobe mit nachfolgender lokaler Suche keine Belegung findet, die F erfüllt, höchstens

$$1 - \widetilde{p}.$$

Deswegen ist die Fehlerwahrscheinlichkeit nach t wiederholten Versuchen höchstens

$$(1 - \widetilde{p})^t \leq e^{-\widetilde{p} \cdot t}. \tag{5.17}$$

Wenn wir $t = \text{HÖCHSTENS} = 20 \cdot \sqrt{3\pi n} \cdot \left(\frac{4}{3}\right)^n$ und (5.16) in (5.17) einsetzen, dann erhalten wir

$$\text{Fehler}_{\text{SCHÖNING}}(F) \leq (1 - \widetilde{p})^t \leq e^{-10} < 5 \cdot 10^{-5}.$$

Damit haben wir bewiesen, dass der Algorithmus SCHÖNING ein Monte Carlo-Algorithmus mit einseitigem Fehler für 3SAT ist. □

Wir haben gesehen, dass man durch geschickte Erweiterung der Methode der Stichproben die Anzahl der wiederholenden Stichproben wesentlich reduzieren kann. Das hier vorgeführte Konzept von Schöning kann man auch auf das kSAT-Problem für ein beliebiges festes k erweitern.

Aufgabe 5.3.11. Erweitern Sie den Algorithmus SCHÖNING auf 4SAT. Bemerken Sie dabei, dass die Wahrscheinlichkeit, durch eine lokale Transformation in Richtung α^* zu gehen, auf 1/4 sinkt. Wieviele Wiederholungen der lokalen Suche sind also in diesem Fall notwendig?

Aufgabe 5.3.12.* Beweisen Sie, dass für jede Zahl $k \geq 5$ das Konzept von Schöning einen 1MC-Algorithmus für kSAT liefert, der in Zeit

$$O\left(|F| \cdot P(n) \cdot \left(2 - \frac{2}{k}\right)^n\right)$$

für einen Polynom P arbeitet.

5.4 Stichproben und Generierung von nicht-quadratischen Resten

In Abschnitt 5.3 haben wir angedeutet, dass es kein realistisches Ziel ist, zu versuchen, randomisierte polynomielle Algorithmen mit beschränktem Fehler für NP-schwere Probleme zu entwerfen. Das bedeutet jedoch bei weitem nicht, dass es keine randomisierten Polynomialzeitalgorithmen für Probleme geben kann, für die keine deterministischen Polynomialzeitalgorithmen existieren. Die Welt zwischen der Klasse P, also den in deterministischer Polynomialzeit lösbaren Entscheidungsproblemen, und der Klasse der NP-schweren Probleme kann noch sehr vielfältig sein. Es gibt Probleme, für die

(i) keine deterministische Polynomialzeitalgorithmen bekannt sind, und
(ii) kein Beweis über NP-Schwere vorliegt.

Ein theoretisch wie auch praktisch äußerst wichtiges Problem dieser Art ist die Faktorisierung von natürlichen Zahlen. Die besten deterministischen Faktorisierungsalgorithmen laufen in exponentieller Zeit, aber trotzdem sind die meisten Forscher in der Komplexitätstheorie davon überzeugt, dass die Faktorisierung nicht NP-schwer ist. Weil wir heute statt der Klasse P die Klasse von Problemen mit polynomiellen 2MC-Algorithmen als die Klasse von praktisch lösbaren Problemen betrachten, ist eine der zentralen Aufgaben der Algorithmik und Komplexitätstheorie, randomisierte Algorithmen für Probleme außerhalb von P, aber nicht in der Klasse NP-schwerer Probleme, zu entwerfen. Für die Faktorisierung von Zahlen kennen wir noch keinen randomisierten Polynomialzeitalgorithmus,[26] aber es gibt andere Probleme mit den Eigenschaften (i) und (ii), für die man erfolgreich effiziente randomisierte Verfahren entwickelt hat. Ein schon im Abschnitt 4.5 vorgeführtes Beispiel ist der randomisierte 1MC-Algorithmus für den Vergleich von zwei Polynomen, der hauptsächlich auf der Methode der Fingerabdrücke beruht. Hier wollen wir noch weiter gehen und sogar einen effizienten Las Vegas-Algorithmus für ein Problem mit den Eigenschaften (i) und (ii) entwerfen.

Wir betrachten das Problem der Generierung eines nicht-quadratischen Restes modulo p für eine gegebene Primzahl p. Ein **quadratischer Rest** in dem

[26] Wir kennen aber einen polynomiellen Quantenalgorithmus für die Faktorisierung. Wir können zwar noch keine Quantenrechner bauen, aber die Quantenberechnungen kann man als eine Verallgemeinerung der randomisierten Berechnungen betrachten und dies wirft viele interessante Fragen auf.

Körper $\mathbb{Z}_p$ ist jede Zahl $a \in \mathbb{Z}_p$, so dass ein x mit

$$a = x^2 \bmod p$$

existiert. Ein **nicht-quadratischer Rest** ist jede Zahl $b \in \mathbb{Z}_p$, so dass für alle $d \in \mathbb{Z}_p$

$$d^2 \not\equiv b \pmod{p},$$

d.h. jede Zahl aus $\mathbb{Z}_p$, die kein quadratischer Rest ist. Wir können also unser Problem wie folgt darstellen.

Generierung eines nicht-quadratischen Restes

Eingabe: Eine Primzahl $p > 2$.
Ausgabe: Ein nicht-quadratischer Rest modulo p.

Dieses Problem betrachtet man meistens für Primzahlen, deren Dezimaldarstellung mehrere Hunderte Ziffern lang ist. Dann ist es offensichtlich nicht möglich, alle[27] Zahlen aus $\mathbb{Z}_p$ darauf zu testen, ob eine von ihnen ein nicht-quadratischer Rest ist. Man bemerke, dass die hier zu betrachtende Eingabelänge von p die Länge $\lceil \log_2(p+1) \rceil$ ihrer binären Darstellung ist, und somit $|\mathbb{Z}_p| = p$ exponentiell in der Eingabelänge ist.

Bemerkenswert ist auch die Tatsache, dass das „duale" Problem der Generierung eines quadratisches Restes trivial ist. Man nimmt eine beliebige Zahl x und berechnet den quadratischen Rest $x^2 \bmod p$. Außerdem ist 1 für jede Primzahl p ein quadratischer Rest.

Aufgabe 5.4.13. Bestimmen Sie alle nicht-quadratischen Reste für

(i) $p = 5$,
(ii) $p = 11$,
(iii) $p = 17$.

Wir wollen zeigen, dass die Methode der Stichproben auf eine sehr einfache Weise dieses Problem lösen kann. Wir nehmen ein paar Stichproben aus $\{1, 2, \ldots, p-1\}$, und mit einer akzeptablen Wahrscheinlichkeit befindet sich unter den Stichproben ein nicht-quadratischer Rest. Um den Leser davon zu überzeugen, dass diese einfache Idee funktioniert, müssen wir die folgenden zwei Tatsachen beweisen:

[27] mehr als die Anzahl der Protonen im bekannten Universum

(A) Für jede Primzahl p und jedes $a \in \mathbb{Z}_p$ kann man effizient deterministisch entscheiden, ob a ein quadratischer Rest oder ein nicht-quadratischer Rest modulo p ist.

(B) Für jede Primzahl p sind genau die Hälfte der Elemente aus $\mathbb{Z}_p - \{0\}$ nicht-quadratische Reste, daher liefert eine Stichprobe aus $\{1, 2, \ldots, p-1\}$ nach der Gleichverteilung einen nicht-quadratischen Rest mit einer Wahrscheinlichkeit von $1/2$.

Wir präsentieren zuerst das Eulersche Kriterium um (A) zu zeigen. Im Folgenden benutzen wir auch -1 um das additive Inverse $p-1$ zu 1 in $\mathbb{Z}_p$ zu bezeichnen. Die Begriffe und Resultate der Zahlen- und Gruppentheorie, die im Folgenden benutzt werden, werden im Anhang detailliert vorgestellt.

Satz 5.4.14. Eulersches Kriterium
Sei p mit $p > 2$ eine Primzahl. Für jedes $a \in \{1, 2, \ldots, p-1\}$

(i) wenn a ein quadratischer Rest modulo p ist, dann gilt

$$a^{(p-1)/2} \equiv 1 \pmod{p},$$

und

(ii) wenn a ein nicht-quadratischer Rest modulo p ist, dann gilt

$$a^{(p-1)/2} \equiv p - 1 \pmod{p}.$$

Beweis. Nach dem kleinen Satz von Fermat (Satz A.2.28) gilt

$$a^{p-1} \equiv 1 \pmod{p},$$

d.h.

$$a^{p-1} - 1 \equiv 0 \pmod{p}, \tag{5.18}$$

für alle $a \in \{1, 2, \ldots, p-1\}$.

Weil $p > 2$ gilt und p ungerade ist, gibt es ein[28] $p' \geq 1$, so dass

$$p = 2 \cdot p' + 1. \tag{5.19}$$

Wenn wir (5.19) in (5.18) einsetzen, erhalten wir

$$a^{p-1} - 1 = a^{2 \cdot p'} - 1 = (a^{p'} - 1) \cdot (a^{p'} + 1) \equiv 0 \pmod{p}. \tag{5.20}$$

[28] $p' = (p-1)/2$

Wenn ein Produkt zweier Zahlen durch eine Primzahl teilbar ist, dann muss einer der Faktoren durch p teilbar sein.[29] Deswegen folgt aus (5.20), dass

$$a^{(p-1)/2} - 1 \equiv 0 \pmod{p} \text{ oder } a^{(p-1)/2} + 1 \equiv 0 \pmod{p}$$

gilt und somit

$$a^{(p-1)/2} \equiv 1 \pmod{p} \text{ oder } a^{(p-1)/2} \equiv -1 \pmod{p}.$$

Damit wissen wir, dass

$$a^{(p-1)/2} \bmod p \in \{1, p-1\} \tag{5.21}$$

für jedes a. Jetzt sind wir bereit, die Behauptungen (i) und (ii) zu beweisen.

(i) Sei a ein quadratischer Rest modulo p. Dann existiert ein $x \in \mathbb{Z}_p$, so dass

$$a \equiv x^2 \pmod{p}$$

gilt. Weil $x^{p-1} \equiv 1 \pmod{p}$ nach dem Satz von Fermat, erhalten wir

$$a^{(p-1)/2} \equiv \left(x^2\right)^{(p-1)/2} \equiv x^{p-1} \equiv 1 \pmod{p}.$$

(ii) Sei a ein nicht-quadratischer Rest modulo p. Nach (5.21) reicht es aus zu zeigen, dass $a^{(p-1)/2} \bmod p \neq 1$. Weil $(\mathbb{Z}_p^*, \odot_{\bmod p})$ eine zyklische Gruppe[30] ist, existiert ein Generator g von $\mathbb{Z}_p^*$. Weil a ein nicht-quadratischer Rest ist, ist a eine ungerade Potenz von g, d.h.

$$a = g^{2 \cdot l+1} \bmod p$$

für eine ganze Zahl $l \geq 0$. Somit ist

$$a^{(p-1)/2} \equiv \left(g^{2 \cdot l+1}\right)^{(p-1)/2} \equiv g^{l \cdot (p-1)} \cdot g^{(p-1)/2} \pmod{p}. \tag{5.22}$$

Der Satz von Fermat impliziert $g^{p-1} \bmod p = 1$ und somit auch

$$g^{l \cdot (p-1)} \equiv \left(g^{p-1}\right)^l \equiv 1^l \equiv 1 \pmod{p}. \tag{5.23}$$

Wenn wir (5.23) in (5.22) einsetzen, erhalten wir

$$a^{(p-1)/2} \equiv g^{(p-1)/2} \pmod{p}.$$

[29] Dies folgt aus dem fundamentalen Satz der Arithmetik über die Eindeutigkeit der Faktorisierung (Satz A.2.3).

[30] Wir erinnern daran, dass $\mathbb{Z}_p - \{0\} = \mathbb{Z}_p^*$ für jede Primzahl p gilt.

Weil g ein Generator von $(\mathbb{Z}_p^*, \odot_{(\text{mod } p)})$ ist, hat g die Ordnung p und somit ist

$$g^{(p-1)/2} \bmod p \neq 1.$$

Somit ist auch $a^{(p-1)/2} \bmod p \neq 1$ und nach (5.21) erhalten wir

$$a^{(p-1)/2} \bmod p = -1 = p - 1.$$

□

Das Eulersche Kriterium bietet uns einen einfachen Weg zu testen, ob ein $a \in \{1, 2, \ldots, p-1\}$ ein quadratischer Rest oder ein nicht-quadratischer Rest ist. Es reicht aus, die Zahl

$$a^{(p-1)/2}$$

zu berechnen. Wir wissen, dass diese Zahl in $O(\log_2 p)$ Operationen[31] über $\mathbb{Z}_p$ durch wiederholtes Quadrieren (Abschnitt A.2) ausgerechnet werden kann. Damit ist die Aussage (A) bewiesen.

Der folgende Satz beweist nun die Behauptung (B).

Satz 5.4.15. *Für jede ungerade*[32] *Primzahl p sind genau die Hälfte der Elemente aus $\mathbb{Z}_p^*$ nicht-quadratische Reste modulo p.*

Beweis. Sei

$$\text{Quad}\,(p) = \{1^2 \bmod p,\ 2^2 \bmod p, \ldots, (p-1)^2 \bmod p\}$$

die Menge aller quadratischen Reste in $\mathbb{Z}_p^*$. Weil jedes Element aus $\mathbb{Z}_p^* = \{1, 2, \ldots, p-1\}$ entweder ein quadratischer Rest oder ein nicht-quadratischer Rest ist, reicht es aus zu zeigen, dass

$$|\text{Quad}\,(p)| = \frac{(p-1)}{2} \tag{5.24}$$

gilt. Wir beweisen die Gleichung (5.24), indem wir die zwei entsprechenden Ungleichungen $|\text{Quad}\,(p)| \leq \frac{(p-1)}{2}$ und $|\text{Quad}\,(p)| \geq \frac{(p-1)}{2}$ beweisen.[33]

[31] in $O\left((\log_2 p)^3\right)$ binären Operationen

[32] also für jede Primzahl $p \geq 3$

[33] Wir bemerken, dass es für die Lösung unseres Problems durch Stichproben hinreichend ist, nur die Ungleichung $|\text{Quad}\,(p)| \leq \frac{(p-1)}{2}$ zu zeigen.

(i) Für jedes $x \in \{1, 2, \ldots, p-1\}$ gilt

$$(p-x)^2 = p^2 - 2 \cdot p \cdot x + x^2 = p \cdot (p - 2 \cdot x) + x^2 \equiv x^2 \pmod{p}.$$

Somit erhalten wir

$$|\mathrm{Quad}\,(p)| \leq \frac{(p-1)}{2}.$$

(ii) Für die andere Ungleichung reicht es aus zu zeigen, dass jede Kongruenz

$$x^2 \equiv y^2 \pmod{p} \tag{5.25}$$

höchstens eine Lösung $y \in \{1, 2, \ldots, p-1\}$ verschieden von x hat. Ohne Einschränkung der Allgemeinheit setzen wir voraus, dass $y > x$, d.h. dass $y = x + i$ für ein $i \in \{1, 2, \ldots, p-2\}$. Weil

$$y^2 = (x+i)^2 = x^2 + 2 \cdot i \cdot x + i^2,$$

impliziert (5.25) die folgende Kongruenz

$$2 \cdot i \cdot x + i^2 = i \cdot (2 \cdot x + i) \equiv 0 \pmod{p}.$$

Weil $\mathbb{Z}_p$ ein Körper ist und $i \not\equiv 0 \pmod{p}$, muss

$$2 \cdot x + i \equiv 0 \pmod{p} \tag{5.26}$$

gelten.[34] Weil $i = -(2 \cdot x)$ die einzige Lösung[35] der Kongruenz (5.26) ist, gilt

$$|\mathrm{Quad}\,(p)| \geq \frac{(p-1)}{2}.$$

□

Jetzt können wir unseren Stichprobenalgorithmus für das Problem der Generierung eines nicht-quadratischen Restes vorstellen.

[34] Genauer gesagt, wenn das Produkt von zwei Elementen gleich 0 ist, dann muss eines der Elemente auch gleich 0 sein. Hier kann man aber auch noch einfacher argumentieren. Wenn ein Produkt zweier Zahlen durch eine Primzahl p teilbar ist, dann ist auch einer der Faktoren durch p teilbar.

[35] Jedes Element i hat genau ein additiv Inverses. Wenn $2 \cdot x < p$, dann ist $i = p - 2 \cdot x$ und wenn $2 \cdot x > p$, dann ist $i = -(2 \cdot x - p)$.

Algorithmus NQUAD

Eingabe: Eine Primzahl p.
Schritt 1: Wähle zufällig ein $a \in \{1, 2, \ldots, p-1\}$.
Schritt 2: Berechne

$$A := a^{(p-1)/2} \bmod p$$

mit dem Algorithmus des wiederholten Quadrierens.
Schritt 3:

```
if A = p − 1 then
   output „a“
else
   output „?“
```

Aus den oben bewiesenen Behauptungen (A) und (B) folgt, dass

(i) NQUAD nie einen Fehler macht[36], und
(ii) NQUAD einen nicht-quadratischen Rest mit der Wahrscheinlichkeit 1/2 findet.[37]

Damit ist NQUAD ein Las Vegas-Algorithmus für die Generierung von nicht-quadratischen Resten. Die Laufzeit des Algorithmus ist in $O(\log_2 p)$ bezüglich der Operationen über $\mathbb{Z}_p$ und in $O((\log_2 p)^3)$ bezüglich der Bitoperationen.

Aufgabe 5.4.16. Ändern Sie den Algorithmus NQUAD so ab, dass er immer mit einem nicht-quadratischen Rest hält[38] (d.h. die Ausgabe „?“ nie ausgegeben wird). Analysieren Sie die erwartete Laufzeit eines solchen Algorithmus.

Wir haben hier gezeigt, dass das Problem der Generierung von nicht-quadratischen Resten kein schweres Problem ist, weil wir es effizient mit einem praktikablen randomisierten Algorithmus lösen können. Der Grund dafür ist, dass die Hälfte der Elemente aus $\{1, 2, \ldots, p-1\}$ nicht-quadratische Reste sind. Deshalb könnte man vermuten, diese Problem ließe sich mit einer passenden Suchstrategie in $\{1, 2, \ldots, p-1\}$ auch deterministisch lösen. Bisher hat aber niemand eine solche geschickte Strategie gefunden, die in einer polylogarithmischen Laufzeit (also durch Testen von höchstens polylogarithmisch

[36] Dies folgt aus dem Eulerschen Kriterium (Satz 5.4.14).
[37] Dies folgt aus der Behauptung (B) (Satz 5.4.15).
[38] falls er überhaupt hält

vielen Elementen aus $\{1, 2, \ldots, p-1\}$) einen nicht-quadratischen Rest modulo p findet.[39] Wenn es keinen deterministischen polynomiellen Algorithmus für die Generierung von nicht-quadratischen Resten geben sollte, dann kann man dies so interpretieren, dass die Verteilung der nicht-quadratischer Reste in $\{1, 2, \ldots, p-1\}$ so chaotisch (zu einem hohen Maß zufällig) ist, dass es keine uniforme Strategie geben kann, die für ein gegebenes p nach polylogarithmisch vielen Proben einen nicht-quadratischen Rest findet.

5.5 Zusammenfassung

In diesem Kapitel haben wir die Wahrscheinlichkeitsverstärkung nicht nur als eine Methode zur Reduktion der Fehlerwahrscheinlichkeit von bereits entworfenen Algorithmen betrachtet, sondern auch als eine Methode, die den Prozess des Algorithmenentwurfs am stärksten prägen kann. Wir haben dies bei dem Entwurf von randomisierten Algorithmen für das Problem des minimalen Schnittes gesehen. Manchmal lohnt es sich, randomisierte Berechnungsteile mit hoher Fehlerwahrscheinlichkeit durch deterministische Berechnungen zu ersetzen, oder unterschiedliche Teile einer randomisierten Berechnung unterschiedlich häufig und unabhängig zu wiederholen. Dieser Ansatz führt zum Entwurf eines wesentlich effizienteren Algorithmus für MIN-CUT als die naive Wiederholung vollständiger randomisierter Berechnungen.

Einige exponentielle Algorithmen können für realistische Datengrößen nicht nur praktikabel, sondern sogar besser geeignet sein als polynomielle Algorithmen für Polynome höheren Grades. Deswegen ergibt es einen Sinn, Algorithmen mit einer Laufzeit in $O(p(n) \cdot c^n)$ für ein Polynom p und ein $c < 2$ zu entwerfen. Wenn man die Methode der Stichproben mit lokaler Suche kombiniert, bekommt man einen effizienten randomisierten Algorithmus, der mit einer Wahrscheinlichkeit von mindestens $\Omega\left(\left((n^{1/2}) \cdot (4/3)^n\right)^{-1}\right)$ eine Belegung findet, die eine gegebene erfüllbare Formel in 3KNF erfüllt. Durch $O(n \cdot (4/3)^n)$ viele unabhängige Wiederholungen erhält man einen einseitigen Monte Carlo-Algorithmus für das Erfüllbarkeitsproblem für Formeln in 3KNF. Das Wesentliche bei diesem Algorithmenentwurf war, dass eine einzelne Stichprobe zwar nichts weiter als eine Erfolgswahrscheinlichkeit von 2^{-n} garantieren kann. Durch die Erweiterung um eine hinreichend lange lokale Suche kann dann aber

[39]Man weiß aber, dass mindestens ein nicht-quadratischer Rest unter den $O\left((\log_2 p)^2\right)$ kleinsten Elementen aus $\{1, 2, \ldots, p-1\}$ sein müsste, wenn die „Erweiterte Riemannsche Hypothese" gelten würde.

die Erfolgswahrscheinlichkeit auf $n^{-1/2} \cdot (3/4)^{-n}$ erhöht werden.

Es gibt Berechnungsprobleme, für die keine Polynomialzeitalgorithmen bekannt sind und auch keine Beweise für NP-Schwere vorliegen. Diese Problemwelt zwischen polynomiell lösbar und NP-schwer ist die Domäne für den Einsatz von randomisierten Polynomialzeitalgorithmen. Beispiele solcher Probleme sind die Faktorisierung ganzer Zahlen, die Äquivalenz von zwei Polynomen und die Generierung nicht-quadratischer Reste. Für das Problem der Äquivalenz zweier Polynome haben wir eine effizienten einseitigen Monte Carlo-Algorithmus im Kapitel 4 präsentiert. Hier haben wir die einfache Stichprobenmethode angewendet, um sogar einen Las Vegas-Algorithmus für das Problem der Generierung eines nicht-quadratischen Restes zu entwerfen. Die Stichprobenmethode scheint besonders gut dort geeignet zu sein, wo wir Objekte mit gewissen Eigenschaften suchen, und diese Objekte in der Menge aller zu betrachtenden Objekte zerstreut (zufällig verteilt) sind und dort häufig auftreten. Es kann aber auch vorkommen, dass die gesuchten Objekte in der Menge aller Objekte nicht zufällig, sondern nach einer gewissen Ordnung verteilt sind, aber wir es nicht schaffen, diese Ordnung zu erforschen. Auch dann ist wegen unseres Unwissens das Beste was wir tun können, mit zufälligen Stichproben ein Objekt mit der gewünschten Eigenschaft zu suchen.

Weitere Beispiele von erfolgreichen Anwendungen der Methoden der Wahrscheinlichkeitsverstärkung und der Stichproben kann man in der umfassenden Lehrbuch von Motwani und Raghavan [MR 95] finden. Karger [Kar 93] entwickelte den Algorithmus KONTRAKTION für MIN-CUT und die effiziente Version stammt von Karger und Stein [KS 93]. Den exponentiellen randomisierten Algorithmus für 3SAT verdanken wir Schöning [Sch 99]. Der Las Vegas-Algorithmus für die Bestimmung nicht-quadratischer Reste wurde von Adleman, Manders und Miller [AMM 77] benutzt, um einen effizienten Algorithmus zur Berechnung von Wurzeln quadratischer Reste zu entwerfen.

Das Haupthindernis in dem Prozess der Wahrheitserkennung
ist nicht die Lüge,
sondern eine scheinbare Wahrheit.

A. Schopenhauer

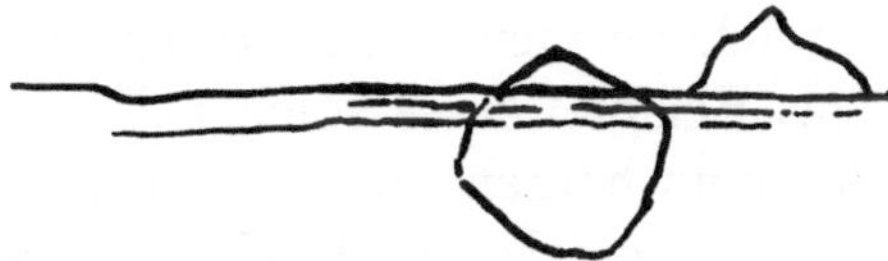

6 Die Methode der häufigen Zeugen

6.1 Zielsetzung

Die Methode der häufigen Zeugen ist ein wahres Schmuckstück des Entwurfs von randomisierten Algorithmen. Nicht nur weil sie oft tiefgreifende Überlegungen und die Anwendung von nichttrivialen Resultaten erfordert, sondern insbesondere auch weil sie direkt mit der Frage verknüpft ist, ob Randomisierung effizienter als Determinismus sein kann.

Ein Zeuge für eine Eingabe x ist eine zusätzliche Information, mit deren Kenntnis man die Ausgabe für x effizienter als ohne dieses Wissen berechnen kann. Um die Methode der häufigen Zeugen zum Entwurf eines effizienten randomisierten Verfahrens anzuwenden, benötigt man zu jeder Instanz des betrachteten Problems eine Menge von Zeugenkandidaten, in der Zeugen häufig vorkommen.[1] Dann reicht es aus, zufällig durch eine Stichprobe ein Element aus der Menge der Zeugenkandidaten zu wählen, um mit hinreichend großer Wahrscheinlichkeit einen Zeugen zu finden (zu erzeugen). Die Frage, ob man in einer gegebenen Situation (Problemstellung) durch randomisierte Algorithmen die Lösung schneller berechnen kann als durch die Anwendung eines beliebigen deterministischen Algorithmus, hängt damit zusammen, ob die Zeugen in der Menge der Zeugenkandidaten wirklich zufällig verteilt sind. Wenn dort eine gewisse Ordnung existiert, die man aus der Eingabe effizient berechnen kann, dann kann man einen Zeugen auch effizient deterministisch bestimmen. Nur wenn dies nicht möglich ist, weil die Verteilung der Zeugen zwischen Kandidaten echt zufällig (chaotisch) ist, kann ein oben beschriebener randomisierter Algorithmus wesentlich effizienter sein als jeder deterministische Ansatz. Ob aber eine Verteilung der Zeugen in der Kandidatenmenge zufällig ist, ist sehr schwer zu beurteilen. Es ist auch möglich, dass zwar eine Ordnung in der Ver-

[1]in der ein großer Anteil von Zeugen vorhanden ist

teilung vorhanden ist, wir aber nicht in der Lage sind, diese zu erkennen. Trotzdem hat es auch in einer solchen Situation einen Sinn, die mit der Methode der häufigen Zeugen erzeugten randomisierten Algorithmen anzuwenden. Wir können auf diese Weise die Probleme effizient lösen, obwohl wir noch keine hinreichend tiefe Analyse des Problems durchgeführt haben. Ein exemplarisches Beispiel eines solchen Problems ist der Primzahltest. Um für eine Zahl n zu entscheiden, ob sie eine Primzahl ist oder nicht, kannte man lange Zeit keine bessere Methode als zu versuchen, die Zahl n durch alle Zahlen kleiner gleich $\sqrt{n}$ zu teilen. Erst in der Mitte der Siebziger Jahre wurden effiziente 1MC-Algorithmen mit einer Laufzeit in $O((\log_2 n)^3)$ entwickelt.[2]

Die Zielsetzung dieses Kapitels ist es einige der einfachsten Ideen und Ansätze des randomisierten Primzahltests dem Leser verständlich vorzuführen. Alle effizienten randomisierten Algorithmen für den Primzahltest basieren auf der Methode der häufigen Zeugen, und somit war lange die zentrale offene Frage, ob alle Arten von häufigen Zeugen für den Primzahltest zufällig in der Kandidatenmengen verstreut (verteilt) sind, oder ob wir nur keine Ordnung in dieser Verteilung finden können. Erst vor kurzem wurde eine Definition von Zeugen gefunden, nach der einer der kleinsten Kandidaten immer ein Zeuge sein muss, was in einem deterministischen polynomiellen Algorithmus mit einer Laufzeit in $O((\log_2 n)^{11})$ resultierte. Obwohl dieses Ergebnis von großer theoretischer Bedeutung ist, kann dieser Algorithmus in der Praxis mit den viel schnelleren randomisierten Algorithmen nicht konkurrieren.

Im Unterschied zu den natürlichen und somit einfach zu entdeckenden Zeugenarten, die wir im Rahmen der Präsentation der Methode der Fingerabdrücke[3] gesehen haben, ist schon die Suche nach häufigen Zeugen für den Primzahltest viel anspruchsvoller. Um den Leser langsam an diese Suche heran zu führen, beginnen wir in Abschnitt 6.2 mit einigen einfachen Ideen, die nicht zum Testen aller ungeraden Zahlen geeignet sind, aber für die meisten Zahlen einen zuverlässigen Primzahltest bieten. Basierend auf diesen Ideen entwickeln wir in Abschnitt 6.3 einen randomisierten Primzahltest, der für alle ungeraden Zahlen funktioniert. In Abschnitt 6.4 zeigen wir dann, wie man zufällige Primzahlen effizient generieren kann.

Zum Verständnis dieses Kapitels sind die im Anhang präsentierten Grundlagen der Zahlentheorie und Gruppentheorie erforderlich. Besonders nützlich sind der

[2] Bemerken Sie, dass die Eingabegröße von n die Zahl $\lceil \log_2(n+1) \rceil$ ist und somit ist $\sqrt{n}$ exponentiell in der Eingabegröße.

[3] Vergessen wir bitte nicht, dass die Methode der Fingerabdrücke ein Spezialfall der Methode der häufigen Zeugen ist und dass wir somit bei der Anwendung der Methode der Fingerabdrücke auch über Zeugen sprechen können.

kleine Satz von Fermat (Satz A.2.28), der Chinesische Restsatz (Satz A.2.34) und der Satz von Lagrange (Satz A.2.48).

6.2 Suche nach Zeugen für den Primzahltest

Unsere Aufgabe ist es, ein Entscheidungsproblem, das man Primzahltest nennt, zu lösen. Für eine gegebene positive Zahl n sollen wir entscheiden, ob n eine Primzahl ist oder nicht. Unsere Zielsetzung ist, einen effizienten (polynomiellen) randomisierten Algorithmus für den Primzahltest zu entwickeln. Weil die Eingabelänge $\lceil \log_2(n+1) \rceil$ ist, streben wir den Entwurf eines Algorithmus mit einer Laufzeit in $O((\log_2 n)^c)$ für ein kleines c an. Diese angestrebte Effizienz ist wirklich erforderlich, weil wir aus Sicherheitsgründen in der Praxis[4] mit großen Primzahlen von mehreren Hundert Dezimalstellen arbeiten müssen.

Die gewöhnliche Art, eine Primzahl zu definieren, ist die folgende.

> *Eine positive ganze Zahl n ist eine Primzahl genau dann, wenn es keine nichttrivialen Faktoren von n gibt, wenn also n durch keine Zahl aus $\{2, 3, \ldots, n-1\}$ teilbar ist.*

Diese Definition liefert uns direkt die folgende einfache Methode für den Primzahltest.

Algorithmus NAIV

Eingabe: Eine Zahl $n \in \mathbb{N} - \{0, 1, 2\}$.

```
I := 2
PRIMZAHL := TRUE
while I < n und PRIMZAHL = TRUE do
   begin
      if n mod I = 0 then PRIMZAHL := FALSE;
      I := I + 1
   end
if PRIMZAHL = TRUE then
   output „n ist eine Primzahl“
else
   output „n ist keine Primzahl“
```

[4] Im Bereich der Kommunikation und insbesondere in den kryptographischen Anwendungen für On-line Banking und E-Commerce.

Wir beobachten sofort, dass man den Algorithmus NAIV dadurch beschleunigen kann, indem man statt zu testen, ob eine Zahl aus $\{2, 3, \ldots, n-1\}$ die Zahl n teilt, nur die Zahlen aus $\{2, 3, \ldots, \lfloor\sqrt{n}\rfloor\}$ ausprobiert.[5] Aber auch nach dieser Verbesserung ist die Laufzeit des Algorithmus höher als $\sqrt{n} = 2^{(\log_2 n)/2}$ und somit exponentiell in der Eingabelänge. Für realistische Eingaben n der Größe 10^{500} ist die Komplexität größer als die Anzahl der Protonen im bekannten Universum.

Deswegen versuchen wir jetzt, statt eines deterministischen Verfahrens einen randomisierten Algorithmus für den Primzahltest zu entwerfen. Die Entwurfsstrategie soll auf der Methode der häufigen Zeugen basieren, und

> *wir wollen eine geeignete Zeugenart zum effizienten Beweis der Aussage suchen, dass eine Zahl n keine Primzahl ist.*

Lassen wir uns an die Anforderungen an eine geeignete Definition von Zeugen erinnern. Wir fordern die folgenden Eigenschaften:

(i) Ein Zeuge w für die Behauptung „n ist keine Primzahl" muss es uns ermöglichen, effizient die Gültigkeit dieser Behauptung nachzuweisen.
(ii) Für jeden Zeugenkandidaten w muss es effizient überprüfbar sein, ob w wirklich ein Zeuge ist.
(iii) Die Menge der Zeugenkandidaten muss so spezifiziert werden können, dass die Zeugen in dieser Menge häufig auftreten.

Wir beobachten zunächst, dass jede Zeugenart, die (i), (ii) und (iii) erfüllt, den Entwurf eines effizienten randomisierten Algorithmus ermöglicht. Wir fordern nicht, dass die Verteilung der Zeugen in der Kandidatenmenge zufällig ist. Im Gegenteil, wir freuen uns, wenn wir in der Kandidatenmenge eine Ordnung entdecken und damit einen Zeugen effizient deterministisch erzeugen können. In einem solchen Fall würde uns die Methode der häufigen Zeugen sogar zum Entwurf eines effizienten deterministischen Algorithmus führen.

Sei PRIM die Menge aller Primzahlen. Die einfachste Idee wäre zu sagen

> „eine Zahl $a \in \{2, \ldots, n-1\}$ ist ein Zeuge von „$n \notin$ PRIM" genau dann, wenn a die Zahl n teilt".

Offensichtlich erfüllt diese Definition die Eigenschaften[6] (i) und (ii). Für viele Zahlen n ist auch die in (iii) geforderte Häufigkeit der Zeugen vorhanden.

[5] Wenn $n = p \cdot q$ gilt, dann muss die kleinere der Zahlen p und q kleiner oder gleich $\sqrt{n}$ sein.
[6] Die Kandidatenmenge ist $\{2, 3, \ldots, n-1\}$.

Aber für Zahlen $n = p \cdot q$, wobei p und q Primzahlen sind, gibt es nur zwei derartige Zeugen von $n \notin$ PRIM. Die Wahrscheinlichkeit, einen der beiden aus $\{2, 3, \ldots, n-1\}$ zufällig zu ziehen, ist nur $\frac{2}{n-2}$ und so würden im Erwartungsfall $\Omega(n)$ viele Stichproben erforderlich, um einen Zeugen zu erhalten. Damit ist diese Definition von Zeugen nicht geeignet.

Der nächste Versuch, eine gute Zeugenart zu finden, basiert auf dem kleinen Satz von Fermat (Satz A.2.28).

„*Für jede Primzahl p und jedes $a \in \{1, 2, \ldots, p-1\}$ gilt*

$$a^{p-1} \pmod{p} = 1\text{“.}$$

Wir beobachten zuerst, dass dies keine vollständige Definition von Primzahlen ist, sondern nur eine Implikation, die beschreibt, was jede Primzahl erfüllen muss. Trotzdem hat man versucht den kleinen Satz von Fermat zum Entwurf eines randomisierten Algorithmus für den Primzahltest zu benutzen. Man kann eine Zeugenart jetzt wie folgt definieren:

„*Eine Zahl $a \in \{1, 2, \ldots, n-1\}$ ist ein Zeuge von „$n \notin$ PRIM“ genau dann, wenn*

$$a^{n-1} \pmod{n} \neq 1$$

gilt.“

Weil man durch wiederholtes Quadrieren den Wert $a^{n-1} \bmod n$ effizient berechnen kann, erfüllt diese Zeugenart die Anforderungen (i) und (ii). Zusammengesetzte Zahlen haben häufig viele Zeugen und deswegen wurde diese Methode sogar in der Praxis benutzt, um große Primzahlen[7] zu erzeugen. Diese Art Zeugen zu definieren funktioniert leider nicht für alle $n \in \mathbb{N}$. Es gibt sogar Zahlen n, die keine Primzahlen sind, und für die trotzdem gilt

$$a^{n-1} \bmod n = 1 \textit{ für alle } a \in \{1, \ldots, n-1\}. \tag{6.1}$$

Für solche zusammengesetzten Zahlen gibt es sogar keinen einzigen Zeugen von „$n \notin$ PRIM“. Die zusammengesetzten Zahlen mit dieser Eigenschaft (6.1) nennt man **Carmichaelsche Zahlen**. Die kleinsten Carmichaelschen Zahlen sind $561 = 3 \cdot 11 \cdot 17$, $1105 = 5 \cdot 13 \cdot 17$ und $1729 = 7 \cdot 13 \cdot 19$. Eine weitere schlechte Nachricht ist, dass es unendlich viele Carmichaelsche Zahlen gibt.

[7] Heute nennt man den randomisierten Primzahltest, der auf dem kleinen Satz von Fermat basiert, einen Pseudoprimzahltest.

Wir müssen also unsere Suche nach einer geeigneten Zeugenart fortsetzen. Offensichtlich reicht es für unser Ziel aus, nur ungerade Zahlen $n > 2$ zu betrachten, weil gerade Zahlen größer 2 keine Primzahlen sind und der Test auf Teilbarkeit durch zwei eine triviale Aufgabe ist. Um einen erfolgreichen ersten Schritt bei der Suche nach Zeugenarten zu machen, betrachten wir andere Möglichkeiten den Begriff Primzahl zu definieren. Wir wissen, dass gilt

$$n \text{ ist eine Primzahl} \Leftrightarrow (\mathbb{Z}_n - \{0\}, \odot_{\bmod p}) \text{ ist eine Gruppe}^8 \tag{6.2}$$

oder auch

$$n \text{ ist eine Primzahl} \Leftrightarrow (\mathbb{Z}_n, \oplus_{\bmod p}, \odot_{\bmod p}) \text{ ist ein Körper.}$$

Leider ist eine naive Überprüfung der entsprechenden Eigenschaften der algebraischen Strukturen und damit die Festlegung, ob eine Struktur eine Gruppe oder ein Körper ist, von nicht geringerem Aufwand als der naive Primzahltest. Der Nutzen dieser Charakterisierungen von Primzahlen ist, dass sie uns zur folgenden nützlichen Definition von Primzahlen führen.

Satz 6.2.1. *Sei $p > 2$ eine ungerade Zahl.*

$$p \text{ ist eine Primzahl} \Leftrightarrow a^{\frac{(p-1)}{2}} \bmod p \in \{1, p-1\} \text{ für alle } a \in \mathbb{Z}_p - \{0\}.$$

Beweis. Wir beweisen die einzelnen Implikationen dieser Äquivalenz nacheinander.

(i) Sei p eine Primzahl.
Weil $p > 2$ gilt und p ungerade ist, können wir p als

$$p = 2 \cdot p' + 1$$

für ein $p' = \frac{(p-1)}{2} \geq 1$ schreiben. Aus dem kleinen Satz von Fermat folgt, dass

$$a^{p-1} \equiv 1 \pmod{p} \tag{6.3}$$

für alle $a \in \mathbb{Z}_p - \{0\}$ gilt. Wegen

$$a^{p-1} = a^{2 \cdot p'} = \left(a^{p'} - 1\right) \cdot \left(a^{p'} + 1\right) + 1,$$

impliziert (6.3), dass

$$\left(a^{p'} - 1\right) \cdot \left(a^{p'} + 1\right) \equiv 0 \pmod{p}.$$

[8] Satz A.2.27

Weil p eine Primzahl ist, muss p einen der Faktoren $\left(a^{p'}-1\right)$ und $\left(a^{p'}+1\right)$ teilen, und somit gilt

$$a^{p'}-1 \equiv 0 \pmod{p} \qquad \text{oder} \qquad a^{p'}+1 \equiv 0 \pmod{p}. \tag{6.4}$$

Wenn wir $p' = \frac{(p-1)}{2}$ in (6.4) einsetzen, erhalten wir

$$a^{\frac{(p-1)}{2}} \equiv 1 \pmod{p} \qquad \text{oder} \qquad a^{\frac{(p-1)}{2}} \equiv -1 \equiv p-1 \pmod{p}.$$

(ii) Wir zeigen indirekt, dass es nicht möglich ist, dass die beiden Zahlen $a^{\frac{(p-1)}{2}} \bmod p$ und $b^{\frac{(p-1)}{2}} \bmod p$ in $\{1,-1\}$ liegen. Seien

$$a^{\frac{(p-1)}{2}} \bmod p \in \{1,-1\} \text{ und } b^{\frac{(p-1)}{2}} \bmod p \in \{1,-1\}.$$

Weil $\odot_{\bmod p}$ kommutativ ist, gilt

$$(a\cdot b)^{\frac{(p-1)}{2}} \bmod p = a^{\frac{(p-1)}{2}} \cdot b^{\frac{(p-1)}{2}} \bmod p \in \{1,-1\}. \tag{6.5}$$

Aber $a \cdot b = p$ und somit ist

$$0 = p^{\frac{(p-1)}{2}} \bmod p = (a\cdot b)^{\frac{(p-1)}{2}}$$

im Widerspruch zu (6.5).

□

Diese neue Definition von Primzahlen führt uns direkt zur folgenden Definition von Zeugen.

Sei n eine natürliche, ungerade Zahl, $n \geq 3$. Eine Zahl $a \in \{1, 2, \ldots, n-1\}$ ist ein Zeuge der Aussage „n ist keine Primzahl“, wenn (6.6)

$$a^{(n-1)/2} \bmod n \notin \{1, n-1\}.$$

Offensichtlich erfüllt eine solche Zeugenart die Anforderungen (i) und (ii). Der folgende Satz zeigt, dass diese Definition von Zeugen für mindestens jede zweite ungerade Zahl n auch die Häufigkeit von Zeugen garantiert.

Satz 6.2.2. *Für jedes ungerade $n \in \mathbb{N}$ mit ungeradem $(n-1)/2$ (d.h. für $n \equiv 3 \pmod 4$) gilt*

(i) *wenn* n *eine Primzahl ist, dann gilt*

$$a^{(n-1)/2} \bmod n \in \{1, n-1\}$$

für alle $a \in \{1, \ldots, n-1\}$, *und*

(ii) *wenn* n *keine Primzahl ist, dann gilt*

$$a^{(n-1)/2} \bmod n \notin \{1, n-1\}$$

für mindestens die Hälfte der Elemente a *aus* $\{1, 2, \ldots, n-1\}$.

Beweis. Die Behauptung (i) haben wir schon im Satz 6.2.1 bewiesen. Es bleibt also noch (ii) zu zeigen.

Sei n keine Primzahl, $n \equiv 3 \pmod 4$. Unsere Aufgabe ist es zu zeigen, dass mindestens die Hälfte der Elemente aus $\{1, 2, \ldots, n-1\}$ Zeugen der Tatsache „$n \notin$ PRIM“ sind.

Sei

$$\text{ZEUGE} = \{a \in \{1, \ldots, n-1\} \mid a^{(n-1)/2} \bmod n \notin \{1, n-1\}\}$$

die Menge aller Zeugen von „$n \notin$ PRIM“ und sei

$$\text{EULER} = \{a \in \{1, \ldots, n-1\} \mid a^{(n-1)/2} \bmod n \in \{1, n-1\}\}$$

die komplementäre Menge von Nicht-Zeugen. Die Elemente in EULER nennt man **Eulersche Zahlen** und wir werden diesen Begriff dem Begriff „Nicht-Zeugen“ im Folgenden vorziehen. Unsere Beweisstrategie ist jetzt zu zeigen, dass es eine injektive Abbildung h_b von EULER nach ZEUGE gibt (Fig. 6.1), was indirekt

$$|\text{EULER}| \leq |\text{ZEUGE}|$$

impliziert.

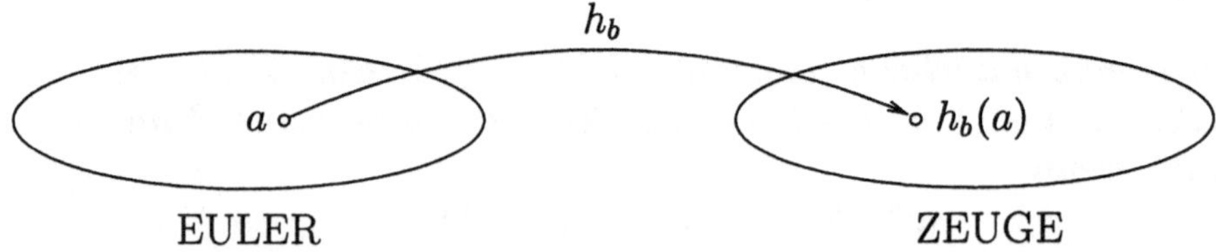

Fig. 6.1

Sei b ein Element aus ZEUGE, für das ein multiplikativ Inverses b^{-1} in der Gruppe $(\mathbb{Z}_n^*, \odot_{\bmod n})$ existiert. Wenn man ein solches b hätte, könnte man h_b durch

$$h_b(a) = a \cdot b \bmod n$$

definieren. Wir zeigen, dass ein solches h_b eine injektive Abbildung aus EULER nach ZEUGE ist.

Für jedes $a \in$ EULER ist $a \cdot b$ nicht in EULER und somit in ZEUGE, weil

$$\begin{aligned}(a \cdot b)^{\frac{(n-1)}{2}} \bmod n &= \left(a^{\frac{(n-1)}{2}} \bmod n\right) \cdot \left(b^{\frac{(n-1)}{2}} \bmod n\right) \\ &= \pm\, b^{\frac{(n-1)}{2}} \bmod n \notin \{1, n-1\} \\ &\quad \{\text{weil } a^{\frac{(n-1)}{2}} \bmod n \in \{1, n-1\} \text{ und } b \in \text{ZEUGE}\}.\end{aligned}$$

Somit haben wir gezeigt, dass h_b eine Abbildung von EULER nach ZEUGE ist. Um die Injektivität von h_b zu zeigen, müssen wir beweisen:

für alle $a_1, a_2 \in$ EULER gilt: $a_1 \neq a_2$ impliziert $h_b(a_1) \neq h_b(a_2)$.

Wir beweisen dies indirekt. Sei $h_b(a_1) = h_b(a_2)$, d.h. sei

$$a_1 \cdot b \equiv a_2 \cdot b \pmod{n}. \tag{6.7}$$

Wenn wir die Kongruenz (6.7) von rechts mit b^{-1} multiplizieren, erhalten wir

$$a_1 = a_1 \cdot b \cdot b^{-1} \bmod n = a_2 \cdot b \cdot b^{-1} \bmod n = a_2.$$

Um den Beweis zu vervollständigen, müssen wir noch zeigen, dass ein $b \in$ ZEUGE $\cap\, \mathbb{Z}_n^*$ existiert.[9] Wir zeigen dies für

$$n = p \cdot q$$

für zwei Zahlen p, q mit $\text{ggT}(p, q) = 1$. Den Fall $n = p^d$ für eine Primzahl p überlassen wir dem Leser als Aufgabe.

Weil es leichter ist, b in $\mathbb{Z}_p \times \mathbb{Z}_q$ als direkt in $\mathbb{Z}_n$ zu finden, wenden wir den Chinesischen Restsatz an. Für jedes $a \in \mathbb{Z}_n$ ist das Paar

$$(a \bmod p,\ a \bmod q)$$

die Darstellung von a in $\mathbb{Z}_p \times \mathbb{Z}_q$. Wenn a eine Eulersche Zahl ist, wissen wir

$$a^{(n-1)/2} \bmod p \cdot q \in \{1, n-1\},$$

[9] $b \in \mathbb{Z}_n^*$ ist äquivalent zu der Forderung nach der Existenz von b^{-1} (dem multiplikativen Inverse zu b). Für den Beweis siehe Satz A.2.30.

was

$$\text{entweder } a^{(n-1)/2} = k \cdot p \cdot q + 1 \text{ oder } a^{(n-1)/2} = k \cdot p \cdot q + n - 1 \quad (6.8)$$

für ein $k \in \mathbb{N}$ impliziert. Die Folge von (6.8) ist entweder

$$a^{\frac{(n-1)}{2}} \bmod p = a^{\frac{(n-1)}{2}} \bmod q = 1$$

oder

$$a^{\frac{(n-1)}{2}} \bmod p = (n-1) \bmod p = (p \cdot q - 1) \bmod p = p - 1 \text{ und}$$
$$a^{\frac{(n-1)}{2}} \bmod q = (n-1) \bmod q = (p \cdot q - 1) \bmod q = q - 1.$$

Damit ist

$$\text{entweder } (1,1) \text{ oder } (p-1, q-1) = (-1,-1)$$

die Darstellung von $a^{\frac{(n-1)}{2}} \bmod n$ in $\mathbb{Z}_p \times \mathbb{Z}_q$ für jedes $a \in$ EULER. Deswegen wählen wir

$$(1, q-1) = (1, -1)$$

als die Darstellung von b in $\mathbb{Z}_p \times \mathbb{Z}_q$. Wir zeigen jetzt, dass b die gewünschten Eigenschaften hat. Die Darstellung von $b^{(n-1)/2} \bmod n$ in $\mathbb{Z}_p \times \mathbb{Z}_q$ ist

$$(b^{\frac{(n-1)}{2}} \bmod p, b^{\frac{(n-1)}{2}} \bmod q) = (1^{\frac{(n-1)}{2}} \bmod p, (-1)^{\frac{(n-1)}{2}} \bmod q) = (1, -1),$$

weil $(n-1)/2$ ungerade ist.[10] Damit ist b keine Eulersche Zahl, d.h. $b \in$ ZEUGE.

Um den Beweis abzuschließen, zeigen wir

$$b^{-1} = b.$$

Weil $(1,1)$ das neutrale Element für die Multiplikation in $\mathbb{Z}_p \times \mathbb{Z}_q$ ist, impliziert

$$(1, q-1) \odot_{p,q} (1, q-1) = (1 \cdot 1 \bmod p, (q-1) \cdot (q-1) \bmod q) = (1, 1),$$

dass b zu sich selbst invers ist. □

Aufgabe 6.2.3. Finden Sie ein passendes b für den Beweis von Satz 6.2.2, wenn n eine Primzahlpotenz ist.

[10] Dies ist die einzige Stelle im Beweis, wo wir diese Voraussetzung des Satzes 6.2.2 anwenden.

Aufgabe 6.2.4. Sei n eine ganze Zahl. Kann man effizient testen, ob n eine Primzahlpotenz ist?

Aufgabe 6.2.5. Treffen Sie die Wahl von b für den Beweis von Satz 6.2.2 und zeigen Sie, dass b die gewünschten Eigenschaften hat, ohne den Chinesischen Restsatz anzuwenden.

Die Aussage des Satzes 6.2.2 führt uns zu dem folgenden Algorithmus für den Primzahltest.

ESS (Einfacher Solovay-Strassen)

Eingabe: Eine ungerade Zahl n mit $n \equiv 3 \pmod 4$.
Schritt 1: Wähle zufällig ein $a \in \{1, 2, \ldots, n-1\}$.
Schritt 2: Berechne $A := a^{(n-1)/2} \bmod n$.
Schritt 3:

```
if A ∈ {1, −1} then
   output „n ∈ PRIM“ {verwerfe}
else
   output „n ∉ PRIM“ {akzeptiere}
```

Satz 6.2.6. ESS *ist ein polynomieller* 1MC-*Algorithmus für die Erkennung von zusammengesetzten Zahlen* n *mit* $n \bmod 4 = 3$.

Beweis. Die Berechnung von A kann man effizient durch wiederholtes Quadrieren realisieren.[11] Dass ESS ein 1MC-Algorithmus zur Erkennung von „$n \notin$ PRIM“ ist,[12] folgt direkt aus Satz 6.2.2. □

Korollar 6.2.7. *Für positive ganze Zahlen* n *mit* $n \equiv 3 \pmod 4$ *ist* ESS *ein polynomieller* 2MC-*Algorithmus für die Erkennung von Primzahlen.*

6.3 Der randomisierte Primzahltest von Solovay und Strassen

Im Abschnitt 6.2 haben wir eine Zeugenart für „$n \notin$ PRIM“ gefunden, die für alle n mit $n \equiv 3 \pmod 4$ einen effizienten randomisierten Primzahltest

[11] siehe Abschnitt A.2
[12] nicht zur Erkennung von Primzahlen

ermöglicht. In diesem Abschnitt möchten wir diese Definition so erweitern, dass wir einen randomisierten Primzahltest für alle ungeraden n erhalten.

Zuerst beobachten wir, dass ein $a \in \{1, 2, \ldots, n-1\}$ mit $\text{ggT}(a, n) \neq 1$ die Tatsache „$n \notin \text{PRIM}$“ ebenfalls bezeugt, und dass $\text{ggT}(a, n)$ mit dem Euklidischen Algorithmus effizient berechnet werden kann. Dies könnte zur folgenden Erweiterung der Definition (6.6) von Zeugen führen.

Eine Zahl $a \in \{1, 2, \ldots, n-1\}$ *ist ein Zeuge von* „$n \notin \text{PRIM}$“ *für eine ungerade Zahl* n*, wenn*

(i) $\text{ggT}(a, n) > 1$*, oder*
(ii) $\text{ggT}(a, n) = 1$ *und* $a^{(n-1)/2} \bmod n \notin \{1, n-1\}$. (6.9)

Aufgabe 6.3.8. Sei n keine Primzahl, $n \equiv 3 \pmod 4$. Beweisen Sie, dass mindestens die Hälfte der Elemente aus $\mathbb{Z}_n^* = \{a \in \mathbb{Z}_n - \{0\} \mid \text{ggT}(a, n) = 1\}$ Zeugen von „$n \notin \text{PRIM}$“ sind.

{Hinweis: Ein geeigneter Weg, dies zu beweisen, ist zu zeigen, dass alle Nicht-Zeugen in $\mathbb{Z}_n^*$ in einer echten Teilgruppe von $(\mathbb{Z}_n^*, \odot_{\bmod n})$ liegen.}

Offensichtlich ist die Zeugenart nach (6.9) für n mit $n \equiv 3 \pmod 4$ genauso gut geeignet wie die Zeugenart nach (6.6). Leider garantiert sie nicht die Häufigkeit von Zeugen für die Carmichaelschen Zahlen und somit können wir sie nicht zum Entwurf eines randomisierten Primzahltests für alle ungeraden n verwenden.

Aufgabe 6.3.9.* Sei n keine Primzahl und auch keine Carmichaelsche Zahl. Zeigen Sie, dass mindestens die Hälfte der Elemente aus $\mathbb{Z}_n - \{0\}$ Zeugen nach (6.9) von „$n \notin \text{PRIM}$“ sind.

Um die Zeugenart (6.9) noch zu verbessern, werden wir zwei neue Begriffe einführen.

Definition 6.3.10. Legendre-Symbol
Für jede Primzahl $p > 2$ *und jede Zahl* a *mit* $\text{ggT}(a, p) = 1$ *ist das* **Legendre-Symbol Leg**$[a/p]$ **von** a **und** p *durch*

$$\text{Leg}\left[\frac{a}{p}\right] = \begin{cases} 1 & \text{wenn } a \text{ ein quadratischer Rest modulo } p \text{ ist,} \\ -1 & \text{wenn } a \text{ ein nicht-quadratischer Rest modulo } p \text{ ist} \end{cases}$$

definiert.

Das Eulersche Kriterium (Satz 5.4.14) impliziert direkt die folgende Behauptung.

Lemma 6.3.11. *Für jede Primzahl $p > 2$ und jede Zahl a mit* $\text{ggT}(a, p) = 1$ *gilt*

$$\text{Leg}\left[\frac{a}{p}\right] = a^{\frac{(p-1)}{2}} \bmod p.$$

Wir bemerken, dass aufgrund von Lemma 6.3.11 die Legendre-Symbole effizient berechenbar sind.

Die folgende Definition erweitert die Legendre-Symbole auf zusammengesetzte Zahlen.

Definition 6.3.12. Jacobi-Symbol
Sei

$$n = p_1^{k_1} \cdot p_2^{k_2} \cdot \ldots \cdot p_l^{k_l}$$

die Primfaktorzerlegung einer ungeraden Zahl $n \geq 3$, wobei $p_1 < p_2 < \ldots < p_l$ Primzahlen und $k_1, k_2, \ldots, k_l$ positive ganze Zahlen sind, $l \in \mathbb{N} - \{0\}$. Für alle positiven ganzen Zahlen a mit $\text{ggT}(a, n) = 1$ *definieren wir das* **Jacobi-Symbol** $\text{Jac}\left[\frac{a}{n}\right]$ **von a und n** *durch*

$$\text{Jac}\left[\frac{a}{n}\right] = \prod_{i=1}^{l} \left(\text{Leg}\left[\frac{a}{p_i}\right]\right)^{k_i} = \prod_{i=1}^{l} \left(a^{\frac{p_i-1}{2}} \bmod p_i\right)^{k_i}.$$

Bemerkung 6.3.13. Für alle positiven ganzen Zahlen a und n, die die Voraussetzungen von Definition 6.3.10 erfüllen, gilt

$$\text{Jac}\left[\frac{a}{n}\right] \in \{1, -1\}.$$

Beweis. Die Jacobi-Symbole sind Produkte von Legendre-Symbolen und alle Legendre-Symbole sind aus $\{1, -1\}$. □

Wenn man die Faktorisierung einer Zahl n kennt, dann kann man offensichtlich das Jacobi-Symbol $\text{Jac}\left[\frac{a}{n}\right]$ für alle $a \in \mathbb{Z}_n^*$ effizient berechnen. Um aber Jacobi-Symbole in einer Definition von Zeugen für „$n \notin \text{PRIM}$" zu verwenden, müssen wir einen effizienten Algorithmus zur Berechnung von $\text{Jac}\left[\frac{a}{n}\right]$ entwerfen, der die Berechnung ohne die Kenntnis der Faktorisierung von n durchführt. Eine solche Möglichkeit bietet uns das folgende Lemma, das die Grundregeln des Umgangs mit Jacobi-Symbolen vorstellt.

Lemma 6.3.14. *Sei n eine ungerade natürliche Zahl größer als 3 und seien a, b natürliche Zahlen mit* $\text{ggT}(a,n) = \text{ggT}(b,n) = 1$. *Dann gilt*

(i) $\text{Jac}\left[\frac{a\cdot b}{n}\right] = \text{Jac}\left[\frac{a}{n}\right] \cdot \text{Jac}\left[\frac{b}{n}\right]$

(ii) $\text{Jac}\left[\frac{a}{n}\right] = \text{Jac}\left[\frac{b}{n}\right]$ *für alle a, b mit $a \equiv b \pmod{n}$*

(iii) $\text{Jac}\left[\frac{a}{n}\right] = (-1)^{\frac{a-1}{2}\cdot\frac{n-1}{2}} \cdot \text{Jac}\left[\frac{n}{a}\right]$ *für alle ungeraden a*

(iv) $\text{Jac}\left[\frac{1}{n}\right] = 1$, *und* $\text{Jac}\left[\frac{n-1}{n}\right] = (-1)^{\frac{(n-1)}{2}}$

(v) $\text{Jac}\left[\frac{2}{n}\right] = -1$ *für alle n mit $n \bmod 8 \in \{3,5\}$, und* $\text{Jac}\left[\frac{2}{n}\right] = 1$ *für alle n mit $n \bmod 8 \in \{1,7\}$.*

Beweis. Wir beweisen hier die Eigenschaften (i) und (ii). Den Beweis der restlichen Eigenschaften überlassen wir dem Leser als Aufgabe.

(i) Sei $n = p_1^{k_1} \cdot p_2^{k_2} \cdot \ldots \cdot p_l^{k_l}$ für unterschiedliche ungerade Primzahlen $p_1, p_2, \ldots, p_k$. Wegen der Kommutativität von $\oplus_{\text{ mod } p_i}$ gilt

$$\begin{aligned}
\text{Jac}\left[\frac{a\cdot b}{n}\right] &\underset{def.}{=} \prod_{i=1}^{l}\left((a\cdot b)^{\frac{(p_i-1)}{2}} \bmod p_i\right)^{k_i} \\
&= \prod_{i=1}^{l}\left(\left(a^{\frac{(p_i-1)}{2}} \bmod p_i\right)\cdot\left(b^{\frac{(p_i-1)}{2}} \bmod p_i\right)\right)^{k_i} \\
&= \prod_{i=1}^{l}\left(a^{\frac{(p_i-1)}{2}} \bmod p_i\right)^{k_i} \cdot \prod_{i=1}^{l}\left(b^{\frac{(p_i-1)}{2}} \bmod p_i\right)^{k_i} \\
&\underset{def.}{=} \text{Jac}\left[\frac{a}{n}\right]\cdot\text{Jac}\left[\frac{b}{n}\right].
\end{aligned}$$

Damit haben wir (i) bewiesen.

(ii) Aus der Definition der Jacobi-Symbole folgt, dass es hinreichend ist,

$$\text{Leg}\left[\frac{a}{p}\right] = \text{Leg}\left[\frac{b}{p}\right]$$

für jede Primzahl p und alle a, b mit $\text{ggT}(a,p) = \text{ggT}(b,p) = 1$ und $a \equiv b \pmod{p}$ zu zeigen. Weil $a \equiv b \pmod{p}$, kann man a und b wie folgt darstellen:

$$a = p\cdot r + z \text{ und } b = p\cdot s + z \tag{6.10}$$

für geeignete $r, s, z \in \mathbb{N}$, $z < p$. Dann gilt

$$\begin{aligned}
\text{Jac}\left[\frac{a}{p}\right] &= a^{\frac{(p-1)}{2}} \bmod p \\
&\underset{(6.10)}{=} (p \cdot r + z)^{\frac{(p-1)}{2}} \bmod p \\
&= \sum_{i=0}^{(p-1)/2} \binom{(p-1)/2}{i} \cdot (p \cdot r)^{\frac{p-1}{2}-i} \cdot z^i \bmod p \\
&= z^{(p-1)/2} \bmod p \\
&\quad \{\text{Weil alle anderen Summanden} \\
&\quad \text{durch } p \cdot r \text{ teilbar sind.}\}
\end{aligned}$$

Analog erhält man aus (6.10) auch

$$\text{Jac}\left[\frac{b}{p}\right] = z^{(p-1)/2} \bmod p$$

und somit

$$\text{Leg}\left[\frac{a}{p}\right] = \text{Leg}\left[\frac{b}{p}\right].$$

□

Aufgabe 6.3.15. Beweisen Sie die Eigenschaften (iii), (iv) und (v) der Jacobi-Symbole aus Lemma 6.3.14.

Lemma 6.3.14 ermöglicht uns, die Jacobi-Symbole auch dann effizient zu berechnen, wenn wir die Faktorisierung von n nicht kennen. Der folgende rekursive Algorithmus zeigt uns eine solche Möglichkeit.

Algorithmus JACOBI$[a, n]$

Eingabe: Eine ungerade natürliche Zahl $n \geq 3$ und eine natürliche positive Zahl a mit $\text{ggT}(a, n) = 1$.

Prozedur: JACOBI$[a, n]$

```
begin
    if a = 1 then
        JACOBI[a, n] := 1;
    if a = 2 und n mod 8 ∈ {3, 5} then
        JACOBI[a, n] := −1;
```

```
    if a = 2 und n mod 8 ∈ {1,7} then
       JACOBI[a,n] := 1;
    if a ist gerade then
       JACOBI[a,n] := JACOBI[2,n] · JACOBI[a/2,n];
    if a > n then
       JACOBI[a,n] := JACOBI[a mod n,n]
    else
       JACOBI[a,n] := (-1)^((a-1)/2 · (n-1)/2) · JACOBI[n mod a,a]
end
```

Wir bemerken, dass jeder rekursive Aufruf von JACOBI[ ] eines der Argumente mindestens um die Hälfte[13] reduziert, und somit $O(\log_2 n)$ rekursive Aufrufe ausreichen, um $\mathrm{Jac}\left[\frac{a}{n}\right]$ zu berechnen. Die mit einem rekursiven Aufruf verknüpften Berechnungen kann man in $O(1)$ arithmetischen Operationen oder in $O((\log_2(a+n))^2)$ binären Operationen realisieren. Damit benötigt[14] der Algorithmus JACOBI$[a,n]$ höchstens $O((\log_2(a+n))^3)$ binäre Operationen.

Jetzt sind wir soweit, dass wir eine neue Definition von Zeugen für die Behauptung „$n \notin$ PRIM" vorstellen können. Die Idee ist zu sagen, dass $\mathrm{Jac}\left[\frac{a}{n}\right] \neq a^{\frac{(n-1)}{2}} \bmod n$ die Tatsache „$n \notin$ PRIM" bezeugt.

Definition 6.3.16. *Sei n eine ungerade natürliche Zahl, $n \geq 3$. Eine Zahl $a \in \{1, 2, \ldots, n-1\}$ ist ein* **Jac-Zeuge** *von „$n \notin$ PRIM", wenn*

(i) $\mathrm{ggT}(a,n) \neq 1$, *oder*
(ii) $\mathrm{Jac}\left[\frac{a}{n}\right] \neq a^{\frac{(n-1)}{2}} \bmod n$.

Der folgende Satz besagt, dass man für diese Zeugenart die Häufigkeit von Zeugen für jede ungerade zusammengesetzte Zahl n garantieren kann.

Satz 6.3.17. *Für jede ungerade Zahl n, $n \geq 3$, gilt:*

(a) Wenn n eine Primzahl ist, dann gilt

$$\mathrm{Jac}\left[\frac{a}{n}\right] = \mathrm{Leg}\left[\frac{a}{n}\right] = a^{\frac{(n-1)}{2}} \bmod n$$

für alle $a \in \{1, 2, \ldots, n-1\}$.

[13] ähnlich wie der Euklidische Algorithmus

[14] Wir haben $O(\log_2(a+n))$ arithmetische Operationen über Zahlen, deren Binärdarstellung die Länge $O(\log_2(a+n))$ nicht überschreitet.

(b) Wenn n keine Primzahl ist, dann gilt

$$\text{Jac}\left[\frac{a}{n}\right] \neq a^{\frac{(n-1)}{2}} \bmod n$$

für mindestens die Hälfte der Elemente $a \in \{1, 2 \ldots, n-1\}$ *mit der Eigenschaft* $\text{ggT}(a, n) = 1$ *(d.h. für mindestens die Hälfte der Elemente* $a \in \mathbb{Z}_n^*$*).*

Beweis. Die Behauptung (a) ist eine direkte Folge aus der Definition der Jacobi-Symbole und dem Eulerschen Kriterium. Wir beweisen jetzt die Behauptung (b).

Sei n eine ungerade Zahl, $n \geq 3$, $n \notin \text{PRIM}$. Unsere Menge von Zeugenkandidaten ist $\{1, 2, \ldots, n-1\} = \mathbb{Z}_n - \{0\}$. Die Jac-Zeugen von $n \notin \text{PRIM}$ nach Definition 6.3.16(i) sind alle Elemente aus $\{1, 2, \ldots, n-1\} - \mathbb{Z}_n^*$. Wenn wir durch

$$\overline{\text{Wit}}_n = \{a \in \mathbb{Z}_n^* \mid \text{Jac}\left[\frac{a}{n}\right] = a^{\frac{(n-1)}{2}} \bmod n\}$$

die Menge der Jac-Nichtzeugen bezeichnen, dann ist

$$\mathbb{Z}_n^* - \overline{\text{Wit}}_n$$

die Menge der Jac-Zeugen von „$n \notin \text{PRIM}$" nach Definition 6.3.16(ii). Unsere Zielsetzung ist zu zeigen, dass

$$|\overline{\text{Wit}}_n| \leq |\mathbb{Z}_n^*|/2 \tag{6.11}$$

und damit

$$|\{1, 2, \ldots, n-1\} - \overline{\text{Wit}}_n| \geq |\overline{\text{Wit}}_n|$$

gilt. Um (6.11) zu beweisen, benutzen wir eine algebraische Technik, die auf dem Satz von Lagrange (Satz A.2.48) basiert. Wir wollen zeigen, dass

$$(\overline{\text{Wit}}_n, \odot_{\bmod n}) \text{ eine echte Untergruppe von } (\mathbb{Z}_n^*, \odot_{\bmod n}) \text{ ist.} \tag{6.12}$$

Nach dem Satz von Lagrange teilt die Mächtigkeit jeder Untergruppe einer endlichen Gruppe die Mächtigkeit der Gruppe und somit folgt (6.11) aus (6.12).

Zeigen wir zuerst, dass $(\overline{\text{Wit}}_n, \odot_{\bmod n})$ eine Gruppe ist. Nach Satz A.2.40 reicht es aus zu zeigen, dass $\overline{\text{Wit}}_n$ bezüglich der Operation $\odot_{\bmod n}$ abgeschlossen ist. Seien a und b zwei Elemente aus $\overline{\text{Wit}}_n$. Nach Lemma 6.3.14(i) gilt

$$\text{Jac}\left[\frac{a \cdot b}{n}\right] = \text{Jac}\left[\frac{a}{n}\right] \cdot \text{Jac}\left[\frac{b}{n}\right]$$

$$= \left(a^{\frac{(n-1)}{2}} \bmod n\right) \cdot \left(b^{\frac{(n-1)}{2}} \bmod n\right)$$
$$\{\text{Weil } a, b \in \overline{\mathrm{Wit}_n}\}$$
$$= (a \cdot b)^{\frac{(n-1)}{2}} \bmod n$$

und somit $a \cdot b \in \overline{\mathrm{Wit}_n}$.

Der schwierigste Teil des Beweises ist zu zeigen, dass $\overline{\mathrm{Wit}_n}$ eine *echte* Teilmenge von $\mathbb{Z}_n^*$ ist. Wir suchen also ein Element $a \in \mathbb{Z}_n^* - \overline{\mathrm{Wit}_n}$. Sei

$$n = p_1^{i_1} \cdot p_2^{i_2} \cdot \ldots \cdot p_k^{i_k}$$

die Faktorisierung von n, wobei $i_j \in \mathbb{N} - \{0\}$ für $i = 1, \ldots, k$ und $2 < p_1 < p_2 < \ldots < p_k$ Primzahlen sind. Wir setzen

$$q = p_1^{i_1} \text{ und } m = p_2^{i_2} \cdot p_3^{i_3} \cdot \ldots \cdot p_k^{i_k},$$

um in $\mathbb{Z}_q \times \mathbb{Z}_m$ statt direkt in $\mathbb{Z}_n$ nach $a \in \mathbb{Z}_n^* - \overline{\mathrm{Wit}_n}$ zu suchen. Sei g der Generator der zyklischen Gruppe $(\mathbb{Z}_n^*, \odot_{\bmod q})$. Wir bestimmen a durch die folgenden Kongruenzen:

$$a \equiv g \pmod q$$
$$a \equiv 1 \pmod m,$$

d.h. als

$$(g, 1) \text{ in } \mathbb{Z}_q \times \mathbb{Z}_m.$$

Wenn $m = 1$, dann betrachten wir einfach $a = g$.

Zuerst müssen wir zeigen, dass $a \in \mathbb{Z}_n^*$, also $\mathrm{ggT}(a, n) = 1$. Dies bedeutet, wir müssen zeigen, dass

$$\textit{keine der Primzahlen } p_1, p_2, \ldots, p_k \textit{ die Zahl } a \textit{ teilt.} \qquad (6.13)$$

Wir beweisen (6.13) indirekt. Wenn p_1 die Zahl a teilt, dann steht $g = a \bmod p_1^{i_1}$ im Widerspruch zu der Annahme, dass g ein Generator von $\mathbb{Z}_q^*$ ist.

Wenn p_r die Zahl a teilt für ein $r \in \{2, \ldots, k\}$, dann gilt $a = p_r \cdot b$ für ein $b \in \mathbb{N} - \{0\}$. Die Kongruenz $a \equiv 1 \pmod m$ impliziert $a = m \cdot x + 1$ für ein $x \in \mathbb{N}$. Also gilt

$$a = p_r \cdot b = m \cdot x + 1 = p_r \cdot (m/p_r) \cdot x + 1,$$

was impliziert, dass

$$p_r \text{ die Zahl teilt 1 teilt.}$$

Also kann p_r die Zahl a nicht teilen und somit ist a in $\mathbb{Z}_n^*$.

Zum Schluss müssen wir beweisen, dass

$$a \notin \overline{\mathrm{Wit}_n}.$$

Wir werden zwei Möglichkeiten unterscheiden, nämlich $i_1 = 1$ und $i_1 \geq 2$.

(1) Sei $i_1 = 1$.
Wir berechnen das Jacobi-Symbol für a und n und die Zahl $a^{\frac{(n-1)}{2}} \bmod n$, um zu zeigen, dass sie unterschiedlich sind.
Für die folgende Berechnung ist wichtig, dass

$$n = p_1 \cdot m, \ m > 1, \text{ und } \mathrm{ggT}(p_1, m) = 1.$$

$$\begin{aligned}
\mathrm{Jac}\left[\frac{a}{n}\right] &\underset{def.}{=} \prod_{j=1}^{k} \left(\mathrm{Jac}\left[\frac{a}{p_i}\right]\right)^{i_j} \\
&= \mathrm{Jac}\left[\frac{a}{p_1}\right] \cdot \prod_{j=2}^{k} \left(\mathrm{Jac}\left[\frac{a}{p_j}\right]\right)^{i_j} \\
&\quad \{\text{weil } i_1 = 1\} \\
&= \mathrm{Jac}\left[\frac{a}{p_1}\right] \cdot \prod_{j=2}^{k} \left(\mathrm{Jac}\left[\frac{1}{p_j}\right]\right)^{i_j} \\
&\quad \{\text{wegen } a \equiv 1 \pmod{m} \text{ und Lemma 6.3.14(ii)}\} \\
&= \mathrm{Jac}\left[\frac{a}{p_1}\right] \\
&\quad \{\text{Lemma 6.3.14(iv)}\} \\
&= \mathrm{Jac}\left[\frac{g}{p_1}\right] \\
&\quad \{\text{wegen } a \equiv g \pmod{p_1} \text{ und Lemma 6.3.14(ii)}\} \\
&= \mathrm{Leg}\left[\frac{g}{p_1}\right] \\
&\quad \{\text{weil } p_1 \text{ eine Primzahl ist}\} \\
&= -1 \\
&\quad \{\text{weil der Generator } g \text{ von } \mathbb{Z}_{p_1}^* \text{ kein quadratischer Rest sein kann.}\}
\end{aligned}$$

Somit haben wir gezeigt, dass

$$\text{Jac}\left[\frac{a}{n}\right] = -1.$$

Weil $a \equiv 1 \pmod{m}$, erhalten wir

$$\begin{aligned} a^{\frac{(n-1)}{2}} \bmod m &= (a \bmod m)^{\frac{(n-1)}{2}} \bmod m \\ &= 1^{\frac{(n-1)}{2}} \bmod m \\ &= 1. \end{aligned} \quad (6.14)$$

Also kann die Gleichung $a^{\frac{(n-1)}{2}} \bmod n = -1$ nicht gelten. Sonst wäre[15]

$$a^{\frac{(n-1)}{2}} \bmod m = -1 \ (= m - 1 \text{ in } \mathbb{Z}_m^*),$$

im Widerspruch zu (6.14).
Damit haben wir bewiesen

$$-1 = \text{Jac}\left[\frac{a}{n}\right] \neq a^{\frac{(n-1)}{2}} \bmod n$$

und somit

$$a \in \mathbb{Z}_n^* - \overline{\text{Wit}_n}.$$

(2) Sei $i_1 \geq 2$.
Wir beweisen $a \notin \overline{\text{Wit}_n}$ indirekt. Angenommen $a \in \overline{\text{Wit}_n}$. Diese Annahme impliziert

$$a^{\frac{(n-1)}{2}} \bmod n = \text{Jac}\left[\frac{a}{n}\right] \in \{1, -1\}$$

und somit auch

$$a^{n-1} \bmod n = 1.$$

Weil $n = q \cdot m$, gilt auch

$$a^{n-1} \bmod q = 1.$$

Also gilt

$$1 = a^{n-1} \bmod q = (a \bmod q)^{n-1} \bmod q = g^{n-1} \bmod q. \quad (6.15)$$

[15] Wenn $n = q \cdot m$ und $d \bmod n = -1$ für ein $d \in \mathbb{N}$, dann ist $d = l \cdot n - 1 = k \cdot q \cdot m - 1$ für ein $k \in \mathbb{N}$. Dann ist offensichtlich, dass $d \equiv -1 \pmod{m}$.

Weil g ein Generator der zyklischen Gruppe $(\mathbb{Z}_q^*, \odot_{\bmod q})$ ist, ist $|\mathbb{Z}_q^*|$ seine Ordnung. Die Gleichung (6.15) impliziert, dass die Ordnung von g die Zahl $n-1$ teilen muss, d.h.

$$|\mathbb{Z}_q^*| \text{ teilt } n-1. \tag{6.16}$$

Weil $q = p_1^{i_1}$ für ein $i_1 \geq 2$, und weil

$$\mathbb{Z}_q^* = \{x \in \mathbb{Z}_q \mid \text{ggT}(x,q) = 1\} = \{x \in \mathbb{Z}_q \mid p_1 \text{ teilt } x \text{ nicht}\}$$

gilt, und weil die Anzahl der Elemente aus $\mathbb{Z}_q$, die ein Vielfaches von p_1 sind, genau $|\mathbb{Z}_q|/p_1$ ist, erhalten wir

$$|\mathbb{Z}_q^*| = |\mathbb{Z}_q| - |\mathbb{Z}_q|/p_1 = p_1^{i_1} - p_1^{i_1-1} = p_1 \cdot \left(p_1^{i_1-1} - p_1^{i_1-2}\right).$$

Somit gilt

$$p_1 \text{ teilt } |\mathbb{Z}_q^*|. \tag{6.17}$$

Aber (6.16) und und (6.17) implizieren zusammen:

$$p_1 \text{ teilt } n-1. \tag{6.18}$$

Weil $n = p_1^{i_1} \cdot m$, erhalten wir

$$p_1 \text{ teilt } n \text{ und } p_1 \text{ teilt } n-1.$$

Weil keine Primzahl $n-1$ sowie auch n teilen kann, ist unsere Annahme $a \in \overline{\text{Wit}_n}$ ungültig und wir erhalten

$$a \notin \overline{\text{Wit}_n}.$$

□

Der Satz 6.3.17 zeigt, dass die Jac-Zeugen eine geeignete Zeugenart für einen randomisierten Primzahltest sind. Der folgende Algorithmus ist eine direkte Anwendung der Methode der häufigen Zeugen für die Jac-Zeugen.

Algorithmus Solovay-Strassen

Eingabe: Eine ungerade natürliche Zahl n, $n \geq 3$.
Schritt 1: Wähle zufällig ein a aus $\{1, 2, \ldots, n-1\}$.
Schritt 2: Berechne $\text{ggT}(a, n)$.

Schritt 3:
  if ggT$(a, n) \neq 1$ **then**
    output („$n \notin$ PRIM“) {akzeptiere}

Schritt 4: Berechne Jac$\left[\frac{a}{n}\right]$ und $a^{\frac{(n-1)}{2}}$ mod n

Schritt 5:
  if Jac$\left[\frac{a}{n}\right] = a^{\frac{(n-1)}{2}}$ mod n **then**
    output („$n \in$ PRIM“) {verwerfe}
  else
    output („$n \notin$ PRIM“) {akzeptiere}.

Satz 6.3.18. *Der Solovay-Strassen-Algorithmus ist ein polynomieller* 1MC-*Algorithmus für das Erkennen von zusammengesetzten Zahlen.*

Beweis. Wir analysieren zuerst die Komplexität des Algorithmus. Zunächst bemerken wir, dass $a < n$ ist, damit können wir die Komplexität nun bezüglich der Darstellungslänge $\lceil \log_2(n+1) \rceil$ der Eingabe n messen. Die Berechnung von ggT(a, n) im Schritt 2 kostet höchstens $O((\log_2 n)^3)$ binäre Operationen. Den Wert $a^{\frac{(n-1)}{2}}$ mod n kann man mit $O((\log_2 n)^3)$ binären Operationen[16] berechnen. Der Algorithmus JACOBI berechnet Jac$\left[\frac{a}{n}\right]$ mit $O((\log_2 n)^3)$ binären Operationen. Die Kosten der Vergleiche sind linear in $\log_2 n$ und somit ist die Gesamtkomplexität des Solovay-Strassen-Algorithmus in $O((\log_2 n)^3)$.

Wenn n eine Primzahl ist, existiert kein Zeuge von „$n \notin$ PRIM“ (Satz 6.3.17(a)) und somit gibt der Algorithmus die Antwort „$n \in$ PRIM“ mit Sicherheit.

Wenn n keine Primzahl ist, garantiert uns Satz 6.3.17(b), dass mindestens die Hälfte der Elemente aus $\{1, 2, \ldots, n-1\}$ Jac-Zeugen von „$n \notin$ PRIM“ sind. Damit gibt der Solovay-Strassen-Algorithmus die richtige Antwort „$n \notin$ PRIM“ mit einer Wahrscheinlichkeit von mindestens $1/2$. □

Weil der Solovay-Strassen Algorithmus ein 1MC-Algorithmus ist, kann man durch konstant[17] viele Wiederholungen die Fehlerwahrscheinlichkeit beliebig[18] verringern. Somit ist dieser Algorithmus für praktische Zwecke sehr gut geeignet.

---

[16] Wenn man den besten bekannten Algorithmus zu Multiplikation großer Zahlen verwendet, dann sogar in $O\big((\log_2 n)^2 \cdot \log\log\log n\big)$.

[17] bezüglich der Eingabelänge

[18] Zur Erinnerung, die Fehlerwahrscheinlichkeit geht mit exponentieller Geschwindigkeit bezüglich der Anzahl der unabhängigen Läufen gegen 0.

6.4 Generierung von zufälligen Primzahlen

Eine der am häufigsten vorkommenden Aufgaben in der Kryptographie ist:

Für ein gegebenes $l \in \mathbb{N}$ generiere eine zufällige Primzahl der (binären) Länge l.

Die binäre Länge l der Primzahl befindet sich typischerweise im Bereich von mehreren Hunderten. Damit ist die Anzahl der Primzahlen der Länge l größer als die Anzahl der Protonen im Universum und somit ist es nicht möglich, das Problem zu lösen, indem man alle Primzahlen generiert und dann zufällig eine wählt. Die stattdessen verwendete Strategie ist einfach, eine zufällige Zahl der Länge l zu generieren und dann mit einem randomisierten Primzahltest zu überprüfen, ob die generierte Zahl eine Primzahl ist. Dieser Ansatz funktioniert wegen des Primzahlsatzes (Satz A.2.9), der uns das häufige Auftreten[19] der Primzahlen unter den natürlichen Zahlen garantiert. Wenn eine Zahl der Länge l zufällig und gleichverteilt generiert wird und dieses Verfahren so lange wiederholt wird, bis man eine Primzahl findet, dann generiert man eine Primzahl der Länge l zufällig entsprechend der Gleichverteilung.

Im Folgenden präsentieren wir einen Algorithmus zur Generierung von zufälligen Primzahlen. Der Algorithmus hat zwei Eingaben. Zum einen die binäre Länge l der gewünschten Primzahl und zum anderen die Anzahl k der Testläufe des Solovay-Strassen-Primzahltests zur Überprüfung, ob die generierte Zahl eine Primzahl ist.

PRIMZAHL (l, k)

Eingabe: Positive natürliche Zahlen l und k, $l \geq 3$.

Schritt 1:

$X :=$ „noch nicht gefunden";
$I := 0$;

Schritt 2:

`while` $X :=$ „noch nicht gefunden" und $I < 2 \cdot l^2$ `do`
`begin`
generiere zufällig eine Bitfolge $a_1, a_2, \ldots, a_{l-2}$

[19]Die Wahrscheinlichkeit eine Primzahl zu generieren ist ungefähr $1/\ln n$

```
    und berechne
```

$$n := 2^{l-1} + \sum_{i=1}^{l-2} a_i \cdot 2^i + 1$$

```
    {Damit ist n eine zufällige ungerade Zahl der Länge l}
    Realisiere k unabhängige Läufe des Solovay-Strassen-
    Algorithmus auf n;
    if mindestens eine Ausgabe ist „n ∉ PRIM“ then
      I := I + 1
    else
      begin
        X := „schon gefunden“;
        output „n“
      end;
  end;
Schritt 3:
  if I = 2 · l² then
    output „Ich habe keine Primzahl gefunden“
```

Satz 6.4.19. *Der Algorithmus* PRIMZAHL (l, l) *ist ein in* l *polynomieller* 2MC*-*Algorithmus zur Generierung zufälliger Primzahlen der Länge* l.

Beweis. Zuerst analysieren wir die Zeitkomplexität des randomisierten Algorithmus PRIMZAHL (l, k) für $l = k$. Die Eingabelänge ist zwar $2 \cdot \lceil \log_2(l+1) \rceil$, aber die Ausgabelänge ist l und somit messen wir die Komplexität bezüglich l.

Der Algorithmus macht höchstens $2 \cdot l^2$ Versuche, eine Zahl zu generieren und zu testen. Die Generierung selbst läuft in linearer Zeit und der Solovay-Strassen-Primzahltest benötigt $O(l^3)$ binäre Operationen. Somit ist die Laufzeit des Algorithmus PRIMZAHL (l, l) in $O(l^5)$.

Wir beginnen die Analyse der Erfolgswahrscheinlichkeit mit der Abschätzung der Wahrscheinlichkeit, dass PRIMZAHL (l, l) die Antwort „Ich habe keine Primzahl gefunden“ ausgibt. Dieses ungünstige Ereignis kann nur dann vorkommen, wenn keine der $2 \cdot l^2$ zufällig generierten Zahlen eine Primzahl ist[20] und der Solovay-Strassen Primzahltest für jede dieser $2 \cdot l^2$ generierten Zahlen

[20]Der Solovay-Strassen-Primzahltest gibt immer „$n \in$ PRIM“ aus, wenn n eine Primzahl ist.

in l Läufen beweist, dass die Zahl keine Primzahl ist. Weil die Wahrscheinlichkeit, dass eine Zufallszahl n der binären Länge l eine Primzahl ist, mindestens

$$\frac{1}{\ln n} > \frac{1}{2 \cdot l}$$

ist[21], ist die Wahrscheinlichkeit, keine Primzahl zu generieren, höchstens

$$1 - \frac{1}{2 \cdot l}. \tag{6.19}$$

Sei $w_l \geq 1 - \frac{1}{2^l}$ die Wahrscheinlichkeit, dass der Solovay-Strassen-Primzahltest in l unabhängigen Läufen die Tatsache „$n \notin$ PRIM" beweist. Somit erhalten wir

$$\begin{aligned}
&\text{Wahr}(\text{PRIMZAHL}\,(l,l) = \text{„keine Primzahl gefunden"}) \\
&\underset{(6.19)}{<} \left(\left(1 - \frac{1}{2 \cdot l}\right) \cdot w_l\right)^{2 \cdot l^2} \\
&< \left(1 - \frac{1}{2 \cdot l}\right)^{2 \cdot l^2} \\
&= \left[\left(1 - \frac{1}{2 \cdot l}\right)^{2 \cdot l}\right]^l \\
&< \left(\frac{1}{e}\right)^l = e^{-l}.
\end{aligned}$$

Offensichtlich geht e^{-l} mit wachsendem l gegen 0 und es gilt $e^{-l} < \frac{1}{4}$ für alle $l \geq 2$. Für $l \geq 100$ ist e^{-l} wesentlich kleiner als 10^{-40}.

Jetzt analysieren wir die Wahrscheinlichkeit des ungünstigen Ereignisses, dass PRIMZAHL (l, l) eine zusammengesetzte Zahl n als Primzahl ausgibt.[22] Der Algorithmus PRIMZAHL (l, l) gibt eine zusammengesetzte Zahl n nur dann aus, wenn

(i) alle vorher[23] generierten Zahlen keine Primzahlen waren und dies auch in PRIMZAHL (l, l) durch höchstens l Läufe des Solovay-Strassen-Algorithmus bewiesen wurde, und

[21] wegen des Primzahlsatzes (Satz A.2.9)

[22] Also die Wahrscheinlichkeit, dass PRIMZAHL (l, l) ein falsches Resultat ausgibt.

[23] vor der Generierung der Zahl n

(ii) n keine Primzahl ist, aber PRIMZAHL (l, l) dies in l Läufen des Solovay-Strassen-Algorithmus nicht beweist.

Weil n die i-te generierte Zahl für $i = 1, 2, \ldots, 2 \cdot l^2$ sein kann, betrachten wir die Wahrscheinlichkeit p_i, dass die falsche Ausgabe n die i-te generierte Zahl ist. Aus (6.19) folgt

$$p_1 \leq \left(1 - \frac{1}{2 \cdot l}\right) \cdot \frac{1}{2^l},$$

weil 2^{-l} die untere Schranke für die Wahrscheinlichkeit ist, die Tatsache „$n \notin$ PRIM" in l Läufen des Primzahltests nicht zu beweisen.

Für alle $i = 2, 3, \ldots, 2 \cdot l^2$ gilt

$$p_i \leq \left[\left(1 - \frac{1}{2 \cdot l}\right) \cdot w_l\right]^{i-1} \cdot \left(1 - \frac{1}{2 \cdot l}\right) \cdot \frac{1}{2^l},$$

wobei $\left[\left(1 - \frac{1}{2 \cdot l}\right) \cdot w_l\right]^{i-1}$ eine obere Schranke für die Wahrscheinlichkeit ist, dass die ersten $i - 1$ generierten Zahlen keine Primzahlen sind, und dass dies von PRIMZAHL (l, l) auch erkannt wurde. Damit ergibt sich

$$\begin{aligned}
\text{Fehler}_{\text{PRIMZAHL}(l,l)}(l) &\leq p_1 + \sum_{j=2}^{2 \cdot l^2} p_j \\
&\leq \left(1 - \frac{1}{2 \cdot l}\right) \cdot \frac{1}{2^l} + \\
&\quad + \sum_{i=1}^{2 \cdot l^2 - 1} \left[\left(1 - \frac{1}{2 \cdot l}\right) \cdot w_l\right]^i \cdot \left(1 - \frac{1}{2 \cdot l}\right) \cdot \frac{1}{2^l} \\
&\leq \left(1 - \frac{1}{2 \cdot l}\right) \cdot \frac{1}{2^l} \cdot \left(\sum_{i=1}^{2 \cdot l^2 - 1} \left(1 - \frac{1}{2 \cdot l}\right)^i + 1\right) \\
&\leq \left(1 - \frac{1}{2 \cdot l}\right) \cdot \frac{1}{2^l} \cdot 2 \cdot l^2 \\
&\leq \frac{l^2}{2^{l-1}}.
\end{aligned}$$

Offensichtlich geht der Wert $l^2 \cdot 2^{-(l-1)}$ mit wachsendem l gegen 0 und es gilt $\text{Fehler}_{\text{PRIMZAHL}(5,5)}(5) \leq 1/5$. Für $l \geq 100$ ist

$$\text{Fehler}_{\text{PRIMZAHL}(l,l)}(l) \leq l^2 \cdot 2^{-(l-1)} \leq 1.58 \cdot 10^{-26}.$$

□

Um die Erfolgswahrscheinlichkeit von PRIMZAHL (l, k) zu erhöhen, haben wir k sehr großzügig gewählt, damit aber die Zeitkomplexität unnötig hoch getrieben. Die folgenden Aufgaben bieten dem Leser die Gelegenheit, über einen geeigneten Trade-off zwischen dem Zeitaufwand und der Erfolgswahrscheinlichkeit nachzudenken.

Aufgabe 6.4.20. Analysieren Sie die Zeitkomplexität und die Erfolgswahrscheinlichkeit von PRIMZAHL (l, k) für folgende Werte von k:

(i) $k = 2 \cdot \lceil \log_2 l \rceil$,
(ii) $k = 2 \cdot (\lceil \log_2 l \rceil)^2$, und
(iii) $k = \lceil \sqrt{l} \rceil$.

Aufgabe 6.4.21. Die Anzahl $2 \cdot l^2$ der Versuche eine zufällige Zahl zu generieren, ist in PRIMZAHL (l, k) zu hoch angesetzt. Welche Wahl für die Anzahl der Versuche würden Sie treffen, um die Zeitkomplexität von PRIMZAHL (l, k) im schlechtesten Fall zu verringern und dabei weiterhin eine hohe Erfolgswahrscheinlichkeit zu garantieren?

Aufgabe 6.4.22. Ändern Sie PRIMZAHL (l, k) so ab, dass er laufen muss, bis er eine Ausgabe n liefert. Damit verbietet man die Ausgabe „Ich habe keine Primzahl gefunden“, und folglich existieren unendliche Läufe von PRIMZAHL (l, k). Bestimmen Sie die erwartete Laufzeit und die Fehlerwahrscheinlichkeit einer solchen Modifikation von PRIMZAHL (l, k).

6.5 Zusammenfassung

Die Methode der häufigen Zeugen zum Entwurf von effizienten randomisierten Algorithmen enthüllt die tiefste Wurzel der Stärke der Randomisierung. Wenn es Zeugenkandidatenmengen nur mit zufällig verstreuten (verteilten) häufigen Zeugen für schwere Berechnungsprobleme gibt, dann können randomisierte Verfahren effizient Probleme lösen, die man deterministisch nie effizient lösen wird. Die Kunst der Anwendung der Methode der häufigen Zeugen liegt in der Suche nach einer passenden Zeugenart. Einfache Zeugenarten haben wir im Kapitel 4 betrachtet, in dem wir die Fingerabdruckmethode als einen Spezialfall der Methode der häufigen Zeugen auf mehrere Problemstellungen angewendet haben. In diesem Kapitel haben wir einen Teil der Geschichte der

Entwicklung der Zeugenarten für einen randomisierten Primzahltest präsentiert. Es ist wichtig zu bemerken, dass der Primzahltest deterministisch in polynomieller Zeit durchführbar ist, wie vor kurzem von Agrawal, Kayal und Saxena [AKS 02] gezeigt wurde und dass man den Entwurf dieses deterministischen Algorithmus als eine Suche nach Zeugenarten verstehen kann, bei der man in der Menge der Zeugenkandidaten deterministisch in polynomieller Zeit einen Zeugen ausfindig machen kann. Weil der deterministische Primzahltest in einer Zeit von über $(\log_2 n)^{10}$ läuft, wird er nicht als praktisch betrachtet und wir benutzen zur Generierung großer Primzahlen effiziente randomisierte Verfahren.

Der Primzahltest ist eines der grundlegenden Probleme der Mathematik und der Informatik. Über 2000 Jahre war die Frage offen, ob man den Primzahltest von n schneller machen kann, als die Zahl n durch alle Zahlen kleiner gleich $\sqrt{n}$ zu teilen. Im 17. Jahrhundert hat Fermat mit dem „kleinen Satz von Fermat“ die erste Möglichkeit zu einem effizienten Primzahltest eröffnet. Dieser Primzahltest funktioniert nicht für alle Zahlen, insbesondere kann man ihn nicht für Carmichaelsche Zahlen verwenden. Die Carmichaelschen Zahlen wurden von Carmichael [Car 12] entdeckt, und der Beweis, dass es unendlich viele solche Zahlen gibt, wurde durch Alford, Granville und Pomerance [AGP 92] erbracht. Erst die Entwicklung der Algorithmik und der Komplexitätstheorie hat zu einem wesentlichen Fortschritt geführt. Pratt [Pra 75] hat gezeigt, dass der Primzahltest in NP ist. Der erste effiziente 1MC-Algorithmus für den Primzahltest ist der hier präsentierte Algorithmus von Solovay und Strassen [SS 77]. Eine anschauliche Erklärung der Ideenentwicklung auf dem Weg zum Entwurf dieses Algorithmus bietet Strassen in [Str 96]. Im Jahre 1976 zeigte Miller, dass aus der Gültigkeit der Erweiterten Riemannschen Hypothese die Existenz eines effizienten deterministischen Algorithmus für den Primzahltest folgt. Rabin [Rab 76, Rab 80] modifizierte[24] den Test von Miller, um einen effizienten randomisierten Primzahltest zu entwerfen. Beide diese Algorithmen sind Monte Carlo-Algorithmen mit einseitigem Fehler. Um dies zu verbessern, haben Adleman und Huang [AH 87] einen polynomiellen Las Vegas-Algorithmus für den Primzahltest entworfen. Im Jahr 1983 haben Adleman, Pomerance und Rumely sogar einen deterministischen superpolynomiellen $(\log_2 n)^{\mathcal{O}(\log\log\log n)}$-Algorithmus für den Primzahltest entwickelt. Den größten Durchbruch haben im Sommer 2002 Agrawal, Kayal und Saxena [AKS 02] geschafft, die einen deterministischen $O((\log_2 n)^{12})$-Algorithmus für den Primzahltest gefunden haben. Die Entwicklung dieses Algorithmus hält man für eine der größten Errun-

[24]Er ersetzte die Annahme über die Gültigkeit der erweiterten Riemannschen Hypothese durch das Prinzip der Randomisierung.

genschaften der Algorithmik.

Von den Lehrbüchern, in denen der Primzahltest ausführlicher als in diesem Kapitel behandelt wird, empfehlen wir Motwani und Raghavan [MR 95], Cormen, Leiserson, Rivest und Stein [CLRS 01] und [Hro 03]. Die faszinierende Geschichte der Entwicklung von Algorithmen für den Primzahltest hat auf eine hervorragende Weise Dietzfelbinger [Die 04] zusammengefasst.

Die Improvisation ist wirklich
der Prüfstand des Geistes.

Moliére

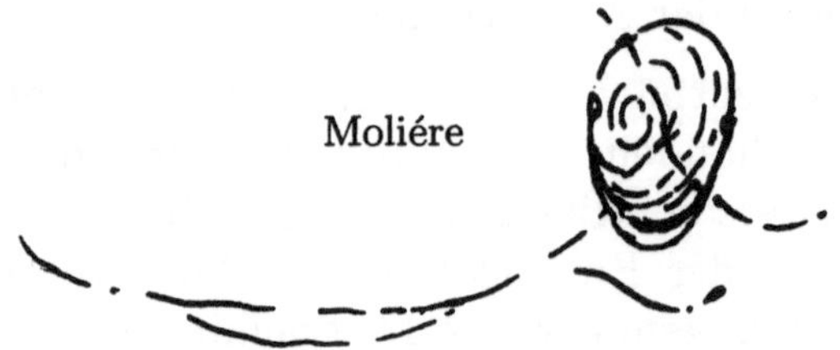

7 Optimierung und zufälliges Runden

7.1 Zielsetzung

Das Problem der ganzzahligen linearen Programmierung (ILP; integer linear programming) und das Problem der 0/1-linearen Programmierung (0/1-LP) sind bekannte NP-schwere Optimierungsprobleme. Auf der anderen Seite ist das Problem der linearen Programmierung (LP) in Polynomialzeit lösbar. Dabei haben alle drei Probleme die gleichen Optimierungsziele und die gleichen linearen Einschränkungen. Der einzige Unterschied liegt in der Forderung nach ganzzahligen Lösungen für ILP und nach Booleschen Lösungen für 0/1-LP, wohingegen das Basisproblem der linearen Programmierung mit reellen Zahlen[1] arbeitet.

Wie können eigentlich trotz einer solch starken Ähnlichkeit so große Unterschiede in der Berechnungsschwierigkeit auftreten? Der erste Versuch, den Unterschied zu begründen, wäre zu sagen, dass die Anforderung nach Ganzzahligkeit der zulässigen Lösungen nicht durch lineare Ungleichungen darstellbar ist und somit ILP und 0/1-LP den Bereich der Linearität der Einschränkungen verlassen. Die Linearität ist hier wirklich wesentlich, weil die Lösungsmenge eines Systems von linearen Ungleichungen ein Polyeder[2] bildet. Nach einem Optimum bezüglich einer linearen Funktion in einem Polyeder zu suchen ist nicht so schwer, weil man dies zum Beispiel mit lokaler Suche von einem beliebigen Knoten des Polyeders entlang der Kanten des Polyeders erreichen kann.[3]

Diese Verwandtschaft zwischen dem effizient lösbaren LP und dem NP-schweren

[1] also ohne Einschränkung auf den Wertebereich

[2] ein konvexes mehrdimensionales Objekt

[3] Genau dies tut der wohl bekannte Simplex-Algorithmus, der auf fast allen Probleminstanzen von LP sehr effizient ist. Es gibt aber künstliche Problemfälle des LP, bei denen exponentiell viele Verbesserungsschritte der lokalen Suche erforderlich sind, um das Optimum zu erreichen.

ILP und 0/1-LP wird genutzt, um effiziente Approximationsalgorithmen zu entwickeln. Zuerst wird eine Instanz eines diskreten Optimierungsproblems als eine Instanz von ILP oder 0/1-LP dargestellt. Im zweiten Schritt, den man Relaxation zur linearen Programmierung nennt, wird die Anforderung der Ganzzahligkeit der Lösung nicht beachtet und die Probleminstanz als eine Instanz von LP effizient gelöst. Die für LP optimale, aber nicht unbedingt zulässige[4] Lösung für ILP muss dann irgendwie verwendet werden, um eine relativ gute ganzzahlige oder Boolesche Lösung zu erzeugen. Eine der Methoden, die reelle optimale Lösung zur Berechnung einer zulässigen Lösung des ursprünglichen Problems auszunutzen, ist das zufällige Runden, das wir in diesem Kapitel vorstellen wollen.

Das Kapitel ist wie folgt aufgebaut. Im Abschnitt 7.2 erklären wir die Methode der Relaxation zur linearen Programmierung und zeigen, wie man durch die Anwendung dieser Methode Approximationsalgorithmen gewinnen kann.

Im Abschnitt 7.3 kombinieren wir die Methode der Relaxation zur LP mit dem zufälligen Runden um einen randomisierten Approximationsalgorithmus für MAX-SAT zu entwerfen. Wir werden dabei beobachten, dass dieser Algorithmus bezüglich der Qualität der berechneten Lösungen unvergleichbar mit dem im Abschnitt 2.5 (Beispiel 2.5.73) analysierten Stichprobenalgorithmus für MAX-SAT ist. Wir kombinieren diese zwei randomisierten Approximationsalgorithmen im Abschnitt 7.4 mit der Zielsetzung, für beliebige Formeln in KNF eine zulässige Lösung mit erwarteter Approximationsgüte von höchstens 4/3 zu erhalten.

Abschnitt 7.5 schließt das Kapitel mit einer kurzen Zusammenfassung und Literaturhinweisen zur möglichen Vertiefung dieses Themas ab.

7.2 Relaxation zur linearen Programmierung

Die Relaxation zur linearen Programmierung ist eine der am häufigsten angewandten und erfolgreichsten Methoden zum Entwurf von Algorithmen für NP-schwere diskrete Optimierungsprobleme. Das grundsätzliche Schema dieser Methode kann wie folgt dargestellt werden.

Schema der Relaxation zur linearen Programmierung

Eingabe: Eine Instanz I eines Optimierungsproblems U

[4]ganzzahlige

(1) Reduktion:
Stelle I als eine Instanz ILP(I) von ILP (oder 0/1-LP) dar.

(2) Relaxation:
Betrachte ILP(I) als eine Instanz Rel-LP(I) von LP (d.h., beachte nicht die Einschränkungen auf den Wertebereich der Variablen) und finde eine optimale Lösung α für Rel-LP(I) durch eine der Methoden für lineare Programmierung.
{Es ist wichtig zu beobachten, dass die Kosten von α eine Schranke für die erreichbaren optimalen Kosten des ursprünglichen Problems U sind (d.h.

$$\text{cost}(\alpha) = \text{Opt}_{\text{LP}}(\text{Rel-LP}(I)) \leq \text{Opt}_U(I),$$

falls U ein Minimierungsproblem ist, und

$$\text{cost}(\alpha) = \text{Opt}_{\text{LP}}(\text{Rel-LP}(I)) \geq \text{Opt}_U(I),$$

falls U ein Maximierungsproblem ist).
Der Grund dafür ist, dass die Einschränkungen von Rel-LP(I) eine echte Teilmenge der Einschränkungen von ILP(I) (und somit von I) sind. Deswegen ist die Menge $\mathcal{M}(\text{ILP}(I))$ der zulässigen Lösungen für I eine Teilmenge der Menge $\mathcal{M}(\text{Rel-LP}(I))$ der zulässigen Lösungen für Rel-LP(I).}

(3) Lösen des ursprünglichen Problems:
Verwende α um eine zulässige Lösung β für I zu berechnen, die eine hohe Qualität besitzt (optimal oder eine gute Approximation einer optimalen Lösung ist).
{Obwohl wir oft eine optimale Lösung für I und somit die Kosten $\text{Opt}_U(I)$ nicht bestimmen können, können wir $\text{cost}(\alpha) = \text{Opt}_{\text{LP}}(\text{Rel-LP}(I))$ mit $\text{cost}(\beta)$ vergleichen, und somit eine obere Schranke für die Approximationsgüte der Lösung β für I bestimmen.}

Die Teile (1) und (2) des Schemas sind in polynomieller Zeit lösbar. Dies impliziert, dass der Teil (3) ein NP-schweres Problem darstellt, wenn eine optimale Lösung des ursprünglichen NP-schweren Problems unbedingt erforderlich ist.[5] Wenn wir aber nur einen Approximationsalgorithmus entwerfen wollen, kann die Möglichkeit bestehen, eine Realisierung von Teil (3) des Schemas zu finden, die für jede Probleminstanz von U in polynomieller Zeit läuft. Um diese Methode zu veranschaulichen, zeigen wir ein paar Beispiele von Reduktionen

[5] Dies schließt aber nicht aus, dass man trotzdem auf diese Weise für viele konkrete Instanzen eine optimale Lösung finden könnte.

auf ILP und dann den Entwurf eines Approximationsalgorithmus.

Das Problem der linearen Programmierung (LP) ist eines der grundlegenden Optimierungsprobleme in der Mathematik und seine Wichtigkeit liegt insbesondere darin, dass man viele reale Situationen durch LP darstellen kann, und dass sich auch viele andere Optimierungsprobleme durch lineare Einschränkungen gut ausdrücken lassen.

Eine allgemeine Version von LP, die Gleichungen sowie Ungleichungen zulässt, ist die folgende:

Für jede Probleminstanz $A = [a_{ji}]_{j=1,\ldots,m,\ i=1,\ldots,n}$, $b = (b_1, \ldots, b_m)^T$, $c = (c_1, \ldots, c_n)$, $M_1, M_2 \subseteq \{1, \ldots, m\}$, $M_1 \cap M_2 = \emptyset$, $n, m \in \mathbb{N} - \{0\}$,

$$\text{minimiere die lineare Funktion } f_c(x_1, \ldots, x_n) = \sum_{i=1}^{n} c_i \cdot x_i$$

unter den linearen Einschränkungen[6]

$$\begin{aligned}
\sum_{i=1}^{n} a_{ji} \cdot x_i &= b_j \text{ für } j \in M_1, \\
\sum_{i=1}^{n} a_{si} \cdot x_i &\geq b_s \text{ für } s \in M_2, \\
\sum_{i=1}^{n} a_{ri} \cdot x_i &\leq b_r \text{ für } r \in \{1, 2, \ldots, m\} - (M_1 \cup M_2).
\end{aligned}$$

Wenn $x = (x_1, x_2, \ldots, x_n)^T$ über den reellen Zahlen betrachtet wird, kann man dieses Problem in polynomieller Zeit lösen.[7] Wenn man die zusätzlichen nichtlinearen Anforderungen $x_i \in \{0, 1\}$ oder $x_i \in \mathbb{Z}$ betrachtet, erhält man die NP-schweren Probleme 0/1-LP und ILP.

Wir geben jetzt ein paar Beispiele für die Reduktion und die Relaxation von diskreten Optimierungsproblemen an.

[6] Wir wissen, dass wir alle Einschränkungen durch Einführung neuer Variablen auf Gleichungen oder ausschließlich auf Ungleichungen reduzieren können, aber das ist nicht das Thema dieses Buches.

[7] Es war lange Zeit ein offenes Problem, ob LP in polynomieller Zeit lösbar ist (siehe Abschnitt 7.5).

Beispiel 7.2.1. Das Problem der minimalen Knotenüberdeckung (MIN-VC)

Wir erinnern uns, dass eine Instanz von MIN-VC ein Graph $G = (V, E)$ ist. Die zulässigen Lösungen sind alle Knotenmengen $U \subseteq V$, so dass jede Kante aus E mindestens einen Endpunkt in U hat. Das Ziel ist die Minimierung der Mächtigkeit von U.

Sei $V = \{v_1, v_2, \ldots, v_n\}$. Wir können eine Lösung U durch einen Booleschen Vektor $(x_1, x_2, \ldots, x_n) \in \{0, 1\}^n$ beschreiben, wobei

$$x_i = 1 \Leftrightarrow v_i \in U.$$

Diese Darstellung von zulässigen Lösungen ermöglicht es uns, die Instanz G von MIN-VC als die folgende Instanz ILP(G) von 0/1-LP darzustellen:

$$\text{Minimiere } \sum_{i=1}^{n} x_i \tag{7.1}$$

unter den $|E|$ vielen linearen Einschränkungen

$$x_i + x_j \geq 1 \text{ für jede Kante } \{v_i, v_j\} \in E, \tag{7.2}$$

und den n nichtlinearen Einschränkungen

$$x_i \in \{0, 1\} \text{ für } i = 1, 2, \ldots, n. \tag{7.3}$$

Wenn wir jetzt (7.3) durch die $2 \cdot n$ linearen Einschränkungen

$$x_i \geq 0 \text{ und } x_i \leq 1 \text{ für } i = 1, 2, \ldots, n \tag{7.4}$$

ersetzen, erhalten wir die Instanz Rel-LP(G) von LP. □

Aufgabe 7.2.2. Betrachten Sie das gewichtete MIN-VC, bei dem jeder Knoten ein positives Gewicht hat, und die Aufgabe darin besteht, das Gesamtgewicht der Knotenüberdeckung zu minimieren. Formulieren Sie dieses Problem als 0/1-LP.

Beispiel 7.2.3. Das Rucksack Problem (MAX-KP)

Eine Instanz I von MAX-KP ist durch eine Folge von $2 \cdot n + 1$ positiven ganzen Zahlen $I = w_1, w_2, \ldots, w_n, c_1, c_2, \ldots, c_n, b$ für ein $n \in \mathbb{N} - \{0\}$ gegeben. Dabei betrachtet man n Objekte, wobei w_i das Gewicht und c_i der Nutzen des i-ten Objekts für $i = 1, 2, \ldots, n$ ist. Die Aufgabe besteht darin, eine Teilmenge von Objekten in den Rucksack einzupacken, so dass deren Gesamtgewicht das maximal erlaubte Gewicht b nicht überschreitet und der Gesamtnutzen der Objekte im Rucksack maximiert wird. Wenn wir wieder die zulässigen Lösungen durch die Vektoren $(x_1, x_2, \ldots, x_n) \in \{0,1\}^n$ beschreiben, wobei

$$x_i = 1 \Leftrightarrow \text{das } i\text{-te Objekt ist im Rucksack,}$$

können wir die Instanz I von MAX-KP auf folgende natürliche Weise als eine Instanz ILP (I) von 0/1-LP ausdrücken:

$$\text{Maximiere } \sum_{i=1}^{n} c_i \cdot x_i$$

unter der linearen Einschränkung

$$\sum_{i=1}^{n} w_i \cdot x_i \leq b,$$

und den n nichtlinearen Einschränkungen

$$x_i \in \{0,1\} \text{ für } i = 1, \ldots, n.$$

Wenn man die Einschränkungen $x_i \in \{0,1\}$ durch die $2 \cdot n$ linearen Einschränkungen

$$x_i \leq 1 \text{ und } x_i \geq 0 \text{ für } i = 1, 2, \ldots, n$$

ersetzt, erhält man eine Instanz von LP, die wir als Rel-LP (I) bezeichnen. □

Aufgabe 7.2.4. Das Problem des maximalen Matchings besteht darin, in einem gegebenen Graphen ein Matching mit maximaler Mächtigkeit zu finden. Stellen Sie dieses Problem als 0/1-LP dar.

Beispiel 7.2.5. Das Problem der minimalen Mengenüberdeckung (MIN-SC)

Eine Instanz von MIN-SC ist ein Paar $(X, \mathcal{F})$, wobei $X = \{a_1, \ldots, a_n\}$ und $\mathcal{F} = \{S_1, S_2, \ldots, S_m\}$, $S_i \subseteq X$ für $i = 1, \ldots, m$. Eine zulässige Lösung ist jede Teilmenge $\mathcal{S} \subseteq \mathcal{F}$, so dass $X = \bigcup_{S \in \mathcal{S}} S$. Die Aufgabe besteht darin, die Mächtigkeit von $\mathcal{S}$ zu minimieren. Ähnlich wie in den Beispielen 7.2.1 und 7.2.3, können wir eine zulässige Lösung $\mathcal{S}$ mit einem Vektor $(x_1, x_2, \ldots, x_m) \in \{0,1\}^m$ beschreiben, wobei

$$x_i = 1 \Leftrightarrow S_i \in \mathcal{S}.$$

Wir führen die Bezeichnung

$$\text{Index}(k) = \{d \in \{1, \ldots, m\} \mid a_k \in S_d\}$$

für $k = 1, 2, \ldots, n$ ein. Dann können wir $(X, \mathcal{F})$ als die folgende Instanz von 0/1-LP formulieren:

$$\text{Minimiere } \sum_{i=1}^{m} x_i$$

unter den n linearen Einschränkungen

$$\sum_{j \in \text{Index}(k)} x_j \geq 1 \text{ für } k = 1, 2, \ldots, n$$

und den m nichtlinearen Einschränkungen

$$x_i \in \{0, 1\} \text{ für } i = 1, 2, \ldots, m.$$

□

Aufgabe 7.2.6. Was haben MIN-VC und MIN-SC gemeinsam? Kann man eines der Probleme als einen Spezialfall des anderen darstellen?

Wir haben gesehen, dass man in einigen Fällen Instanzen von Optimierungsprobleme sehr natürlich als Instanzen von LP ausdrücken kann. Somit ist meistens der Teil (1) des Schemas der Relaxation zur LP der einfachste. Den Teil (2) kann man effizient realisieren.[8] Die Entwicklung von effizienten Algorithmen für LP gehört in das Gebiet des „Operations Research", und weil die Einzelheiten des Entwurfs effizienter Algorithmen für LP für unsere Überlegungen irrelevant sind, verzichten wir auf eine ausführliche Beschreibung der Umsetzung von Teil (2). Der anspruchsvollste Teil des Entwurfes eines Approximationsalgorithmus durch die Methode der Relaxation zur LP ist der Teil (3), da wir keinen universellen oder mindestens robusten Ansatz für eine große Klasse von Optimierungsproblemen kennen. Wir beenden diesen Abschnitt mit einem Beispiel, in dem wir zeigen, dass hierfür manchmal schon einfaches Runden hilfreich sein kann.

Beispiel 7.2.7. Wir betrachten das MIN-VC Problem, für das wir in Beispiel 7.2.1 seine Darstellung als 0/1-LP präsentiert haben.

---

[8] obwohl die Algorithmen und ihre Analysen nicht trivial sind

Sei $\alpha = (\alpha_1, \alpha_2, \ldots, \alpha_n) \in [0,1]^n$ eine optimale Lösung für die relaxierte Version Rel-LP(G), die durch (7.1), (7.2) und (7.4) bestimmt ist. Offensichtlich hat ein $\alpha_i \notin \{0,1\}$ aus $[0,1]$ keine Interpretation für MIN-VC. Wir müssen also aus α ein $\beta = (\beta_1, \beta_2, \ldots, \beta_n) \in \{0,1\}^n$ erzeugen. Dies machen wir durch einfaches Runden

$$\beta_i = 1 \Leftrightarrow \alpha_i \geq \frac{1}{2}.$$

Wir zeigen jetzt, dass dieser Algorithmus nach dem Schema der Relaxation zur LP ein 2-Approximationsalgorithmus ist.

Aus der Einschränkungen (7.2) sehen wir, dass für jede Kante $\{v_i, v_j\} \in E$ die optimale Lösung α für Rel-LP(G) die Ungleichung

$$\alpha_i + \alpha_j \geq 1$$

erfüllen muss. Damit ist aber

$$\alpha_i \geq \frac{1}{2} \text{ oder } \alpha_j \geq \frac{1}{2}$$

und durch das Runden erhalten wir

$$\beta_i = 1 \text{ oder } \beta_j = 1.$$

Somit ist mindestens einer der Knoten v_i und v_j in der Überdeckung (daher ist die Kante $\{v_i, v_j\}$ überdeckt). Also haben wir gezeigt, dass β eine zulässige Lösung für G ist.

Durch das Runden auf den nächsten Wert aus $\{0,1\}$ gilt aber auch

$$\beta_i \leq 2 \cdot \alpha_i$$

und somit

$$\text{cost}(\beta) = \sum_{i=1}^{n} \beta_i \leq 2 \cdot \sum_{i=1}^{n} \alpha_i = 2 \cdot \text{cost}(\alpha). \tag{7.5}$$

Weil die Menge der zulässigen Lösungen für die Instanz ILP(G) von 0/1-LP (und somit auch für G als eine Instanz von MIN-VC) eine Teilmenge der Menge der zulässigen Lösungen für Rel-LP(G) als einer Instanz von LP ist, gilt

$$\text{cost}(\alpha) = \text{Opt}_{\text{LP}}(\text{Rel-LP}(G)) \leq \text{Opt}_{\text{MIN-VC}}(G). \tag{7.6}$$

Damit erhalten wir

$$\text{Güte}(G) \underset{def.}{=} \frac{\text{cost}(\beta)}{\text{Opt}_{\text{MIN-VC}}(G)} \underset{\substack{(7.5)\\(7.6)}}{\leq} \frac{2 \cdot \text{cost}(\alpha)}{\text{cost}(\alpha)} = 2.$$

□

Aufgabe 7.2.8. Sei k eine positive ganze Zahl. Betrachten wir MIN-SC(k) als einen Spezialfall von MIN-SC. Die Instanzen von MIN-SC(k) sind die Instanzen $(X, \mathcal{F})$ von MIN-SC mit der zusätzlichen Bedingung, dass jedes Element $x \in X$ in höchstens k Mengen aus $\mathcal{F}$ erhalten ist. Wenden Sie das Schema der Relaxation zur LP an, um einen polynomiellen k-Approximationsalgorithmus für MIN-SC(k) zu entwerfen.

{Hinweis: Beobachten Sie, dass MIN-SC(2) und MIN-VC die gleichen Optimierungsprobleme sind.}

7.3 Zufälliges Runden und MAX-SAT

Die Zielsetzung dieses Abschnittes ist, die Methode der Relaxation zur linearen Programmierung mit zufälligem Runden zu kombinieren, um einen randomisierten Approximationsalgorithmus für MAX-SAT zu entwerfen. Die erwartete Anzahl der erfüllten Klauseln sollte für kurze Klauseln höher liegen als bei dem naiven Algorithmus STICH aus Beispiel 2.3.35, der einfach eine zufällige Belegung nach der Gleichverteilung generiert.

Bevor wir den neuen Algorithmus präsentieren, zeigen wir wie man eine Instanz von MAX-SAT als Instanz des 0/1-LP darstellen kann. Sei

$$\Phi = F_1 \wedge F_2 \wedge \ldots \wedge F_m$$

eine Formel über einer Menge $\{x_1, x_2, \ldots, x_n\}$ von Booleschen Variablen, wobei F_i für $i = 1, 2, \ldots, m$ eine Klausel ist, $n, m \in \mathbb{N} - \{0\}$. Sei $\text{Set}(F_i)$ die Menge aller Literale[9] in F_i. Wir bezeichnen durch $\text{Set}^+(F_i)$ die Menge aller Variablen, die in F_i nicht-negiert auftreten, und durch $\text{Set}^-(F_i)$ die Menge[10] aller Variablen, die negiert in F_i vorkommen. Wir setzen $\text{Set}^+(F_i) \cap \text{Set}^-(F_i) = \emptyset$ voraus, weil ansonsten F_i immer erfüllt ist, und wir eine solche Klausel in der Probleminstanz nicht zu betrachten brauchen.

Wir bezeichnen mit $\text{In}^+(F_i)$ und $\text{In}^-(F_i)$ jeweils die Menge[11] der Indizes der Variablen in $\text{Set}^+(F_i)$ und $\text{Set}^-(F_i)$. Mit der Hilfe dieser Bezeichnungen können wir die zu Φ entsprechende Instanz $\text{LP}(\Phi)$ von 0/1-LP wie folgt darstellen:

$$\text{Maximiere } \sum_{j=1}^{m} z_j$$

[9] Wenn zum Beispiel $F_i = x_1 \vee \overline{x_3} \vee \overline{x_7} \vee x_8$, dann gilt $\text{Set}(F_i) = \{x_1, \overline{x_3}, \overline{x_7}, x_8\}$.

[10] Für $F_i = x_1 \vee \overline{x_3} \vee \overline{x_7} \vee x_8$ ist $\text{Set}^+(F_i) = \{x_1, x_8\}$ und $\text{Set}^-(F_i) = \{x_3, x_7\}$.

[11] Für $F_i = x_1 \vee \overline{x_3} \vee \overline{x_7} \vee x_8$ ist $\text{In}^+(F_i) = \{1, 8\}$ und $\text{In}^-(F_i) = \{3, 7\}$.

unter den m linearen Einschränkungen

$$\sum_{i \in \mathrm{In}^+(F_j)} y_i + \sum_{i \in \mathrm{In}^-(F_j)} (1 - y_i) \quad \geq \quad z_j \text{ für } j = 1, 2, \ldots, m \tag{7.7}$$

und den $n + m$ Einschränkungen

$$\begin{aligned} &y_i \in \{0, 1\} \text{ für } i = 1, \ldots, n, \text{ und} \\ &z_j \in \{0, 1\} \text{ für } j = 1, \ldots, m. \end{aligned} \tag{7.8}$$

Jede Variable y_i übernimmt die Rolle der Booleschen Variablen x_i in dieser Darstellung. Die Idee dieser Darstellung LP(Φ) von Φ ist, dass z_j nur dann den Wert 1 annehmen kann,[12] wenn mindestens eine Variable aus $\mathrm{Set}^+(F_j)$ den Wert 1 erhalten hat oder wenn mindestens eine Variable aus $\mathrm{Set}^-(F_j)$ den Wert 0 erhalten hat (d.h. nur dann, wenn F_j erfüllt ist). Damit zählt die Optimierungsfunktion $\sum_{j=1}^m z_j$ die Anzahl der erfüllten Klauseln.

Die relaxierte Version Rel-LP (Φ) von LP(Φ) erhält man aus LP(Φ) durch den Austausch der $n + m$ Einschränkungen (7.8) durch die folgenden $2 \cdot n + 2 \cdot m$ linearen Einschränkungen:

$$\begin{aligned} &y_i \geq 0, \ y_i \leq 1 \quad \text{für} \quad i = 1, \ldots, n, \text{ und} \\ &z_j \geq 0, \ z_j \leq 1 \quad \text{für} \quad j = 1, \ldots, n. \end{aligned} \tag{7.9}$$

Sei $\alpha(u)$ für jedes $u \in \{y_1, y_2, \ldots, y_n, z_1, z_2, \ldots, z_m\}$ der Wert von u in einer optimalen Lösung für die Instanz Rel-LP (Φ) von LP. Weil die Lösungsmenge von 0/1-LP(Φ) eine Teilmenge der Lösungsmenge von Rel-LP (Φ) ist,[13] ist die folgende Aussage gültig:

$\sum_{j=1}^m \alpha(z_j)$ ist eine obere Schranke für die Anzahl der Klauseln, die durch eine Belegung der Variablen erfüllt werden können (d.h. $\sum_{j=1}^m \alpha(z_j) = \mathrm{Opt}_{\mathrm{LP}}(\text{Rel-LP}(\Phi)) \geq \mathrm{Opt}_{\text{MAX-SAT}}(\Phi)$). (7.10)

Um eine Belegung von Variablen $x_1, x_2, \ldots, x_n$ zu erzeugen, reicht es aus, die Werte $\alpha(y_1), \alpha(y_2), \ldots, \alpha(y_n)$ aus der optimalen Lösung

$$(\alpha(y_1), \ldots, \alpha(y_n), \alpha(z_1), \ldots, \alpha(z_m))$$

von Rel-LP (Φ) zu runden. Wie man rundet, zeigt die folgende Darstellungen des entworfenen Algorithmus.

[12] wegen der j-ten Einschränkungen aus (7.7)

[13] Die Einschränkungen (7.8) sind eine Verschärfung der Einschränkungen (7.9).

Algorithmus RZR (Relaxierung mit zufälligem Runden)

Eingabe: Eine Formel $\Phi = F_1 \wedge F_2 \wedge \ldots \wedge F_m$ über $X = \{x_1, \ldots, x_n\}$ in KNF, $n, m \in \mathbb{N} - \{0\}$.

Schritt 1: Reduziere die Instanz Φ von MAX-SAT zu der Instanz 0/1-LP(Φ) von 0/1-LP mit den Einschränkungen (7.7) und (7.8).

Schritt 2: Relaxiere 0/1-LP(Φ) zu der Instanz Rel-LP (Φ) mit den Einschränkungen (7.7) und (7.9) und löse Rel-LP (Φ) effizient.
Sei $(\alpha(y_1), \alpha(y_2), \ldots, \alpha(y_m), \alpha(z_1), \alpha(z_2), \ldots, \alpha(z_m))$ die berechnete optimale Lösung von Rel-LP (Φ).

Schritt 3:
Wähle n Werte $\gamma_1, \ldots, \gamma_n$ zufällig gleichverteilt aus dem Intervall $[0, 1]$.
for $i = 1$ **to** n **do**
  if $\gamma_i \in [0, \alpha(y_i)]$ **then**
    $\beta_i := 1$
  else
    $\beta_i := 0$.

Ausgabe: $\text{RZR}(\Phi) = (\beta_1, \beta_2, \ldots, \beta_n)$

Damit ist $\alpha(y_i)$ die Wahrscheinlichkeit, dass x_i den Wert 1 erhält. Somit ist der Hauptunterschied zum Algorithmus STICH, dass man anstatt die Belegung zufällig gleichverteilt zu wählen, die Belegung entsprechend einer durch $\alpha(y_1), \alpha(y_2), \ldots, \alpha(y_n)$ bestimmten Wahrscheinlichkeitsverteilung auf $\{0, 1\}^n$ zufällig wählt.

Bevor wir den gesamten Algorithmus analysieren, geben wir eine untere Schranke für die Wahrscheinlichkeit an, dass eine Klausel mit k Literalen in einem Lauf von RZR erfüllt wird.

Lemma 7.3.9. *Sei $k \in \mathbb{N} - \{0\}$ und sei F_j eine Klausel mit k Literalen in Φ. Sei $\alpha(y_1), \ldots, \alpha(y_n), \alpha(z_1), \ldots, \alpha(z_m)$ eine optimale Lösung von* Rel-LP (Φ). *Die Wahrscheinlichkeit, dass die Belegung* RZR(Φ) *die Klausel F_j erfüllt, ist mindestens*

$$\left(1 - \left(1 - \frac{1}{k}\right)^k\right) \cdot \alpha(z_j).$$

Beweis. Weil wir für diese Analyse die Klausel F_j unabhängig von den anderen Klauseln in Φ betrachten, können wir ohne Einschränkung der Allgemeinheit[14]

[14]Wir ersparen uns dadurch die Doppelindizierung und die zusätzliche Notation für negierte Variablen.

voraussetzen, dass

$$F_j = x_1 \vee x_2 \vee \ldots \vee x_k.$$

Wegen der j-ten Einschränkung in (7.7) in Rel-LP (Φ) gilt

$$y_1 + y_2 + \ldots + y_k \geq z_j. \tag{7.11}$$

Die Klausel F_j bleibt nur dann unerfüllt, wenn alle Werte für $x_1, x_2, \ldots, x_k$ auf 0 gesetzt werden. Das zufällige Runden im Schritt 3 von RZR läuft unabhängig für jede Variable, und somit ist die Wahrscheinlichkeit, F_j nicht zu erfüllen, genau

$$\prod_{i=1}^{k}(1 - \alpha(y_i)).$$

Umgekehrt ist F_j mit der Wahrscheinlichkeit

$$1 - \prod_{i=1}^{k}(1 - \alpha(y_i)) \tag{7.12}$$

erfüllt.

Unter der Bedingung (7.11) nimmt die Funktion (7.12) den minimalen Wert an für

$$\alpha(y_i) = \frac{\alpha(z_j)}{k}$$

für $i = 1, 2, \ldots, k$. Somit erhalten wir

$$\text{Wahr}(F_j \text{ ist erfüllt}) \geq 1 - \prod_{i=1}^{k}\left(1 - \frac{\alpha(z_j)}{k}\right). \tag{7.13}$$

Die untere Schranke in (7.13) kann man als eine Funktion einer Variablen $\alpha(z_j) \in [0, 1]$ betrachten. Jetzt reicht es zu zeigen, dass für jede positive ganze Zahl k die Ungleichung

$$f_k(r) = 1 - \left(1 - \frac{r}{k}\right)^k \geq \left(1 - \left(1 - \frac{1}{k}\right)^k\right) \cdot r = g_k(r) \tag{7.14}$$

für alle $r \in [0, 1]$ gilt. Betrachten wir Fig. 7.1, in der beide Funktionen $f_k(r)$ und $g_k(r)$ graphisch dargestellt sind.

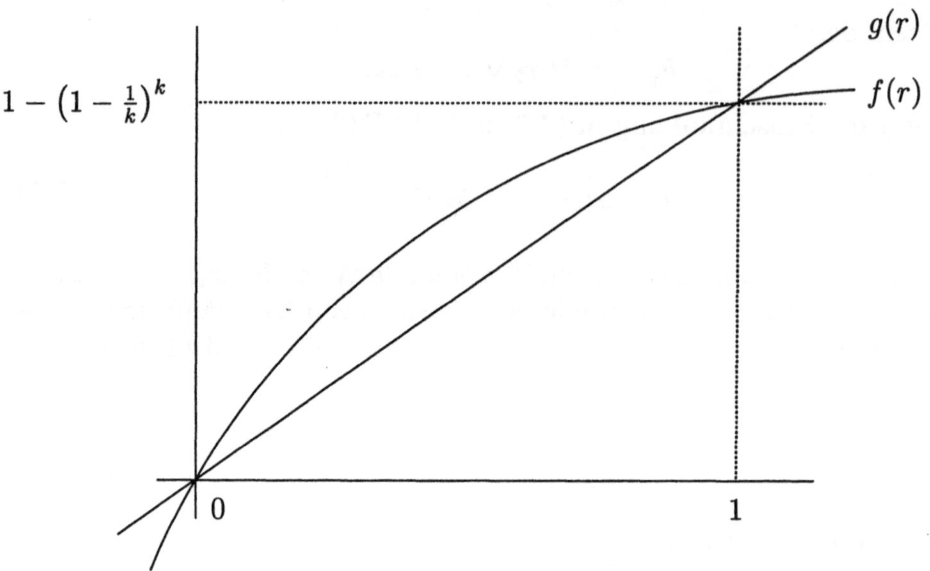

Fig. 7.1

Weil f_k eine konkave Funktion und g_k eine lineare Funktion ist, genügt es zu zeigen (Fig. 7.1), dass

$$f_k(0) = g_k(0) \text{ und } f_k(1) = g_k(1).$$

Offensichtlich ist

$$f_k(0) = 1 - (1-0)^k = 0 = g_r(0) \text{ und } f_k(1) = 1 - \left(1 - \frac{1}{k}\right)^k = g_k(1).$$

Wenn wir die Ungleichung (7.14) mit $r = \alpha(z_j)$ in (7.13) einsetzen, erhalten wir die Behauptung unseres Lemma. □

Satz 7.3.10. *Der Algorithmus* RZR *läuft in polynomieller Zeit und ist*

(i) *ein randomisierter* $\mathrm{E}\left[\frac{e}{(e-1)}\right]$*-Approximationsalgorithmus für* MAX-SAT *und*

(ii) *ein randomisierter* $\mathrm{E}\left[\frac{k^k}{\left(k^k-(k-1)^k\right)}\right]$*-Approximationsalgorithmus für* MAX-EkSAT.

Beweis. Wir analysieren zuerst die Zeitkomplexität von RZR. Die Reduktion im Schritt 1 kann man in linearer Zeit durchführen. Die Probleminstanz Rel-LP (Φ) ist eine Instanz von LP und LP kann man in polynomieller Zeit lösen. Den Schritt 3 kann man in linearer Zeit realisieren.

Um zu zeigen, dass RZR ein E[d]-Approximationsalgorithmus ist, reicht es wegen (7.10) aus zu zeigen, dass die erwartete Anzahl von erfüllten Klauseln mindestens

$$d^{-1} \cdot \sum_{j=1}^{m} \alpha(z_j)$$

ist.

Unser Wahrscheinlichkeitsraum[15] ist $(\{0,1\}^n, \text{Wahr})$, wobei

$$\text{Wahr}(\{(\delta_1, \delta_2, \ldots, \delta_n)\}) = \prod_{i=1}^{n} q_j,$$

wobei für $i = 1, 2, \ldots, n$

$$\begin{aligned} q_i &= \alpha(y_i) \quad \text{wenn} \quad \delta_i = 1 \text{ und} \\ q_i &= 1 - \alpha(y_i) \quad \text{wenn} \quad \delta_i = 0. \end{aligned}$$

Für $\delta = (\delta_1, \ldots, \delta_n)$ und $j = 1, 2, \ldots, m$ betrachten wir die Zufallsvariable Z_j definiert durch

$$Z_j(\delta) = \begin{cases} 1 & \text{wenn } \delta \text{ die Klausel } F_j \text{ erfüllt} \\ 0 & \text{wenn } \delta \text{ die Klausel } F_j \text{ nicht erfüllt.} \end{cases}$$

Weil Z_j eine Indikatorvariable ist, ist $\mathrm{E}[Z_j]$ die Wahrscheinlichkeit, dass die Ausgabe RZR(Φ) von RZR die Klausel F_j erfüllt. Somit impliziert Lemma 7.3.9

$$\mathrm{E}[Z_j] \geq \left(1 - \left(1 - \frac{1}{k}\right)^k\right) \cdot \alpha(z_j), \tag{7.15}$$

falls F_j aus k Literalen besteht. Betrachten wir die Zufallsvariable $Z = \sum_{j=1}^{m} Z_j$, die die Anzahl der erfüllten Klauseln zählt. Wenn alle Klauseln aus genau k Literalen bestehen,[16] dann folgt aus der Linearität des Erwartungswertes die

[15] Wir identifizieren jede Berechnung von RZR mit ihrer Ausgabe.

[16] wenn Φ eine Instanz von MAX-EkSAT ist

folgende untere Schranke für E[Z]:

$$\begin{aligned}
\mathrm{E}[Z] &= \sum_{j=1}^{m} \mathrm{E}[Z_j] \\
&\underset{(7.15)}{\geq} \sum_{j=1}^{m} \left(1 - \left(1 - \frac{1}{k}\right)^k\right) \cdot \alpha(z_j) \\
&\geq \left(1 - \left(1 - \frac{1}{k}\right)^k\right) \cdot \sum_{j=1}^{m} \alpha(z_j). \qquad (7.16)
\end{aligned}$$

Weil $\mathrm{Opt}_{\text{MAX-SAT}}(\Phi) \underset{(7.10)}{\leq} \sum_{j=1}^{m} \alpha(z_j)$, erhalten wir

$$\begin{aligned}
\mathrm{E}[\text{Güte}_{\text{RZR}}(\Phi)] &= \frac{\mathrm{Opt}_{\text{MAX-E}k\text{SAT}}(\Phi)}{\mathrm{E}[Z]} \\
&\underset{\substack{(7.9)\\(7.10)}}{\leq} \frac{\sum_{j=1}^{m} \alpha(z_j)}{\left(1 - (1 - \frac{1}{k})^k\right) \cdot \sum_{j=1}^{m} \alpha(z_j)} \\
&= \left(1 - \left(1 - \frac{1}{k}\right)^k\right)^{-1} \\
&= \frac{k^k}{k^k - (k-1)^k}.
\end{aligned}$$

Damit wurde die Behauptung (ii) bewiesen.

Weil $\left(1 - \frac{1}{k}\right)^k \leq e^{-1}$ für alle $k \in \mathbb{N} - \{0\}$, gilt

$$1 - \left(1 - \frac{1}{k}\right)^k \geq 1 - \frac{1}{e} \qquad (7.17)$$

für alle positiven ganzen Zahlen k. Wenn wir (7.17) in (7.16) einsetzen, erhalten wir

$$\mathrm{E}[Z] \geq \left(1 - \frac{1}{e}\right) \cdot \sum_{j=1}^{m} \alpha(z_j).$$

Damit gilt

$$\begin{aligned}
\mathrm{E}[\text{Güte}_{\text{RZR}}(\Phi)] &= \frac{\mathrm{Opt}_{\text{MAX-SAT}}(\Phi)}{\mathrm{E}[Z]} \\
&\leq \left(1 - \frac{1}{e}\right)^{-1} = \frac{e}{e-1}.
\end{aligned}$$

□

Wir bemerken, dass der Algorithmus RZR eine sehr positive Eigenschaft bezüglich der Verstärkung der Erfolgswahrscheinlichkeit durch wiederholte Läufe hat. Man braucht nicht die kompletten Läufe zu wiederholen. Wenn einmal die ersten zwei Schritte durchgeführt worden sind, und somit der Wahrscheinlichkeitsraum $(\{0,1\}^n, \text{Wahr})$ bestimmt wurde, reicht es aus, mehrere Stichproben in diesen Raum zufällig zu realisieren.

Aufgabe 7.3.11. Sei Φ eine Formel mit $m = 3 \cdot d$ Klauseln, wobei d Klauseln von der Länge 2, die nächsten d Klauseln von der Länge 3 sind und die restlichen d Klauseln jeweils aus 4 Literalen bestehen. Berechnen Sie eine untere Schranke für den Erwartungswert $\mathrm{E}[\text{Güte}_{\text{RZR}}(\Phi)]$.

7.4 Eine Kombination von Stichproben mit zufälligem Runden

Wir haben jetzt zwei Algorithmen für MAX-SAT kennengelernt. Zum einen den Algorithmus STICH, der einfach zufällig eine Belegung wählt, und zum anderen den in Abschnitt 7.3 vorgestellten Algorithmus RZR, der die Relaxation zur LP mit zufälligem Runden verknüpft. Weil $2 > \frac{e}{e-1}$ ist, liefert STICH mit $\mathrm{E}[\text{Güte}_{\text{STICH}}(\Phi)] \leq 2$ für jede Formel Φ eine schwächere Garantie als der Algorithmus RZR mit $\mathrm{E}[\text{Güte}_{\text{RZR}}(\Phi)] < \frac{e}{e-1}$.

Überraschenderweise ist der naive Ansatz von STICH für Klauseln mit einer Länge von mindestens 3 besser als der aufwendigere Algorithmus RZR. Weil

$$\frac{2^k}{2^k - 1} < \frac{k^k}{k^k - (k-1)^k}$$

für $k \geq 3$, garantiert STICH eine bessere obere Schranke für die erwartete Approximationsgüte für MAX-EkSAT-Instanzen als RZR. Damit können wir die Algorithmen STICH und RZR als unvergleichbar betrachten, weil auf einigen Instanzen von MAX-SAT der Algorithmus STICH bessere Resultate als der Algorithmus RZR garantiert, und auf anderen Eingaben umgekehrt.

Aufgabe 7.4.12. Finden Sie eine unendliche Menge von Eingabeinstanzen von MAX-SAT, so dass STICH erwartungsgemäß bessere Belegungen der Variablen liefert als RZR.

Aufgabe 7.4.13. Finden Sie eine unendliche Menge von Eingabeinstanzen von MAX-SAT, so dass RZR erwartungsgemäß bessere Belegungen der Variablen liefert als STICH.

Aufgabe 7.4.14. Sei k eine natürliche Zahl, $k \geq 3$. Finden Sie Instanzen Φ von MAX-EkSAT, so dass

$$\mathrm{E}[\text{Güte}_{\text{RZR}}(\Phi)] < \mathrm{E}[\text{Güte}_{\text{STICH}}(\Phi)]$$

gilt.

Wegen der Unvergleichbarkeit von STICH und RZR ist die einfachste Idee, einen Algorithmus zu entwerfen, der beide Algorithmen STICH und RZR auf einer gegebener Eingabe laufen lässt, und als Ausgabe das bessere der beiden berechneten Ergebnisse liefert. Der daraus resultierende Algorithmus hat die erwartete Approximationsgüte 4/3.

Algorithmus KOMB

Eingabe: Eine Formel $\Phi = F_1 \wedge F_2 \wedge \ldots \wedge F_m$ in KNF über einer Menge X von Booleschen Variablen.

Schritt 1: Berechne eine Belegung β für X mit dem Algorithmus STICH (d.h. $\beta :=$ STICH(Φ)).

Schritt 2: Berechne eine Belegung γ für X mit dem Algorithmus RZR (d.h. $\gamma :=$ RZR(Φ)).

Schritt 3:

if β erfüllt mehr Klauseln von Φ als γ **then**
  output (β)
else
  output (γ).

Satz 7.4.15. *Der Algorithmus* KOMB *ist ein polynomieller randomisierter* $\mathrm{E}\left[\frac{4}{3}\right]$*-Approximationsalgorithmus für* MAX-SAT.

Beweis. Weil STICH und RZR in polynomieller Zeit arbeiten, ist auch KOMB ein randomisierter Polynomialzeitalgorithmus.

Wir analysieren jetzt die erwartete Approximationsgüte von KOMB. Sei $\Phi = F_1 \wedge \ldots \wedge F_m$ eine Formel über $X = \{x_1, \ldots, x_n\}$. Sei $(S_{\text{STICH},\Phi}, \text{Wahr}_{\text{STICH}})$ der Wahrscheinlichkeitsraum für die Analyse von STICH, wobei $S_{\text{STICH},\Phi}$ die Menge aller 2^n Berechnungen von STICH auf Φ ist. Analog, sei $(S_{\text{RZR},\Phi}, \text{Wahr}_{\text{RZR}})$

der Wahrscheinlichkeitsraum für die Analyse von RZR, wobei $S_{\text{RZR},\Phi}$ die Menge aller 2^n Berechnungen von RZR auf Φ ist. Offensichtlich ist

$$(S_{\text{STICH},\Phi} \times S_{\text{RZR},\Phi}, \text{Wahr})$$

mit

$$\text{Wahr}(\{(C, D)\}) = \text{Wahr}_{\text{STICH}}(\{C\}) \cdot \text{Wahr}_{\text{RZR}}(\{D\})$$

für alle $(C, D) \in S_{\text{STICH},\Phi} \times S_{\text{RZR},\Phi}$ der Wahrscheinlichkeitsraum[17] für die Analyse von KOMB. Wir betrachten die folgenden Zufallsvariablen: Für alle $(C, D) \in S_{\text{STICH},\Phi} \times S_{\text{RZR},\Phi}$ sei

$Y((C, D))$ die Anzahl der durch die Ausgabe β von C erfüllten Klauseln

und

$Z((C, D))$ die Anzahl der durch die Ausgabe γ von D erfüllten Klauseln.

Damit zählt Y die Anzahl der durch einen Lauf von STICH erfüllten Klauseln und Z zählt die Anzahl der durch einen Lauf von RZR erfüllten Klauseln.

Wir definieren jetzt eine Zufallsvariable $U = \max\{Y, Z\}$ durch

$$U((C, D)) = \max\{Y((C, D)), Z((C, D))\}$$

für alle Berechnungen (C, D) von KOMB.

Damit zählt U die Anzahl der in einem Lauf (C, D) von KOMB erfüllten Klauseln. Weil

$$\max\{Y((C, D)), Z((C, D))\} \geq \frac{Y((C, D)) + Z((C, D))}{2}$$

für alle $(C, D) \in S_{\text{STICH},\Phi} \times S_{\text{RZR},\Phi}$, wissen wir, dass

$$\text{E}[U] \geq \frac{\text{E}[Y] + \text{E}[Z]}{2} \tag{7.18}$$

gilt.

Aus der Analyse des Algorithmus RZR wissen wir, dass keine Belegung mehr als $\sum_{j=1}^{m} \alpha(z_j)$ Klauseln erfüllen kann.

[17] Zur Vereinfachung bezeichnen wir die Berechnungen von KOMB als Paare (C, D), wobei C eine Berechnung von STICH und D eine Berechnung von RZR ist.

Nach (7.18) reicht es aus zu zeigen, dass

$$\frac{\mathrm{E}[Y]+\mathrm{E}[Z]}{2} \geq \frac{3}{4} \cdot \sum_{j=1}^{m} \alpha(z_j) \tag{7.19}$$

gilt.

Um dies zu zeigen, müssen wir die Wahrscheinlichkeit der Erfüllung jeder Klausel bezüglich ihrer Länge untersuchen. Sei, für alle $k \geq 1$, $C(k)$ die Menge aller Klauseln aus $\{F_1, F_2, \ldots, F_m\}$, die genau aus k Literalen bestehen. Lemma 7.3.9 impliziert

$$\mathrm{E}[Z] \geq \sum_{k\geq 1} \sum_{F_j \in C(k)} \left(1-\left(1-\frac{1}{k}\right)^k\right) \cdot \alpha(z_j). \tag{7.20}$$

Weil $\alpha(z_j) \in [0,1]$, liefert die Analyse von STICH die folgende Abschätzung für $\mathrm{E}[Y]$:

$$\mathrm{E}[Y] = \sum_{k\geq 1} \sum_{F_j \in C(k)} \left(1-\frac{1}{2^k}\right) \geq \sum_{k\geq 1} \sum_{F_j \in C(k)} \left(1-\frac{1}{2^k}\right) \cdot \alpha(z_j). \tag{7.21}$$

Damit erhalten wir

$$\begin{aligned}
\mathrm{E}[U] \quad &\underset{(7.18)}{\geq} \quad \frac{\mathrm{E}[Y]+\mathrm{E}[Z]}{2} \\
&\underset{\substack{(7.20)\\(7.21)}}{\geq} \quad \frac{1}{2} \cdot \sum_{k\geq 1} \sum_{F_j \in C(k)} \left[\left(1-\frac{1}{2^k}\right) + \left(1-\left(1-\frac{1}{k}\right)^k\right)\right] \cdot \alpha(z_j) \\
&\geq \quad \frac{1}{2} \cdot \frac{3}{2} \cdot \sum_{k\geq 1} \sum_{F_j \in C(k)} \alpha(z_j) \\
&\qquad \{\text{Weil } (1-2^{-k}) + (1-(1-k^{-1})^k) \geq \tfrac{3}{2} \text{ für alle} \\
&\qquad \text{positiven ganzen Zahlen } k \text{ gilt.}\} \\
&= \quad \frac{3}{4} \cdot \sum_{j=1}^{m} \alpha(z_j).
\end{aligned}$$

Somit ist

$$\mathrm{E}[\text{Güte}_{\text{KOMB}}(\Phi)] \quad = \quad \frac{\text{Opt}_{\text{MAX-SAT}}(\Phi)}{\mathrm{E}[U]}$$

$$\leq \frac{\sum_{j=1}^{m} \alpha(z_j)}{\frac{3}{4} \cdot \sum_{j=1}^{m} \alpha(z_j)}$$
$$= \frac{4}{3}.$$

□

Aufgabe 7.4.16. Implementieren Sie den Algorithmus KOMB und testen Sie ihn auf realen Eingaben. Versuchen Sie dabei, den mittleren[18] Wert der erreichten Approximationsgüten zu ermitteln.

7.5 Zusammenfassung

Die Relaxation zur linearen Programmierung ist eine robuste Methode zum Entwurf von Approximationsalgorithmen für schwere Optimierungsprobleme sowie eine Methode zur Berechnung von Schranken für die Kosten der optimalen Lösungen. Die Grundidee dieser Methode ist, dass man viele Probleme auf natürliche Weise als Probleme der (NP-schweren) ganzzahligen linearen Programmierung darstellen kann, und dann das Basisproblem der linearen Programmierung effizient lösbar ist. Dadurch entsteht das folgende Schema zur Anwendung dieser Methode.

1. *Reduktion*
   Das gegebene Optimierungsproblem wird als eine Instanz der ganzzahligen oder 0/1 linearen Programmierung dargestellt.
2. *Relaxation*
   Durch die Aufhebung der (einzigen nichtlinearen) Anforderungen an den Wertebereich der Variablen relaxiert man das ursprüngliche Problem auf das Problem der linearen Programmierung.[19] Dieses Problem wird effizient gelöst.
3. *Lösen des ursprünglichen Problems*
   Die optimale Lösung des relaxierten Problems wird benutzt, um eine zulässige Lösung des ursprünglichen Problems zu gewinnen. Die Kosten der optimalen Lösung für das relaxierte Problem sind eine Schranke für

[18] mittleren bezüglich ihrer Eingabemenge

[19] Alle Einschränkungen des relaxierten Problems sind lineare Gleichungen und Ungleichungen.

die erreichbaren Kosten der zulässigen Lösungen des ursprünglichen Problems.

Während die Teile 1 und 2 des Schemas heute durch Standardverfahren realisiert werden können, ist der Teil 3 offen für die Anwendung unterschiedlicher Konzepte und Methoden und ist für konkrete Optimierungsprobleme oft Thema eines Forschungsvorhabens.

Wir haben hier für den Teil 3 zwei Techniken vorgestellt. Zuerst haben wir das einfache Runden für das Problem der minimalen Knotenüberdeckung angewendet und dadurch einen polynomiellen 2-Approximationsalgorithmus für dieses Problem erhalten.

Im Abschnitt 7.3 haben wir zufälliges Runden eingesetzt, um einen randomisierten polynomiellen $\mathrm{E}[e/(e-1)]$-Approximationsalgorithmus für MAX-SAT zu gewinnen. Wenn man diesen Algorithmus parallel mit dem Algorithmus[20] STICH laufen lässt, und dann die bessere der beiden berechneten Belegungen nimmt, erhält man einen $\mathrm{E}[4/3]$-Approximationsalgorithmus, der bezüglich der Approximationsgüte der beste bekannte Approximationsalgorithmus für MAX-SAT ist.

Die umfangreichste Quelle für das Studium des Entwurfs von Approximationsalgorithmen mit der Methode der Relaxation zur linearen Programmierung ist das Buch von Vazirani [Vaz 01]. Eine detaillierte Einleitung zur Anwendung dieser Methode kann man auch in [Hro 03] finden. Es gibt viele gute Lehrbücher über lineare Programmierung. Für die Informatiker empfehlen wir wärmstens das Buch von Papadimitriou und Steiglitz [PS 82].

Den bekannten Simplex-Algorithmus zur Lösung des Problems der linearen Programmierung hat im Jahr 1947 Dantzig [Dan 49] entdeckt. Klee und Minty [KM 72] waren die Ersten, die Instanzen von LP gefunden haben, auf denen der Simplex-Algorithmus exponentiell lange arbeitet. Das lange Zeit offene Problem der Existenz eines Polynomialzeitalgorithmus für LP wurde im Jahr 1979 von Khachian [Kha 79] positiv gelöst. Eine ausgezeichnete Quelle für das Studium von MAX-SAT ist das Buch [MPS 98] von Mayr, Prömel und Steger.

[20] der auf der einfachen Anwendung der Methode der Stichproben basiert

Der Zufall ist nur dem bereitem Geist gewogen,
denn ein unvorbereiteter Geist sieht nicht die Hand,
die ihm das Glück reicht.

L. Pasteur

A Mathematische Grundlagen

A.1 Zielsetzung

In der Informatik verstehen wir die Mathematik einerseits als eine Sprache, in der man sich sehr präzise mit eindeutiger Interpretation ausdrücken kann, und andererseits als eine Sammlung von Instrumenten zur Analyse und Behandlung von unterschiedlichen Situationen und Problemstellungen. Die Mathematik ist eine lebendige Sprache, die ständig neue Begriffe und Modelle bildet, um mehr von unserer Welt beschreiben und tiefer argumentieren zu können.

Die Methoden der Mathematik werden intensiv weiter entwickelt, um immer mehr und mehr praktische Situationen meistern zu können. Die Mathematik hat in ihrer ganzen Geschichte starke Impulse zur Weiterentwicklung von anderen Wissenschaften und aus der Praxis erhalten. Die Informatik hat zu der Mathematik eine besondere Beziehung. Sie stellt nicht nur Anforderungen an die Begriffsbildung und an die Entwicklung mathematischer Methoden und nutzt nicht nur die Methoden der Mathematik als ihr Basisinstrument. Die Informatik beteiligt sich sehr aktiv direkt an der Entwicklung der Mathematik durch die Formulierung neuer Konzepte und die Erforschung von tiefgreifenden Erkenntnissen mathematischer Natur. Der bekannte PCP-Satz und der effiziente Primzahltest sind nur zwei der berühmtesten Beispiele. Auch den Entwurf von randomisierten Algorithmen und somit der Inhalt dieses Buches kann genauso gut der Mathematik wie der Informatik zugeordnet werden.

In dieser einfachen Einführung in die Randomisierung stützen wir uns die ganze Zeit auf die elementaren Begriffe und Instrumente der Wahrscheinlichkeitstheorie. Dies war auch der Grund, dieses Buch mit der Einführung in die Wahrscheinlichkeitstheorie zu beginnen. In unterschiedlichen Teilen dieses Buches brauchen wir aber auch Methoden aus anderen Gebieten der Mathematik, insbesondere aus der Kombinatorik, Algebra und Zahlentheorie. Die Zielsetzung dieses Kapitels ist die hier am häufigsten angewandten Kenntnisse der Mathematik vorzustellen und dadurch dieses Buch inhaltlich abgeschlossen zu machen.

In diesem kurzen Kapitel streben wir aber keinesfalls an, einleitende Kurse in mehrere Mathematikgebiete zu präsentieren. Wir geben hier ausführliche Darstellungen und Beweise nur für die Resultate, die wirklich wesentlich zum Verständnis des Entwurfs randomisierter Algorithmen und der damit verbundenen Ideenentwicklung beitragen. Die mathematischen Sätze, die wir zwar brauchen, aber deren Beweise nichts mit unserer Anwendung im Algorithmenentwurf zu tun haben, werden wir ohne Beweise präsentieren.

Der Abschnitt A.2 ist der Zahlentheorie und Algebra gewidmet. Der Inhalt dieses Abschnittes ist besonders wichtig für die Entwicklung von randomisierten Algorithmen zur Lösung zahlentheoretischer Probleme in den Kapiteln 4, 5 und 6. Der fundamentale Satz der Arithmetik, der kleine Satz von Fermat, der Chinesische Restsatz, der Euklidische Algorithmus und der Satz von Lagrange sind die am häufigsten benutzten Errungenschaften der Algebra und Zahlentheorie, die wir zu Instrumenten des Entwurfs und der Analyse von randomisierten Algorithmen gemacht haben. Die Herleitung dieser Resultate werden wir deswegen detailliert darstellen. Der Primzahlsatz ist eines der in diesem Buch am häufigsten angewandten mathematischen Resultate. Trotzdem und nicht nur wegen dessen Schwierigkeitsgrades verzichten wir auf den Beweis dieser fundamentalen Errungenschaft der Mathematik, weil die existierenden Beweise des Primzahltests irrelevant für unsere Anwendungen sind.

Der Abschnitt A.3 präsentiert nur kurz einige kombinatorische Argumente, die wir in der Algorithmenanalyse angewendet haben.

A.2 Algebra und Zahlentheorie

Wir benutzen die folgenden Bezeichnungen für die hier betrachteten fundamentalen Mengen:

$\mathbb{N} = \{0, 1, 2, \ldots\}$ ist die Menge aller natürlichen Zahlen,

$\mathbb{Z}$ ist die Menge der ganzen Zahlen,

$\mathbb{Z}_n = \{0, 1, 2, \ldots, n-1\}$ ist für alle positiven ganzen Zahlen n die Menge der natürlichen Zahlen kleiner n,

$\mathbb{Q}$ ist die Menge der rationalen Zahlen,

$\mathbb{R}$ ist die Menge der reellen Zahlen,

$\mathbb{Q}^+$ ist die Menge der positiven rationalen Zahlen, und

$\mathbb{R}^+$ ist die Menge der positiven reellen Zahlen.

Seien $a, k \in \mathbb{N}$ und $d \in \mathbb{N} - \{0\}$.

Wenn

$$a = k \cdot d$$

gilt, dann sagen wir,[1]

d **teilt** a und schreiben $\boldsymbol{d \mid a}$.

Wenn $a = k \cdot d$ und zusätzlich $k \geq 1$, sagen wir auch

a ist ein **Vielfaches** von d.

Wenn $d \mid a$ gilt, sagen wir auch, dass d ein **Teiler** von a ist. Für jede positive ganze Zahl a nennen wir die Zahlen 1 und a die **trivialen Teiler** von a. Alle Teiler von a, die verschieden von 1 und a sind, nennen wir **Faktoren** von a. Zum Beispiel sind $2, 3, 4, 6, 8$ und 12 die Faktoren von 24.

Definition A.2.1. *Eine* **Primzahl** *ist jede natürliche Zahl $p > 1$, die keine Faktoren hat (d.h. 1 und p sind alle Teiler von p).*

Eine Zahl n, die keine Primzahl ist, nennt man eine **zusammengesetzte** *Zahl.*

Die kleinsten Primzahlen sind die Zahlen $2, 3, 5, 7, 11, 13, 17, 19, 23, 29, 31, \ldots$. Die Primzahlen spielen eine wichtige Rolle in der Zahlentheorie und Algebra und somit auch im Entwurf von randomisierten Algorithmen. Die erste wichtige und nützliche Eigenschaft von Primzahlen ist, dass man alle natürliche Zahlen größer als 1 als ein Produkt von Primzahlen darstellen kann. Unter dem Produkt von Primzahlen verstehen wir hier auch eine einzelne Primzahl.

Beobachtung A.2.2. Jede Zahl $n \in \mathbb{N} - \{0, 1\}$ kann man als Produkt von Primzahlen darstellen.

Beweis. Wir beweisen diese Behauptung mit der Induktion. Offensichtlich ist die Primzahl $n = 2$ als ein Produkt von Primzahlen zu verstehen.

[1] Die Verabredung ist, dass jede positive natürliche Zahl die Zahl 0 teilt.

Wir setzen jetzt voraus, dass jede Zahl kleiner als n als Produkt von Primzahlen dargestellt werden kann. Wir wollen dies jetzt für n zeigen. Wenn n eine Primzahl ist, dann ist n selbst in der gewünschten Darstellung. Wenn n keine Primzahl ist, dann kann man n als $n = p \cdot q$ schreiben, wobei p und q Faktoren von n sind. Weil p und q beide kleiner als n sind, kann man beide als Produkte von Primzahlen und somit auch $p \cdot q$ als ein Produkt von Primzahlen darstellen. □

Im Folgenden stellen wir Produkte von Primzahlen in der Form

$$n = p_1^{i_1} \cdot p_2^{i_2} \cdot \ldots \cdot p_k^{i_k} \tag{A.1}$$

dar, wobei $p_1 < p_2 < \ldots < p_k$ Primzahlen sind und $i_1, i_2, \ldots, i_k$ positive ganze Zahlen sind. Der folgende Satz besagt, dass man für jede Zahl $n \in \mathbb{N} - \{0\}$ eine eindeutige Darstellung in dieser Form hat. Wir nennen diese Form auch die **Primfaktorzerlegung** der Zahl $n = p_1^{i_1} \cdot \ldots \cdot p_k^{i_k}$.

Satz A.2.3. Fundamentalsatz der Arithmetik

Jede Zahl $n \in \mathbb{N}$, $n \geq 2$, lässt sich eindeutig als Produkt von Primzahlen

$$n = p_1^{i_1} \cdot p_2^{i_2} \cdot \ldots \cdot p_k^{i_k}$$

darstellen, wobei $p_1 < p_2 < \ldots < p_k$ Primzahlen sind und $i_1, i_2, \ldots, i_k \in \mathbb{N} - \{0\}$, $k \in \mathbb{N} - \{0\}$.

Beweis. Dass sich jede Zahl als ein Produkt von Primzahlen darstellen kann, haben wir in Beobachtung A.2.2 gezeigt. Jetzt geht es darum zu zeigen, dass diese Darstellung bis auf die Reihenfolge der Primzahlen eindeutig ist. Wir beweisen indirekt die Eindeutigkeit der Primfaktorzerlegung jeder ganzen Zahl $n \geq 2$.

Sei m die kleinste Zahl aus $\mathbb{N} - \{0, 1\}$, so dass

$$m = p_1 \cdot p_2 \cdot \ldots \cdot p_r = q_1 \cdot q_2 \cdot \ldots \cdot q_k, \tag{A.2}$$

wobei $p_1 \leq p_2 \leq \ldots \leq p_r$ und $q_1 \leq q_2 \leq \ldots \leq q_k$ Primzahlen sind, und die zwei Darstellungen unterschiedlich sind (d.h. es gilt nicht $r = k$ und nicht $p_b = q_b$ für $b = 1, \ldots, k$).

Wir unterscheiden jetzt drei Fälle.

(i) $r = 1$ oder $k = 1$.
Der Fall $r = k = 1$ kann nicht auftreten, weil nicht gelten kann, dass $m = p_1 = q_1$, wobei $p_1 \neq q_1$.

Der Fall $r = 1$ und $k > 1$ kann auch nicht auftreten, weil dann p_1 keine Primzahl ist. Analog impliziert $k = 1$ und $r > 2$, dass q_1 keine Primzahl ist.

(ii) Es existieren ein $l \in \{1, \ldots, r\}$ und ein $s \in \{1, \ldots, k\}$, so dass $p_l = q_s$ gilt, und $r > 1$, $k > 1$.
Wenn dies auftritt, dann hat die Zahl

$$m/p_l = p_1 \cdot p_2 \cdot \ldots \cdot p_{l-1} \cdot p_{l+1} \cdot p_r = q_1 \cdot q_2 \cdot \ldots \cdot q_{s-1} \cdot q_{s+1} \cdot q_k$$

zwei unterschiedliche Primfaktorzerlegungen, obwohl $m/p_l < m$. Dieses widerspricht der Annahme, dass m die kleinste Zahl mit zwei unterschiedlichen Primfaktorzerlegungen ist.

(iii) $\{p_1, p_2, \ldots, p_r\} \cap \{q_1, q_2, \ldots, q_k\} = \emptyset$ und $r > 1$, $k > 1$.
Ohne Einschränkung der Allgemeinheit setzen wir $p_1 < q_1$ voraus. Betrachten wir die Zahl

$$m' = m - (p_1 q_2 q_3 \ldots q_s). \tag{A.3}$$

Wenn wir jetzt die zwei Darstellungen (A.2) von m in (A.3) einsetzen, erhalten wir

$$m' = (p_1 p_2 \ldots p_r) - (p_1 q_2 \ldots q_s) = p_1(p_2 p_3 \ldots p_r - q_2 q_3 \ldots q_s) \tag{A.4}$$

und

$$m' = (q_1 q_2 \ldots q_s) - (p_1 q_2 \ldots q_s) = (q_1 - p_1) \cdot (q_2 q_3 \ldots q_s). \tag{A.5}$$

Weil $p_1 < q_1$ implizieren (A.3) und (A.5), dass

$$2 \leq m' < m.$$

Damit muss m' eine eindeutige Primfaktorzerlegung haben. Die Gleichung (A.4) impliziert, dass die Primzahl p_1 ein Primfaktor von m' ist. Nach der Voraussetzung gilt aber $p_1 \notin \{q_2, q_3, \ldots, q_s\}$ und somit muss nach (A.5) die Primzahl p_1 ein Faktor von $q_1 - p_1$ sein. Also existiert eine ganze Zahl $a \geq 1$, so dass

$$q_1 - p_1 = p_1 \cdot a.$$

gilt. Dies impliziert

$$q_1 = p_1 \cdot a + p_1 = p_1 \cdot (a + 1),$$

was ein Widerspruch dazu ist, dass q_1 eine Primzahl ist.

□

Der Fundamentalsatz der Arithmetik garantiert uns die folgende Teilbarkeitseigenschaft, die wir sehr oft verwenden.

Korollar A.2.4. *Sei p eine Primzahl und seien a, b positive ganze Zahlen. Wenn die Primzahl p das Produkt $a \cdot b$ teilt, dann teilt p die Zahl a oder die Zahl b.*

Beweis. Wir führen einen indirekten Beweis. Setzen wir voraus, dass p keine der Zahlen a und b teilt. Somit enthält das Produkt der Primfaktorzerlegungen von a und b die Primzahl p nicht. Also gibt es eine Primfaktorzerlegung von der Zahl $a \cdot b$, die p nicht enthält.

Weil p die Zahl $a \cdot b$ teilt, gibt es eine positive ganze Zahl t, so dass

$$a \cdot b = p \cdot t.$$

Das Produkt von p und der Primfaktorzerlegung von t ist eine Primfaktorzerlegung der Zahl $a \cdot b$, die die Primzahl p enthält.

Damit haben wir zwei unterschiedliche Primfaktorzerlegungen von $a \cdot b$, was ein Widerspruch zu dem Fundamentalsatz der Arithmetik ist. □

Aufgabe A.2.5. Beweisen Sie die folgende Behauptung. Für alle positiven ganzen Zahlen a, b, c gilt: wenn c das Produkt $a \cdot b$ teilt, dann exisiteren zwei positive ganze Zahlen c_1 und c_2, so dass

$$c = c_1 \cdot c_2, \; c_1 \text{ teilt } a \text{ und } c_2 \text{ teilt } b$$

gilt.

Aufgabe A.2.6. Beweisen Sie die folgende Behauptung. Seien a, b, c, d beliebige positive ganze Zahlen. Wenn $a = b + c$ gilt und d teilt a und b, dann teilt d auch c.

Aufgabe A.2.7. Beweisen Sie die folgende Behauptung. Sei p eine Primzahl. Dann gibt es keine positive ganze Zahl n, so dass p die Zahl n sowie die Zahl $n - 1$ teilt.

Eine der Grundfragen über Primzahlen ist, wie viele Primzahlen es gibt. Zuerst zeigen wir, dass es unendlich viele Primzahlen gibt.

Satz A.2.8. *Es gibt unendlich viele Primzahlen.*

Beweis. Wir präsentieren den ursprünglichen Beweis von Euklid als indirekten Beweis.

Setzen wir voraus, dass es nur endlich viele Primzahlen gibt, nämlich $p_1, p_2, \ldots, p_n$ für ein $n \in \mathbb{N} - \{0\}$. Jede andere Zahl ist keine Primzahl und muss deswegen durch eine der Primzahlen $p_1, p_2, \ldots, p_n$ teilbar sein. Betrachten wir die Zahl

$$a = p_1 \cdot p_2 \cdot \ldots \cdot p_n + 1.$$

Weil $a > p_i$ für jedes $i \in \{1, 2, \ldots, n\}$ gilt, muss a zusammengesetzt sein, und somit muss mindestens eine der Primzahlen $p_1, p_2, \ldots, p_n$ die Zahl a teilen. Dies ist aber offensichtlich nicht der Fall,[2] was ein Widerspruch ist. Somit muss es unendlich viele Primzahlen geben. □

Wir bemerken, dass der Beweis von Satz A.2.8 uns keine Methode zur Konstruktion unendlich vieler Primzahlen bietet. Wenn $p_1, p_2, \ldots, p_n$ Primzahlen sind, muss die Zahl $a = p_1 \cdot p_2 \cdot \cdots \cdot p_n + 1$ nicht notwendigerweise eine Primzahl sein. Zum Beispiel ist

$$30031 = 2 \cdot 3 \cdot 5 \cdot 7 \cdot 11 \cdot 13 + 1 = 59 \cdot 509$$

keine Primzahl. Das Einzige, was aus der Argumentation in dem Beweis des Satzes A.2.8 folgt, ist, dass eine Primzahl größer als $\max\{p_1, p_2, \ldots, p_n\}$ existieren muss.

Für den Entwurf von randomisierten Algorithmen ist es von besonderer Wichtigkeit, die Dichte der Primzahlen unter den natürlichen Zahlen zu untersuchen. Der folgende Primzahlsatz ist eine der fundamentalsten Errungenschaften der Mathematik. Sei $Prim\,(n)$ die Mächtigkeit der Menge aller Primzahlen in $\{1, 2, \ldots, n\}$.

Satz A.2.9. Primzahlsatz

$$\lim_{n \to \infty} \frac{Prim\,(n)}{n / \ln n} = 1.$$

Der Primzahlsatz besagt, dass die Dichte $(Prim\,(n))/n$ der Primzahlen unter den ersten n positiven ganzen Zahlen mit wachsenden n gegen $1/\ln n$ geht. Tab. A.1 zeigt, dass $1/\ln n$ schon für relative kleine Zahlen n eine gute Approximation von $Prim\,(n)\,/n$ ist.

[2] Nach der Behauptung von Aufgabe A.2.6 müsste dann diese Primzahl die Zahl 1 teilen.

n	$Prim\,(n)\,/n$	$1/\ln n$	$\frac{Prim(n)}{n/\ln n}$
10^3	$0,168$	$0,145$	$1,159$
10^6	$0,0885$	$0,0724$	$1,084$
10^9	$0,0508$	$0,0483$	$1,053$

Tab. A.1

Wir bemerken, dass man für $n \geq 100$ sogar beweisen kann, dass

$$1 \leq \frac{Prim\,(n)}{n/\ln n} \leq 1.23 \qquad \text{(A.6)}$$

gilt und diese Einschränkung für $Prim\,(n)$ eigentlich das ist, was wir in diesem Buch bei der Analyse der Fehlerwahrscheinlichkeit oft anwenden.

Für $a, d \in \mathbb{N}$, $d \geq 1$, kann man a offensichtlich wie folgt darstellen:

$$a = k \cdot d + r \text{ für alle } k, r \in \mathbb{N} \text{ und } r < d.$$

Die Zahl k ist offensichtlich die größte natürliche Zahl für die $k \cdot d \leq a$ gilt und wir bezeichnen k als ***a* div *d***. Die Zahl r ist der Rest der Division von a durch d. Für gegebene a und d ist diese Darstellung eindeutig, d.h. die Zahlen k und r sind eindeutig bestimmt. Um dies zu zeigen nehmen wir an, dass wir folgende zwei Darstellungen von a haben:

$$k_1 \cdot d + r_1 = a = k_2 \cdot d + r_2,$$

wobei $r_1, r_2 \in \{0, 1, \ldots, d-1\}$. Daraus folgt

$$\begin{aligned} k_1 \cdot d - k_2 \cdot d &= r_2 - r_1 \\ (k_1 - k_2) \cdot d &= r_2 - r_1. \end{aligned}$$

Somit muss d die Zahl $r_2 - r_1$ teilen. Weil $(r_2 - r_1) \in \{0, 1, \ldots, d-1\}$ und somit $|r_2 - r_1| < d$ gilt, muss $r_2 - r_1 = 0$ und somit $r_1 = r_2$ gelten. Dies impliziert

$$(k_1 - k_2) \cdot d = 0$$

und weil $d > 0$, muss $k_1 - k_2 = 0$ und somit $k_1 = k_2$ gelten.

Seien a und d natürliche Zahlen mit $a \neq 0$. Seien k und r die eindeutig bestimmten natürlichen Zahlen mit

$$a = k \cdot d + r \text{ und } r < d.$$

Dann wird die Zahl r mit $\boldsymbol{a}$ **mod** $\boldsymbol{d}$ (sprich a modulo d) bezeichnet. Die Zahl k wird mit $\boldsymbol{a}$ **div** $\boldsymbol{d}$ bezeichnet.

Die Tatsache

$$a \bmod d = b \bmod d$$

für ganze Zahlen a, b, d, $d \neq 0$, bezeichnen wir durch die Gauss'sche Kongruenzrelation

$$\boldsymbol{a \equiv b \pmod{d}}.$$

Beobachtung A.2.10. Für alle positiven ganzen Zahlen a, b und d, $a \geq b$, sind die folgende Aussagen äquivalent.

(i) $a \equiv b \pmod{d}$,
(ii) d teilt $a - b$,
(iii) $a = b + k \cdot d$ für ein $k \in \mathbb{N}$.

Beweis. Wir zeigen die Implikationen (i) $\Rightarrow$ (ii), (ii) $\Rightarrow$ (iii), und (iii) $\Rightarrow$ (i), womit die Äquivalenz bewiesen wird.

(a) (i) $\Rightarrow$ (ii)
Nach der Definition bedeutet $a \equiv b \pmod{d}$, dass es ein $z \in \mathbb{N}$ gibt, so dass

$$z = a \bmod d = b \bmod d$$

gilt. Damit gilt

$$a = l \cdot d + z \text{ und } b = l' \cdot d + z$$

für gewisse $l, l' \in \mathbb{N}$. Dann ist

$$a - b = l \cdot d + z - (l' \cdot d + z) = l \cdot d - l' \cdot d = (l - l') \cdot d.$$

Damit teilt d die Zahl $a - b$.

(b) (ii) $\Rightarrow$ (iii)
Wenn d die Zahl $a - b$ teilt, dann gilt

$$a - b = k \cdot d$$

für ein $k \in \mathbb{N}$. Dies impliziert direkt

$$a = k \cdot d + b.$$

(c) (iii) $\Rightarrow$ (ii)
Sei $a = b + k \cdot d$ für ein $k \in \mathbb{N}$. Offensichtlich kann man a und b wie folgt ausdrücken:

$$a = l \cdot d + z_1 \text{ und } b = l' \cdot d + z_2$$

für gewisse $l, l', z_1, z_2 \in \mathbb{N}$, $z_1 < d$, $z_2 < d$.
Wenn wir dies in $a = b + k \cdot d$ einsetzen, erhalten wir

$$l \cdot d + z_1 = l' \cdot d + z_2 + k \cdot d = (l' + k) \cdot d + z_2$$

und somit $z_1 = z_2$.

□

Definition A.2.11. *Für alle $a, b \in \mathbb{N} - \{0\}$ ist der* **größte gemeinsame Teiler von a und b** *definiert durch*

$$\textbf{ggT}\,(\boldsymbol{a}, \boldsymbol{b}) = \max\{d \in \mathbb{N} \mid \ d \textit{ teilt } a \textit{ und } b\}.$$

Das **kleinste gemeinsame Vielfache von a und b** *ist definiert durch*

$$\textbf{kgV}\,(\boldsymbol{a}, \boldsymbol{b}) = \min\{c \in \mathbb{N} \mid \ a \textit{ teilt } c \textit{ und } b \textit{ teilt } c\}.$$

Per Konvention gilt $\mathrm{ggT}\,(0,0) = \mathrm{kgV}\,(0,0) = 0$.

Aufgabe A.2.12. Beweisen Sie, dass für alle $a, b \in \mathbb{N} - \{0\}$,

$$a \cdot b = \mathrm{ggT}\,(a,b) \cdot \mathrm{kgV}\,(a,b)\,.$$

Aus der Eindeutigkeit der Primfaktorzerlegung von Zahlen folgt die folgende Tatsache.

Beobachtung A.2.13. Seien

$$a = p_1 \cdot \ldots \cdot p_r \cdot q_1 \cdot \ldots \cdot q_s \text{ und } b = p_1 \cdot \ldots \cdot p_r \cdot h_1 \cdot \ldots \cdot h_m$$

die Primfaktorzerlegungen von a und b, $a, b \in \mathbb{N} - \{0, 1\}$, wobei $\{q_1, \ldots, q_s\} \cap \{h_1, \ldots, h_m\} \neq \emptyset$. Dann gilt

$$\mathrm{ggT}\,(a,b) = p_1 \cdot \ldots \cdot p_r$$

und

$$\mathrm{kgV}\,(a,b) = p_1 \cdot \ldots \cdot p_r \cdot q_1 \cdot \ldots \cdot q_s \cdot h_1 \cdot \ldots \cdot h_m.$$

Aufgabe A.2.14. Beweisen Sie die Behauptung von Beobachtung A.2.13.

Die Berechnung der Faktorisierung einer Zahl ist eine schwere Aufgabe und deswegen stehen wir oft vor der Aufgabe, ggT (a, b) effizient zu berechnen, ohne die Primfaktorzerlegung von a und b zu kennen. Eine effiziente Berechnung von ggT (a, b) liefert der Euklidische Algorithmus, der auf folgenden Behauptungen basiert.

Lemma A.2.15. *Seien $a, b, d \in \mathbb{N}$, $d > 0$.*

(i) Wenn $d \mid a$ und $d \mid b$, dann gilt

$$d \mid (a \cdot x + b \cdot y)$$

für alle $x, y \in \mathbb{Z}$.

(ii) Wenn $a \mid b$ und $b \mid a$, dann gilt $a = b$.

Beweis. Wir beweisen zuerst (i) und dann (ii).

(i) Wenn $d \mid a$ und $d \mid b$, dann gilt

$$a = n \cdot d \text{ und } b = m \cdot d$$

für irgendwelche natürliche Zahlen n und m. Seien x und y beliebige ganze Zahlen. Dann gilt

$$a \cdot x + b \cdot y = n \cdot d \cdot x + m \cdot d \cdot y = d \cdot (n \cdot x + m \cdot y)$$

und somit teilt d die Zahl $a \cdot x + b \cdot y$.

(ii) Die Tatsache $a \mid b$ impliziert $a \leq b$. Genauso fordert $b \mid a$, dass $b \leq a$ gilt. Damit gilt $a = b$.

□

Die folgenden Eigenschaften von ggT (a, b) sind direkte Folgen der Definition A.2.11.

Beobachtung A.2.16. Für alle positive ganze Zahlen a, b und k gelten

(i) ggT $(a, b) =$ ggT (b, a),
(ii) ggT $(a, k \cdot a) = a$,
(iii) ggT $(a, 0) = a$, und
(iv) wenn $k \mid a$ und $k \mid b$ gilt, dann gilt $k \mid$ ggT (a, b).

Aufgabe A.2.17. Beweisen Sie, dass ggT als Operator assoziativ ist, d.h. für alle $a, b, c \in \mathbb{N}$ gilt

$$\text{ggT}(a, \text{ggT}(b, c)) = \text{ggT}(\text{ggT}(a, b), c).$$

Die für eine effiziente Berechnung von $\text{ggT}(a, b)$ wichtigste Eigenschaft des größten gemeinsamen Teilers ist im folgenden Lemma ausformuliert.

Lemma A.2.18. *Für alle $a, b \in \mathbb{N}$, $b > 0$, gilt*

$$\text{ggT}(a, b) = \text{ggT}(b, a \bmod b).$$

Beweis. Wir werden beweisen, dass $\text{ggT}(a, b)$ und $\text{ggT}(b, a \bmod b)$ sich gegenseitig teilen, und somit müssen nach Lemma A.2.15(ii) beide gleich sein.

(i) Wir zeigen zuerst, dass $\text{ggT}(a, b)$ die Zahl $\text{ggT}(b, a \bmod b)$ teilt. Aus der Definition von ggT ist es offensichtlich, dass $\text{ggT}(a, b) \mid a$ und $\text{ggT}(a, b) \mid b$ gelten muss. Wir wissen, dass man a als

$$a = (a \text{ div } b) \cdot b + a \bmod b \tag{A.7}$$

bezüglich b darstellen kann, wobei $a \text{ div } b \in \mathbb{N}$. Somit gilt

$$a \bmod b = a - (a \text{ div } b) \cdot b,$$

d.h. $a \bmod b$ ist eine lineare Kombination[3] von a und b. Nach Lemma A.2.15(i) impliziert dies, dass $\text{ggT}(a, b)$ die Zahl $a - (a \text{ div } b) \cdot b$ teilt. Nach (A.7) gilt dann

$$\text{ggT}(a, b) \mid a \bmod b.$$

Zusammen mit

$$\text{ggT}(a, b) \mid b$$

folgt hieraus nach Beobachtung A.2.16(iv), dass

$$\text{ggT}(a, b) \mid \text{ggT}(b, a \bmod b).$$

(ii) Wir beweisen, dass $\text{ggT}(b, a \bmod b)$ die Zahl $\text{ggT}(a, b)$ teilt. Offensichtlich gilt

$$\text{ggT}(b, a \bmod b) \mid b \text{ und } \text{ggT}(b, a \bmod b) \mid (a \bmod b).$$

[3] $xa + yb$ für $x = 1$ und $y = -(a \text{ div } b)$

Weil
$$a = (a \text{ div } b) \cdot b + a \bmod b$$
gilt, ist a eine lineare Kombination von b und $a \bmod b$, und somit gilt nach Lemma A.2.15(i)
$$\text{ggT}\,(b, a \bmod b) \mid a.$$
Nach Beobachtung A.2.16(iv) implizieren
$$\text{ggT}\,(b, a \bmod b) \mid b \text{ und } \text{ggT}\,(b, a \bmod b) \mid a$$
zusammen, dass
$$\text{ggT}\,(b, a \bmod b) \mid \text{ggT}\,(a, b)$$
gilt.

□

Lemma A.2.15 ermöglicht es uns, auf die folgende Weise $\text{ggT}\,(a, b)$ für beliebige $a, b \in \mathbb{N}$ zu berechnen.

Euklidischer Algorithmus

Eingabe: zwei natürliche Zahlen a, b.
Rekursive Prozedur EUKLID(a, b):

```
if b = 0 then
   output „a“
else
   EUKLID(b, a mod b)
```

Wir bemerken, dass in jedem rekursiven Schritt von EUKLID das größere der beiden Argumente mindestens halbiert wird. Dadurch ist die Anzahl der rekursiven Aufrufe in $O(\log_2 b)$.

Somit ist der Euklidische Algorithmus sehr effizient. Wir können dies an dem folgenden Beispiel veranschaulichen.

$$\begin{aligned} \text{EUKLID}(127500136, 12750) &= \text{EUKLID}(12750, 136) \\ &= \text{EUKLID}(136, 102) \\ &= \text{EUKLID}(102, 34) \\ &= \text{EUKLID}(34, 0) \\ &= 34. \end{aligned}$$

Eine andere wichtige Charakterisierung[4] des größten gemeinsamen Teilers von zwei natürlichen Zahlen gibt der nächste Satz.

Satz A.2.19. *Seien* $a, b \in \mathbb{N} - \{0\}$ *und sei*

$$\mathbf{Comb}\,(\boldsymbol{a}, \boldsymbol{b}) = \{a \cdot x + b \cdot y \mid x, y \in \mathbb{Z}\}$$

die Menge der linearen Kombinationen von a und b. Dann gilt

$$\mathrm{ggT}\,(a, b) = \min\{d \in \mathrm{Comb}\,(a, b) \mid d \geq 1\},$$

d.h. $\mathrm{ggT}\,(a, b)$ *ist die kleinste positive Zahl in* $\mathrm{Comb}\,(a, b)$.

Beweis. Sei $h = \min\{d \in \mathrm{Comb}\,(a, b) \mid d \geq 1\}$ und sei $h = a{\cdot}x+b{\cdot}y$ für gewisse $x, y \in \mathbb{Z}$. Wir beweisen, dass $h = \mathrm{ggT}\,(a, b)$ gilt, indem wir nacheinander die zwei Ungleichungen $h \leq \mathrm{ggT}\,(a, b)$ und $h \geq \mathrm{ggT}\,(a, b)$ beweisen.

(i) Zuerst zeigen wir, dass h sowohl a als auch b teilt und somit $h \mid \mathrm{ggT}\,(a, b)$ gilt.
Aus der Definition der Operation modulo h erhalten wir

$$\begin{aligned} a \bmod h &= a - \lfloor a/h \rfloor \cdot h \\ &= a - \lfloor a/h \rfloor \cdot (a \cdot x + b \cdot y) \\ &\quad \{\text{weil } h = a \cdot x + b \cdot y\} \\ &= a \cdot (1 - \lfloor a/h \rfloor \cdot x) + b \cdot (-\lfloor a/h \rfloor \cdot y) \end{aligned}$$

und somit ist $a \bmod h$ eine lineare Kombination von a und b. Weil h die kleinste positive lineare Kombination von a und b ist und $a \bmod h < h$ gilt, erhalten wir

$$a \bmod h = 0, \text{ d.h. } h \text{ teilt } a.$$

Die gleiche Argumentation liefert

$$b \bmod h = 0, \text{ d.h. } h \text{ teilt } b.$$

Somit gilt

$$h \leq \mathrm{ggT}\,(a, b)\,.$$

(ii) Wir zeigen, dass $h \geq \mathrm{ggT}\,(a, b)$ gilt.
Weil $\mathrm{ggT}\,(a, b)$ die Zahl a sowie die Zahl b teilt, muss $\mathrm{ggT}\,(a, b)$ jede lineare Kombination $a \cdot u + b \cdot v$ für $u, v \in \mathbb{Z}$ teilen. Daher teilt $\mathrm{ggT}\,(a, b)$ jedes Element in $\mathrm{Comb}\,(a, b)$. Weil $h \in \mathrm{Comb}\,(a, b)$, gilt

$$\mathrm{ggT}\,(a, b) \mid h, \text{ d.h. } \mathrm{ggT}\,(a, b) \leq h.$$

□

[4] äquivalente Definition

Für das Studium von zahlentheoretischen Problemen ist die Algebra von großer Bedeutung. In der Algebra untersucht man algebraische Strukturen genannt Algebren. Eine **Algebra** ist ein Paar (S, F), wobei:

(i) S ist eine Menge von Elementen.
(ii) F ist eine Menge von Funktionen, die Argumente oder Tupels von Argumenten aus S nach S abbilden. Genauer, F ist eine Menge von **Operationen** auf S, und eine Operation $f \in F$ ist eine Abbildung aus S^m nach S für ein $m \in N$. Eine Funktion $f : S^m \to S$ wird eine **m-adische Operation** genannt.

Die Definition von Algebra sagt nichts anderes aus, als dass uns keine Strukturen interessieren, die nicht unter den betrachteten Operationen abgeschlossen sind (also für Argumente aus S ein Element außerhalb S produzieren können).

Im Folgenden ziehen wir die vereinfachte Notation $(S, f_1, f_2, \ldots, f_k)$ der Notation $(S, \{f_1, f_2, \ldots, f_k\})$ bei der Darstellungen der Algebren vor. Für einige Operationen f und g ziehen wir die Notation $\cdot$ und $+$ vor, wenn man man f als eine Version der Multiplikation und g als eine Version der Addition betrachten will. In diesem Fall schreiben wir $x \cdot y$ statt $f(x, y)$ und $x + y$ statt $g(x, y)$.

Im Zusammenhang mit der Zahlentheorie interessieren uns insbesondere endliche Strukturen mit der Multiplikation modulo einer Zahl n und der Addition modulo einer Zahl n.

Definition A.2.20. *Eine* **Gruppe** *ist eine Algebra $(S, *)$, wobei die folgenden Bedingungen gelten:*

(i) $*$ *ist eine binäre (2-adische) Operation.*
(ii) $*$ *ist assoziativ, d.h. für alle $x, y, z \in S$ gilt*

$$(x * y) * z = x * (y * z).$$

(iii) Es existiert ein Element $e \in S$, so dass

$$e * x = x = x * e$$

für jedes Element $x \in S$ gilt. Das Element e nennt man das **neutrale Element bezüglich $*$ in S.**

(iv) Für jedes $x \in S$ existiert ein Element $i(x) \in S$, so dass

$$i(x) * x = e = x * i(x)$$

gilt. Das Element $i(x)$ wird das **inverse Element zu x bezüglich $*$** *genannt.*

Eine Gruppe heißt **kommutativ**, *wenn*

$$x * y = y * x$$

für alle $x, y \in S$.

Im Folgenden, wenn die Operation $*$ als eine Multiplikation betrachtet wird, bezeichnen wir das neutrale Element bezüglich $*$ mit 1, und wenn $*$ als eine Addition betrachtet wird, bezeichnen wir das neutrale Element bezüglich $*$ mit 0.

Beispiel A.2.21. Wir zeigen, dass $(\mathbb{Z}, +)$ eine kommutative Gruppe ist. Die Struktur $(\mathbb{Z}, +)$ ist eine Algebra, weil die Addition zweier ganzer Zahlen eine ganze Zahl ist. Die Addition ist eine binäre Operation, die assoziativ und kommutativ ist. Das neutrale Element bezüglich $+$ in $\mathbb{Z}$ ist 0, weil

$$0 + x = x = x + 0$$

für alle $x \in \mathbb{Z}$. Für jede Zahl $x \in \mathbb{Z}$ ist $i(x) = -x$ das inverse Element zu x, weil

$$x + (-x) = 0.$$

Das Paar $(\mathbb{Z}, \cdot)$, wobei $\cdot$ die Multiplikation bezeichnet, ist eine Algebra, aber keine Gruppe. Die Operation $\cdot$ ist zwar assoziativ und auch kommutativ und 1 ist das neutrale Element bezüglich $\cdot$ in $\mathbb{Z}$, aber $\mathbb{Z}$ enthält für kein Element unterschiedlich von 1 ein inverses Element.

Aufgabe A.2.22. Zeigen Sie, dass $(\mathbb{Z}_n, \oplus_{\bmod n})$ für jede positive ganze Zahl n eine kommutative Gruppe ist.

Aufgabe A.2.23. Zeigen Sie, dass Folgendes gilt:

(i) $(\mathbb{Z}_7, \odot_{\bmod 7})$ ist keine Gruppe.
(ii) $(\mathbb{Z}_7 - \{0\}, \odot_{\bmod 7})$ ist eine kommutative Gruppe.
(iii) $(\mathbb{Z}_{12} - \{0\}, \odot_{\bmod 12})$ ist keine Gruppe.

Eine sehr wichtige Teilmenge von $\mathbb{Z}_n$ in der Zahlentheorie ist die Menge

$$\mathbb{Z}_n^* = \{d \in \mathbb{Z}_n \mid \text{ggT}(d, n) = 1\}.$$

Aufgabe A.2.24. Zeigen Sie, dass folgende Algebren Gruppen sind:

(i) $(\mathbb{Z}_5^*, \odot_{\bmod 5})$

(ii) $(\mathbb{Z}_9^*, \odot_{\bmod 9})$
(iii) $(\mathbb{Z}_{12}^*, \odot_{\bmod 12})$.

Aufgabe A.2.25. Beweisen Sie, dass jede kommutative Gruppe genau ein neutrales Element hat und beweisen Sie, dass für jede Gruppe $(A, *)$ und alle $a, b, c \in A$ folgendes gilt:

(i) $a = i(i(a))$,
(ii) $a * b = c * b$ impliziert $a = c$ und
$b * a = b * c$ impliziert $a = c$,
(iii) $a \neq b \Leftrightarrow a * c \neq b * c \Leftrightarrow c * a \neq c * b$.

Definition A.2.26. *Sei $(S, *)$ eine Gruppe mit dem neutralen Element e. Für jedes $a \in S$ und jedes $j \in \mathbb{Z}$ definieren wir induktiv die* **j-te Potenz von a** *wie folgt:*

(i) $a^0 = e$, $a^1 = a$, *und* $a^{-1} = i(a)$,
(ii) $a^{j+1} = a * a^j$ *für alle* $j \geq 1$, *und*
(iii) $a^{-j} = (i(a))^j$ *für jede positive ganze Zahl* j.

Ein Element g aus S nennt man einen **Generator der Gruppe** $(S, *)$, *wenn*

$$S = \{g^i \mid i \in \mathbb{Z}\}.$$

Wenn eine Gruppe einen Generator hat, dann nennt man die Gruppe **zyklisch**.

Die Gruppe $(\mathbb{Z}_5^*, \odot_{\bmod 5})$ ist zyklisch. Ein Generator der Gruppe ist die Zahl 2, weil

$$\begin{aligned} 2^1 &= 2 \quad \text{und} \quad 2 \bmod 5 = 2 \\ 2^2 &= 4 \quad \text{und} \quad 4 \bmod 5 = 4 \\ 2^3 &= 8 \quad \text{und} \quad 8 \bmod 5 = 3 \\ 2^4 &= 16 \quad \text{und} \quad 16 \bmod 5 = 1 \end{aligned}$$

und $\mathbb{Z}_5^* = \{1, 2, 3, 4\}$.

Wir können den Begriff der Gruppe verwenden, um eine äquivalente Definition von Primzahlen zu geben.

Satz A.2.27. *Für jede positive ganze Zahl p, $p \geq 2$, gilt:*

$$p \text{ ist eine Primzahl} \Leftrightarrow (\mathbb{Z}_p - \{0\}, \odot_{\bmod p}) \text{ ist eine Gruppe.}$$

Beweis. Wir zeigen die Äquivalenz durch getrennte Beweise der zwei entsprechenden Implikationen.

(i) Wir beweisen, dass für jede Primzahl p, die Algebra $(\mathbb{Z}_p - \{0\}, \odot_{\text{mod } p})$ eine Gruppe ist.
Offensichtlich ist $\odot_{\text{mod } p}$ eine assoziative und kommutative Operation und 1 ist das neutrale Element bezüglich $\odot_{\text{mod } p}$ in $\mathbb{Z}_p - \{0\}$. Es bleibt also nur zu zeigen, dass ein inverses Element a^{-1} für jedes $a \in \mathbb{Z}_p - \{0\}$ existiert.
Sei a ein beliebiges Element aus $\mathbb{Z}_p - \{0\} = \{1, 2, \ldots, p-1\}$. Wir zeigen, dass eines der Elemente aus $\{1, 2, \ldots, p-1\}$ invers zu a sein muss. Betrachten wir dazu die folgenden $p-1$ Vielfachen von a:

$$m_1 = 1 \cdot a, m_2 = 2 \cdot a, \ldots, m_{p-1} = (p-1) \cdot a.$$

Unser Ziel ist zu zeigen, dass eines dieser Vielfachen modulo p das neutrale Element 1 sein muss. Zuerst beweisen wir, dass

$$m_i \bmod p \neq m_j \bmod p$$

für alle $i \neq j$. Wir beweisen dies indirekt. Sei

$$m_r \equiv m_s \pmod{p}$$

für zwei unterschiedliche $r, s \in \{1, 2, \ldots, p-1\}$, $r > s$. Dann teilt p die Zahl $m_r - m_s = (r-s) \cdot a$. Nach A.2.4 muss p die Zahl $(r-s)$ oder die Zahl a teilen. Dies ist aber unmöglich, weil $0 < r - s < p$ und $0 < a < p$. Wir haben damit bewiesen, dass die Zahlen

$$m_1 \bmod p, m_2 \bmod p, \ldots, m_{p-1} \bmod p$$

paarweise unterschiedlich sind und somit

$$\{1 \odot_{\text{mod } p} a, 2 \odot_{\text{mod } p} a, \ldots, (p-1) \odot_{\text{mod } p} a\} = \{1, 2, \ldots, p-1\}.$$

Damit existiert ein $b \in \{1, 2, \ldots, p-1\}$, so dass

$$b \odot_{\text{mod } p} a = 1, \text{ d.h. } a^{-1} = b.$$

Weil wir dies für jedes $a \in \{1, 2, \ldots, p-1\}$ beweisen haben, hat jedes $a \in \mathbb{Z}_p - \{0\}$ ein inverses Element bezüglich $\odot_{\text{mod } p}$ und $(\mathbb{Z}_p - \{0\}, \odot_{\text{mod } p})$ ist eine Gruppe.

(ii) Wir beweisen die umgekehrte Implikation indirekt.
Sei p keine Primzahl. Dann ist

$$p = b \cdot d$$

für irgendwelche $b, d \in \{2, 3, \ldots, p-1\}$. Dann ist aber

$$b \odot_{\text{mod } p} d = 0.$$

Somit ist $(\mathbb{Z}_p - \{0\}, \odot_{\text{mod } p})$ keine algebraische Struktur, weil die Multiplikation modulo p zwei Elemente aus $\mathbb{Z}_p - \{0\}$ auf ein Element außerhalb $\mathbb{Z}_p - \{0\}$ abbildet.

□

Die gerade präsentierte Beweisidee von Satz A.2.27 kann man anwenden, um den kleinen Satz von Fermat zu beweisen. Dieser Satz ist der Ausgangspunkt zur Lösung mehrerer zahlentheoretischer Probleme, insbesondere für den Entwurf von randomisierten Algorithmen für den Primzahltest.

Satz A.2.28. Der kleine Satz von Fermat
Für jede Primzahl p und jede Zahl $a \in \mathbb{Z}_p^* = \{d \in \mathbb{Z}_p \mid \text{ggT}(d, p) = 1\}$ gilt

$$a^{p-1} \text{ mod } p = 1,$$

daher ist a^{p-2} das inverse Element zu a bezüglich $\odot_{\text{mod } p}$.

Beweis. Sei p eine Primzahl und sei a ein beliebiges Element aus $\mathbb{Z}_p^*$. Betrachten wir wieder die folgenden $p-1$ Vielfachen von a:

$$m_1 = 1 \cdot a,\ m_2 = 2 \cdot a,\ \ldots,\ m_{p-1} = (p-1) \cdot a.$$

Im Beweis von Satz A.2.27 haben wir schon gezeigt, dass die Zahlen

$$m_1 \text{ mod } p,\ m_2 \text{ mod } p,\ \ldots,\ m_{p-1} \text{ mod } p$$

paarweise unterschiedlich sind und somit gilt

$$|\{m_1 \text{ mod } p,\ m_2 \text{ mod } p,\ \ldots,\ m_{p-1} \text{ mod } p\}| = p - 1. \tag{A.8}$$

Weil $a < p$ ist und $r < p$ für jedes $r \in \{1, 2, \ldots, p-1\}$ gilt, kann die Primzahl p die Zahl $m_r = r \cdot a$ nicht teilen. Damit ist $m_r \text{ mod } p \neq 0$ für alle $r \in \{1, 2, \ldots, p-1\}$. Diese Beobachtung und (A.8) implizieren dann

$$\{m_1 \text{ mod } p,\ m_2 \text{ mod } p,\ \ldots,\ m_{p-1} \text{ mod } p\} = \{1, 2, \ldots, p-1\}. \tag{A.9}$$

Jetzt betrachten wir die Zahl

$$\prod_{i=1}^{p-1} m_i = (1 \cdot a) \cdot (2 \cdot a) \cdot \ldots \cdot ((p-1) \cdot a) = 1 \cdot 2 \cdot \ldots \cdot (p-1) \cdot a^{p-1}. \quad \text{(A.10)}$$

Dann impliziert (A.9) die Kongruenz

$$1 \cdot 2 \cdot \ldots \cdot (p-1) \cdot a^{p-1} \equiv 1 \cdot 2 \cdot \ldots \cdot (p-1) \pmod{p},$$

die äquivalent zu

$$1 \cdot 2 \cdot \ldots \cdot (p-1) \cdot a^{p-1} - 1 \cdot 2 \cdot \ldots \cdot (p-1) \equiv 0 \pmod{p}$$

und somit auch äquivalent zu

$$(1 \cdot 2 \cdot \ldots \cdot (p-1)) \cdot \left(a^{p-1} - 1\right) \equiv \pmod{p} \quad \text{(A.11)}$$

ist. Weil p die Zahl $1 \cdot 2 \cdot \ldots \cdot (p-1)$ nicht teilt,[5] impliziert (A.11), dass p die Zahl $a^{p-1} - 1$ teilen muss, und daher gilt

$$a^{p-1} - 1 \equiv 0 \pmod{p},$$

was äquivalent zu

$$a^{p-1} \equiv 1 \pmod{p}$$

ist. □

Der kleine Satz vor Fermat besagt, dass es von Interesse sein kann, die Zahl $a^{p-1} \bmod p$ für eine ganze positive Zahl p und eine gegebene Zahl $a \in \{1, 2, \ldots, p-1\}$ zu berechnen, weil $a^{p-1} \bmod n \neq 1$ die Tatsache „$p \notin$ PRIM“ bezeugt. Um $a^{p-1} \bmod p$ effizient zu berechnen, können wir uns natürlich nicht leisten, $(p-2)$-mal mit a zu multiplizieren, weil dann die Anzahl der Operationen exponentiell in $\lceil \log_2 p \rceil$ wäre. Wenn wir $a^b \bmod p$ zu berechnen haben und $b = 2^k$ gilt, dann kann dies mit der Methode des **wiederholten Quadrierens** mit k Multiplikationen wie folgt realisiert werden:

$$\begin{aligned}
a^2 \bmod p &= a \cdot a \bmod p, \\
a^4 \bmod p &= (a^2 \bmod p) \cdot (a^2 \bmod p) \bmod p, \\
a^8 \bmod p &= (a^4 \bmod p) \cdot (a^4 \bmod p) \bmod p, \\
&\vdots \\
a^{2^k} \bmod p &= (a^{2^{k-1}} \bmod p)^2 \bmod p.
\end{aligned}$$

[5] Alle Primzahlfaktoren der Zahl $1 \cdot 2 \cdot \ldots \cdot (p-1)$ sind kleiner als p.

Im Allgemeinen sei $b = \sum_{i=1}^{k} b_i \cdot 2^{i-1}$ (d.h. $b = \text{Nummer}(b_k b_{k-1} \dots b_1)$) für ein $k \in \mathbb{N} - \{0\}$ und $b_i \in \{0,1\}$ für $i = 1, \dots, k$. Dann ist offensichtlich

$$a^b = a^{b_1 \cdot 2^0} \cdot a^{b_2 \cdot 2^1} \cdot a^{b_3 \cdot 2^2} \dots \cdot a^{b_k \cdot 2^{k-1}}.$$

Um $a^b \mod p$ zu berechnen, berechnet man zuerst alle Zahlen $a_i = a^{2^{i-1}} \mod p$ durch wiederholtes Quadrieren. Danach multipliziert man $\mod p$ alle Zahlen a_i, für die $b_i = 1$ gilt.

Um $a^{p-1} \mod p$ zu berechnen, reichen dann $2\lceil \log_2 p \rceil$ Multiplikationen über $\mathbb{Z}_p$ aus, also über Zahlen der binären Länge $\lceil \log_2 p \rceil$. Wenn wir für die Multiplikation den naiven Schulalgorithmus verwenden, folgt hieraus, dass man $a^{p-1} \mod p$ mit $O\big((\log_2 p)^3\big)$ binären Operationen berechnen kann.

In unserer Anwendung spielt die Struktur $(\mathbb{Z}_n^*, \odot_{\bmod n})$ eine Schlüsselrolle. Die folgenden zwei Behauptungen liefern die wichtigste Information über $\mathbb{Z}_n^*$.

Satz A.2.29. *Für alle positiven ganzen Zahlen n ist $(Z_n^*, \odot_{\bmod n})$ eine kommutative Gruppe.*

Beweis. Zuerst müssen wir zeigen, dass Z_n^* abgeschlossen bezüglich $\odot_{\bmod n}$ ist. Seien a und b zwei beliebige Elemente aus Z_n^*, d.h. $\text{ggT}(a,n) = \text{ggT}(b,n) = 1$. Weil

$$\text{Comb}(a \cdot b, n) \subseteq \text{Comb}(a,n) \cap \text{Comb}(b,n),$$

und somit $1 \in \text{Comb}(a \cdot b, n)$, impliziert Satz A.2.19, dass

$$\text{ggT}(a \cdot b, n) = 1.$$

Daher liegt $a \cdot b \mod n$ in Z_n^* und somit ist $(Z_n^*, \odot_{\bmod n})$ eine Algebra.

Offensichtlich ist 1 das neutrale Element bezüglich $\odot_{\bmod n}$ in Z_n^* und die Operation $\odot_{\bmod n}$ ist eine assoziative und kommutative Operation.

Wir müssen jetzt zeigen, dass für jedes $a \in Z_n^*$ ein zu a inverses Element bezüglich $\odot_{\bmod n}$ existiert. Dazu reicht es zu zeigen, dass

$$|\{a \odot_{\bmod n} 1, a \odot_{\bmod n} 2, \dots, a \odot_{\bmod n} (n-1)\}| = n - 1,$$

was direkt $1 \in \{a \odot_{\bmod n} 1, \dots, a \odot_{\bmod n} (n-1)\}$ impliziert. Wir beweisen dies indirekt. Nehmen wir an, dass zwei Zahlen $i, j \in \{1, 2, \dots, n-1\}$, $i > j$, existieren, so dass

$$a \odot_{\bmod n} i = a \odot_{\bmod n} j, \text{ d.h. } a \cdot i \equiv a \cdot j \pmod{n}.$$

Dies bedeutet, dass

$$a \cdot i = n \cdot k_1 + z \text{ und } a \cdot j = n \cdot k_2 + z$$

für geeignete natürliche Zahlen k_1, k_2 und z, $z < n$. Dann gilt

$$a \cdot i - a \cdot j = n \cdot k_1 - n \cdot k_2 = n \cdot (k_1 - k_2),$$

und somit

$$a \cdot (i - j) = n \cdot (k_1 - k_2), \text{ d.h. } n \text{ teilt } a \cdot (i - j).$$

Weil $\mathrm{ggT}(a, n) = 1$, muss n die Zahl $i - j$ teilen. Dies geht aber nicht, weil $i - j < n$.

Somit hat jedes Element $a \in \mathbb{Z}_n^*$ ein multiplikativ Inverses a^{-1} bezüglich $\odot_{\bmod n}$, und $(\mathbb{Z}_n^*, \odot_{\bmod n})$ ist eine Gruppe. Weil $\odot_{\bmod n}$ kommutativ ist, ist $(\mathbb{Z}_n^*, \odot_{\bmod n})$ eine kommutative Gruppe. □

Der nächste Satz zeigt, dass $\mathbb{Z}_n^*$ alle Elemente aus $\mathbb{Z}_n$ enthält, die ein inverses Element bezüglich $\odot_{\bmod n}$ besitzen.

Satz A.2.30. *Für alle positive ganze Zahlen n gilt*

$$\mathbb{Z}_n^* = \{a \in \mathbb{Z}_n \mid \textit{Es existiert ein } a^{-1} \in \mathbb{Z}_n, \textit{ so dass } a \odot_{\bmod n} a^{-1} = 1\}.$$

Beweis. Die Tatsache $Z_n^* \subseteq \{a \in \mathbb{Z}_n \mid \exists\, a^{-1} \in \mathbb{Z}_n\}$ ist eine direkte Folge davon, dass $(\mathbb{Z}_n^*, \odot_{\bmod n})$ eine Gruppe ist.

Es bleibt zu zeigen, dass

$$\{a \in \mathbb{Z}_n \mid \exists\, a^{-1} \in \mathbb{Z}_n\} \subseteq Z_n^* = \{a \in \mathbb{Z}_n \mid \mathrm{ggT}(a, n) = 1\}$$

gilt. Dazu reicht es zu beweisen, dass die Existenz von a^{-1} zu einem Element $a \in \mathbb{Z}_n$ die Eigenschaft $\mathrm{ggT}(a, n) = 1$ voraussetzt.

Sei a ein beliebiges Element aus $\mathbb{Z}_n$, so dass $a^{-1} \in \mathbb{Z}_n$. Weil $a \cdot a^{-1} \equiv 1 \pmod{n}$, gilt

$$a \cdot a^{-1} = k \cdot n + 1 \tag{A.12}$$

für ein $k \in \mathbb{N}$. Betrachten wir die folgende lineare Kombination von a und n aus $\mathrm{Comb}(a, n)$ für $x = a^{-1}$ und $y = -k$:

$$a \cdot x + n \cdot y = a \cdot a^{-1} + n \cdot (-k) \underset{(A.12)}{=} k \cdot n + 1 - k \cdot n = 1.$$

Damit ist 1 in $\mathrm{Comb}(a, n)$ und somit gilt nach Satz A.2.19

$$\mathrm{ggT}(a, n) = \min\{d \in \mathrm{Comb}(a, n) \mid d \geq 1\} = 1.$$

□

Die folgende wichtige Behauptung über $\mathbb{Z}_n$ präsentieren wir ohne Beweis, weil der Beweis lang ist und wir ihn für die Anwendung des Satzes nicht kennen müssen.

Satz A.2.31. *Sei n eine positive ganze Zahl. Die Gruppe* $(\mathbb{Z}_n^*, \odot_{\bmod n})$ *ist zyklisch genau dann, wenn*

$$n \in \{2, 4, p^k, 2 \cdot p^k \mid p \in \text{PRIM} - \{2\}, k \in \mathbb{N} - \{0\}\}.$$

□

Ein wichtiges Instrument der Zahlentheorie ist der Chinesische Restsatz. Dieser Satz ist sehr hilfreich zum Studium von $\mathbb{Z}_n$ für $n \notin$ PRIM, weil er uns uns eine strukturierte Darstellung von Elementen aus $\mathbb{Z}_n$ bietet. Diese Darstellung ist in vielen Fällen viel anschaulicher und günstiger und ermöglicht uns so die Welt von $\mathbb{Z}_n$ übersichtlich zu konstruieren. Sei $m = m_1 \cdot m_2 \cdot \ldots m_k$, wobei $\text{ggT}(m_i, m_j) = 1$ für alle $i \neq j$. Dann besagt die erste einfachere Version des Chinesischen Restsatzes, dass die Funktion

$$F(m) = (m \bmod m_1, m \bmod m_2, \ldots, m \bmod m_k)$$

von $\mathbb{Z}_m$ nach $\mathbb{Z}_{m_1} \times \mathbb{Z}_{m_2} \times \ldots \times \mathbb{Z}_{m_k}$ eine Bijektion ist.

Satz A.2.32. Chinesischer Restsatz, erste Version
Sei

$$m = m_1 \cdot m_2 \cdot \ldots \cdot m_k,$$

wobei $k \in \mathbb{N} - \{0\}$, $m_i \in \mathbb{N} - \{0, 1\}$ *für* $i = 1, 2, \ldots, k$, *und*

$$\text{ggT}(m_i, m_j) = 1$$

für alle $i, j \in \{1, 2, \ldots, k\}$, $i \neq j$. *Dann gibt es für jede Folge von k Zahlen*

$$r_1 \in \mathbb{Z}_{m_1}, r_2 \in \mathbb{Z}_{m_2}, \ldots, r_k \in \mathbb{Z}_{m_k}$$

(für jedes Element $(r_1, r_2, \ldots, r_k) \in \mathbb{Z}_{m_1} \times \mathbb{Z}_{m_2} \times \ldots \times \mathbb{Z}_{m_k}$*) genau ein* $r \in \mathbb{Z}_m$, *so dass*

$$r \equiv r_i \pmod{m_i}$$

für $i = 1, 2, \ldots, k$.

Beweis. Wir zeigen zuerst, dass mindestens ein solches r existiert.

Weil $\text{ggT}(m_i, m_j) = 1$ für alle unterschiedlichen i, j aus $\{1, 2, \ldots, k\}$ gilt, erhalten wir

$$\text{ggT}\left(\frac{m}{m_l}, m_l\right) = 1 \text{ für alle } l \in \{1, 2, \ldots, k\}.$$

Damit hat das Element m/m_i nach Satz A.2.9 ein inverses Element n_i bezüglich $\odot_{\text{mod } m_i}$ in $\mathbb{Z}_{m_i}$. Wir betrachten die Zahl

$$e_i = n_i \cdot \frac{m}{m_i} = m_1 \cdot m_2 \cdot \ldots \cdot m_{i-1} \cdot n_i \cdot m_{i+1} \cdot \ldots \cdot m_k.$$

Weil $m/m_i \equiv 0 \pmod{m_j}$ für alle $j \in \{1, \ldots, k\} - \{i\}$ gilt, gilt auch

$$e_i \equiv 0 \pmod{m_j}$$

für alle zu j unterschiedlichen i.

Weil n_i das inverse Element zu m/m_i in $\mathbb{Z}_{m_i}$ ist, gilt

$$e_i \bmod m_i = n_i \cdot \frac{m}{m_i} \bmod m_i = 1.$$

Wenn wir jetzt für jedes $(r_1, r_2, \ldots, r_k) \in \mathbb{Z}_{m_1} \times \mathbb{Z}_{m_2} \times \ldots \times \mathbb{Z}_{m_k}$ die Zahl r als

$$r \equiv \left(\sum_{i=1}^{k} r_i \cdot e_i\right) \pmod{n}$$

wählen, sehen wir, dass

$$r \equiv r_i \pmod{m_i} \tag{A.13}$$

für alle $i \in \{1, 2, \ldots, k\}$.

Es bleibt zu beweisen, dass nur eine Zahl $r \in \mathbb{Z}_m$ existiert, die alle k Kongruenzen (A.13) erfüllt.

Nehmen wir an, dass zwei Zahlen x und y aus $\mathbb{Z}_n$ existieren, so dass

$$y \equiv x \equiv r_i \pmod{m_i}$$

für alle $i \in \{1, 2, \ldots, k\}$. Dann gilt

$$x - y \equiv 0 \pmod{m_i}, \text{ d.h. } m_i \mid (x - y)$$

für alle $i \in \{1, 2, \ldots, k\}$. Weil $m = m_1 \cdot m_2 \cdot \ldots \cdot m_k$ und $\text{ggT}(m_i, m_j) = 1$ für alle $i \neq j$, folgt daraus, dass

$$m \text{ die Zahl } x - y \text{ teilt.}$$

Weil $x - y < m$ gilt, muss $x - y = 0$ und daher $x = y$ gelten. □

Die zweite Version des Chinesischen Restsatzes spricht nicht nur über eine Bijektion zwischen der Menge von Z_m und $\mathbb{Z}_{m_1} \times \ldots \times \mathbb{Z}_{m_k}$ sondern sogar über die Möglichkeit, die Operationen in Z_m durch die Operationen in $\mathbb{Z}_{m_1} \times \ldots \times \mathbb{Z}_{m_k}$ zu simulieren. Wenn eine solche Simulation möglich ist, sprechen wir über einen Isomorphismus zwischen den betrachteten algebraischen Strukturen.

Definition A.2.33. *Seien $\mathcal{A} = (A, f_1, \ldots, f_k)$ und $\mathcal{B} = (B, g_1, \ldots, g_k)$ zwei Algebren, wobei f_i und g_i d_i-adische Operationen für $i = 1, \ldots, k$ sind. Wir sagen, dass $\mathcal{A}$ und $\mathcal{B}$ isomorph sind, wenn es eine Bijektion $H : A \to B$ existiert, so dass*

$$H(f_i(a_1, a_2, \ldots, a_{d_i})) = g_i(H(a_1), H(a_2), \ldots, H(a_{d_i})).$$

für alle $i \in \{1, 2, \ldots, k\}$ gilt.

Weil wir in unseren Anwendungen nur den Isomorphismus zwischen $\mathbb{Z}_n$ und $\mathbb{Z}_p \times \mathbb{Z}_q$ für $n = p \cdot q$, $\text{ggT}\,(p, q) = 1$, brauchen, formulieren wir nur eine vereinfachte zweite Version des Chinesischen Restsatzes.

Satz A.2.34. Chinesischer Restsatz, zweite Version
Sei $n = p \cdot q$ und sei $\text{ggT}\,(p, q) = 1$. Seien $\oplus_{p,q}$ und $\odot_{p,q}$ zwei Operationen auf $\mathbb{Z}_p \times \mathbb{Z}_q$ definiert durch

$$(a_1, a_2) \oplus_{p,q} (b_1, b_2) = ((a_1 + b_1) \bmod p, (a_2 + b_2) \bmod q)$$

und

$$(a_1, a_2) \odot_{p,q} (b_1, b_2) = ((a_1 \cdot b_1) \bmod p, (a_2 \cdot b_2) \bmod q)$$

für alle $(a_1, a_2), (b_1, b_2) \in \mathbb{Z}_p \times \mathbb{Z}_q$. Dann sind die algebraischen Strukturen $(\mathbb{Z}_n, \oplus_{\bmod m}, \odot_{\bmod m})$ und $(\mathbb{Z}_p \times \mathbb{Z}_q, \oplus_{p,q}, \odot_{p,q})$ isomorph.

Beweis. In der ersten Version des Chinesischen Satzes haben wir schon bewiesen, dass $h : \mathbb{Z}_n \to \mathbb{Z}_p \times \mathbb{Z}_q$ definiert durch

$$h(a) = (a \bmod p, a \bmod q)$$

eine Bijektion ist.

Es bleibt zu zeigen, dass

$$h(a \oplus_{\bmod n} b) = h(a) \oplus_{p,q} h(b) \text{ und } h(a \odot_{\bmod n} b) = h(a) \odot_{p,q} h(b).$$

für alle $a, b \in \mathbb{Z}_n$ gelten. Alle $a, b \in \mathbb{Z}_n$ können wie folgt dargestellt werden:

$$a = a_1' \cdot p + a_1 = a_2' \cdot q + a_2$$

$$b = b_1' \cdot p + b_1 = b_2' \cdot q + b_2$$

für geeignete $a_1', a_1, a_2', a_2, b_1', b_1, b_2', b_2$ mit $a_1 < p$, $a_2 < q$, $b_1 < p$ und $b_2 < q$. Somit ist $h(a) = (a_1, a_2)$ und $h(b) = (b_1, b_2)$. Jetzt können wir für alle $a, b \in \mathbb{Z}_n$ schreiben:

$$\begin{aligned}
h(a \oplus_{\text{mod } n} b) &= h((a+b) \bmod n) \\
&= ((a+b) \bmod p, (a+b) \bmod q) \\
&= ((a_1+b_1) \bmod p, (a_2+b_2) \bmod q) \\
&= (a_1, a_2) \oplus_{p,q} (b_1, b_2) \\
&= h(a) \oplus_{p,q} h(b)
\end{aligned}$$

und

$$\begin{aligned}
h(a \odot_{\text{mod } n} b) &= h((a \cdot b) \bmod n) \\
&= ((a \cdot b) \bmod p, (a \cdot b) \bmod q) \\
&= ((a_1' \cdot b_1' \cdot p^2 + (a_1 \cdot b_1' + a_1' \cdot b_1) \cdot p + a_1 \cdot b_1) \bmod p, \\
&\quad (a_2' \cdot b_2' \cdot q^2 + (a_2' \cdot b_2 + a_2 \cdot b_2') \cdot q + a_2 \cdot b_2) \bmod q) \\
&= ((a_1 \cdot b_1) \bmod p, (a_2 \cdot b_2) \bmod p) \\
&= (a_1, a_2) \odot_{p,q} (b_1, b_2) \\
&= h(a) \odot_{p,q} h(b).
\end{aligned}$$

□

Aufgabe A.2.35. Formulieren und beweisen Sie die allgemeine Version des Chinesischen Restsatzes für $m = m_1 \cdot m_2 \cdot \ldots \cdot m_k$ mit $\text{ggT}(m_i, m_j) = 1$ für alle $i, j \in \{1, \ldots, k\}$ mit $i \neq j$.

Das letzte algebraische Instrument, das wir vorstellen möchten, ist der Satz von Lagrange, der besagt, dass die Mächtigkeit jeder Untergruppe einer endlichen Gruppe die Mächtigkeit der Gruppe teilt. Um diesen Satz zu beweisen, brauchen wir zuerst einige neue Begriffe und technische Lemmata.

Definition A.2.36. *Sei $(A, *)$ eine Gruppe mit dem neutralen Element* 1. *Für jedes $a \in A$ ist die* **Ordnung von a** *definiert durch*

$$\textbf{order}\,(a) = \min\{r \in \mathbb{N} - \{0\} \mid a^r = 1\},$$

wenn mindestens ein r *mit* $a^r = 1$ *existiert. Wenn* $a^i \neq 1$ *für alle* $i \in \mathbb{N} - \{0\}$, *dann setzen wir* $\text{order}(a) = \infty$.

Lemma A.2.37. *Sei* $(A, *)$ *eine endliche Gruppe. Dann hat jedes Element* $a \in A$ *eine endliche Ordnung (genauer* $\text{order}(a) \in \{1, 2, \ldots, |A|\}$*).*

Beweis. Sei a ein beliebiges Element aus A. Betrachten wir die $|A| + 1$ vielen Elemente

$$a^0, a^1, \ldots, a^{|A|}$$

aus A. Offensichtlich existieren $i, j \in \{1, \ldots, |A| + 1\}$, $0 \leq i < j \leq |A|$, so dass

$$a^i = a^j$$

gilt. Dies impliziert

$$1 = a^i \cdot \left(a^{-1}\right)^i = a^j \cdot \left(a^{-1}\right)^i = a^{j-i}$$

und daher $\text{order}(a) \leq j - i \in \{1, 2, \ldots, |A|\}$. □

Definition A.2.38. *Sei* $(A, *)$ *eine Gruppe. Eine Algebra* $(H, *)$ *wird eine* **Untergruppe** *von* $(A, *)$ *genannt, wenn* $H \subseteq A$ *und* $(H, *)$ *eine Gruppe ist.*

Zum Beispiel ist $(\mathbb{Z}, +)$ eine Untergruppe von $(\mathbb{Q}, +)$ und $(\{1\}, \odot_{\text{ mod } 5})$ ist eine Untergruppe von $(\mathbb{Z}_5^*, \odot_{\text{ mod } 5})$.

Lemma A.2.39. *Sei* $(H, *)$ *eine Untergruppe einer Gruppe* $(A, *)$. *Dann sind die neutralen Elemente dieser beiden Gruppen gleich.*

Beweis. Sei e_H das neutrale Element von $(H,)$ und sei e_A das neutrale Element von $(A, *)$. Weil e_H das neutrale Element von $(H, *)$ ist, gilt

$$e_H * e_H = e_H. \tag{A.14}$$

Weil e_A das neutrale Element von $(A, *)$ ist und $e_H \in A$, gilt

$$e_A * e_H = e_H. \tag{A.15}$$

Weil die rechten Seiten von (A.14) und (A.15) gleich sind, gilt

$$e_H * e_H = e_A * e_H. \tag{A.16}$$

Sei e_H^{-1} das inverse Element von e_H bezüglich $*$ in A. Wenn wir (A.16) von rechts mit e_H^{-1} multiplizieren, erhalten wir

$$e_H = e_H * e_H * e_H^{-1} \underset{(A.16)}{=} e_A * e_H * e_H^{-1} = e_A.$$

□

Der nächste Satz besagt, dass für den Beweis, dass $(H, \circ)$ eine Untergruppe einer endlichen Gruppe $(A, \circ)$ für ein $H \subseteq A$ ist, es ausreicht, die Abgeschlossenheit von H bezüglich $\circ$ zu zeigen.

Satz A.2.40. *Sei $(A, \circ)$ eine endliche Gruppe. Jede Algebra $(H, \circ)$ mit $H \subseteq A$ ist eine Untergruppe von $(A, \circ)$.*

Beweis. Sei $H \subseteq A$ und sei $(H, \circ)$ eine Algebra. Um zu beweisen, dass $(H, \circ)$ eine Untergruppe von $(A, \circ)$ ist, reicht es zu zeigen, dass $(H, \circ)$ eine Gruppe ist. Wir zeigen, dass e_A das neutrale Element von $(H, \circ)$ ist und dass jedes $b \in H$ ein inverses Element b^{-1} in H besitzt.

Sei b ein beliebiges Element aus H. Weil $b \in A$ und A endlich ist, gilt $\text{order}(b) \in \mathbb{N} - \{0\}$ und

$$b^{\text{order}(b)} = e_A.$$

Weil H abgeschlossen bezüglich $\circ$ ist, liegt b^i in H für jedes $i \in \mathbb{N} - \{0\}$ und somit gilt $e_A = b^{\text{order}(b)} \in H$. Weil

$$e_A \circ d = d$$

für jedes $d \in A$ und $H \subseteq A$, ist e_A das neutrale Element von $(H, \circ)$.

Weil $b^{\text{order}(b)-1} \in H$ für jedes $b \in H$ und

$$e_A = b^{\text{order}(b)} = b \circ b^{\text{order}(b)-1},$$

ist $b^{\text{order}(b)-1}$ das inverse Element von b in $(H, \circ)$. □

Wir bemerken, dass die Annahme der Endlichkeit von A in Satz A.2.40 wesentlich ist, weil der Satz für unendliche Gruppen nicht gelten muss. Zum Beispiel ist $(\mathbb{N}, +)$ eine Algebra und $\mathbb{N} \subseteq \mathbb{Z}$, aber $(\mathbb{N}, +)$ ist keine Gruppe.

Aufgabe A.2.41. Seien $(H, \circ)$ und $(G, \circ)$ zwei Untergruppen einer Gruppe $(A, \circ)$. Beweisen Sie, dass $(H \cap G, \circ)$ eine Untergruppe von $(A, \circ)$ ist.

Lemma A.2.42. *Sei $(A, \circ)$ eine Gruppe mit dem neutralen Element e. Sei für jedes $a \in A$ endlicher Ordnung*

$$H(a) = \{e, a, a^2, \ldots, a^{\text{order}(a)-1}\}.$$

Damit ist die Struktur $(H(a), \circ)$ die kleinste Untergruppe von $(A, \circ)$, die das Element a enthält.

Beweis. Zuerst beweisen wir, dass $H(a)$ abgeschlossen bezüglich $\circ$ ist. Seien a^i und a^j zwei beliebige Elemente aus $H(a)$.

Falls $i + j < \text{order}(a)$, dann gilt offensichtlich

$$a^i \circ a^j = a^{i+j} \in H(a).$$

Falls $i + j > \text{order}(a)$, dann gilt

$$\begin{aligned} a^i \circ a^j &= a^{i+j} = a^{\text{order}(a)} \circ a^{i+j-\text{order}(a)} \\ &= e \circ a^{i+j-\text{order}(a)} = a^{i+j-\text{order}(a)} \in H(a). \end{aligned}$$

Nach der Definition von $H(a)$ ist $e \in H(a)$. Für jedes Element $a^i \in H(a)$, gilt

$$e = a^{\text{order}(a)} = a^i \circ a^{\text{order}(a)-i},$$

und somit ist $a^{\text{order}(a)-i}$ ein inverses Element von a^i. Damit ist $(H(a), \circ)$ eine Gruppe.

Weil jede Algebra $(G, \circ)$ mit $a \in G$ die ganze Menge $H(a)$ enthalten muss, ist $(H(a), \circ)$ die kleinste Untergruppe von $(A, \circ)$, die a enthält. □

Definition A.2.43. *Sei $(H, \circ)$ eine Untergruppe einer Gruppe $(A, \circ)$. Für jedes $b \in A$ definieren wir die Mengen*

$$\boldsymbol{H \circ b} = \{h \circ b \mid h \in H\} \text{ und } \boldsymbol{b \circ H} = \{b \circ h \mid h \in H\}.$$

Die Menge $H \circ b$ nennt man die **rechte Nebenklasse** *von H in $(A, \circ)$ und $b \circ H$ nennt man die* **linke Nebenklasse** *von H in $(A, \circ)$. Wenn $H \circ b = b \circ H$, dann wird $H \circ b$ eine* **Nebenklasse** *von H in $(A, \circ)$ genannt.*

Zum Beispiel ist $B_7 = \{7 \cdot a \mid a \in \mathbb{Z}\}$ eine Untergruppe von $(\mathbb{Z}, +)$. Dann sind

$$B_7 + i = i + B_7 = \{7 \cdot a + i \mid a \in \mathbb{Z}\} = \{b \in \mathbb{Z} \mid b \bmod 7 = i\}$$

für $i = 0, 1, 2, \ldots, 6$ Nebenklassen von B_7 in $(\mathbb{Z}, +)$. Wir bemerken, dass die Mengenklasse $\{B_7 + i \mid i \in \{0, 1, \ldots, 6\}\}$ eine Partitionierung von $\mathbb{Z}$ in 7 disjunkte Klassen ist.

Beobachtung A.2.44. Wenn $(H, \circ)$ eine Untergruppe einer kommutativen Gruppe $(A, \circ)$ ist, dann sind alle rechten Nebenklassen von H gleich den entsprechenden linken Nebenklassen in $(A, \circ)$.

Eine wichtige Eigenschaft der Nebenklassen von H ist, dass ihre Mächtigkeit gleich der Mächtigkeit von H ist.

Satz A.2.45. *Sei $(H, \circ)$ eine Untergruppe einer Gruppe $(A, \circ)$. Dann gilt:*

(i) *$H \circ h = H$ für jedes $h \in H$.*

(ii) *Für alle $b, c \in A$,*

$$\textit{entweder } H \circ b = H \circ c \textit{ oder } H \circ b \cap H \circ c = \emptyset.$$

(iii) *Falls H endlich ist, dann ist*

$$|H \circ b| = |H|$$

für alle $b \in A$.

Beweis. Wir beweisen diese drei Behauptungen einer nach der anderen. Sei e das neutrale Element von $(A, \circ)$ und $(H, \circ)$.

(i) Sei $h \in H$. Weil H abgeschlossen bezüglich $\circ$ ist, gilt $a \circ h \in H$ für alle $a \in H$ und somit

$$H \circ h \subseteq H.$$

Weil $(H, \circ)$ eine Gruppe ist, besitzt h ein inverses Element h^{-1} in H. Sei b ein beliebiges Element von H. Dann gilt

$$b = b \circ e = b \circ \underbrace{(h^{-1} \circ h)}_{e} = \underbrace{(b \circ h^{-1})}_{\in H} \circ h \in H \circ h$$

und somit gilt

$$H \subseteq H \circ h.$$

Also gilt $H \circ h = H$.

(ii) Wir setzen voraus, dass $H \circ b \cap H \circ c \neq \emptyset$ für irgendwelche $b, c \in A$ gilt. Dann existieren $a_1, a_2 \in H$, so dass

$$a_1 \circ b = a_2 \circ c.$$

Daraus folgt

$$c = a_2^{-1} \circ a_1 \circ b,$$

wobei $a_2^{-1} \in H$. Somit gilt

$$H \circ c = H \circ (a_2^{-1} \circ a_1 \circ b) = H \circ (a_2^{-1} \circ a_1) \circ b. \tag{A.17}$$

Weil a_2^{-1} und a_1 aus H sind, ist auch $a_2^{-1} \circ a_1$ in H. Die Behauptung (i) impliziert dann

$$H \circ (a_2^{-1} \circ a_1) = H \tag{A.18}$$

Wenn man (A.18) in (A.17) einsetzt, erhält man

$$H \circ c = H \circ (a_2^{-1} \circ a_1) \circ b = H \circ b.$$

(iii) Sei H endlich und sei $b \in A$. Weil $H \circ b = \{h \circ b \mid h \in H\}$, ist es offensichtlich, dass

$$|H \circ b| \leq |H|$$

gilt.
Sei $H = \{h_1, h_2, \ldots, h_k\}$ für ein $k \in \mathbb{N}$. Wir müssen noch beweisen, dass

$$|\{h_1 \circ b, h_2 \circ b, \ldots, h_k \circ b\}| \geq k.$$

Wir beweisen dies indirekt. Sei

$$h_i \circ b = h_j \circ b \tag{A.19}$$

für irgendwelche $i, j \in \{1, 2, \ldots, k\}$, $i \neq j$. Weil $(A, \circ)$ eine Gruppe ist, ist b^{-1} in A. Damit folgt aus (A.19)

$$h_i = h_i \circ e = h_i \circ (b \circ b^{-1}) = (h_i \circ b) \circ b^{-1} \underset{(A.19)}{=} (h_j \circ b) \circ b^{-1} = h_j \cdot (b \circ b^{-1}) = h_j,$$

was ein Widerspruch zu $h_i \neq h_j$ ist. Damit gilt

$$|H \circ b| = |H|.$$

□

Eine direkte Folge von Satz A.2.45 ist, dass man die Menge A einer Gruppe $(A, \circ)$, die eine echte Untergruppe $(H, \circ)$ besitzt, in linke (rechte) Nebenklassen von H partitionieren kann.

Satz A.2.46. *Sei $(H, \circ)$ eine Untergruppe einer Gruppe $(A, \circ)$. Dann ist die Menge $\{H \circ b \mid b \in A\}$ eine Partitionierung von A.*

Beweis. Die Behauptung (ii) von Satz A.2.45 zeigt, dass $H \circ b \cap H \circ c = \emptyset$ oder $H \circ b = H \circ c$. Also bleibt nur zu zeigen, dass

$$A \subseteq \bigcup_{b \in A} H \circ b.$$

Dies ist aber offensichtlich, weil das neutrale Element e von $(A, \circ)$ in H ist und somit $b = e \circ b \in H \circ b$ für jedes $b \in A$. □

Definition A.2.47. *Sei $(H, \circ)$ eine Untergruppe einer Gruppe $(A, \circ)$. Wir definieren den* **Index von H** *in $(A, \circ)$ durch*

$$\mathbf{Index}_{\boldsymbol{H}}(\boldsymbol{A}) = |\{H \circ b \mid b \in A\}|,$$

d.h. die Anzahl der unterschiedlichen rechten Nebenklassen von H in $(A, \circ)$.

Die Zielsetzung der letzten Seiten ist der folgende Satz, der uns ermöglicht, die Anzahl von „unangenehmen“ Elementen in einer Gruppe einzuschränken. Die unangenehmen Elemente können zum Beispiel die Nicht-Zeugen unter den Zeugenkandidaten (bei der Anwendung der Methode der häufigen Zeugen) sein.

Satz A.2.48. Satz von Lagrange

Für jede Untergruppe $(H, \circ)$ einer endlichen Gruppe $(A, \circ)$ gilt

$$|A| = \text{Index}_H(A) \cdot |H|,$$

d.h. $|H|$ teilt $|A|$.

Beweis. Satz A.2.46 impliziert, dass A in $\text{Index}_H(A)$ rechte Nebenklassen partitioniert werden kann und Satz A.2.45 besagt, dass alle rechten Nebenklassen die gleiche Mächtigkeit $|H|$ haben. □

Korollar A.2.49. *Sei $(H, \circ)$ eine echte Unteralgebra einer endlichen Gruppe $(A, \circ)$. Dann gilt*

$$|H| \leq |A|/2.$$

Beweis. Satz A.2.40 garantiert, dass jede Unteralgebra $(H, \circ)$ einer endlichen Gruppe $(A, \circ)$ eine Untergruppe von $(A, \circ)$ ist. Deswegen gilt für $(H, \circ)$ der Satz von Lagrange. Weil $H \subsetneq A$ gilt,[6] ist $\text{Index}_H(A) \geq 2$ und somit gilt

$$|H| \leq |A|/2.$$

[6] d.h. $|H| < |A|$

□

Die Aussage, die oftmals in der Anwendung der Methode der häufigen Zeugen verwendet wird, ist gerade Korollar A.2.49. Um zu zeigen, dass es nicht zu viele Nicht-Zeugen in der Menge der Zeugenkandidaten gibt, reicht es zu zeigen, dass

(i) alle Nicht-Zeugen in einer Algebra $(H, \circ)$ liegen,
(ii) die Algebra $(H, \circ)$ eine Unteralgebra einer Gruppe $(A, \circ)$ ist, wobei A in der Menge der Zeugenkandidaten enthalten ist, und
(iii) ein Element $a \in A - H$ existiert, d.h. $H \subsetneq A$.

A.3 Kombinatorik

Die Zielsetzung dieses Abschnittes ist es, einige elementare Begriffe und Kenntnisse der Kombinatorik zu präsentieren, die häufig in der Analyse von randomisierten Algorithmen angewendet werden. Wir verzichten hier meistens auf die Beweise und listen nur die wichtigsten Gleichungen und Ungleichungen auf. Wir beginnen mit Permutationen und Kombinationen.

Definition A.3.50. *Sei $n \in \mathbb{N} - \{0\}$ und sei $S = \{a_1, a_2, \ldots, a_n\}$ eine Menge von n Objekten. Eine* **Permutation der n Objekte $a_1, a_2, \ldots, a_n$** *ist eine geordnete Folge der Objekte aus S.*

Eine Permutation kann man auch als eine injektive Abbildung π von S nach S betrachten. Damit kann man eine Permutation als den Vektor

$$(\pi(a_1), \pi(a_2), \ldots, \pi(a_n))$$

darstellen.

Lemma A.3.51. *Für jede positive ganze Zahl n, ist die Anzahl der Permutationen von n Objekten*

$$\mathbf{n!} = n \cdot (n-1) \cdot (n-2) \cdot \ldots \cdot 2 \cdot 1 = \prod_{i=1}^{n} i.$$

Beweis. Man kann alle Permutationen auf die folgende Weise konstruieren. Das erste Objekt kann man aus n Objekten wählen. Wenn das erste Objekt gewählt wurde, hat man $n-1$ Möglichkeiten das zweite Objekt zu bestimmen, usw. □

Es ist eine Konvention, $0! = 1$ zu setzen.

Definition A.3.52. *Seien k und n zwei natürliche Zahlen, $k \leq n$. Eine* **Kombination von k Objekten aus n Objekten** *ist jede k-elementige Teilmenge der Menge der n Objekte (d.h. eine Wahl von k Objekten aus n Objekten, ohne auf die Reihenfolge zu achten).*

Lemma A.3.53. *Seien $n, k \in \mathbb{N}$. Die Anzahl der Kombinationen von k Objekten aus n Objekten ist*

$$\binom{n}{k} = \frac{n \cdot (n-1) \cdot (n-2) \cdot \ldots \cdot (n-k+1)}{k!} = \frac{n!}{k! \cdot (n-k)!}.$$

Beweis. Ähnlich wie in dem Beweis von Lemma A.3.51 haben wir n Möglichkeiten für die Wahl des ersten Objektes, $(n-1)$ Möglichkeiten für die Wahl des zweiten Elementen, usw. Daher haben wir

$$n \cdot (n-1) \cdot (n-2) \cdot \ldots \cdot (n-k+1)$$

Möglichkeiten, k Objekte aus n Objekten auf geordnete Weise zu wählen. Aber jede der $k!$ Ordnungen von denselben k Objekten beschreibt die gleiche Menge von k Objekten. Damit ist

$$\binom{n}{k} = \frac{n \cdot (n-1) \cdot (n-2) \cdot \ldots \cdot (n-k+1)}{k!}.$$

□

Wir bemerken, dass $\binom{n}{0} = \binom{n}{n} = 1$. Eine direkte Folgeerung aus $\binom{n}{k} = \frac{n!}{k! \cdot (n-k)!}$ ist

$$\binom{n}{k} = \binom{n}{n-k}.$$

Aufgabe A.3.54. Beweisen Sie die folgende Behauptung. Für alle $k, n \in \mathbb{N}$, $k \leq n$, gilt

$$\binom{n}{k} = \binom{n-1}{k-1} + \binom{n-1}{k}.$$

Die Werte $\binom{n}{k}$ sind auch bekannt als die **binomischen Koeffizienten** aus dem folgendem Satz.

Satz A.3.55. Satz von Newton[7]
Für jede positive ganze Zahl n und jede reelle Zahl x gilt

$$\begin{aligned}(1+x)^n &= \binom{n}{0} + \binom{n}{1}\cdot x + \binom{n}{2}\cdot x^2 + \ldots + \binom{n}{n-1}\cdot x^{n-1} + \binom{n}{n}\cdot x^n \\ &= \sum_{i=0}^{n}\binom{n}{i}\cdot x^i.\end{aligned}$$

Aufgabe A.3.56. Beweisen Sie den Satz von Newton.

Lemma A.3.57. *Für jede positive ganze Zahl n gilt*

$$\sum_{k=0}^{n}\binom{n}{k} = 2^n.$$

Beweis. Lemma A.3.57 ist eine direkte Folge des Satzes von Newton für $x = 1$.

Ein anderes kombinatorisches Argument ist, dass für alle $k \in \{0, 1, \ldots, n\}$ die Zahl $\binom{n}{k}$ die Anzahl aller k-elementigen Teilmengen einer n-elementigen Menge ist. Somit zählt $\sum_{k=0}^{n}\binom{n}{k}$ die Anzahl aller Teilmengen einer Menge von n Elementen, die genau 2^n ist. □

Lemma A.3.58. *Für jede positive ganze Zahl n gilt*

$$\binom{n}{k} = \prod_{l=3}^{n}\frac{l}{l-2}.$$

Beweis. Weil $\binom{n}{2} = \binom{n}{n-2}$ erhalten wir direkt

$$\binom{n}{2} = \frac{n\cdot(n-1)\cdot\ldots\cdot 4\cdot 3}{(n-2)\cdot(n-1)\cdot\ldots\cdot 2\cdot 1} = \prod_{i=1}^{n-2}\frac{i+2}{i} = \prod_{l=3}^{n}\frac{l}{l-2}.$$

□

Wir bestimmen e als die Bezeichnung für

$$\lim_{n\to\infty}\left(1+\frac{1}{n}\right)^n.$$

[7] ein Spezialfall des bekannten „Binomischen Satzes“

Wir bemerken, dass $e \approx 2.7182\ldots$ die Basis des natürlichen Logarithmus ist und dass man e mit beliebiger Genauigkeit aus der Formel

$$e^x = 1 + x + \frac{x^2}{2!} + \frac{x^3}{3!} + \ldots = \sum_{i=0}^{\infty} \frac{x^i}{i!}$$

berechnen kann. Die folgenden Lemmata präsentieren die im Buch am häufigsten angewandten Ungleichungen bezüglich e.

Lemma A.3.59. *Für alle* $t, n \in \mathbb{R}^+$ *gilt*

(i) $\left(1 + \frac{t}{n}\right)^n \leq e^t$,

(ii) $\left(1 + \frac{1}{n}\right)^{t \cdot n} \leq e^t$.

Lemma A.3.60. *Für alle* $n \in \mathbb{R}^+$, $n \geq 1$, *gilt*

$$\left(1 - \frac{1}{n}\right)^n < \frac{1}{e}.$$

Aufgabe A.3.61. Beweisen Sie die Behauptungen der Lemmata A.3.59 und A.3.60.

Das folgende Resultat wird öfter in der Arbeit mit dem natürlichen Logarithmus angewendet.

Lemma A.3.62. *Für jedes* $x \in (0, 1)$ *gilt*

$$\frac{-x}{1-x} \leq \ln(1-x) \leq -x.$$

Beweis. Der natürliche Logarithmus ist eine konkave Funktion und deshalb ist die Steigung der Sekante durch die Punkte $1 - x$ und 1 durch die Tangensteigung in dem Punkt $1 - x$ nach oben und in dem Punkt 1 nach unten beschränkt. Daraus folgt

$$1 \leq \frac{\ln(1) - \ln(1-x)}{1 - (1-x)} = \frac{-\ln(1-x)}{x} \leq \frac{1}{1-x}. \tag{A.20}$$

Wenn man (A.20) mit $-x$ multipliziert, erhält man die Behauptung des Lemmas. □

Ein nützliches Werkzeug im Umgang mit Permutationen und Kombinationen ist die folgende **Stirlingsche Formel**:

$$n! = \sqrt{2\pi n} \cdot \left(\frac{n}{e}\right)^n \cdot \left(1 + \frac{1}{12 \cdot n} + O\left(\frac{1}{n^2}\right)\right).$$

Die Stirling Formel kann man anwenden, um folgende Ungleichungen zu beweisen.

Lemma A.3.63. *Für alle $n, k \in \mathbb{N}$, $n \geq k \geq 0$, gelten*

(i) $\left(\frac{n}{k}\right)^k \leq \binom{n}{k} \leq \left(\frac{n \cdot e}{k}\right)^k$,
(ii) $\binom{n}{k} \sim \frac{n^k}{k!}$ *für hinreichend große n.*

Aufgabe A.3.64. Beweisen Sie Lemma A.3.63.

Aufgabe A.3.65. Zeigen Sie, dass

$$\binom{n}{k} \leq \frac{n^k}{k!}.$$

Aufgabe A.3.66. Sei n eine gerade natürliche Zahl. Wenden Sie die Stirlingsche Formel an, um eine Näherung für $\binom{n}{n/2}$ zu bestimmen.

Für jede positive ganze Zahl n ist die **n-te Harmonische Zahl Har (n)** definiert durch

$$\text{Har}\,(n) = \sum_{i=1}^{n} \frac{1}{n} = 1 + \frac{1}{2} + \frac{1}{3} + \ldots + \frac{1}{n}.$$

Wir zeigen, dass Har (n) unbeschränkt mit n wächst. Hierfür betrachten wir die folgende Partitionierung der Summanden von Har (n) in unendlich viele Gruppen.

$$\underbrace{\frac{1}{1}}_{\text{Gruppe 1}} + \underbrace{\frac{1}{2} + \frac{1}{2}}_{\text{Gruppe 2}} + \underbrace{\frac{1}{4} + \frac{1}{5} + \frac{1}{6} + \frac{1}{7}}_{\text{Gruppe 3}} +$$

$$\underbrace{\frac{1}{8} + \frac{1}{9} + \frac{1}{10} + \frac{1}{11} + \frac{1}{12} + \frac{1}{13} + \frac{1}{14} + \frac{1}{15}}_{\textit{Gruppe 4}} + \ldots$$

Wir beobachten, dass für jede positive ganze Zahl k die k-te Gruppe aus 2^{k-1} Elementen besteht, und dass die Werte der Elemente der k-ten Gruppe zwischen 2^{-k} und 2^{-k+1} liegen. Somit liegt die Summe der Elemente in der k-ten Gruppe zwischen

$$\frac{1}{2} = 2^{k-1} \cdot 2^{-k} \text{ und } 1 = 2^{k-1} \cdot 2^{-k+1}.$$

Aus dieser Gruppierung folgt, dass

$$\frac{\lfloor \log_2 n \rfloor}{2} + \frac{1}{2} < \mathrm{Har}\,(n) \leq \lfloor \log_2 n \rfloor + 1$$

für alle $n \in \mathbb{N}$, $n \geq 1$, gilt. Die folgende Aufgabe gibt eine genauere Abschätzung von $\mathrm{Har}\,(n)$.

Aufgabe A.3.67.* Beweisen Sie, dass

$$\mathrm{Har}\,(n) = \ln n + O(1)$$

für alle $n \in \mathbb{N} - \{0\}$ gilt.

Die Analyse von Algorithmen, die durch die Methode „Teile und Herrsche" entworfen wurden, erfordert üblicherweise die Lösung von Rekurrenzgleichungen. Die typischen Rekurrenzgleichungen sind von der Form

$$T(n) = a \cdot T\left(\frac{n}{c}\right) + f(n),$$

wobei a und c positive ganze Zahlen sind und f ist eine Funktion von $\mathbb{N}$ nach $\mathbb{R}^+$. Der folgende Satz bietet einen allgemeinen Lösungsweg für den Fall $f(n) \in \Theta(n)$.

Satz A.3.68.[8] *Seien $a, b, c \in \mathbb{N} - \{0\}$. Sei*

$$\begin{aligned} T(1) &= 0 \\ T(n) &= a \cdot T\left(\frac{n}{c}\right) + b \cdot n. \end{aligned}$$

Dann gilt

$$T(n) = \begin{cases} O(n) & \text{falls } a < c, \\ O(n \cdot \log n) & \text{falls } a = c, \\ O\left(n^{\log_c n}\right) & \text{falls } c < a. \end{cases}$$

Beweis. Um den Beweis zu vereinfachen, setzen wir $n = c^k$ in den Voraussetzungen des Satzes für ein $k \in \mathbb{N}$ voraus. Mehrfache Anwendung der Rekurrenzgleichung liefert uns die folgende Darstellung von $T(n)$:

$$\begin{aligned}
T(n) &= a \cdot T\left(\frac{n}{c}\right) + b \cdot n \\
&= a \cdot \left[a \cdot T\left(\frac{n}{c^2}\right) + b \cdot \frac{n}{c}\right] + b \cdot n \\
&= a^2 \cdot T\left(\frac{n}{c^2}\right) + b \cdot n \cdot \left(\frac{a}{c} + 1\right) \\
&= a^k \cdot T(1) + b \cdot n \cdot \sum_{i=0}^{k-1} \left(\frac{a}{c}\right)^i \\
&= b \cdot n \cdot \left(\sum_{i=0}^{(\log_c n)-1} \left(\frac{a}{c}\right)^i\right).
\end{aligned}$$

Wir unterscheiden jetzt drei Möglichkeiten bezüglich der Relation zwischen a und c.

(i) Sei $a < c$. Dann gilt

$$\sum_{i=0}^{\log_c n-1} \left(\frac{a}{c}\right)^i \le \sum_{i=0}^{\infty} \left(\frac{a}{c}\right)^i = \frac{1}{1 - \frac{a}{c}} \in O(1).$$

Somit erhalten wir $T(n) \in O(n)$.

(ii) Sei $a = c$. Offensichtlich gilt

$$\sum_{i=0}^{\log_c n-1} \left(\frac{a}{c}\right)^i = \sum_{i=0}^{\log_c n-1} 1 = \log_c n \in O(\log n).$$

Somit erhalten wir $T(n) \in O(n \cdot \log n)$.

(iii) Sei $a > c$. Dann gilt

$$\begin{aligned}
T(n) &= b \cdot n \cdot \sum_{i=0}^{\log_c n-1} \left(\frac{a}{c}\right)^i \\
&= b \cdot n \cdot \left(\frac{1 - (\frac{a}{c})^{\log_c n}}{1 - \frac{a}{c}}\right)
\end{aligned}$$

[8] im Englischen bekannt als „Master Theorem“.

$$
\begin{aligned}
&= \frac{b}{\frac{a}{c}-1}\cdot n\cdot\left(\left(\frac{a}{c}\right)^{\log_c n}-1\right)\\
&= \frac{b}{\frac{a}{c}-1}\cdot n\cdot\left(\frac{a^{\log_c n}}{n}-1\right)\\
&\in O\left(a^{\log_c n}\right)\\
&= O\left(n^{\log_c a}\right)
\end{aligned}
$$

□

Wir schließen diesen Abschnitt mit einer kombinatorischen Behauptung, die man für die Analyse des Algorithmus SCHÖNING in Abschnitt 5.3 braucht. Sei Wort (i, j) die Menge aller Strings über das Alphabet $\{0, 1\}$ der Länge $j + 2i > 0$, $j > 0$, die die folgenden Eigenschaften hat:

(i) die Anzahl der Einsen ist genau $j + i$ (d.h. die Anzahl der Nullen ist genau i), und
(ii) jeder Suffix des Strings enthält mehr Einsen als Nullen.

Lemma A.3.69. *Seien i und j natürliche Zahlen, $i < j$. Dann gilt*

$$
|\text{Wort}\,(i,j)\,| = \binom{j+2i}{i}\cdot\frac{j}{j+2i}. \tag{A.21}
$$

Beweis. Wie beweisen die Behauptung per Induktion bezüglich $n = j+2i$.

(i) Wir beweisen die Behauptung für $n \leq 3$. Zuerst beweisen wir den Fall $i = 0$. Dann enthält Wort $(0, j)$ nur das Wort 1^j für jedes $j \in \mathbb{N} - \{0\}$ und entsprechend
$$
\binom{j}{0}\cdot\frac{j}{j} = 1.
$$
Somit gilt (A.21) für $n \in \{1, 2\}$, weil die Eigenschaft (ii) in diesem Fall $i = 0$ fordert.
Wenn $n = 3$, dann gilt $i = j = 1$ oder ($i = 0$ und $j = 3$). Es bleibt also der Fall $i = j = 1$ zu lösen. Dann Wort $(1, 1) = \{011\}$ und entsprechend
$$
\binom{3}{1}\cdot\frac{1}{3} = 1.
$$

(ii) Sei $n > 3$ eine natürliche Zahl. Unter der Annahme, dass (A.21) für alle Wort (l, r) mit $r + 2l < n$ gilt, beweisen wir (A.21) für alle Wort (i, j)

mit $j + 2i = n$. Um die Induktionsannahme anzuwenden, können wir die zwei Möglichkeiten betrachten, in denen das erste Bit 1 und das erste Bit 0 ist.
Die Anzahl der Wörter in Wort (i, j), die mit 1 anfangen, ist nach der Induktionsannahme

$$|\mathrm{Wort}\,(i, j-1)\,| = \binom{j-1+2i}{i} \cdot \frac{j-1}{j-1+2i}. \tag{A.22}$$

Die Anzahl der Wörter in Wort (i, j), die mit 0 anfangen,[9] ist nach der Induktionsannahme

$$|\mathrm{Wort}\,(i-1, j+1)\,| = \binom{j+1+2(i-1)}{i-1} \cdot \frac{j+1}{j+1+2(i-1)}. \tag{A.23}$$

Jetzt unterscheiden wir die zwei Fälle $j = 1$ und $j > 1$.

(ii).1 Sei $j = 1$.
Dann kann wegen der Eigenschaft (ii) kein Wort in Wort (i, j) mit 1 anfangen. Somit gilt

$$\begin{aligned}
|\mathrm{Wort}\,(i, 1)\,| &= |\mathrm{Wort}\,(i-1, 2)\,| \\
&\underset{(A.23)}{=} \binom{2+2(i-1)}{i-1} \cdot \frac{2}{2(i-1)+2} \\
&= \binom{2i}{i-1} \cdot \frac{1}{i} = \frac{(2i)!}{(i-1)! \cdot (i+1)!} \cdot \frac{1}{i} \\
&= \frac{(2i)! \cdot (2i+1)}{i! \cdot (i+1)! \cdot (2i+1)} = \binom{2i+1}{i} \cdot \frac{1}{2i+1} \\
&= \binom{j+2i}{i} \cdot \frac{1}{j+2i} \\
&\quad \{\text{weil } j = 1\}.
\end{aligned}$$

Also gilt die Behauptung (A.21) für den Fall $j = 1$.

(ii).2 Sei $j > 1$.
Nach (A.22) und (A.23) erhalten wir

$$\begin{aligned}
|\mathrm{Wort}\,(i, j)\,| &= |\mathrm{Wort}\,(i, j-1)\,| + |\mathrm{Wort}\,(i-1, j+1)\,| \\
&= \binom{j-1+2i}{i} \cdot \frac{j-1}{2i+j-1}
\end{aligned}$$

[9] Wir bemerken, dass dieser Fall nur dann möglich ist, wenn $j > 1$ gilt.

$$
\begin{aligned}
&+\binom{j+1+2(i-1)}{i-1}\cdot\frac{j+1}{2(i-1)+j+1}\\
=\;&\binom{j-1+2i}{j-1+i}\frac{j-1}{2i+j-1}\\
&+\binom{j+2i-1}{i-1}\cdot\frac{j+1}{2i+j-1}\\
=\;&\frac{j}{2i+j}\cdot\binom{j+2i}{j+i}\\
&\cdot\left(\frac{(j-1)(j+i)}{j\cdot(2i+j-1)}+\frac{(j+1)\cdot i}{j\cdot(2i+j-1)}\right)\\
=\;&\frac{j}{2i+j}\cdot\binom{j+2i}{j+i}\\
=\;&\binom{j+2i}{i}\cdot\frac{j}{j+2i}.
\end{aligned}
$$

Damit gilt die Induktionsannahme auch für alle $j > 1$.

□

A.4 Zusammenfassung

In diesem Kapitel haben wir einige der grundlegenden Kenntnisse der Zahlentheorie, Algebra und Kombinatorik vermittelt. Dort, wo die Beweise der präsentierten Behauptungen hilfreich für das Verständnis des Algorithmenentwurfs oder der Analyse von randomisierten Algorithmen waren, haben wir auch detaillierte Beweise geführt.

Wir betrachten die Mathematik hier als eine Sammlung von Instrumenten zur Lösung unterschiedlicher Probleme. Im Folgenden listen wir noch einmal die wichtigsten und am häufigsten angewandten Kenntnisse aus diesem Kapitel auf.

Der Primzahlsatz besagt, wie dicht die Primzahlen zwischen den natürlichen Zahlen vorkommen, also wieviele Primzahlen zwischen den n kleinsten natürlichen Zahlen zu finden sind. Dies ist für uns wichtig, weil wir oftmals für ein $n \in \mathbb{N}$ die Menge PRIM (n) von Primzahlen kleiner gleich n als die Menge der Zeugenkandidaten[10] (oder Fingerabdruckarten) betrachten und dann

[10]Zum Beispiel in den randomisierten Kommunikationsprotokollen für unterschiedliche

für die Analyse der Fehlerwahrscheinlichkeit die Anzahl der Zeugenkandidaten (daher $|\mathrm{PRIM}(n)|$) kennen müssen. Weiterhin findet der Primzahlsatz Anwendung für die Generierung einer zufälligen Primzahl gegebener Bitlänge.

Auch der Satz von Lagrange ist ein Instrument zur Analyse von randomisierten Algorithmen, die auf der Methode der häufigen Zeugen basieren. Um zu zeigen, dass es wenige Nicht-Zeugen in der Menge M der Zeugenkandidaten gibt, versuchen wir eine Gruppe $(A, \circ)$ mit $A \subseteq M$ zu finden und dann zu zeigen, dass alle Nicht-Zeugen zu einer echten Untergruppe von $(A, \circ)$ gehören. Dadurch ist dann die Anzahl der Nicht-Zeugen in M höchstens die Hälfte der Mächtigkeit von M. Diese Technik haben wir in der Analyse von Solovay-Strassen-Primzahltest anschaulich präsentiert.

Der Chinesische Restsatz ermöglicht es uns, die Werte aus $\mathbb{Z}_n$ für $n \notin \mathrm{PRIM}$ strukturiert darzustellen. Wir haben diese Darstellung zum Beispiel genutzt, um ein Element außerhalb einer Untergruppe von Nicht-Zeugen zu konstruieren und damit zu beweisen, dass diese Untergruppe eine echte Untergruppe der Gruppe der Zeugenkandidaten ist.

Der kleine Satz von Fermat ist ein Ausgangspunkt für die Suche nach einer geeigneter Zeugenart für den Primzahltest sowie für den Beweis des Eulerschen Kriteriums, das die Grundlage zu dem Entwurf des Las Vegas-Algorithmus zur Generierung eines nicht-quadratischen Restes ist.

Die vorgestellten kombinatorischen Gleichungen und Ungleichungen dienen insbesondere der Analyse von randomisierten Algorithmen und zur Untersuchung der Verstärkung der Erfolgswahrscheinlichkeit durch die Realisierung unabhängiger randomisierter Berechnungen auf der gleichen Eingabe.

Für eine hervorragende und anschauliche Einführung in deutscher Sprache empfehlen wir wärmstens das Lehrbuch [Ste 01] von Steger. Entsprechend gute Bücher in englischer Sprache sind Graham, Knuth und Patashnik [GKP 94] sowie Yan [Yan 00].

Kommunikationsprobleme.

Literaturverzeichnis

[AGP 92] Alford, W.; Granville, A.; Pomerance, C.: There are infinitely many Carmichael numbers. In: *University of Georgia Mathematics Preprint Series.* 1992

[AH 87] Adleman, L.; Huang, M.: Recognizing primes in random polynomial time. In: *Proc. 19th ACM STOC.* ACM, 1987 S. 482–469

[AKS 02] Agrawal, M.; Kayal, N.; Saxena, N.: Primes In P. Manuscript

[AMM 77] Adleman, L.; Manders, K.; Miller, G.: On taking roots in finite fields. In: *Proc. 18th IEEE FOCS.* IEEE, 1977 S. 151–163

[BB 96] Brassard, G.; Bradley, P.: *Fundamentals of Algorithmics.* Prentice Hall 1996

[BEY 98] Borodin, A.; El-Yaniv, R.: *Online Computation and Competitive Analysis.* Cambridge University Press 1998

[Car 12] Carmichael, R.: On composite numbers p which satisfy the Fermat congruence $a^{p-1} \equiv 1$. *American Mathematical Monthly* **19** (1912) 22–27

[CLR 90] Cormen, T.; Leiserson, C.; Rivest, R.: *Introduction to Algorithms.* MIT Press und McGraw-Hill Book Company 1990

[CLRS 01] Cormen, T.; Leiserson, C.; Rivest, R.; Stein, C.: *Introduction to Algorithms.* MIT Press und McGraw-Hill Book Company 2001

[CW 79] Carter, J.; Wegman, M.: Universal classes of hash functions. *Journal of Computer and System Sciences* **18** (1979) 143–154

[Dan 49] Dantzig, G.: Programming of independant activities, II. Mathematical Model. *Econometrics* **17** (1949) 200–211

[Die 04] Dietzfelbinger, M.: Primality Testing in Polynomial Time: From Randomized Algorithms to "Primes in P". In: *Lecture Notes in Computer Science 3000.* Springer Verlag, 2004

[DKM$^+$ 94] Dietzfelbinger, M.; Karlin, A.; Mehlhorn, K.; Meyer auf der Heide, F.; Rohnert, H.; Tarjan, R.: Dynamic perfect hashing: Upper and lower bounds. *SIAM Journal on Computing* **23** (1994) 738–761

[FKS 84] Fredman, M.; Komlós, J.; Szemerédi, E.: Storing a parse table with $O(1)$ worst case access time. *Journal of the ACM* **31** (1984) 538–544

[Fre 77] Freivalds, R.: Probabilistic machines can use less running time. In: *Proc. of IFIP Congress, Information Processing.* Nr. 77. North-Holland, 1977 S. 839–842

[FW 98] Fiat, A.; Woeginger, G.: *Online Algorithms. The State of the Art.* In: *Lecture Notes in Computer Science*, 1492. Springer Verlag, 1998

[GKP 94] Graham, R.; Knuth, D.; Patashnik, O.: *Concrete Mathematics.* Addison-Wesley Publ. Comp. 1994

[Gon 84] Gonnet, G.: *Handbook of Algorithmics and Data Structures.* Addison-Wesley 1984

[Hro 97] Hromkovič, J.: *Communication Complexity and Parallel Computing.* Springer Verlag 1997

[Hro 03] Hromkovič, J.: *Algorithmics for Hard Problems.* 2. Aufl. Springer Verlag 2003

[Hro 04] Hromkovič, J.: *Theoretische Informatik.* Teubner Verlag 2004

[HSW 01] Hromkovič, J.; Steinhöfel, A.; Widmayer, P.: *Job Shop Scheduling with unit length tasks: Bounds and Algorithms.* In: *Proc. of ICTCS 2001, Lecture Notes in Computer Science.* Springer Verlag, 2001 S. 90–106

[Kar 91] Karp, R.: An introduction to randomized algorithms. *Discrete Applied Mathematics* **34** (1991) 165–201

[Kar 93] Karger, D.: Global min-cuts in RNC and other ramifications of a simple min-cut algorithm. In: *ACM–SIAM Symposium on Discrete Algorithms*, Bd. 4. 1993 S. 21–30

[Kha 79] Khachian, L.: A polynomial algorithm for linear programming. In: *Doklady Akad. Nauk USSR 224*, Bd. 5. 1979 S. 1093–1096. Auf Russisch, Übersetzung *Soviet. Math. Doklady* 20, 191–194

[KM 72] Klee, V.; Minty, G.: How good is the simplex algorithm? In: *Inequalities III.* Academic Press, 1972 S. 159–175

[KN 97] Kushilevitz, E.; Nisan, N.: *Communication Complexity.* Cambridge University Press 1997

[Knu 73] Knuth, D.: *Sorting and Searching.* Vol.3 of *The Art of Computer Programming.* Addison-Wesley 1973

[KS 93] Karger, D.; Stein, C.: An $\Theta(n^2)$ algorithm for minimum cuts. In: *Proc. ACM STOC.* ACM, 1993 S. 757–765

[MPS 98] Mayr, E.; Prömel, M.; Steger, A. (Hrsg.): *Lectures on Proof Verification and Approximation Algorithms.* In: *Lecture Notes in Computer Science 1967.* Springer Verlag, 1998

[MR 95] Motwani, R.; Raghavan, P.: *Randomized Algorithms.* Cambridge University Press 1995

[MS 82] Mehlhorn, K.; Schmidt, E.: Las Vegas is better than determinism in VLSI and distributed computing. In: *Proc. of 14th ACM STOC,* ACM. 1982 S. 330–337

[OW 02] Ottmann, T.; Widmayer, P.: *Algorithmen und Datenstrukturen.* 4. Aufl. Spektrum Akademischer Verlag 2002

[Pra 75] Pratt, V.: Every prime has a succint certificate. *SIAM Journal on Computing* **4** (1975) 3 214–220

[PRRR 00] Pardalos, P.; Rajasekavan, S.; Reif, J.; Rolim, J. (Hrsg.): *Handbook of Randomized Computing.* Kluwer Academic Publ. 2000

[PS 82] Papadimitriou, C.; Steiglitz, K.: *Combinatorial Optimization: Algorithms and Complexity.* Prentice-Hall, Englewood Cliffs 1982

[Rab 76] Rabin, M.: Probabilistic algorithms. In: J. Traub (Hrsg.), *Algorithms and Complexity: Recent Results and New Directions.* Academic Press, 1976 S. 21–39

[Rab 80] Rabin, M.: Probabilistic algorithm for primality testing. *Journal of Number Theory* **12** (1980) 128–138

[Ros 00] Ross, S.: *Introduction to Probability Models.* Academic Press 2000

[Sch 99] Schöning, U.: A probabilistic algorithm for k-SAT and constraint satisfaction problems. In: *Proc. 40th IEEE FOCS.* IEEE, 1999 S. 410–414

[Sch 01] Schöning, U.: *Algorithmik.* Spektrum Akademischer Verlag 2001

[Sip 97] Sipser, M.: *Introduction to the Theory of Computation.* PWS Publishing Company 1997

[SS 77] Solovay, R.; Strassen, V.: A fast Monte Carlo for primality. *SIAM Journal of Computing* (1977) 84–85

[SS 01] Schickinger, T.; Steger, A.: *Diskrete Strukturen,* Bd. 2, *Wahrscheinlichkeitstheorie und Statistik.* Springer Verlag 2001

[Ste 01] Steger, A.: *Diskrete Strukturen,* Bd. 1, *Kombinatorik–Graphentheorie–Algebra.* Springer Verlag 2001

[Str 96] Strassen, V.: Zufalls-Primzahlen und Kryptographie. In: I. Wegener (Hrsg.), *Highlights aus der Informatik.* Springer Verlag, 1996 S. 253–266

[Vaz 01] Vazirani, V.: *Approximation Algorithms.* Springer Verlag 2001

[Weg 03] Wegener, I.: *Komplexitätstheorie.* Springer Verlag 2003

[Yan 00] Yan, S.: *Number Theory for Computing.* Springer Verlag 2000

Sachverzeichnis

0/1-LP, 240

Äquivalenzproblem
    von zwei Polynomen, 168
Äquivalenzprobleme, 153

Adleman, 210, 238, 304
Agrawal, 238, 304
Alford, 238, 304
Algebra, 262, 275
Algorithmen
    Las Vegas*-, 73
    Las Vegas-, 67
    Monte Carlo-, 85
    nichtdeterministische, 60
    Online-, 140, 152
    randomisierte, 52, 60
    stochastische, 51
Algorithmus
    1MC-, 79, 166
    1MC*-, 79
    2MC-, 81
    MC-, 85
    δ-konkurrenzfähiger, 140
    Euklidischer, 273
    Freivalds-, 166
    Las Vegas-, 67, 163
    Monte Carlo-, 79, 81, 85
    randomisierter Online-, 143, 150
    Simplex-, 260
    Solovay-Strassen-, 231, 232
Approximationsalgorithmen, 241, 260
Approximationsalgorithmus, 97, 247
    E[d], 253
    randomisierter δ-, 100
    randomisierter E[δ]-, 100
Approximationsgüte, 97
Arbeitsverteilungsproblem, 144
Aurelius, 13

Berechnungsbaum, 60
Borodin, 152, 304
Bradley, 119, 304
Brassard, 119, 304

Carmichael, 238, 304
Carmichaelsche Zahlen, 215, 238
Carter, 152, 304
Chinesischer Restsatz, 283, 285
Cormen, 119, 152, 239, 304

Dantzig, 260, 304
Datensätze, 123
Datenverwaltung, 123
Demokrit, 11
Determinismus, 31
Dichte, 44
Dietzfelbinger, 152, 239, 304

Einstein, 12
EkKNF, 95
El-Yaniv, 152, 304
Element

inverses, 275
neutrales, 275
Entwurfsmethoden, 105
Epikur, 12
Ereignis, 31
Ereignisse
atomare, 31
elementare, 31
Erwartungswert, 47
EUKLID, 273
Eulersche Zahlen, 218
Eulersches Kriterium, 204

Faktoren, 263
Fehlerwahrscheinlichkeit, 55, 81, 85
Fermat, 32, 238
kleiner Satz von, 279
Fiat, 152, 305
Fingerabdrücke
Methode der, 173
Fingerabdruck, 111, 153
Fingerabdruckarten, 174
Fredman, 152, 305
Freivalds, 175, 305
Fundamentalsatz der Arithmetik, 264

Generator der Gruppe, 277
Gleichverteilung, 33
Goethe, 14
Gonnet, 152, 305
Graham, 120, 303, 305
Granville, 238, 304
Gruppe, 275
kommutative, 276

Harmonische Zahl, 297
Hashfunktion, 125, 126, 129
Hashfunktionen
universelle Klasse von, 131
universelle Menge von, 136
Hashing, 122
Hashingverfahren, 152
Hromkovič, 152, 175, 305
Huang, 238, 304
Huygens, 32

ILP, 96, 240
Indikatorvariable, 48
Isomorphismus, 285

Jacobi-Symbol, 223

Karger, 210, 305
Karlin, 152, 304
Karp, 119, 305
Kausalität, 31
Kayal, 238, 304
Khachian, 260, 305
kKNF, 95
Klassifikation
der randomisierten Algorithmen, 66
Klee, 260, 305
KNF, 95
Knuth, 120, 152, 303, 305
Kolmogorov, 32
Kombination, 294
Komlós, 152, 305
Kommunikationsprotokoll, 155
Konkurrenzgüte, 140
erwartete, 143
Kushilevitz, 175, 305

Lagrange
Satz von, 292
Legendre-Symbol, 222
Leiserson, 119, 152, 239, 304
lineare Programmierung, 96, 260
Linearität des Erwartungswertes, 50
schwache, 49

LP, 240, 243

Manders, 210, 304
Matrixmultiplikation, 165
MAX-KP, 244
MAX-SAT, 58, 95, 241, 248, 260
Maximierungsproblem, 92
Mayr, 119, 260, 306
Mehlhorn, 152, 175, 304, 306
Methode
  der Fingerabdrücke, 111, 153
  der häufigen Zeugen, 108, 110, 211, 212, 214, 237
  der Relaxation zur LP, 241
  der Relaxation zur linearen Programmierung, 260
  der Stichproben, 113, 177, 193
  der Vermeidung von Worst-Case Eingaben, 106
  der Vermeidung von Worst-Case-Eingaben, 121
  der Wahrscheinlichkeitsverstärkung, 114, 178, 193
  des Überlistens des Gegners, 121
  des Überlistens des Widersachers, 106
  des wiederholten Quadrierens, 280
  des zufalligen Rundens, 114
Meyer auf der Heide, 152, 304
Miller, 210, 238, 304
MIN-CUT, 179
MIN-SC, 245
MIN-VC, 94, 244, 246
Minimierungsproblem, 92
Minty, 260, 305
modulo, 269
Motwani, 119, 175, 210, 239, 306
Mustererkennung, 162

Nebenklasse
  linke, 289
  rechte, 289
nicht-quadratischer Rest, 203
Nisan, 175, 305

Online-Algorithmen, 138
Online-Algorithmus, 152
Online-Probleme, 139
Optimierungsproblem, 91
Optimierungsprobleme, 240, 243
Ottmann, 152, 306

Papadimitriou, 260, 306
Pardalos, 119, 306
Pascal, 32
Patashnik, 120, 303, 305
PCP-Theorem, 119
Permutation, 293
Pomerance, 238, 304
Prömel, 119, 260, 306
Pratt, 238, 306
Primfaktorzerlegung, 264
Primzahl, 213, 216, 233, 263
Primzahlsatz, 267
Primzahltest, 213, 231, 238
Problem der linearen Programmierung, 243
Problemfall, 92
Protokoll
  1MC*-, 160
  Monte Carlo-, 157
  zufallsgesteuert, 16

quadratischer Rest, 202
Quicksort-Algorithmus, 61

Rabin, 238, 306
Raghavan, 119, 176, 210, 239, 306
Rajasekavan, 119, 306
Randomisierung, 105, 211, 237

Reif, 119, 306
Relaxation zur LP, 247
  mit zufälligem Runden, 255
Relaxation zur linearen Programmierung, 241, 259
Relaxierung mit zufälligem Runden, 250
Rényi, 14
Rivest, 119, 152, 239, 304
Rohnert, 152, 304
Rolim, 119, 306
Ross, 120, 306
Rumely, 238

Satz
  von Lagrange, 227
Satz von Newton, 295
Saxena, 238, 304
SCHÖNING, 196
Schöning, 119, 152, 210, 306
Schickinger, 119, 306
Schlüssel, 123
Schmidt, 175, 306
Sipser, 175, 306
Solovay, 238, 306
Steger, 119, 260, 303, 306
Steiglitz, 260, 306
Stein, 119, 152, 210, 239, 304, 305
Steinhoefel, 152, 305
Stichprobe, 112
Stichproben, 209
Stirlingsche Formel, 297
Strassen, 165, 238, 306
Szemerédi, 152, 305

Tarjan, 152, 304
Teiler, 263
  größter gemeinsame, 270
Teilstringproblem, 162
Traub, 306
TSP, 93

Unabhängigkeit
  von Ereignissen, 41
  von zwei Zufallsvariablen, 46
Untergruppe, 287

Vazirani, 260, 306
Verteilungsfunktion, 44
Vielfaches, 263
  kleinstes gemeinsames, 270

Wahrscheinlichkeit, 32, 33
  bedingte, 37
Wahrscheinlichkeitsamplifizierung, 113
Wahrscheinlichkeitsraum, 33
Wahrscheinlichkeitsverstärkung, 113, 177, 209
Wahrscheinlichkeitsverteilung
  uniforme, 33
Wegener, 119, 306
Wegman, 152, 304
Widmayer, 152, 305, 306
Woeginger, 152, 305

Yan, 303, 306

Zahlentheorie, 262
Zeitkomplexität
  erwartete, 53
Zeuge, 108, 211, 214
  Jac-, 226
Zeugen
  für den Primzahltest, 212
Zeugenart, 214, 215, 217, 221, 226, 237
zufällig, 11
Zufall, 11–13
Zufallsvariable, 43
zusammengesetzte Zahl, 263

Teubner